Maths au CM1

Manuel de l'élève

Sous la direction de **Gaëtan Duprey**

Fabienne Mauffrey, Isabelle Mauffrey, Véronique Godé,
Sophie Duprey, Geoffrey Grisward et Véronique Drocourt

ACCÈS Éditions

Cet ouvrage suit l'orthographe recommandée par les rectifications de 1990 et les programmes scolaires (voir le site : www.orthographe-recommandee.info et son miniguide d'information).

Sommaire PAR PÉRIODE

Sommaire PAR DOMAINE MATHÉMATIQUE

Nombres et Calculs

Grandeurs et Mesures

Espace et Géométrie

Sommaire CALCUL MENTAL ET CALCUL EN LIGNE

Sommaire ATELIERS PROBLÈMES

1 En route vers le CM1

Géométrie — Utiliser l'équerre pour vérifier qu'un angle est droit

1 Utilise ton équerre pour trouver les angles qui sont des angles droits.

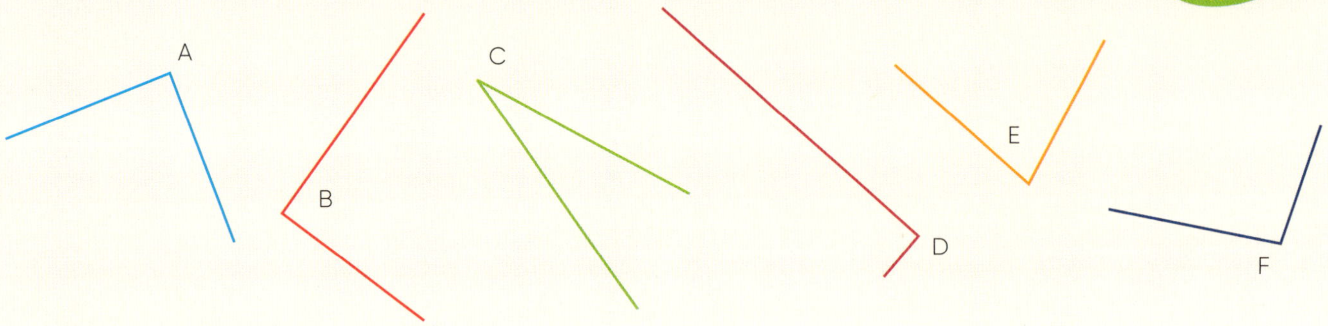

2 ★ Pour chaque polygone, indique tous les sommets qui correspondent à un angle droit.

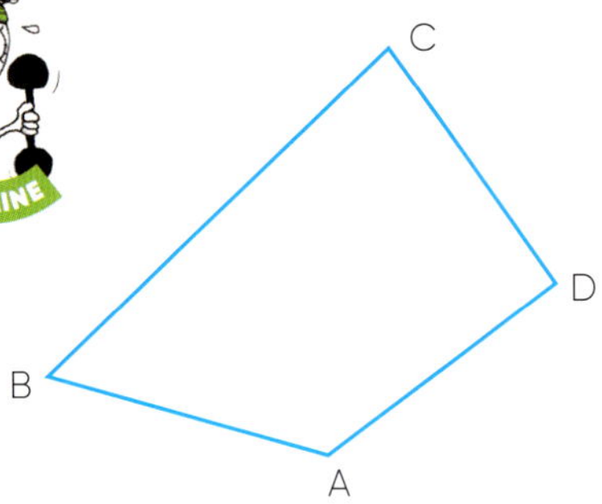

figure 1

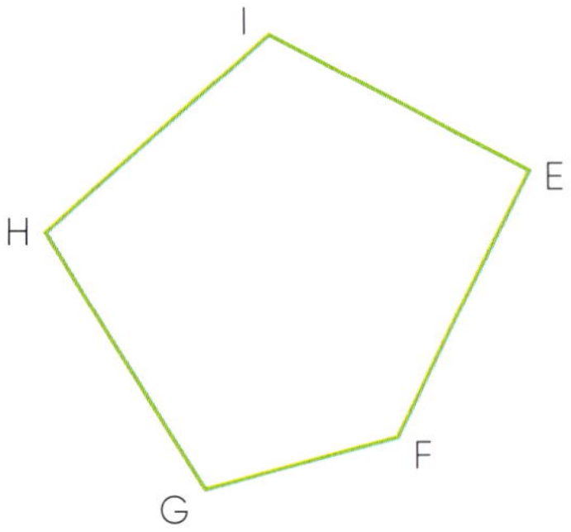

figure 2

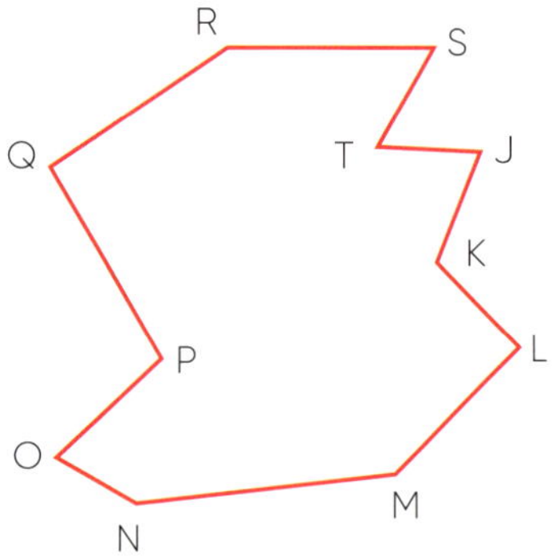

figure 3

3 ★★ Indique le nombre d'angles droits de chaque figure.

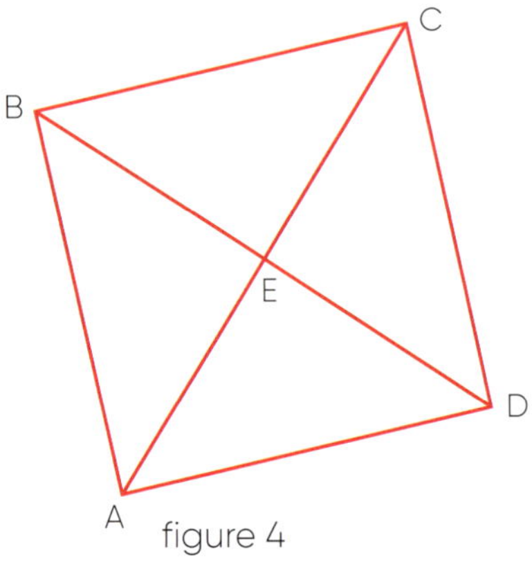

figure 4

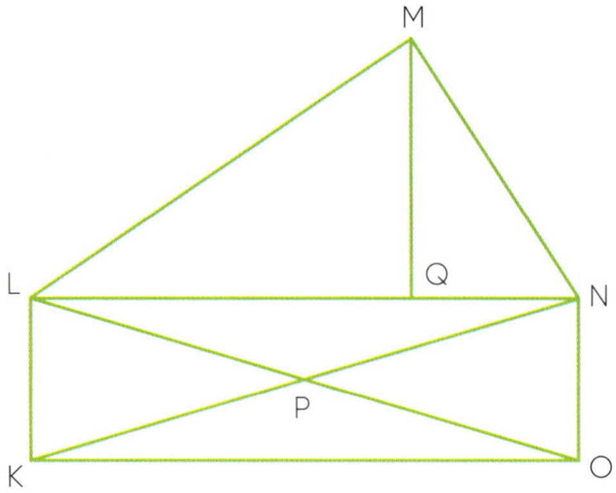

figure 5

Calculs — Calculer des sommes

4 ★ Calcule en ligne. Analyse bien les nombres avant de te lancer dans les calculs !

a. 45 + 15
b. 32 + 38
c. 25 + 64 + 6
d. 37 + 42 + 3 + 8
e. 131 + 35 + 19
f. 40 + 30 + 60 + 70
g. 25 + 128 + 175 + 22
h. 357 + 149 + 43 + 51

5 Pose et effectue les additions. Vérifie à la calculatrice.

a. ★ 638 + 175
b. ★ 587 + 98
c. ★★ 178 + 3 459 + 2 305
d. ★★★ 9 + 697 + 56 + 165

Géométrie — Reconnaitre et utiliser quelques relations géométriques : alignement

1 Sur ce plan, les points A, B, C et D représentent les positions de 4 arbres dans un jardin.
Un autre arbre peut-il être aligné avec A et B ainsi qu'avec C et D ?
Si c'est possible, place-le sur le plan et note sa position avec le point E.

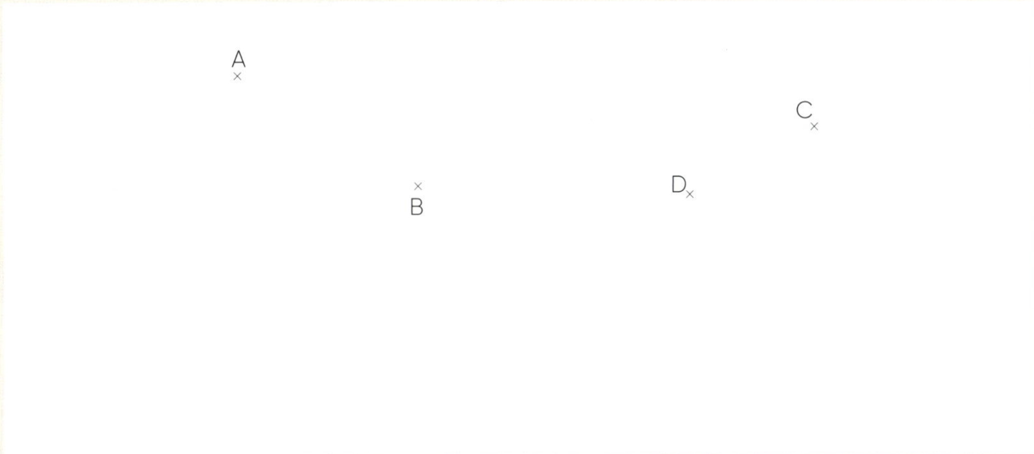

2 ★★ Termine la reproduction de la figure 1.
Effectue les tracés à la règle.

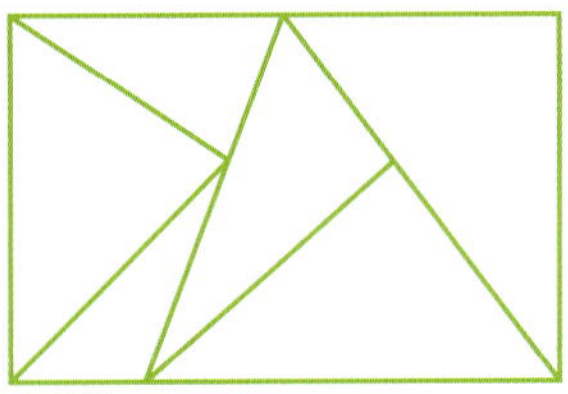
figure 1

3 ★★★ On a commencé à reproduire la figure 2 en plaçant certains points exactement dans la même position que sur le modèle.
Termine la reproduction de la figure 2 en utilisant une règle mais sans mesurer.

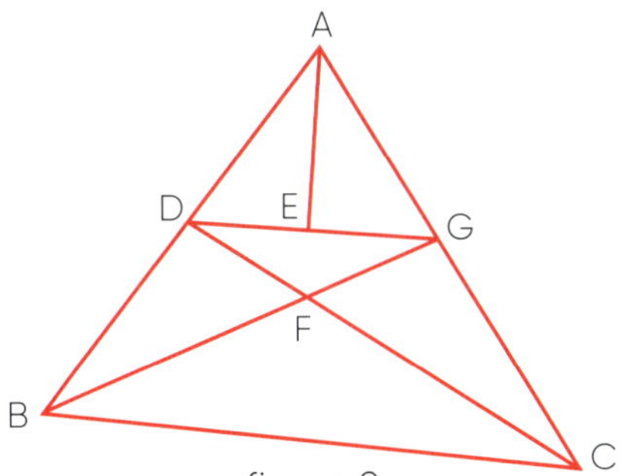

figure 2

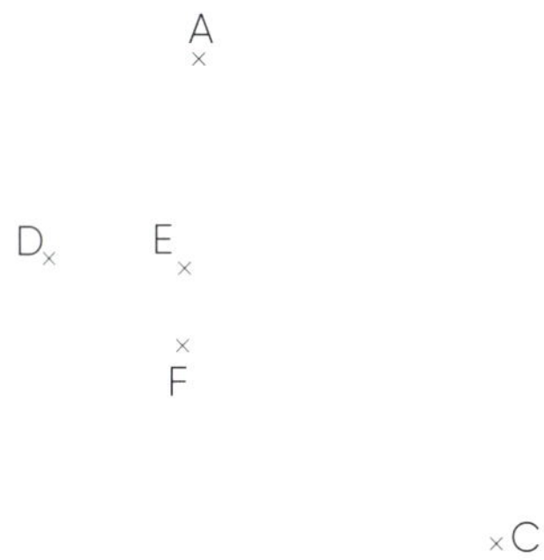

Calculs — Calculer des différences

4 ★ Recopie et effectue les soustractions.
Vérifie à la calculatrice.

697	9 820	6 703
− 359	− 2 384	− 4 427

5 ★★ Cherche et calcule toutes les différences que tu peux écrire avec ces nombres.

942 498 54

6 ★★★ Calcule les différences demandées en choisissant à chaque fois deux de ces nombres.

4 089 1 632 8 904

a. Calcule la plus grande différence possible.
b. Calcule la plus petite différence possible.

Grandeurs et mesures

Connaître les unités de mesure de longueurs et calculer des périmètres

1 ★ Mesure la longueur de chaque segment en utilisant la règle dessinée.

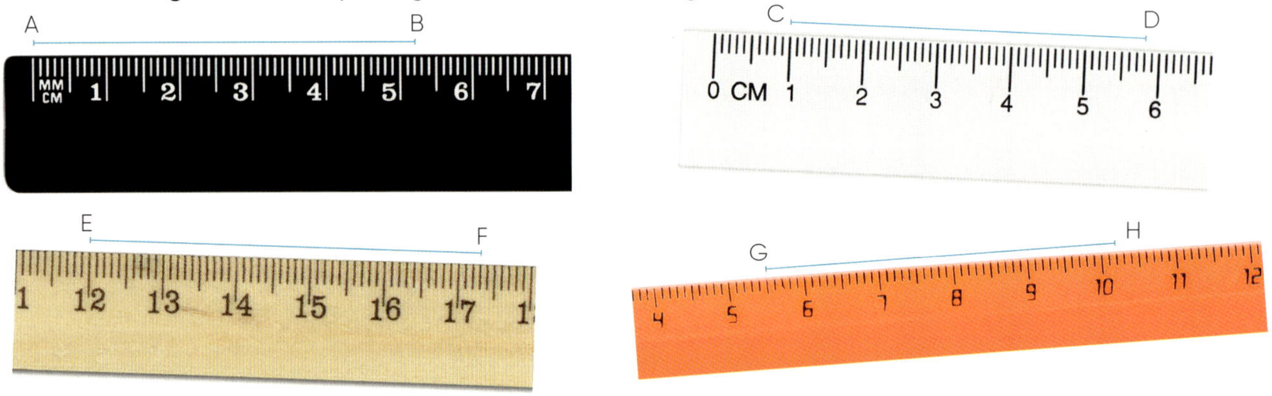

2 ★★ Trace chaque segment sur une feuille blanche.

AB = 3 cm 8 mm **CD = 45 mm**

EF = 1 dm 2 cm 6 mm

La longueur du segment [GH] est comprise entre 25 mm et 28 mm.

3 ★★ Complète en utilisant l'unité qui convient.

a. La hauteur de la salle de classe est de 3 ....

b. La longueur d'un cahier est de 22 ....

c. La distance entre Lille et Nantes est de 607 ....

d. La longueur d'une gomme est de 45 ....

4 ★★ Convertis en centimètres.

1 m = 100 cm 1 dm = 10 cm 10 mm = 1 cm

a. 8 m c. 60 mm e. 7 m 4 dm

b. 5 m 7 cm d. 28 dm f. 450 mm

5 ★★ Convertis en mètres.

1 km = 1000 m

a. 9 km c. 6 km 3 m e. 2 km 608 m

b. 5 km 930 m d. 8 km 75 m f. 7 km 569 m

6 ★★★ Calcule le périmètre des deux figures ci-dessous. Quelle figure a le plus grand périmètre ?
Attention les figures ne sont pas à la taille réelle !
Les symboles /, // et /// indiquent les côtés qui sont de même longueur.

4 cm 2 mm

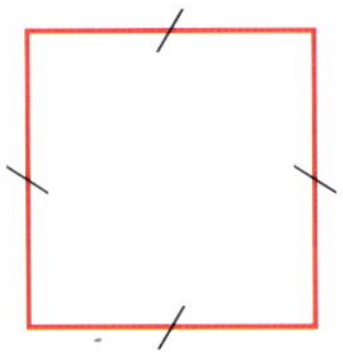

figure a

5 cm

3 cm 4 mm

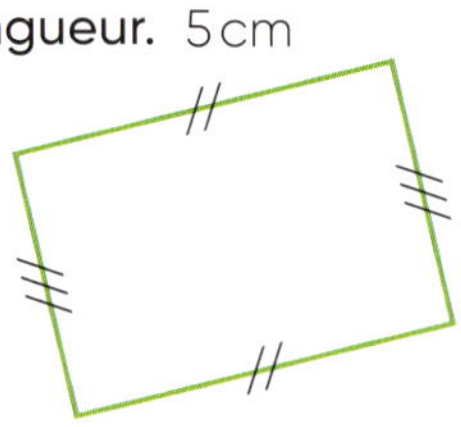

figure b

Calculs

Calculer des produits

Dans ces exercices, tu peux consulter les tables de multiplication pour t'aider.

7 ★ Calcule.

a. 6 x 10 c. 100 x 24 e. 608 x 10 g. 40 x 100

b. 10 x 37 d. 60 x 10 f. 10 x 907 h. 100 x 73

8 ★★★ Calcule.

a. 4 x 50 c. 300 x 7 e. 14 x 200 g. 250 x 20

b. 20 x 12 d. 600 x 5 f. 30 x 120 h. 40 x 40

9 ★★ Calcule en ligne.

8 x 15 **7 x 24** **59 x 8**

4 x 29 **4 x 321** **5 x 238**

10 ★★ Calcule.

```
  47        342
x  5      x   8
 . . .    . . . .
```

Flash maths 1

Solides

1 La figure ci-dessous représente un pavé droit. Laquelle de ces 4 affirmations est fausse ?

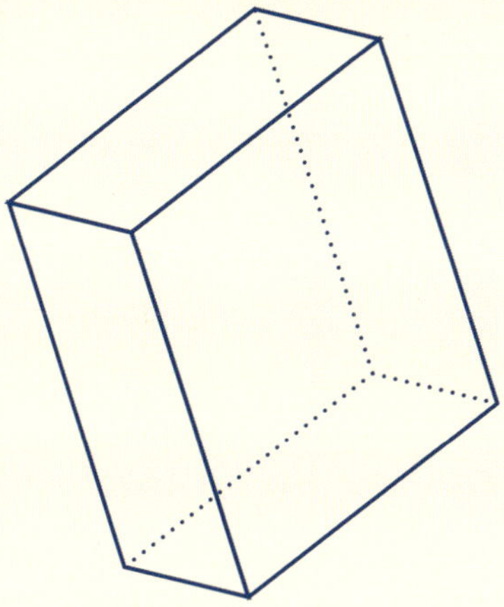

a. Le pavé droit a 6 sommets.
b. Le pavé droit a 6 faces.
c. Le pavé droit a 8 sommets.
d. Les faces du pavé droit sont des rectangles.

Lire l'heure

2 À quel moment de la journée sommes-nous ?

a. le matin   b. l'après-midi   c. le soir

3 Quelle heure est-il ?

a. 8 heures 15 minutes
b. 3 h 40
c. 8 h 15
d. 8 heures et quart
e. 20 h 15

Unités de mesure

4 Choisis l'unité qui convient :

- kilomètre (km), mètre (m), centimètre (cm), millimètre (mm),
- litre (L), centilitre (cL).

a. La contenance d'un verre d'eau : 20 ....
b. La longueur de ta salle de classe : 5 ....
c. La contenance d'une bouteille d'eau : 1 ....
d. La longueur d'une fourmi : 6 ....
e. La taille de Lilou : 130 ....
f. La distance Rennes – Toulouse : 704 ....

Nombres jusqu'à 9 999

5 Quel est le nombre le plus proche du nombre écrit dans la cible ?

a. 3 450   b. 3 460   c. 3 440

6 Quel est le plus grand nombre de 4 chiffres qui se termine par 3 ?

Calcul 1

Calcul mental *Connaitre les tables d'addition* *Ajouter un nombre à un chiffre*

Séance 1

1 Écris la suite des nombres
a. en avançant de 10 en 10 de 870 à 950.
b. en reculant de 10 en 10 de 2000 à 1940.

2 Calcule rapidement.

a. 8 + 8	d. 6 + 6	g. 9 + 8
b. 9 + 9	e. 5 + 5	h. 6 + 7
c. 7 + 7	f. 7 + 8	i. 6 + 5

3 Calcule mentalement.

a. 55 + 8	d. 83 + 9	g. 6 + 904
b. 58 + 7	e. 257 + 4	h. 594 + 8
c. 9 + 37	f. 799 + 8	

Séance 2

4 Écris la suite de cinq nombres
a. en avançant de 10 en 10 à partir de 5980.
b. en reculant de 10 en 10 à partir de 9999.

5 Calcule rapidement.

a. 5 + 7	d. 9 + 5	g. 4 + 9
b. 8 + 7	e. 4 + 8	h. 6 + 8
c. 7 + 9	f. 5 + 8	i. 6 + 9

6 Calcule mentalement.

a. 4353 + 6	d. 3073 + 5	g. 9 + 8568
b. 1086 + 5	e. 2374 + 8	h. 7056 + 8
c. 8 + 5932	f. 1458 + 3	

Séance 3

7 Écris la suite de cinq nombres
a. en reculant de 100 en 100 à partir de 4000.
b. en avançant de 100 en 100 à partir de 8500.

8 Calcule rapidement.

a. 50 + 60	d. 90 + 50	g. 400 + 900
b. 80 + 70	e. 40 + 80	h. 600 + 700
c. 70 + 90	f. 700 + 500	i. 600 + 900

9 Calcule mentalement.

a. 9404 + 8	d. 5999 + 8	g. 3 + 8765
b. 9093 + 8	e. 5432 + 8	h. 3531 + 9
c. 4 + 5007	f. 9357 + 7	

Séance 4

10 Écris la suite de cinq nombres
a. en reculant de 100 en 100 à partir de 7995.
b. en avançant de 100 en 100 à partir de 5873.

11 Calcule rapidement.

a. 7000 + 6000	e. 4000 + 7000
b. 8000 + 3000	f. 6000 + 6000
c. 4000 + 6000	g. 8000 + 9000
d. 2000 + 9000	h. 7000 + 7000

12 Calcule mentalement.

a. 353 + 1	d. 499 + 1	g. 178 – 8
b. 353 + 10	e. 499 + 10	h. 178 – 70
c. 353 + 100	f. 499 + 100	i. 178 – 100

Atelier problèmes 1

Résoudre des problèmes additifs et multiplicatifs à une ou plusieurs étapes

Écris la question qui manque à chaque énoncé de problème puis réponds à la question.

a. Nina a reçu un sachet de 63 perles pour son anniversaire. 37 perles sont rouges et les autres perles sont bleues.

b. Pour sa classe, la maitresse a commandé 4 paquets de 23 stylos bille bleus.

c. Timéo, Noa et Chloé vont au parc aquatique avec leur grand-mère. Le prix d'une place pour un adulte est de 24 € et de 16 € pour un enfant.

Problème 1

Un restaurant, ouvert à midi et le soir, a servi 123 couscous au cours de la journée. 76 couscous ont été servis à midi.

Combien de couscous ont été servis le soir ?

Problème 2

Une pizzéria a servi 234 pizzas à midi et 179 le soir.

Combien de pizzas ont été servies au cours de la journée ?

Problème 3

La longueur d'un tour de la piste d'athlétisme est de 400 m. Nina doit effectuer cinq tours de piste.

Quelle distance va-t-elle parcourir ?

Problème 4

Le jardinier avait planté 3 rangées de 45 salades. Les limaces ont mangé 9 salades.

Combien reste-t-il de salades ?

Problème 5

Lilou a 410 perles.
Elle en a utilisé 245 pour faire des colliers.

Combien lui reste-t-il de perles à présent ?

Problème 6

Pour se rendre à un match de handball, le président d'un club de supporteurs a commandé 5 bus de 63 places et 4 bus de 75 places.

Combien de supporteurs pourront participer à ce déplacement ?

2 Nombres jusqu'à 9 999

Dénombrer des collections

1 Tiago et Sofia jouent à la bataille des grands nombres. Chaque enfant a tiré au sort une enveloppe contenant des petits cubes. Écris le nombre de cubes obtenus par chaque joueur. Qui a gagné ?

2 Combien y a-t-il de petits cubes dans chaque collection ?

a. ★

b. ★

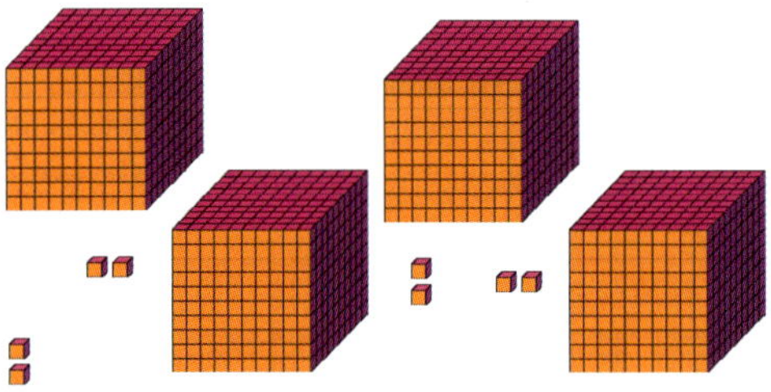

c. ★

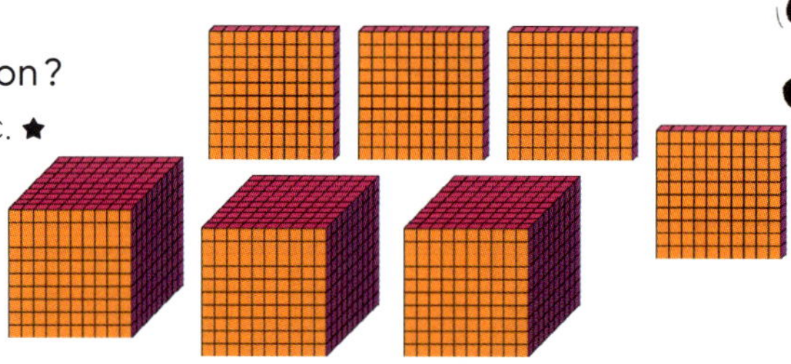

d. ★★

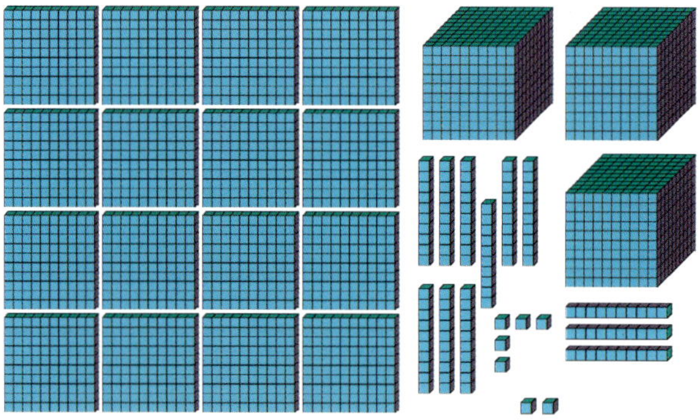

Connaitre les unités de numération et les relations qui les lient

3 ★ Recopie et complète.

1 dizaine = ... unités

1 centaine = ... dizaines = ... unités

1 millier = ... centaines = ... dizaines = ... unités

7 centaines = ... dizaines

20 centaines = ... milliers

70 centaines = ... milliers

9 milliers = ... dizaines

4 ★★ Complète avec les mots *unités*, *dizaines*, *centaines* ou *milliers*.

6 milliers = 60 ....

900 dizaines = 9 ....

5 milliers = 500 ....

53 centaines = 5 .... et 3 ....

78 dizaines = 7 .... et 8 ....

3 897 unités = 3 .... et 897 ....

95 centaines = 950 ....

Je vais apprendre à utiliser et représenter les nombres jusqu'à 9999.

Composer et décomposer les nombres jusqu'à 9999

5 ★ Écris en chiffres chacun des nombres suivants.

56 dizaines et 8 unités → 568

a. 32 dizaines et 16 unités
b. 46 centaines et 8 unités
c. 82 centaines et 7 unités
d. 4 milliers et 4 unités
e. 7 milliers et 52 dizaines

6 ★ Écris en chiffres chacun des nombres suivants.

8m + 5c + 7d + 2u → 8572

a. 78c + 5u
b. 406d + 3u
c. 7u + 690d
d. 5d + 3m + 9c
e. 7m + 24c
f. 12c + 3m

7 ★★ Complète.

9485 = ... centaines + ... unités
5678 = ... dizaines + ... unités

Lire et écrire les nombres jusqu'à 9999

8 ★ Écris en chiffres.

a. neuf-mille-soixante-douze
b. quatre-mille-deux-cent-quatre-vingt-seize
c. sept-mille-neuf-cents
d. six-mille-trois
e. huit-mille-cent-trente-neuf

9 ★ Écris en lettres.

a. 6085 b. 9370 c. 8600 d. 4000

10 ★ Indique pour chaque nombre la signification du chiffre 7.

Dans 8975, le chiffre 7 est le chiffre des dizaines.

a. 7809 b. 9007 c. 5793 d. 8570

Comparer, ranger et encadrer les nombres jusqu'à 9999

11 ★ Écris les nombres qui sont repérés par les lettres A, B, C et D.

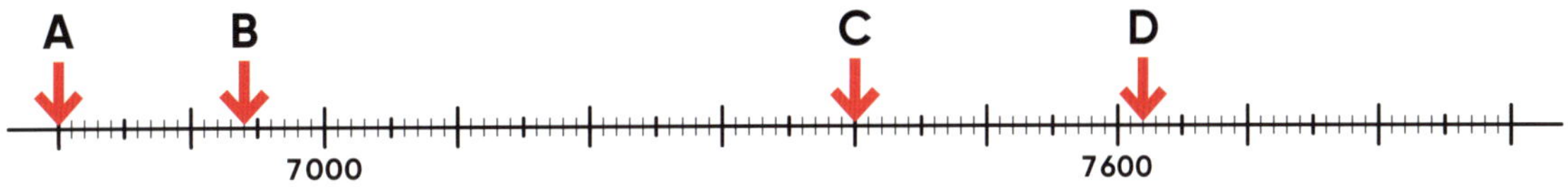

12 ★ Complète avec les signes < ou >.

a. 7009 6983
b. 4563 4567
c. 1034 954
d. 8574 8564
e. 8562 9000

13 ★★ Le tableau présente les distances séparant par avion Paris de certaines villes du monde. Range ces villes de la plus proche à la plus éloignée de Paris.

Villes	Distances de Paris en km
Pékin	8237
Bogota	8631
Dakar	4197
Rio de Janeiro	9160
Berlin	878
Tokyo	9743
Mexico	9151

14 ★★ Complète avec le nombre qui précède et avec le nombre qui suit.

a. ...... < 7079 < ......
b. ...... < 6090 < ......
c. ...... < 8699 < ......
d. ...... < 9099 < ......
e. ...... < 4999 < ......
f. ...... < 9000 < ......

15 ★★★ Observe ces suites et continue-les avec 5 nombres.

a. 3995, 3996, 3997, ...
b. 6489, 6589, 6689, ...
c. 8973, 8983, 8993, ...
d. 5360, 5470, 5580, ...
e. 8978, 7867, 6756, ...

Calculer des sommes et des différences

16 ★ Pose et effectue les opérations.

a. 4825 + 647
b. 2307 + 5849
c. 5281 − 428
d. 6158 − 2532

17 ★★ Pose et effectue les opérations.

a. 7685 + 1467
b. 6738 + 2967
c. 9583 − 2398
d. 7806 − 4923

2 Nombres jusqu'à 9 999

Je sais utiliser et représenter les nombres jusqu'à 9 999.

Pour chaque question, trouve la ou les bonnes réponses parmi celles proposées.

	a	b	c
1 Quelle est l'écriture en chiffres de huit-mille-sept-cent-quatre-vingt-dix-huit ?	9 798	8 978	8 798
2 67 centaines s'écrit…	67	670	6 700
3 5 milliers 9 centaines s'écrit…	5 900	5 090	5 009
4 68 centaines 2 unités s'écrit…	682	6 802	6 082
5 Le nombre 4 centaines 7 milliers 5 unités 2 dizaines s'écrit…	7 245	4 752	7 425
6 Quels sont les nombres supérieurs à 8 769 ?	8 570	9 000	8 802
7 7 679 est inférieur à …	8 005	7 700	899
8 Quels sont les nombres compris entre 7 500 et 8 500 ?	7 897	8 009	6 567

18 ★ Complète.

a. 6 000 + 900 + 50 + 8 = ……

b. 80 + 500 + 9 + 7 000 = ……

c. 5 + 8 000 = ……

d. 9 000 + …… + 6 = 9 056

e. …… + 4 000 + 3 = 4 703

f. 7 094 = 7 000 + …… + 4

19 ★ Complète.

a. (3 x 1000) + (8 x 100) + (7 x 10) + 1 = ……

b. (6 x 1000) + (2 x 10) + 4 = ……

c. 8 + (4 x 100) + (5 x 1000) = ……

d. 7 084 = (7 x ……) + (8 x ……) + ……

e. 4 807 = (7 x ……) + (8 x ……) + (4 x ……)

f. 9 340 = (…… x 100) + (…… x 1000) + (…… X 10)

20 ★ Calcule mentalement.

a. 5 678 + 10
b. 8 459 + 1000
c. 3 990 + 10
d. 6 780 + 1010
e. 7 603 + 1100
f. 9 056 + 1110

21 ★★

a. Range les nombres dans l'ordre croissant.

1111 1001 1100 1011 1010 1101

b. Range les nombres dans l'ordre décroissant.

9 009 9 999 9 099 9 909 9 090 9 900

22 ★★ Dans 5 678

a. combien y a-t-il de centaines ?

b. combien y a-t-il d'unités ?

c. combien y a-t-il de dizaines ?

d. combien y a-t-il de milliers ?

23 Résous les problèmes.

a. ★ Un TGV transporte 986 passagers.
Sachant que chaque voiture comporte 100 places, combien de voitures ce TGV doit-il avoir au minimum ?

b. ★★ Un fleuriste a reçu une livraison de 1 603 roses. Il veut faire des bouquets de 10 roses chacun.
Combien de bouquets pourra-t-il faire ?

c. ★★★ Un fabricant de bougies a produit 9 583 bougies. Ces bougies sont emballées par boites de 100.
Combien de boites sont remplies ?

Écris tous les nombres qui sont compris entre 9 900 et 9 999 et qui contiennent le chiffre 1.

Flash maths 2

Droite graduée

1 À chaque fois, écris le nombre repéré par la flèche.

a.

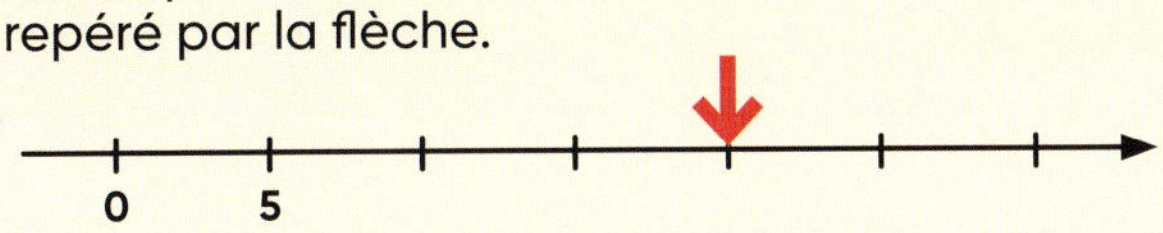

b.

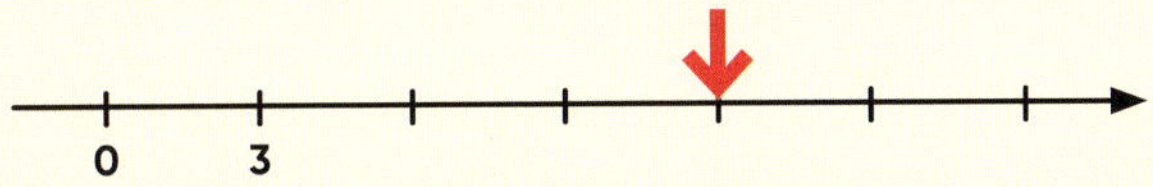

c.

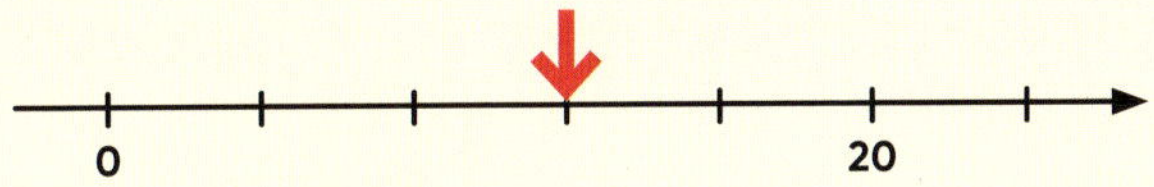

d.

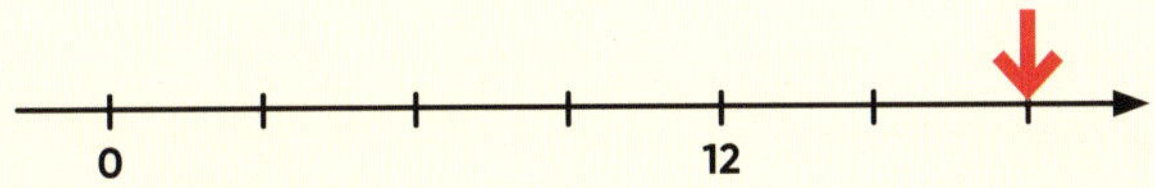

Polygones

2 Classe les figures en deux catégories : les polygones et les non polygones.

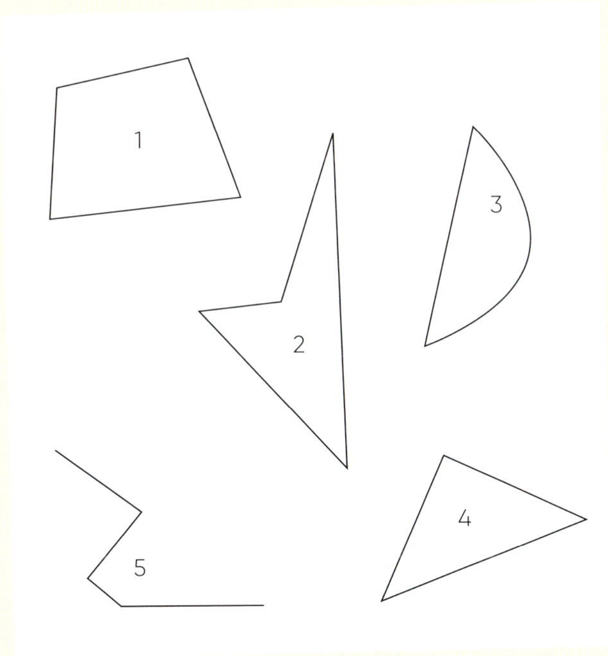

a. Les polygones sont les figures : ....

b. Les non polygones sont les figures : ....

Lire l'heure

3 Quelle heure est-il ?

a. 17 heures 45 minutes

b. 5 h 45

c. 6 heures moins le quart

d. 9 heures et demie

e. 6 heures et 9 minutes

4 Quelle heure est-il ?

a. 2 heures 7 minutes

b. 2 h 35

c. 14 heures 35 minutes

d. 7 heures et 13 minutes

e. 14 heures et 7 minutes

Nombres jusqu'à 9 999

5 Quel est le nombre le plus proche du nombre écrit dans la cible ?

a. 9 200 b. 9 400 c. 9 300

6 Quel est le plus petit nombre de 4 chiffres qui se termine par 9 ?

Calcul 2

Calcul mental *Connaître les tables de soustraction*

Calcul en ligne *Ajouter des dizaines ou des centaines entières*

Séance 1

1 Écris la suite de cinq nombres en avançant de 1000 en 1000 à partir de 358.

2 Calcule rapidement.

a. 8 – 3 c. 6 – 4 e. 13 – 9 g. 15 – 8
b. 9 – 5 d. 14 – 6 f. 18 – 9 h. 12 – 7

3 Calcule en ligne.

a. 853 + 80 d. 80 + 706 g. 613 + 70
b. 60 + 520 e. 480 + 40 h. 425 + 70
c. 965 + 70 f. 50 + 694

Séance 3

7 Écris la suite de cinq nombres en avançant de 5 en 5 à partir de 690.

8 Calcule rapidement.

a. 150 – 80 c. 170 – 90 e. 140 – 70 g. 160 – 70
b. 130 – 70 d. 110 – 50 f. 120 – 80 h. 180 – 90

9 Calcule en ligne.

a. 450 + 300 d. 800 + 409 g. 700 + 6100
b. 767 + 800 e. 4600 + 200 h. 4812 + 500
c. 321 + 900 f. 6700 + 300

Séance 2

4 Écris la suite de neuf nombres en reculant de 1000 en 1000 à partir de 9999.

5 Calcule rapidement.

a. 12 – 3 c. 16 – 8 e. 13 – 7 g. 11 – 8
b. 15 – 6 d. 14 – 5 f. 14 – 9 h. 10 – 7

6 Calcule en ligne.

a. 1340 + 80 d. 40 + 8060 g. 6124 + 70
b. 30 + 2360 e. 4850 + 90 h. 4258 + 70
c. 9650 + 20 f. 60 + 3280

Séance 4

10 Écris la suite de cinq nombres en reculant de 5 en 5 à partir de 1905.

11 Calcule rapidement.

a. 900 – 500 d. 1500 – 800 g. 1600 – 700
b. 1100 – 700 e. 1900 – 500 h. 1800 – 900
c. 1300 – 900 f. 1400 – 600

12 Résous les problèmes.

a. Awa habite à 1300 mètres de l'école. Elle a déjà parcouru 500 mètres à pied pour se rendre à l'école.
Quelle distance lui reste-t-il à parcourir ?

b. Madame Poulidor veut acheter un vélo à 590 euros et un casque à 60 euros.
Combien va-t-elle payer ?

c. Dans une salle de cinéma de 140 places, 80 places sont déjà occupées.
Combien de places libres reste-t-il ?

Atelier problèmes 2

Résoudre des problèmes additifs à une ou deux étapes : parties - tout (1)

Découverte Les tartelettes

Un pâtissier a fabriqué 28 tartelettes aux fraises et 56 tartelettes au citron.
En tout, il a fabriqué 15 tartelettes.

a. Lis ce texte et dis ce que tu remarques.

b. Complète ce texte pour que la situation soit possible.

Un pâtissier a fabriqué ... tartelettes aux fraises et ... tartelettes au citron.
En tout, il a fabriqué ... tartelettes.

c. Ce texte est-il un énoncé de problème ? Pourquoi ?

d. Écris la question qui manque à cet énoncé de problème puis réponds.

Un pâtissier a fabriqué 36 tartelettes aux fraises et des tartelettes au citron.
En tout, il a fabriqué 63 tartelettes.

Exercice 1

Complète avec des nombres pour que le texte soit logique.

Un pâtissier a fabriqué 60 tartelettes aux pommes, 20 tartelettes aux abricots et 40 tartelettes au chocolat. En tout, il a fabriqué ... tartelettes.

Exercice 2

Complète avec des nombres pour que le texte soit logique.

Un pâtissier a fabriqué ... tartelettes aux pommes, ... tartelettes aux abricots et ... tartelettes au chocolat. En tout, il a fabriqué 200 tartelettes.

Exercice 3

Complète avec des nombres pour que le texte soit logique.

Un pâtissier a fabriqué 40 tartelettes aux pommes, 70 tartelettes aux abricots et ... tartelettes au chocolat. En tout, il a fabriqué 190 tartelettes.

Problème 4

À l'école Jules Ferry, il y a 128 filles et 117 garçons.

Combien y a-t-il d'élèves dans cette école ?

Problème 5

Pour monter au sommet du phare des Baleines, il y a 257 marches. Fatou a déjà gravi 85 marches.

Combien de marches doit-elle encore monter ?

Problème 6

193 coureurs ont pris le départ du Tour de France. 98 l'ont terminé et sont arrivés à Paris.

Combien de coureurs ont abandonné ?

3 Nombres jusqu'à 999 999 (1)

Connaitre les unités de numération

1 Yasmine et Lilou jouent à la bataille des grands nombres. La gagnante est celle qui obtient le plus grand nombre de petits cubes. Écris le nombre de petits cubes obtenus par chaque joueuse. Qui a gagné ?

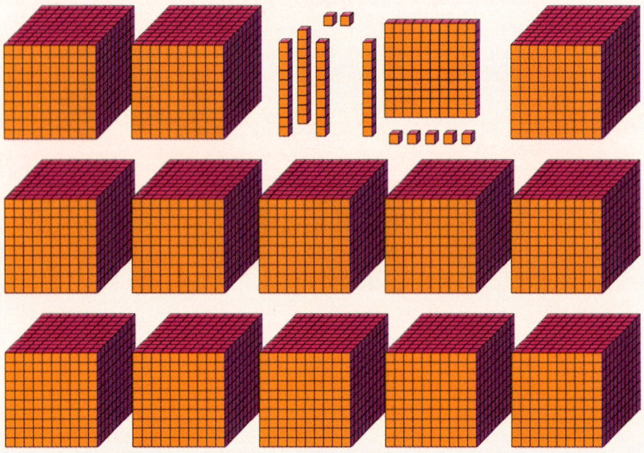

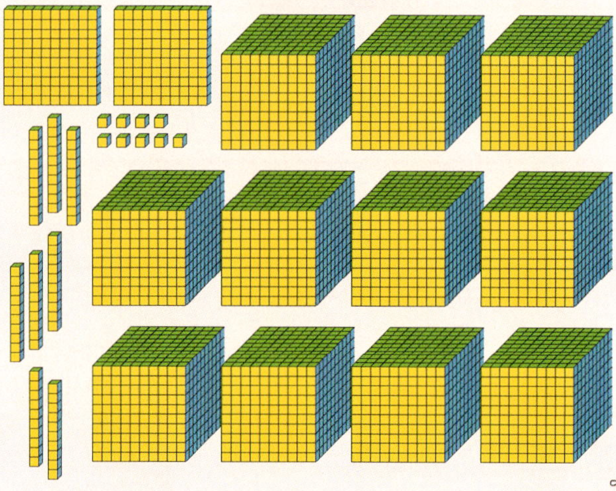

Comparer des nombres en prenant appui sur la numération de position

2 ★ Amir et Liam jouent à la bataille des grands nombres. Le gagnant est celui qui obtient le plus grand nombre de petits cubes. Écris le nombre de petits cubes obtenus par chaque joueur. Qui a gagné ?

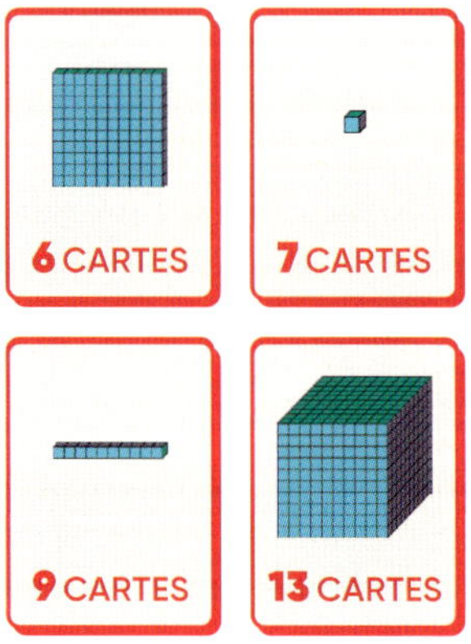

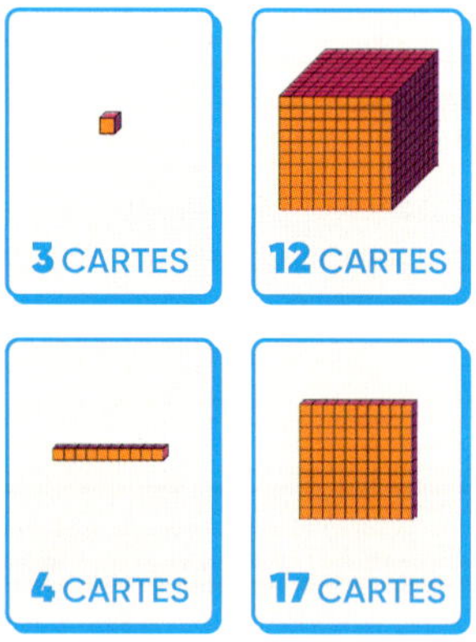

3 ★★ Léo et Alice jouent à la bataille des grands nombres.
Indique le nombre obtenu par chaque enfant à la fin de la partie. Qui a gagné ?

1 DIZAINE DE MILLIERS	7 cartes
1 DIZAINE	3 cartes
1 CENTAINE	5 cartes
1 MILLIER	0 carte
1 UNITÉ	9 cartes

1 UNITÉ	0 carte
1 DIZAINE	0 carte
1 CENTAINE	2 cartes
1 DIZAINE DE MILLIERS	8 cartes
1 MILLIER	7 cartes

4 Lina et Gabriel jouent à la bataille des grands nombres.
Le gagnant est celui qui obtient le plus grand nombre de petits cubes.
Écris le nombre de petits cubes obtenus par chaque joueur à la fin de la partie. Qui a gagné ?

0 CARTE

108 CARTES

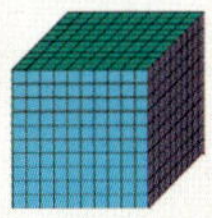

125 CARTES

24 CARTES

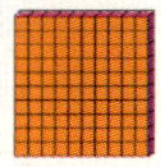

4 CARTES

407 CARTES

5 CARTES

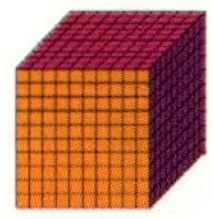

126 CARTES

5 ★★ Quentin et Zoé jouent à la bataille des grands nombres.
Indique le nombre obtenu par chaque enfant à la fin de la partie. Qui a gagné ?

Quentin			Zoé	
1 DIZAINE DE MILLIERS — **4** cartes	**1** MILLIER — **8** cartes		**1** DIZAINE DE MILLIERS — **0** carte	**1** MILLIER — **3** cartes
1 CENTAINE — **6** cartes	**1** CENTAINE DE MILLIERS — **7** cartes		**1** CENTAINE — **2** cartes	**1** CENTAINE DE MILLIERS — **8** cartes
1 UNITÉ — **5** cartes	**1** DIZAINE — **0** carte		**1** UNITÉ — **4** cartes	**1** DIZAINE — **1** carte

Connaitre les unités de numération et les relations qui les lient

6 ★★ Combien faut-il de cartes de chaque sorte pour obtenir les nombres demandés en utilisant le moins possible de cartes ? Complète le tableau.

	1 CENTAINE DE MILLIERS	**1** DIZAINE DE MILLIERS	**1** MILLIER	**1** CENTAINE	**1** DIZAINE	**1** UNITÉ
127 305						
904 600						
78 003						
380 456						
90 070						

7 ★ Complète.

a. 1 millier = ... unités
b. 1 dizaine de milliers = ... unités
c. 1 centaine de milliers = ... unités
d. 10 milliers = ... dizaine de milliers
e. 100 milliers = ... centaine de milliers
f. 1 centaine de milliers = ... dizaines de milliers

8 ★★ Écris en chiffres les nombres suivants.

a. 3 milliers + 789 unités
b. 67 milliers + 24 unités
c. 207 milliers + 800 unités
d. 892 milliers + 1 unité
e. 56 milliers + 56 dizaines + 5 unités

Lire et écrire les nombres jusqu'à 999 999

9 a. Trouve quatre nombres différents que l'on peut écrire en juxtaposant les 3 étiquettes.

mille | sept | quarante

Écris-les en chiffres.

b. Trouve le plus possible de nombres différents que l'on peut écrire en utilisant les 4 étiquettes.

mille | seize | cent | deux

Écris-les en chiffres.

10 ★★ Écris ces nombres en chiffres dans le tableau.

a. sept-cent-quatre-vingt-mille-quatre-vingt-quatorze
b. trois-cent-mille-huit-cent-quatre-vingt-douze
c. quatre-vingt-dix-mille-trois-cent-soixante-dix
d. sept-cent-mille
e. vingt-neuf-mille-cinq

	CLASSE DES MILLIERS			CLASSE DES UNITÉS SIMPLES		
	centaines	dizaines	unités	centaines	dizaines	unités
a						
b						
c						
d						
e						

11 ★ Réécris ces nombres pour les rendre plus faciles à lire en séparant la classe des milliers de celle des unités simples.

a. 7893
b. 23900
c. 800006
d. 780890
e. 49008
f. 567000

12 ★★ Ces nombres sont écrits de façon incorrecte. Réécris-les correctement.

a. 63 45
b. 6739 00
c. 8 95621
d. 6490 9
e. 1 111 11
f. 9 9 9 99

13 ★ Associe chaque nombre à son écriture en lettres.

a. 768 080
b. 760 880
c. 768 800
d. 786 008
e. 760 088

1. **sept-cent-soixante-mille-quatre-vingt-huit**
2. **sept-cent-soixante-huit-mille-quatre-vingts**
3. **sept-cent-quatre-vingt-six-mille-huit**
4. **sept-cent-soixante-mille-huit-cent-quatre-vingts**
5. **sept-cent-soixante-huit-mille-huit-cents**

14 ★★★ Trouve l'écriture en chiffres de chaque nombre.

a. 6 dizaines de milliers → 60 | 600 000 | 60 000
b. 309 milliers → 30 900 | 309 000 | 309
c. 87 milliers → 87 000 | 87 | 8 700
d. 23 milliers et 6 unités → 236 | 236 000 | 23 006
e. 346 milliers et 7 dizaines → 346 070 | 346 700 | 3 467
f. 4 centaines de milliers et 9 milliers → 409 | 400 009 | 409 000
g. 7 dizaines de milliers et 471 unités → 7 471 | 700 471 | 70 471

Composer et décomposer les nombres jusqu'à 999 999

15 Quentin et Zoé jouent à la bataille des grands nombres.
Indique le nombre obtenu par chaque enfant à la fin de la partie. Qui a gagné ?

- **10 000 POINTS** : **8** cartes
- **10 POINTS** : **9** cartes
- **100 POINTS** : **5** cartes
- **100 000 POINTS** : **6** cartes

- **1 POINT** : **7** cartes
- **1000 POINTS** : **3** cartes
- **100 000 POINTS** : **6** cartes
- **10 000 POINTS** : **8** cartes

16 ★ Calcule.

a. (7 x 100 000) + (3 x 1000) + (4 x 100) + 8
b. (6 x 10 000) + (9 x 1000)
c. (5 x 100) + (3 x 10 000) + (9 x 1000)
d. 5 + (2 x 100) + (5 x 100 000) + (9 x 10 000)

17 ★ Complète.

a. 792 084 = (...... x 1000) + (...... x 10) + ...
b. 54 902 = (...... x 1000) + (...... x 100) + ...
c. 342 731 = (...... x 1000) + ...
d. 69 083 = (...... x 1000) + ...

18 Résous les problèmes.

a. ★ Alice a acheté un puzzle de 40 320 pièces.
Elle a prévu de poser 1000 pièces par semaine.
Au bout de combien de semaines aura-t-elle terminé ce puzzle ?

b. ★ Madame Cheval veut construire la maquette d'un voilier avec des allumettes.
Il lui faut 57 500 allumettes.
Combien de sachets de 100 allumettes doit-elle acheter pour pouvoir le construire ?

c. ★★ Monsieur Pignon veut construire une maquette de la tour Eiffel avec des allumettes.
Il lui faut 346 422 allumettes.
Combien de sachets de 100 allumettes doit-il acheter pour pouvoir la construire ?

d. ★★★ Monsieur Villeret veut construire la maquette du château de Chambord avec des allumettes. Il lui faut 407 984 allumettes.
Combien de boites de 10 000 allumettes doit-il acheter pour pouvoir le construire ?

19 ★★ Quel nombre obtiens-tu

a. en ajoutant 10 000 à 536 093 ?
b. en ajoutant 100 000 à 641 573 ?
c. en ajoutant 1000 à 99 890 ?
d. en ajoutant 10 000 à 890 504 ?
e. en ajoutant 1 à 357 999 ?

20 ★★ Quel nombre obtiens-tu

a. en retirant 10 000 de 953 201 ?
b. en retirant 100 000 de 800 054 ?
c. en retirant 1000 de 200 000 ?
d. en retirant 10 000 de 300 781 ?
e. en retirant 10 000 de 703 419 ?

3 Nombres jusqu'à 999 999 (1)

Je sais utiliser et représenter les nombres jusqu'à 999 999.

Pour chaque question, trouve la ou les bonnes réponses parmi celles proposées.

	a	b	c
1 67 milliers s'écrit…	67	67 000	670 000
2 9 dizaines de milliers 3 milliers et 4 centaines s'écrit…	93 400	934 000	903 400
3 345 milliers et 86 unités s'écrit…	34 086	345 086	34 586
4 vingt-quatre-mille-soixante-dix s'écrit…	2 470	24 700	24 070
5 sept-cent-trois-mille-neuf-cent-cinquante-deux s'écrit…	73 952	703 152	703 952
6 (7 x 10 000) + (5 x 10) + 3 est une décomposition du nombre…	70 053	700 530	70 530
7 (5 x 100 000) + (3 x 10 000) + (8 x 1 000) + (2 x 10) + 6 est une décomposition du nombre…	53 826	538 260	538 026
8 Quel nombre est obtenu en ajoutant 10 000 à 490 362 ?	491 362	590 362	500 362

21 ★ Alice et Emma jouent à la bataille des grands nombres.
Indique le nombre obtenu par chaque enfant à la fin de la partie. Qui a gagné ?

Alice a obtenu :
7 cartes de 1 dizaine
4 cartes de 1 millier
6 cartes de 1 dizaine de milliers

Emma a obtenu :
8 cartes de 1 unité
3 cartes de 1 centaine
24 cartes de 1 millier
4 cartes de 1 dizaine de milliers

22 Résous les problèmes.

a. ★★ Aujourd'hui, un fabricant de bougies a produit 95 583 bougies. Ces bougies sont emballées par boites de 100.
Combien de boites sont remplies ?

b. ★★ Ce matin, un fabricant de trombones a produit 5 462 boites de 100 trombones.
Combien de trombones a-t-il fabriqués ?

23 ★★ Dans le nombre 59 361

a. combien y a-t-il de centaines ?
b. combien y a-t-il d'unités ?
c. combien y a-t-il de dizaines ?
d. combien y a-t-il de dizaines de milliers ?
e. combien y a-t-il de milliers ?

24 ★★ Dans le nombre 687 093

a. quel est le chiffre des dizaines de milliers ?
b. combien y a-t-il de dizaines de milliers ?
c. quel est le chiffre des milliers ?
d. combien y a-t-il de milliers ?

25 ★★★ Calcule mentalement.

a. 50 000 + 6 000 + 400 + 70 + 8
b. 800 000 + 7 000 + 60 + 2
c. 600 000 + 40
d. 20 000 + 5 + 700 000 + 90
e. 8 + 30 000 + 500 + 2 000 + 40 000 + 6 000

Trouve le plus grand et le plus petit nombre que tu peux écrire en juxtaposant ces 6 étiquettes.

7 3 8 1 5 9

Flash maths 3

Unités de mesure

1 Choisis l'unité qui convient :
- tonne (t), kilogramme (kg), gramme (g)
- euros (€)

a. Le papillon pèse 2 ....
b. Le prix d'un ballon : 14 ....
c. Le camion pèse 25 ....
d. Le cartable de Lilou pèse 3 ....

Solides

2 La figure ci-dessous représente un cube
Laquelle de ces 5 affirmations est fausse ?

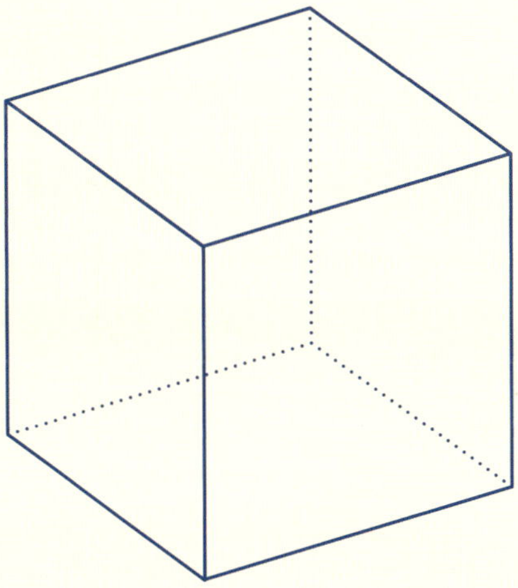

a. Le cube a 6 faces.
b. Les faces du cube sont carrées.
c. Le cube a 12 arêtes.
d. Le cube a 6 sommets.
e. Toutes les arêtes sont de même longueur.

Lire l'heure

3 Quelle heure est-il ?
a. 9 h 50
b. 8 h 50
c. 9 heures moins 10 minutes
d. 8 heures et 50 minutes
e. 9 h moins 10

4 Quelle heure est-il ?
a. 11 heures 30 minutes
b. 5 h 55
c. 6 heures
moins 5 minutes
d. 6 h 55
e. 5 heures et 55 minutes

Addition et la soustraction

5 Le résultat de cette addition te donnera l'altitude de l'Éverest (en mètres).

```
  5 869
+2 979
```

6 Le résultat de cette soustraction te donnera l'altitude du Kilimandjaro (en mètres).

```
  9 712
-3 817
```

Calcul 3

Calcul mental *Soustraire un nombre à un chiffre*
Calcul en ligne *Soustraire un multiple de 10*

Séance 1

1 Écris en chiffres.
a. « huit-mille-cinq-cent-quatre-vingt-quinze »
b. « neuf-mille-sept »

2 Calcule rapidement.
a. 5 + 3 d. 2 + 9 g. 17 − 8 j. 13 − 8
b. 7 + 7 e. 8 + 3 h. 12 − 8
c. 7 + 4 f. 9 − 5 i. 16 − 9

3 Calcule mentalement ou en ligne.
a. 55 − 8 c. 81 − 9 e. 253 − 6 g. 600 − 7
b. 34 − 7 d. 75 − 6 f. 790 − 5 h. 591 − 4

Séance 2

4 Écris en chiffres.
a. « six-mille-sept-cents »
b. « quatre-mille-cent-six »

5 Calcule rapidement.
a. 4 + 5 d. 7 + 6 g. 8 − 3 j. 10 − 3
b. 3 + 9 e. 4 + 8 h. 12 − 7
c. 7 + 3 f. 18 − 9 i. 11 − 5

6 Calcule mentalement ou en ligne.
a. 4353 − 6 d. 3073 − 5 g. 8560 − 2
b. 1086 − 8 e. 2374 − 9 h. 1035 − 7
c. 5932 − 4 f. 1451 − 3

Séance 3

7 Identifie le chiffre des centaines.
a. 762 b. 4509 c. 6007

8 Calcule rapidement.
a. 8 + 5 d. 7 + 2 g. 12 − 9 j. 13 − 6
b. 6 + 6 e. 9 + 7 h. 11 − 8
c. 9 + 8 f. 15 − 7 i. 12 − 5

9 Calcule mentalement ou en ligne.
a. 70 − 40 d. 360 − 50 g. 800 − 500
b. 34 − 20 e. 520 − 40 h. 1000 − 700
c. 81 − 50 f. 930 − 60

Séance 4

10 Identifie le chiffre des dizaines.
a. 95 b. 9208 c. 8541

11 Calcule rapidement.
a. 8 + 8 d. 5 + 8 g. 10 − 8 j. 15 − 9
b. 6 + 5 e. 4 + 3 h. 16 − 8
c. 4 + 9 f. 11 − 6 i. 17 − 9

12 Calcule mentalement ou en ligne.
a. 106 − 30 d. 542 − 180 g. 3450 − 80
b. 225 − 40 e. 348 − 60 h. 5000 − 70
c. 314 − 210 f. 1215 − 20

Atelier problèmes 3

Résoudre des problèmes additifs à une ou deux étapes : parties - tout (2)

Découverte La bibliothèque

Dans la bibliothèque de l'école, il y a 137 romans, 224 bandes dessinées et 128 documentaires.

Combien cela fait-il de livres en tout ?

Application Les poussins

Dans la ferme de Madame Lecoq, 170 poussins ont éclos lundi, 204 mardi et 586 mercredi.

Combien de poussins ont éclos en trois jours ?

Reproduis et complète le schéma avec les données du problème et un point d'interrogation, puis réponds à la question.

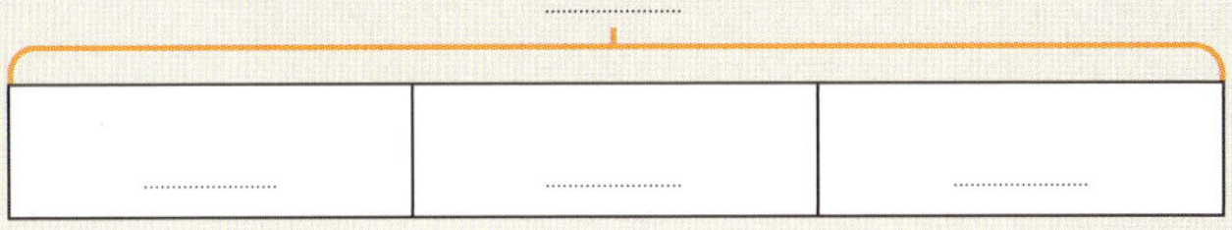

Problème 1

Madame Myrtille va faire une randonnée dans les Vosges. Elle prévoit une première étape de 15 km, une deuxième étape de 12 km et une troisième de 16 km.

Quelle distance va-t-elle parcourir ?

Problème 2

Léo a 19 € dans sa tirelire et 5 € dans sa poche. Il veut se rendre à la librairie pour acheter des livres.

A-t-il assez d'argent pour acheter un roman à 8 € et une bande dessinée à 17 € ?

Problème 3

Chez le marchand de fromage, un restaurateur achète pour 35 € de comté, 28 € de beaufort et 10 reblochons à 7 € chacun.

Combien doit-il payer au total ?

Problème 4

M. Durand s'achète trois pantalons dont les prix sont affichés avec des remises comme suit :

- 85 euros au lieu de 120 euros pour le premier ;
- 77 euros au lieu de 117 euros pour le deuxième ;
- 95 euros au lieu de 153 euros pour le troisième.

Quel est le montant total des remises dont bénéficie M. Durand ?

Reconnaitre des droites perpendiculaires

1 Dans quelles figures les paires de droites sont-elles perpendiculaires ?

2 ★★ Indique les paires de droites qui sont perpendiculaires.

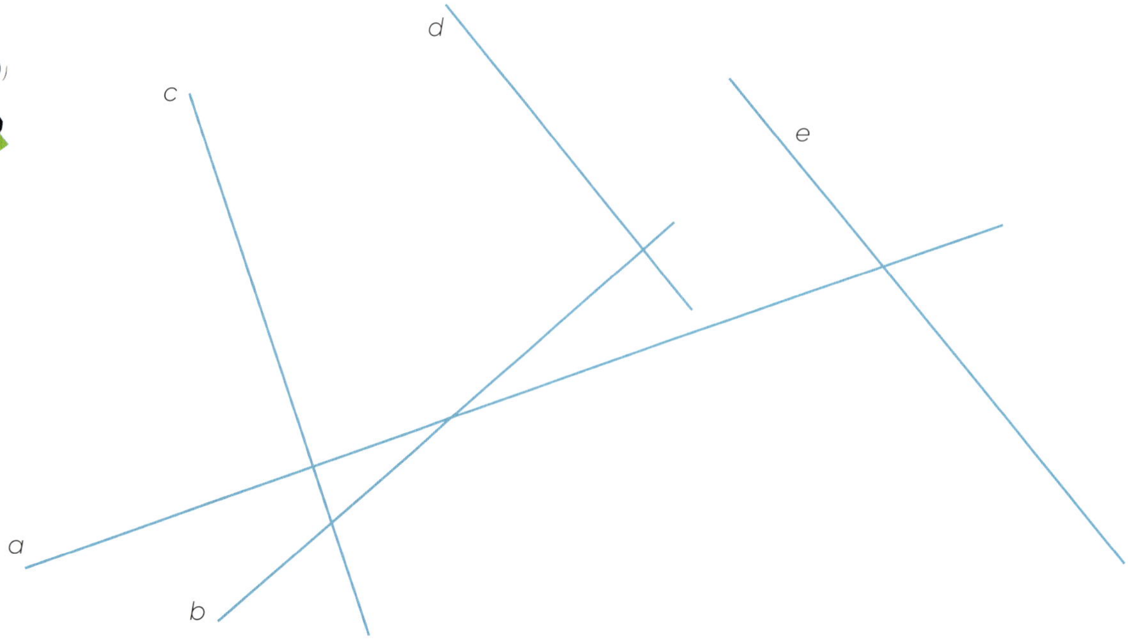

3 Dans cet exercice, seul le pliage est autorisé. Vérifie ensuite tes réponses à l'aide de l'équerre.

a. Découpe et plie la feuille n° 1 de façon à obtenir un pli perpendiculaire à la droite *d*. Y a-t-il plusieurs possibilités ?

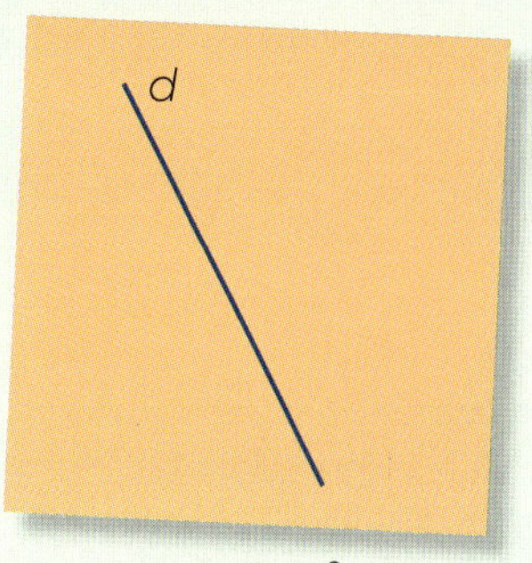

feuille n° 1

b. Découpe et plie la feuille n° 2 de façon à obtenir un pli qui passe par le point A et qui est perpendiculaire à la droite *d*. Y a-t-il plusieurs possibilités ?

c. Plie la feuille n° 2 de façon à obtenir un pli qui passe par le point B et qui est perpendiculaire à la droite *d*. Y a-t-il plusieurs possibilités ?

d. Plie la feuille n° 2 de façon à obtenir un pli qui passe par le point C et qui est perpendiculaire à la droite *d*. Y a-t-il plusieurs possibilités ?

feuille n° 2

Tracer une droite perpendiculaire à une droite donnée et passant par un point donné

4 ★ Trace la droite qui passe par le point A et qui est perpendiculaire à la droite *d*.

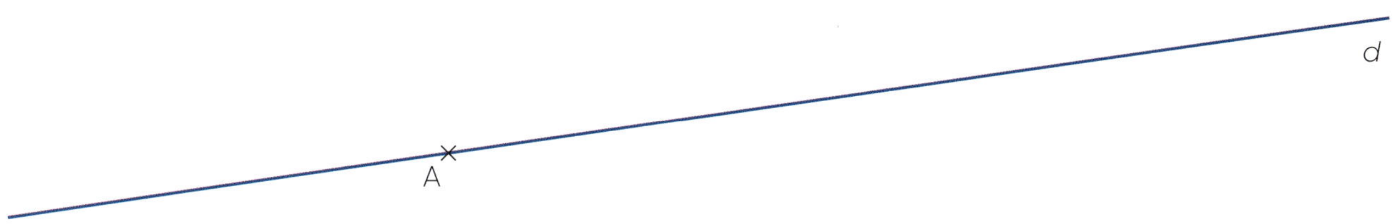

5 ★★ Trace la droite qui passe par le point B et qui est perpendiculaire à la droite *g*.

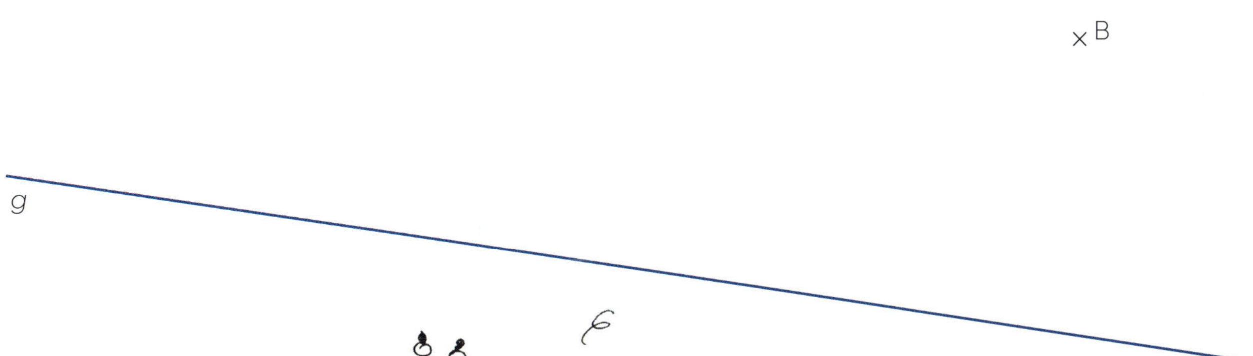

4 Droites perpendiculaires

Je sais déterminer le plus court chemin entre deux points.

En utilisant la règle graduée, mesure en millimètres :

a. la longueur du segment [BC].
BC = ... mm

b. la distance du point A au point C :
AC = ... mm

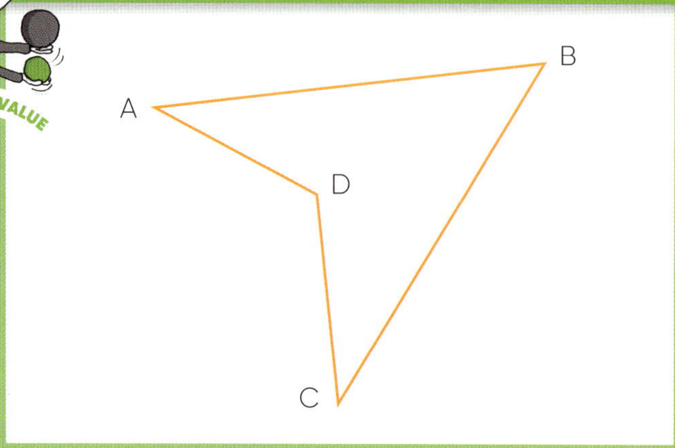

Je sais déterminer le plus court chemin entre un point et une droite.

À quelle distance de la droite *d* se trouve chacun des points A, B et C ?

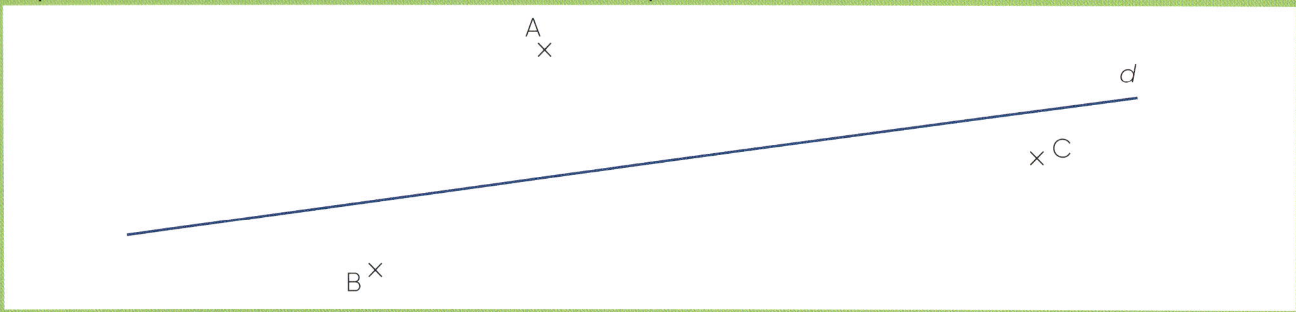

Je sais reconnaître des droites perpendiculaires.

Dans quelles figures les paires de droites sont-elles perpendiculaires ?

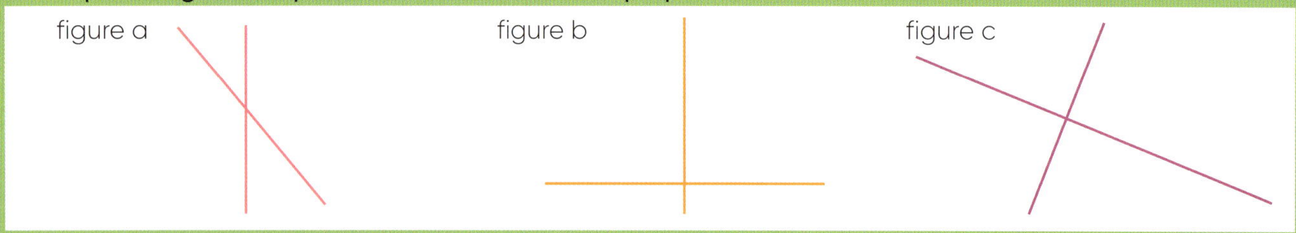

Je sais tracer une droite perpendiculaire à une droite donnée et passant par un point donné.

Trace la droite perpendiculaire à la droite *d* qui passe par le point A.

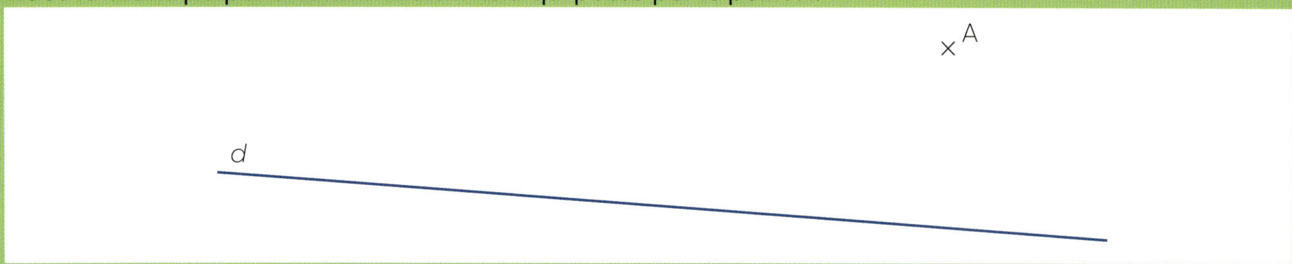

6 ★ Trace une droite *d*.
Trace les droites *e*, *f* et *g* qui sont toutes les trois perpendiculaires à *d*. Que remarques-tu ?

7 ★★★ Trace une droite *d*.
Place un point A qui n'est pas sur la droite *d*.
Trace une droite *h* qui passe par le point A et qui est perpendiculaire à la droite *d*.
Combien de possibilités y a-t-il pour tracer la droite *h* ?

8 ★★ Trouve les paires de droites qui sont perpendiculaires.

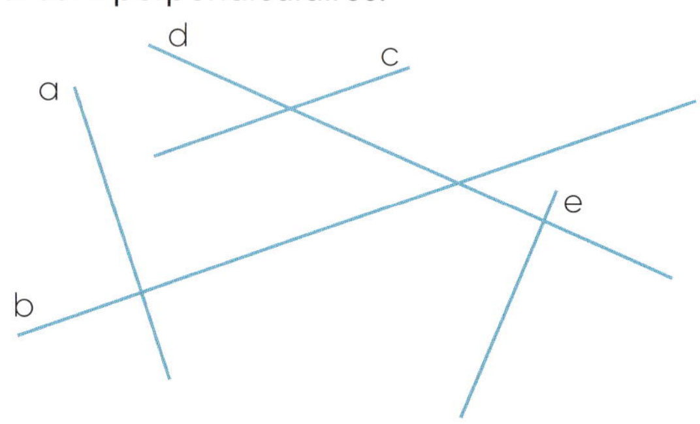

Flash maths 4

Polygones

1 Quelles figures sont des quadrilatères ?

Durées

2 Choisis l'unité qui convient :
• heure (h), minute (min), seconde (s).

a. Une journée, c'est 24 ....
b. Une minute, c'est 60 ....
c. Une heure, c'est 60 ....

Lire l'heure

3 Quelle heure est-il ?
a. 8 h 20
b. 4 h 40
c. 3 heures 40 minutes
d. 4 h moins 20
e. 3 h 40

4 Quelle heure est-il ?
a. 10 h moins 25
b. 7 h 50
c. 9 heures 35 minutes
d. 9 h 35
e. 10 heures moins 25 minutes

Addition et la soustraction

Ordre de grandeur du résultat

5 Trouve le nombre le plus proche du résultat sans effectuer l'opération.

2345 + 4998

a. 2000 b. 6000 c. 7000 d. 8000

6 Trouve le nombre le plus proche du résultat sans effectuer l'opération.

2382 – 411

a. 2700 b. 1900 c. 320 d. 170

Calcul 4

Calcul mental *Connaitre les tables d'addition et de soustraction* *Calculer un complément*

Séance 1

1 Combien de boites de 10 œufs puis-je remplir
a. avec 234 œufs ?
b. avec 340 œufs ?
c. avec 3 456 œufs ?
d. avec 6 008 œufs ?

2 Calcule rapidement.
a. 5 + ... = 11
b. 7 + ... = 15
c. 8 + ... = 17
d. 6 + ... = 13
e. 2 + ... = 11
f. 4 + ... = 12

3 Calcule le complément.
a. 85 + ... = 90
b. 92 + ... = 100
c. 103 + ... = 110
d. 834 + ... = 840
e. 1 956 + ... = 1 960
f. 1 207 + ... = 1 210
g. 6 543 + ... = 6 550
h. 4 996 + ... = 5 000

Séance 2

4 Combien de boites de 10 œufs puis-je remplir
a. avec 906 œufs ?
b. avec 76 œufs ?
c. avec 3 000 œufs ?
d. avec 892 œufs ?

5 Combien pour aller
a. de 6 à 14 ?
b. de 9 à 15 ?
c. de 3 à 12 ?
d. de 7 à 11 ?
e. de 8 à 16 ?
f. de 4 à 13 ?

6 Combien pour aller
a. de 52 à 60 ?
b. de 52 à 80 ?
c. de 965 à 970 ?
d. de 965 à 990 ?
e. de 487 à 490 ?
f. de 487 à 500 ?
g. de 1 643 à 1 650 ?
h. de 1 643 à 1 680 ?

Séance 3

7 Combien de boites de 100 trombones puis-je remplir
a. avec 1 700 trombones ?
b. avec 2 034 trombones ?
c. avec 783 trombones ?

8 Calcule rapidement
a. la différence de 13 et de 9.
b. la somme de 8 et de 5.
c. la différence de 11 et de 4.
d. l'écart entre 12 et 8.

9 Calcule.
a. 426 + ... = 500
b. 758 + ... = 800
c. 2 673 + ... = 2 700
d. 45 647 + ... = 45 700

Combien pour aller
e. de 852 à 900 ?
f. de 524 à 600 ?
g. de 5 074 à 5 100 ?
h. de 9 983 à 10 000 ?

Séance 4

10 Combien de boites de 100 trombones puis-je remplir
a. avec 3 905 trombones ?
b. avec 1 450 trombones ?
c. avec 12 000 trombones ?

11 Calcule rapidement.
a. Combien faut-il retrancher à 15 pour obtenir 6 ?
b. Combien faut-il ajouter à 4 pour obtenir 11 ?
c. Combien faut-il ôter à 13 pour obtenir 7 ?
d. Combien faut-il retirer à 14 pour obtenir 6 ?

12 Résous les problèmes.
a. Lilou a 37 billes. À la récréation, elle en gagne 9.
Combien de billes a-t-elle maintenant ?
b. Léo a 6 pochettes de 5 images.
Combien d'images a-t-il en tout ?
c. Dans une salle de théâtre, il y a 364 places. Ce soir, le spectacle n'est pas complet. Il reste 9 places libres.
Combien de spectateurs assistent à ce spectacle ?
d. Hier, les poules de Monsieur Mollet ont pondu 168 œufs. Aujourd'hui, elles ont pondu 7 œufs de plus.
Combien d'œufs ont-elles pondus aujourd'hui ?
e. La directrice a besoin de 42 stylos bleus.
Combien doit-elle acheter de boites de 6 stylos bleus ?

Atelier problèmes 4

Résoudre des problèmes additifs à une ou deux étapes : parties - tout (3)

Découverte L'avion

Un avion de ligne doit effectuer un vol de 4567 km. Sur un écran de contrôle, on peut lire que cet avion a déjà parcouru 1384 km.

Quelle distance, en km, l'avion doit-il encore parcourir pour parvenir à destination ?

Problème 1

Un avion de ligne doit effectuer un vol de 8096 km. Sur un écran de contrôle, on peut lire que cet avion doit encore parcourir 5675 km pour parvenir à destination.

Quelle distance, en km, l'avion a-t-il déjà parcourue ?

Problème 2

Le centre commercial dispose d'un parking de 340 places. À l'entrée du parking, un panneau indique qu'il y a 180 places disponibles.

Combien de voitures sont garées sur le parking ?

Problème 3

Le facteur a parcouru 8 km à vélo et a distribué 415 courriers dans la journée.
Il en a distribué 267 le matin.

Combien a-t-il distribué de courriers l'après-midi ?

Problème 4

Au Stade de France, on a compté 78678 spectateurs. 73270 spectateurs sont des supporteurs de l'équipe de France, et tous les autres sont des supporteurs de l'équipe de Belgique.

Combien y a-t-il de supporteurs pour l'équipe belge ?

Problème 5

Pour jouer au tennis, Noa achète une raquette à 48 €, un short à 17 € et un sac de sport à 64 €.
Il a 200 € sur son compte en banque.

Quelle somme lui reste-t-il après avoir fait ses achats ?

5 Nombres jusqu'à 999 999 (2)

Repérer et placer les grands nombres sur une demi-droite graduée

1 Pour chaque liste de nombres, trouve ceux qui sont repérés par les lettres A, B et C.

a. 29 900 | 41 100 | 29 000 | 33 200 | 41 800 | 33 500

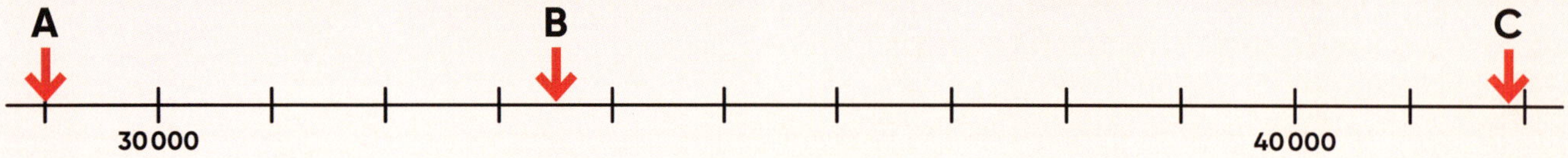

b. 95 713 | 95 694 | 95 760 | 95 699 | 95 750 | 95 719

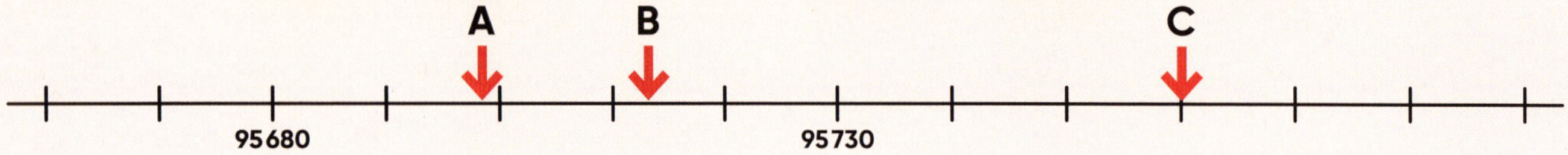

c. 799 102 | 800 050 | 799 750 | 800 000 | 799 180 | 799 675

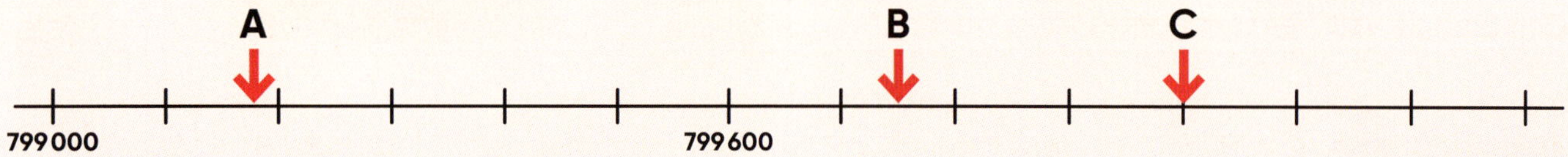

2 Pour chaque droite graduée, écris les nombres qui correspondent aux repères A, B, C et D.

a. ★

b. ★★

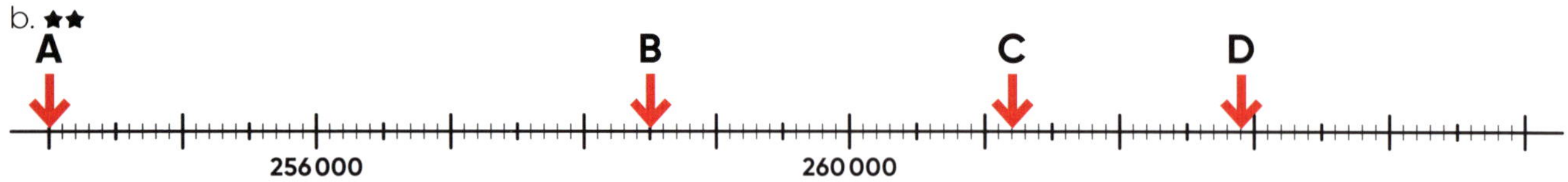

c. ★★

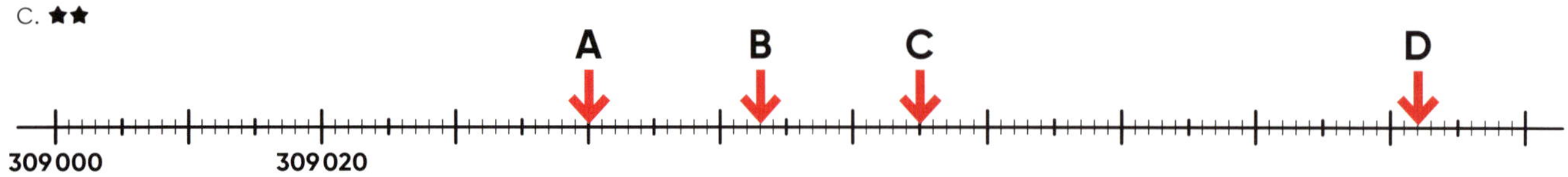

Je vais apprendre à utiliser et représenter les nombres jusqu'à 999 999.

3 Corentin et Arthur jouent à la bataille des grands nombres.
Écris chaque fois le plus grand des deux nombres.

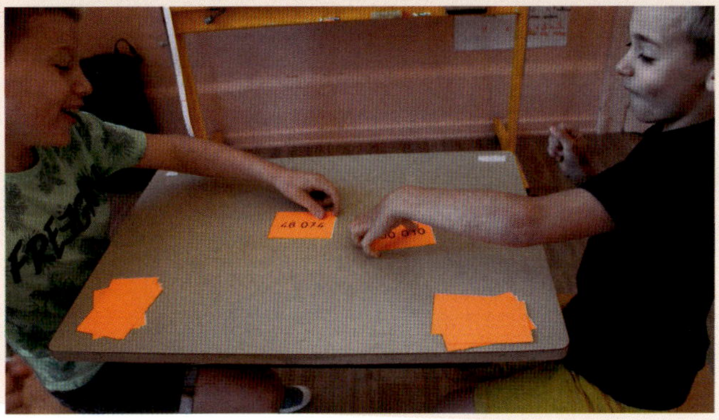

	Corentin	Arthur
a	10 002	9 957
b	93 831	93 829
c	482 957	483 020
d	841 075	839 756
e	197 842	200 000
f	860 849	861 000
g	98 749	102 001

Comparer, ranger et encadrer les grands nombres

4 ★ Complète avec les signes < ou >. Souligne le plus petit des deux nombres.

a. 47 986 ...... 461 005
b. 56 893 ...... 54 903
c. 50 036 ...... 50 306
d. 309 900 ...... 290 999
e. 208 784 ...... 280 784
f. 982 006 ...... 983 005

5 ★★ Complète avec un nombre qui convient.

a. 30 085 < .... < 30 100
b. 89 999 < .... < 90 001
c. 560 000 < .... < 570 000
d. 980 000 < .... < 980 010

6 ★★★ Complète avec les signes <, > ou =.

a. 58 730 + 100 ...... 58 830 + 10
b. 389 000 + 1 000 ...... 389 999 + 1
c. 954 936 + 1 000 ...... 944 936 + 10 000
d. 815 312 + 110 110 ...... 915 312 + 10 100

7 ★ Range ces planètes dans l'ordre croissant de leur diamètre.

Planète	Diamètre en km
Mercure	4 900
Vénus	12 100
Terre	12 750
Mars	6 790
Jupiter	143 000
Saturne	121 000
Uranus	51 000
Neptune	49 000

8 ★★ Encadre chaque nombre à la dizaine près.

456 670 < 456 673 < 456 680

a. .... < 60 981 < ....
b. .... < 803 034 < ....
c. .... < 76 995 < ....

9 ★★ Encadre chaque nombre par deux milliers consécutifs.

456 000 < 456 789 < 457 000

a. .... < 859 730 < ....
b. .... < 240 905 < ....
c. .... < 45 812 < ....

Poser et calculer des additions et des soustractions

10 ★★ Pose et effectue les opérations.

a. 42 238 + 34 563
b. 68 059 + 84 264
c. 653 284 + 278 513
d. 484 709 + 23 541

11 ★★ Pose et effectue les opérations.

a. 23 704 – 9 623
b. 42 741 – 19 435
c. 586 252 – 177 084
d. 801 758 – 327 690

5 Nombres jusqu'à 999 999 (2)

Je sais utiliser et représenter les nombres jusqu'à 999 999.

Pour chaque question, trouve la ou les bonnes réponses parmi celles proposées.

	a	b	c
1 Tu dois compter de 10 000 en 10 000 de 165 958 à 225 958. Quels sont les nombres que tu vas dire ?	175 958	215 958	184 958
2 Quels nombres sont supérieurs à 89 503 ?	100 002	89 499	90 000
3 Quels nombres sont inférieurs à 372 060 ?	380 000	372 058	371 884
4 Quels nombres sont supérieurs à sept-cent-cinquante-neuf-mille-quatre-cent-quatre-vingt-seize ?	759 500	760 000	758 678
5 Quels nombres sont compris entre 234 000 et 235 000 ?	234 540	234 009	23 490
6 Quel nombre est compris entre 748 380 et 748 390 ?	748 387	749 381	74 389
7 Le nombre qui vient juste avant 809 590 est…	808 400	809 589	809 580
8 Le nombre qui vient juste après 753 999 est…	753 100	754 100	754 000

12 ★ Range les nombres suivants dans l'ordre croissant. Écris-les en chiffres.

Croissant signifie qui va en augmentant.

trois-cent-mille-soixante — douze-mille-quatre — soixante-treize-mille-deux-cents

cent-mille-sept-cent-deux — huit-cent-mille — quatre-vingt-dix-huit-mille

13 ★ Range les nombres suivants par ordre décroissant.

Décroissant signifie qui va en diminuant.

632 701 — 63 499 — 633 699

63 271 — 615 899 — 62 978

14 ★★ Range les nombres suivants par ordre croissant.

Croissant signifie qui va en augmentant.

110 001 — 11 110 — 101 110

101 010 — 111 000 — 10 101

15 ★ Complète le tableau.

Nombre qui vient juste avant		Nombre qui vient juste après
	56 679	
	29 000	
	683 100	
	729 999	

Quel est le plus petit nombre formé de 5 chiffres différents ?

Quel est le plus grand nombre formé de 5 chiffres différents ?

Flash maths 5

Addition et soustraction

1 La distance entre la Terre et la Lune varie en fonction de la position de la Lune sur son orbite.
Le résultat de cette addition te donnera la distance maximale entre la Terre et la Lune (en kilomètres).

```
  257 876
+ 147 624
```

2 Le résultat de cette soustraction te donnera la distance minimale entre la Terre et la Lune (en kilomètres).

```
  783 508
- 427 098
```

Durées

3 Choisis l'unité qui convient : mois, semaine, jour, heure.

a. 1 an = 365 ou 366 ....
b. 1 an = 52 ....
c. 1 an = 12 ....

4 Choisis l'unité qui convient : mois, semaine, jour, heure.

a. 1 mois = 31, 30, 29 ou 28 ....
b. 1 semaine = 7 ....
c. 1 jour = 24 ....

Mesures de longueurs

5 Combien peut mesurer la longueur d'une voiture ?

a. 41 cm
b. 410 km
c. 4 m 10 cm
d. 410 cm
e. 4 100 mm

Solides

6 Réponds aux questions.

a. Comment s'appelle ce solide ?
b. Combien a-t-il de sommets ?
c. Ce solide est-il un polyèdre ? Pourquoi ?

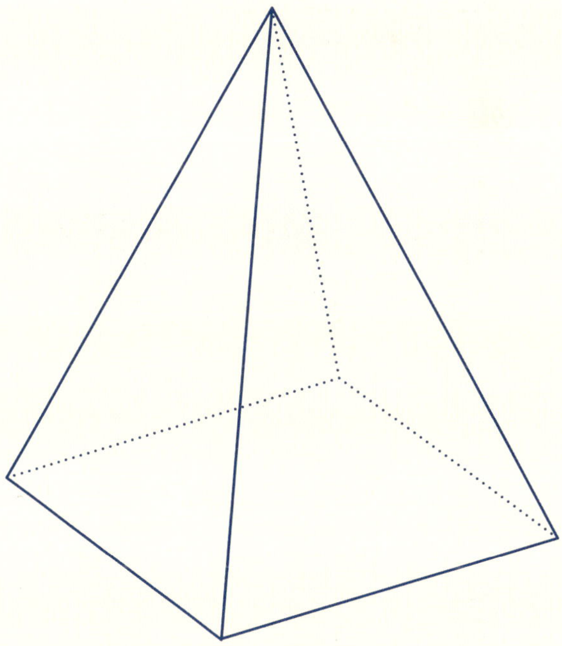

Calcul 5

Calcul mental *Connaitre les tables de multiplication* *Compléter à 100, à 1000, à 10 000*

Séance 1

1 Écris en chiffres.
a. « quarante-cinq-mille-deux-cent-seize »
b. « quatre-vingt-mille »

2 Calcule rapidement.

a. 2 x 2	c. 4 x 4	e. 6 x 6	g. 8 x 8
b. 3 x 3	d. 5 x 5	f. 7 x 7	h. 9 x 9

3 Calcule.

a. 60 + ... = 100	d. 73 + ... = 100
b. 30 + ... = 100	e. 17 + ... = 100
c. 65 + ... = 100	f. 3 + ... = 100

Combien pour aller

g. de 82 à 100 ?	i. de 41 à 100 ?
h. de 8 à 100 ?	j. de 55 à 100 ?

Séance 2

4 Écris en chiffres.
a. « quatorze-mille-vingt-huit »
b. « soixante-dix-mille-quatre-cents »

5 Calcule rapidement.

a. 2 x 3	c. 7 x 10	e. 3 x 5	g. 3 x 3
b. 3 x 4	d. 5 x 5	f. 2 x 4	h. 4 x 5

6 Complète pour obtenir 1000.

a. 600	c. 550	e. 460
b. 200	d. 870	

Calcule.

f. 567 + ... = 1000	h. 75 + ... = 1000
g. 895 + ... = 1000	i. 7 + ... = 1000

Séance 3

7 Identifie le chiffre des centaines.

a. 74 629	b. 40 278	c. 69 083

8 Calcule rapidement.

a. 2 x 6	c. 9 x 10	e. 8 x 4	g. 3 x 3
b. 8 x 3	d. 9 x 5	f. 2 x 4	h. 4 x 5

9 Complète pour obtenir 10 000.

a. 4000	c. 7600	e. 2550	g. 9560
b. 3500	d. 6200	f. 4850	h. 7845

Séance 4

10 Identifie le chiffre des dizaines.

a. 89 724	b. 91 403	c. 87 507

11 Calcule rapidement.

a. 2 x 7	c. 4 x 10	e. 8 x 3	g. 9 x 4
b. 9 x 3	d. 8 x 5	f. 2 x 4	h. 6 x 5

12 Problèmes.

a. Monsieur Leblanc a 67 €.
Combien d'argent lui manque-t-il pour acheter un manteau qui coute 100 € ?

b. **Combien y a-t-il de chocolats dans une boite où on compte 8 rangées de 5 chocolats ?**

c. Fatou reconstitue un puzzle de 10 000 pièces. Elle a déjà placé 6 700 pièces.
Combien de pièces lui reste-t-il à poser ?

d. Dans un tournoi de mini-basket, 7 équipes de 5 joueurs sont engagées.
Combien de joueurs participeront à ce tournoi ?

Atelier problèmes 5

Résoudre des problèmes additifs à une ou deux étapes : ajout ou retrait (1)

Découverte Les crêpes

Ce soir, Sami a préparé 19 crêpes. Il en a mangé 6. Il reste encore 25 crêpes pour ses frères et sœurs.

a. Lis ce texte et dis ce que tu remarques.

b. Modifie les données de ce texte pour que la situation soit possible.

Ce soir, Sami a préparé .... crêpes.
Il en a mangé ....
Il reste encore .... crêpes pour ses frères et sœurs.

c. Ce texte est-il un énoncé de problème ? Pourquoi ?

d. Écris la question qui manque à cet énoncé de problème puis réponds.

Ce soir, Sami a préparé des crêpes. Il en mange 8 et en donne 26 à ses frères et sœurs.

Exercice 1

Complète le texte.

Ce soir, Sami a préparé 50 crêpes.
Il en a mangé 8.
Il reste encore .... crêpes pour ses frères et sœurs.

Exercice 2

Complète le texte.

Ce soir, Sami a préparé 60 crêpes.
Il en a mangé ....
Il reste encore 57 crêpes pour ses frères et sœurs.

Exercice 3

Complète le texte.

Ce soir, Sami a préparé .... crêpes.
Il en a mangé 5.
Il reste encore 45 crêpes pour ses frères et sœurs.

Problème 1

Madame Vargas a 125 euros en poche. Elle entre dans un magasin et s'achète une paire de chaussures à 75 euros.

Avec combien d'argent ressort-elle du magasin ?

Problème 2

Monsieur Simenon entre dans un magasin avec 150 euros en poche. Il s'achète une paire de chaussures puis il ressort avec 80 euros.

Combien d'argent a-t-il dépensé ?

Problème 3

Madame Agatha entre dans un magasin où elle achète une paire de chaussures à 65 €. Elle sort du magasin avec 24 €.

Avec combien d'argent Mme Agatha est-elle entrée dans le magasin ?

6 Fractions (1)

Utiliser des fractions pour mesurer des longueurs

1 Utilise la bande unité bleue pour mesurer la longueur des segments.

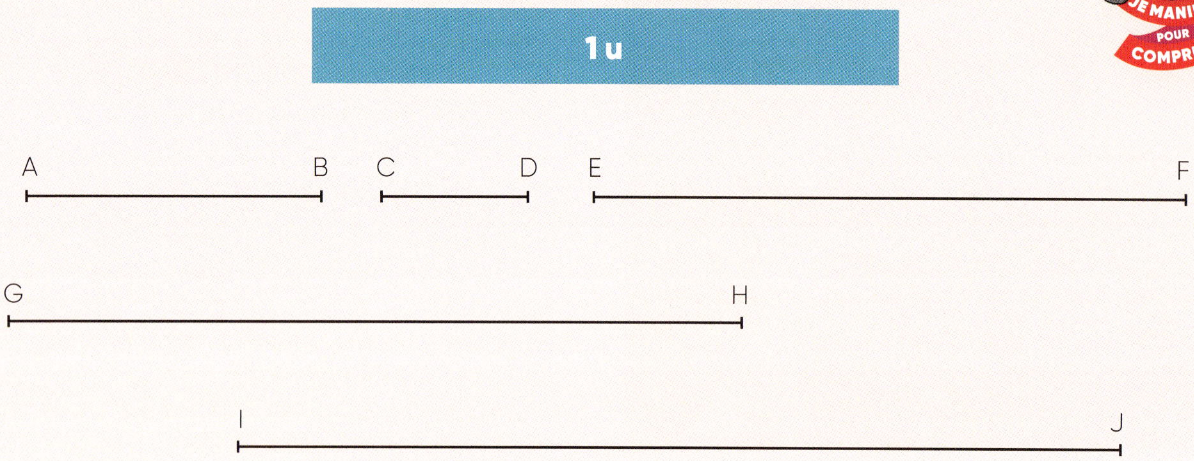

Trouve le segment dont la longueur est égale

a. au quart de l'unité.

b. à la moitié de l'unité.

c. à une unité.

d. à une unité plus la moitié de l'unité.

e. à une unité plus un quart de l'unité.

Trace un segment [KL] dont la longueur est égale à deux unités plus un quart de l'unité.

2 ★ Retrouve la longueur du segment parmi les trois propositions suivantes.

a. $\frac{1}{4}$ u b. $\frac{1}{2}$ u c. $\frac{1}{3}$ u

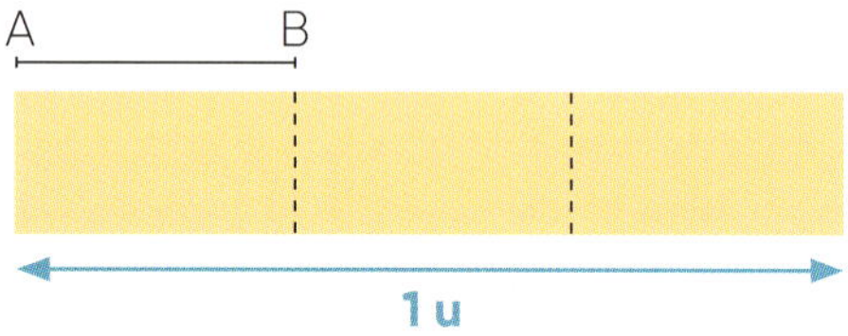

3 ★ Retrouve la longueur du segment parmi les trois propositions suivantes.

a. $\frac{1}{4}$ u b. $\frac{1}{2}$ u c. $\frac{1}{3}$ u

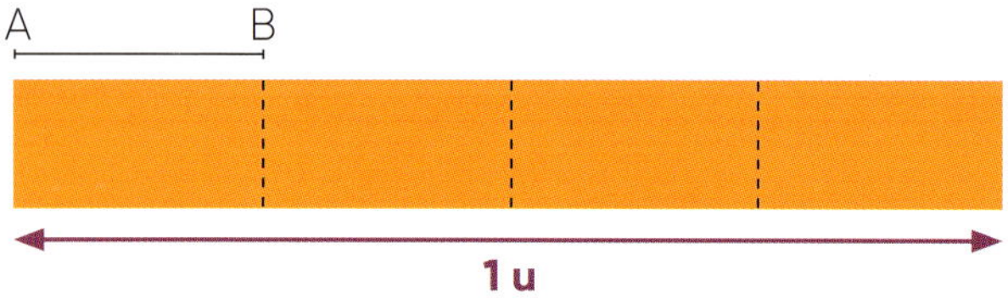

4 ★ Dans chaque cas, écris la fraction représentée par la partie colorée.

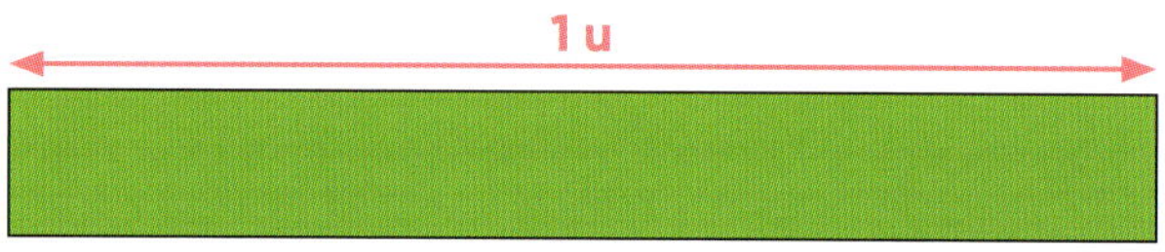

a.

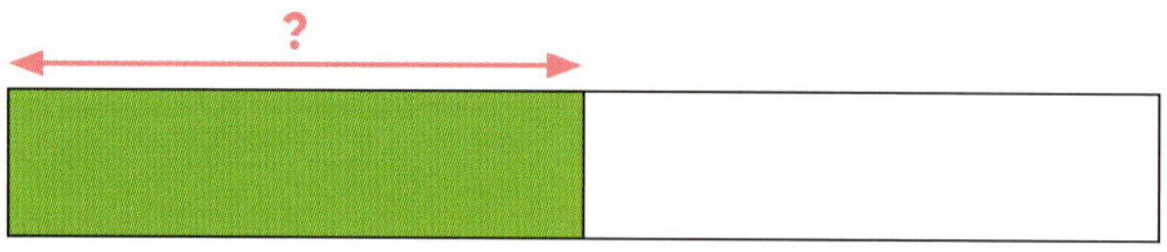

b.

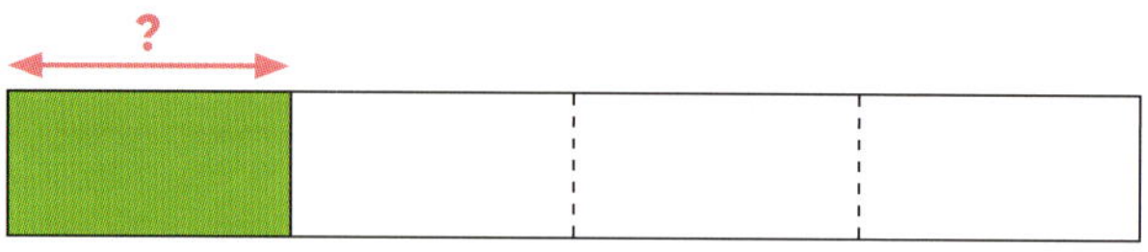

c.

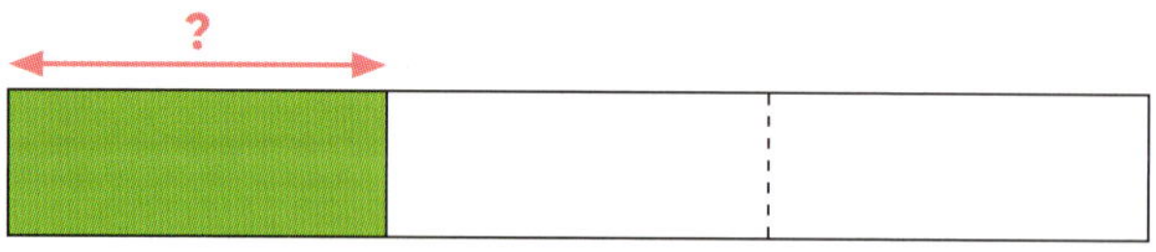

d.

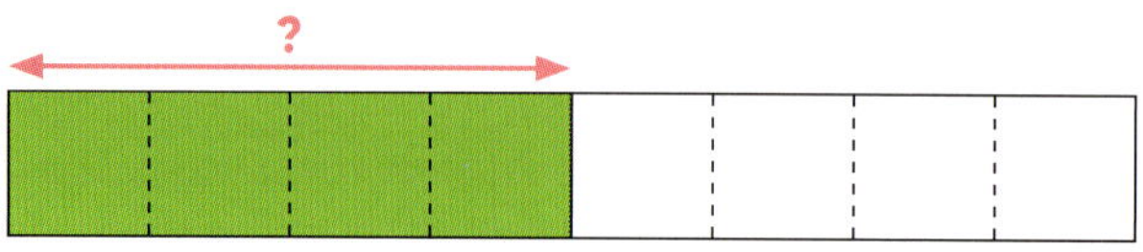

5 ★★ Utilise la bande unité rouge pour mesurer la longueur des segments.

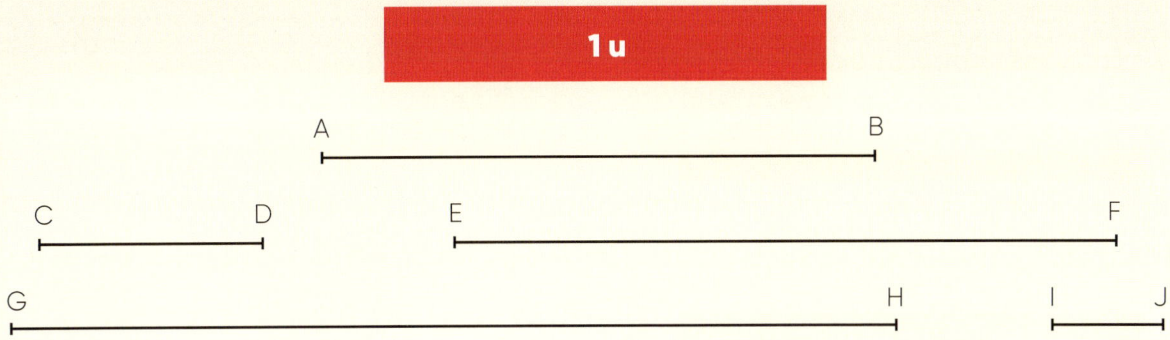

Cherche les segments qui correspondent aux mesures ci-dessous.

a. $\frac{1}{4}$ u　　b. $1 + \frac{1}{2}$ u　　c. $\frac{1}{2}$ u　　d. $1 + \frac{1}{4}$ u

Quelle est la longueur du segment [GH] ?

6 ★★ Dans chaque cas, écris la fraction représentée par la partie colorée.

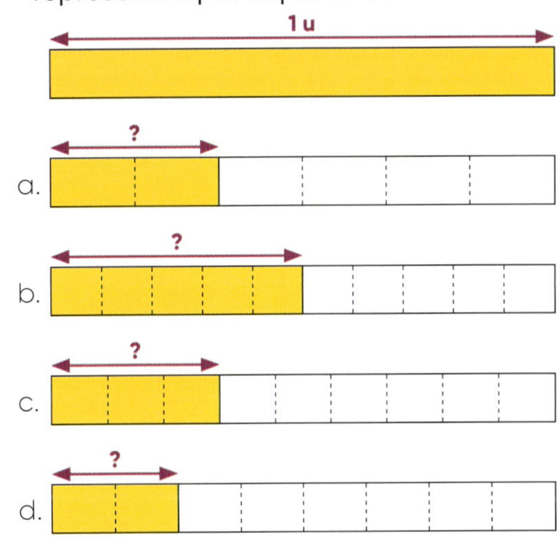

7 ★★ Exprime la longueur du segment [CD] par une fraction.

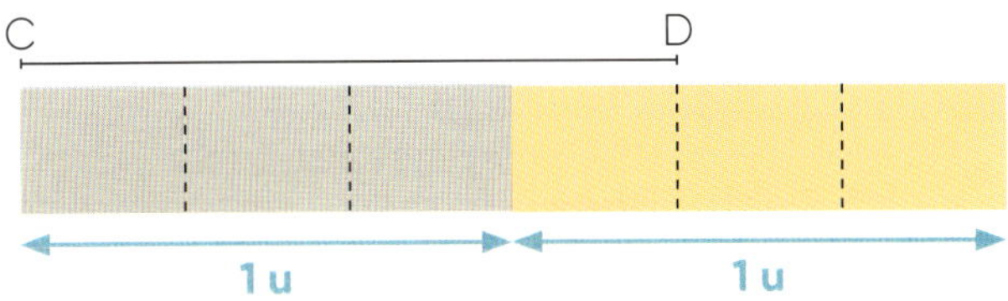

8 ★★★ Associe chaque bande à la longueur qui convient.

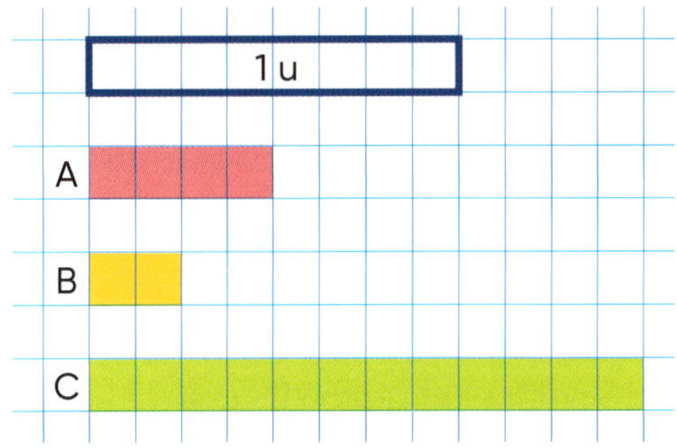

$\frac{1}{4}$ u　　$1 + \frac{1}{3}$ u　　$\frac{1}{3}$ u　　$\frac{1}{2}$ u　　$1 + \frac{1}{2}$ u

9 ★★★ Associe chaque bande à la longueur qui convient.

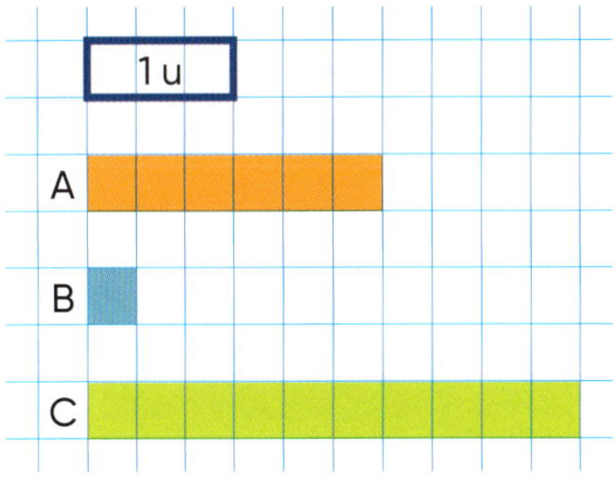

$\frac{1}{2}$ u　　$3 + \frac{1}{3}$ u　　$\frac{1}{3}$ u　　2 u　　$1 + \frac{1}{2}$ u

Lire et écrire des fractions simples

10 ★ Complète.

a. Dans une unité, il y a .... quarts d'unité.

b. Dans une unité, il y a .... demi-unités.

c. Dans une unité, il y a .... tiers d'unités.

11 ★ Écris les fractions en chiffres.

a. un quart　　b. un demi　　c. un tiers

6 Fractions (1)

Je sais utiliser des fractions pour mesurer des longueurs.

Pour chaque question, trouve la ou les bonnes réponses parmi celles proposées.

	a	b	c
1 Quelle est la longueur du segment [AB] ? 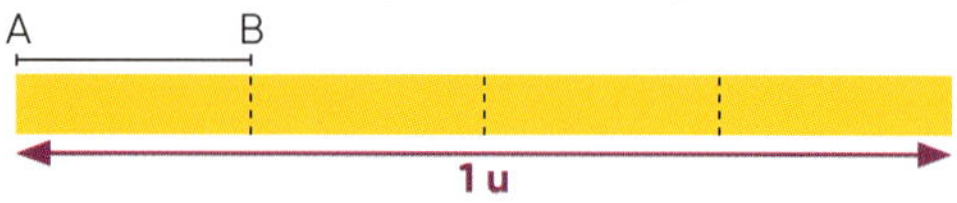	$\frac{1}{2}$	$\frac{1}{3}$	$\frac{1}{4}$
2 Quelle est la longueur du segment [CD] ? 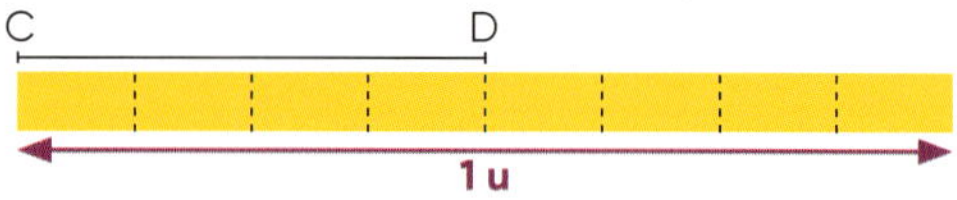	$\frac{1}{4}$	$\frac{1}{2}$	$\frac{1}{3}$
3 Quelle est la longueur du segment [EF] ? 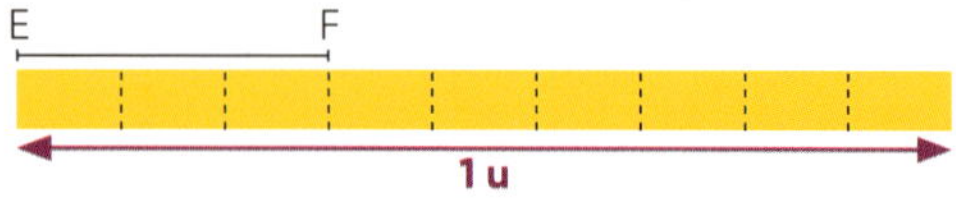	$\frac{1}{3}$	$\frac{1}{4}$	$\frac{1}{2}$

Je sais lire et écrire des fractions simples.

Pour chaque question, trouve la ou les bonnes réponses parmi celles proposées.

	a	b	c
4 Comment la fraction $\frac{1}{3}$ s'écrit-elle en lettres ?	un quart	un demi	un tiers
5 Comment la fraction un demi s'écrit-elle en chiffres ?	$\frac{1}{2}$	$\frac{1}{3}$	$\frac{1}{4}$
6 Comment la fraction un quart s'écrit-elle en chiffres ?	$\frac{1}{2}$	$\frac{1}{3}$	$\frac{1}{4}$

12 ★ Écris la fraction qui correspond à la partie rouge de chaque drapeau.

13 ★★ Trouve l'étiquette qui correspond à la longueur du segment.

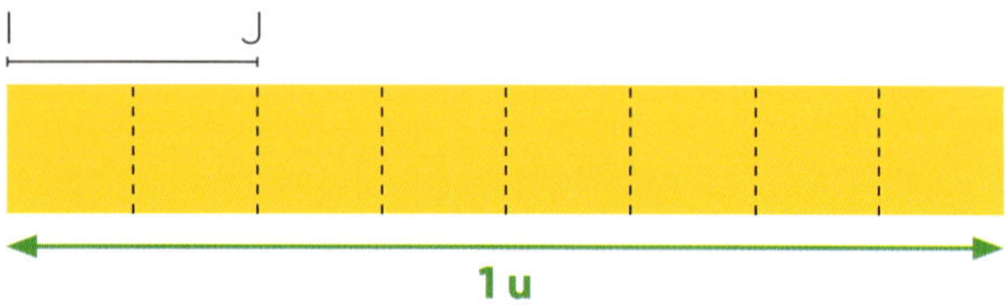

a. $\frac{1}{3}$ u b. $\frac{1}{4}$ u c. $\frac{1}{2}$ u

14 ★★★ Dans quelles bandes la partie colorée représente-t-elle $\frac{1}{2}$?

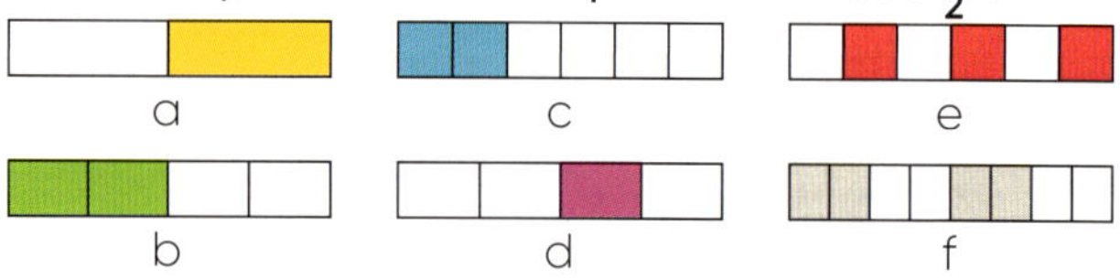

15 ★★★ Dans quelles bandes la partie colorée représente-t-elle $\frac{1}{4}$?

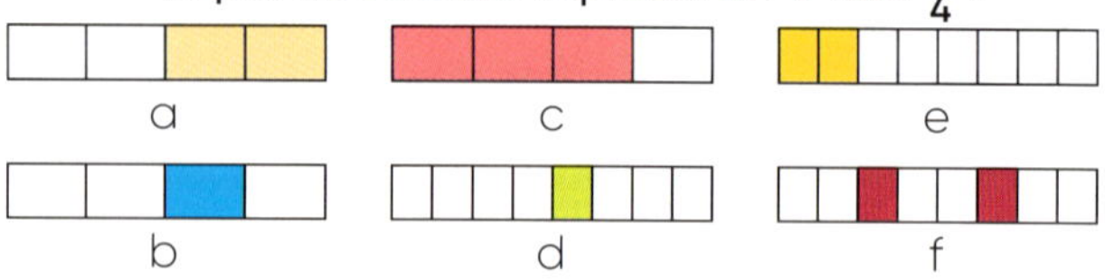

Je pense à un nombre et j'en prends le quart. Je trouve 8. À quel nombre ai-je pensé ?

Flash maths 6

Mesures de longueurs

1 Pour chaque situation, choisis l'unité qui te semble la plus appropriée : mm, cm, m, km.

a. La distance Rennes-Bordeaux
b. La largeur d'un terrain de handball
c. La longueur de ton livre de maths
d. La longueur d'une fourmi

Multiplication

2 Pour chaque multiplication, trouve le nombre le plus proche du résultat.

217 x 4

a. 400 b. 600 c. 800 d. 8000

305 x 7

a. 7300 b. 3400 c. 2100 d. 1200

3 Pose et effectue les opérations.

217 x 4 **305 x 7**

Durées

4 Complète.
a. Une demi-heure = ... minutes
b. Un quart d'heure = ... minutes
c. Trois quarts d'heure = ... minutes

5 Complète.
a. Une heure et demie = ... minutes
b. Une heure et quart = ... minutes
c. Trois heures = ... minutes

Solides

6 Réponds aux questions.

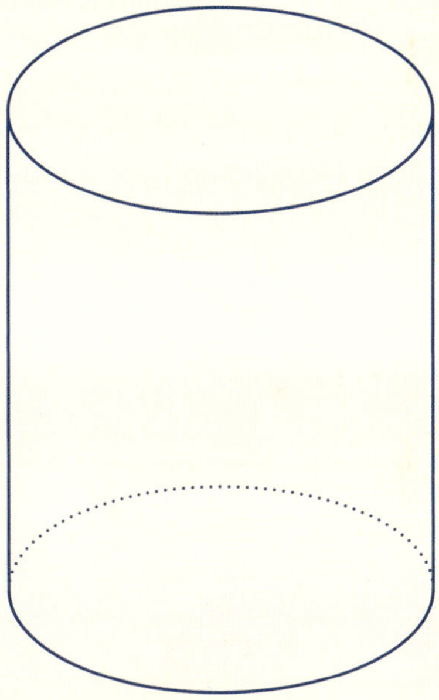

a. Comment s'appelle ce solide ?
b. Ce solide est-il un polyèdre ? Pourquoi ?

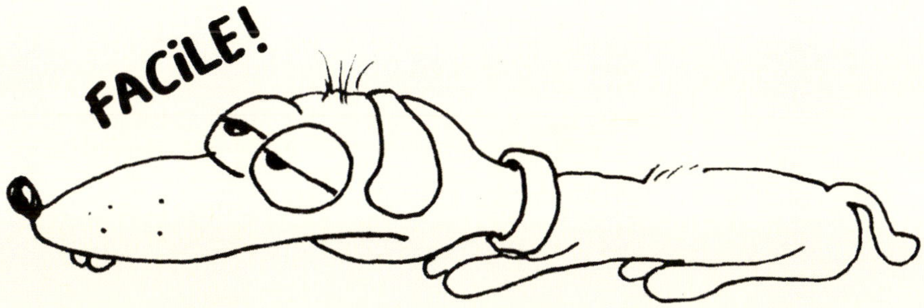

Calcul mental *Connaitre les tables de multiplication*
Calculer la somme ou la différence de deux nombres entiers

Séance 1

1 Combien de boites de 10 œufs puis-je remplir
a. avec 12 675 œufs ?
b. avec 56 340 œufs ?
c. avec 28 906 œufs ?
d. avec 40 000 œufs ?

2 Calcule rapidement.
a. 2 x 9
b. 9 x 5
c. 8 x 10
d. 7 x 5
e. 9 x 3
f. 8 x 4
g. 2 x 4
h. 9 x 4

3 Calcule en ligne.
a. 67 + 28
b. 54 + 17

Séance 2

4 Combien de sacs de 10 kilogrammes de pommes de terre un agriculteur peut-il obtenir
a. avec 7 800 kg de pommes de terre ?
b. avec 8 000 kg de pommes de terre ?
c. avec 56 700 kg de pommes de terre ?
d. avec 99 999 kg de pommes de terre ?

5 Calcule rapidement.
Combien de fois
a. 2 dans 12 ?
b. 4 dans 28 ?
c. 3 dans 21 ?
d. 5 dans 40 ?
e. 10 dans 60 ?
f. 4 dans 32 ?
g. 3 dans 27 ?

6 Calcule en ligne.
a. 327 + 465
b. 2 536 + 1 247

Séance 3

7 Combien de boites de 100 trombones un fabricant peut-il remplir
a. avec 15 763 trombones ?
b. avec 21 600 trombones ?
c. avec 97 006 trombones ?

8 Calcule rapidement.
a. 4 x ...... = 28
b. 9 x ...... = 27
c. 8 x ...... = 24
d. 7 x ...... = 21
e. 9 x ...... = 36
f. 8 x ...... = 40
g. 2 x ...... = 16
h. 7 x ...... = 35

9 Calcule en ligne.
a. 63 – 18
b. 56 – 19
c. 65 – 29

Séance 4

10 Combien de boites de 100 ballons un fabricant peut-il remplir
a. avec 10 000 ballons ?
b. avec 50 000 ballons ?
c. avec 89 780 ballons ?

11 Calcule rapidement.
a. 2 x 6
b. 8 x 3
c. 9 x 10
d. 9 x 5
e. 8 x 4
f. 2 x 4
g. 3 x 3
h. 4 x 5

12 Résous les problèmes.
a. Lilou a 45 € dans sa tirelire.
Sa grand-mère lui donne 17 euros.
Quelle somme d'argent contient sa tirelire maintenant ?
Lilou achète un jeu à 26 €.
Combien d'argent reste-t-il dans sa tirelire maintenant ?

b. Léo a 5 billes. Sami a 9 fois plus de billes que Léo.
Combien de billes a Sami ?

c. Lili a ramassé 8 champignons, c'est 5 fois moins que sa grande sœur Louise.
Combien de champignons Louise a-t-elle ramassés ?

Atelier problèmes 6

Résoudre des problèmes additifs à une ou deux étapes : ajout ou retrait (2)

Découverte Les perles

Lilou avait 310 perles.
Elle en a utilisé 135 pour faire des colliers.

Combien lui reste-t-il de perles ?

Application

Écris la question qui manque pour ces énoncés de problèmes puis réponds.

a. Léo a utilisé 185 perles pour faire des colliers. Il lui en reste 270.

b. Awa avait 526 perles. Elle a utilisé une partie de ces perles pour faire des colliers. Il lui en reste 359.

c. Sofia avait 123 perles. Elle achète un paquet de perles rouges. Maintenant elle a 373 perles.

Problème 1

Monsieur Chaplin entre dans un magasin où il achète une paire de chaussures à 37 € et un pantalon à 25 €. Il sort du magasin avec 18 €.

Avec combien d'argent M. Chaplin est-il entré dans le magasin ?

Problème 2

Catherine a préparé 67 pots de confiture pour ses deux petits-enfants. Elle donne 27 pots à Margot et 27 pots à Raphaël.

Combien de pots lui reste-t-il ?

Problème 3

Il y avait 1 565 moutons dans la bergerie. Il n'en reste plus que 682.

Combien de moutons ont été vendus ?

Problème 4

À la station-service, j'ai rempli mon réservoir avec 28 L d'essence. Celui-ci a une capacité maximale de 54 L.

Combien me restait-il d'essence avant de faire le plein ?

Problème 5

Lundi dernier, le compteur de ma voiture indiquait 64 752 km. Aujourd'hui, il indique 65 077 km.

Combien ai-je parcouru de kilomètres depuis lundi ?

Problème 6

Au départ d'une course de 20 km, il y a 108 coureurs vétérans, 367 séniors et 178 juniors. 609 coureurs sont arrivés.

Combien de coureurs ont abandonné ?

7 Fractions (2)

Écrire des fractions simples

1 Observe l'exemple puis dans chaque cas, écris la fraction qui correspond à chaque part.

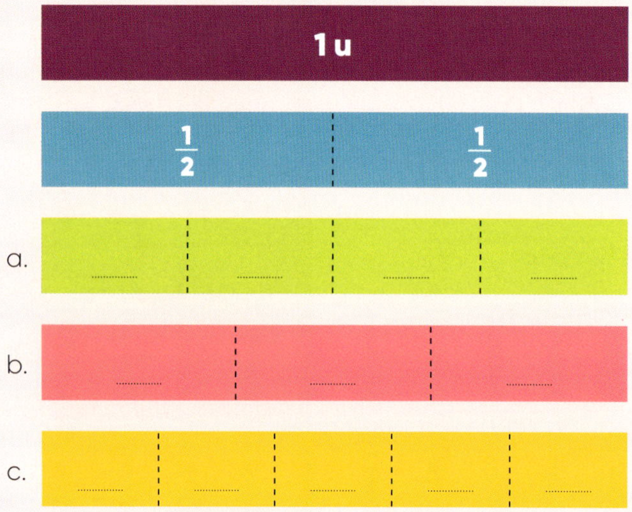

2 ★ Dans chaque cas, écris en chiffres la fraction qui correspond à chaque part.

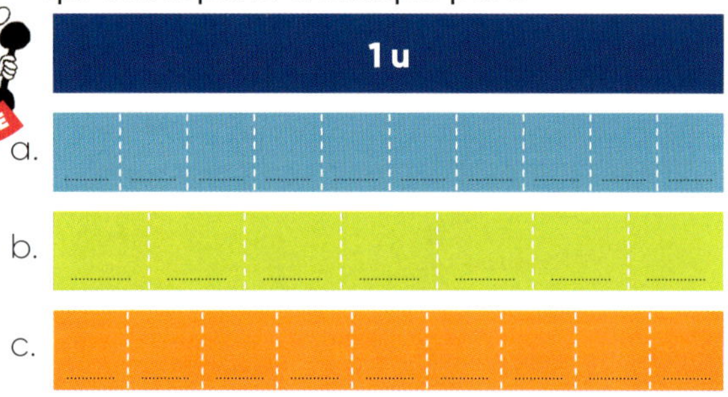

3 ★ Dans chaque cas, écris en chiffres la fraction qui correspond à chaque part.

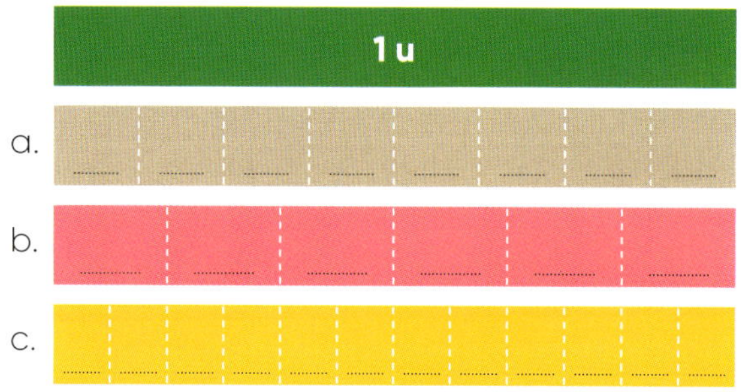

4 ★ Dans chaque cas, écris la fraction représentée par la partie colorée.

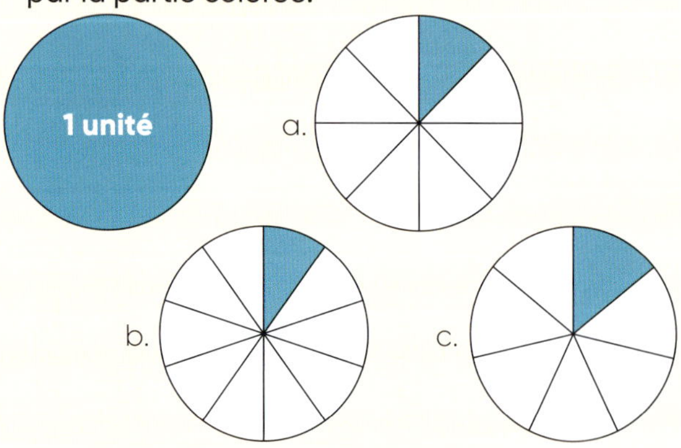

5 ★ Le disque représente l'unité. Dans chaque cas, écris la fraction représentée par la partie colorée.

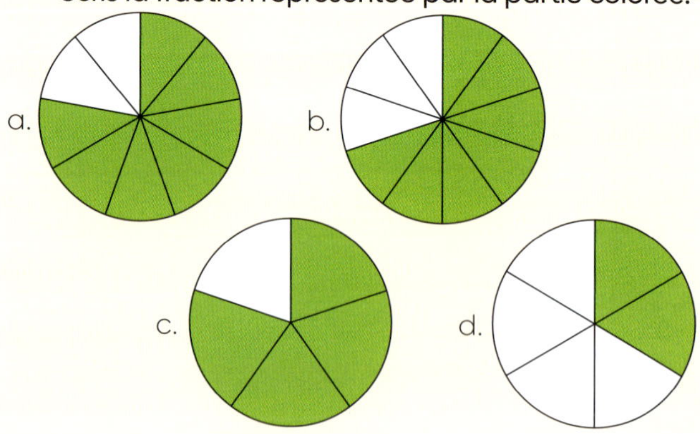

6 ★ Écris les fractions en chiffres.

a. un cinquième
c. un huitième
e. un sixième
b. un dixième
d. un septième
f. un tiers

7 ★ Écris les fractions en chiffres.

a. trois quarts
c. deux tiers
b. cinq demis
d. sept quarts

8 ★ Complète.

a. Dans une unité, il y a .... cinquièmes.
b. Dans une unité, il y a .... quarts.
c. Dans une unité, il y a .... dixièmes.
d. Dans une unité, il y a .... septièmes.

Je vais apprendre à utiliser différentes désignations des fractions.

Utiliser des fractions pour mesurer des grandeurs

9 ★ Dans chaque cas, écris la fraction représentée par la partie colorée.

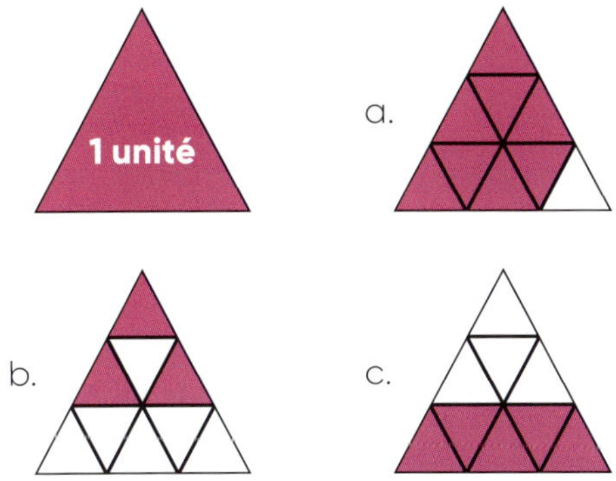

10 ★ Dans chaque cas, écris la fraction représentée par la partie colorée.

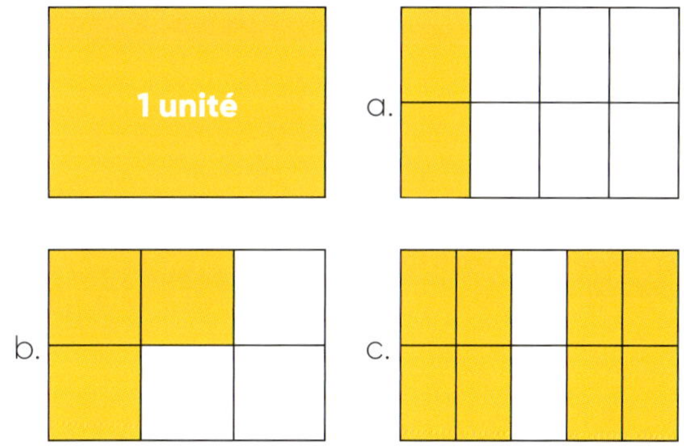

11 ★★ Dans chaque cas, écris la fraction représentée par la partie colorée.

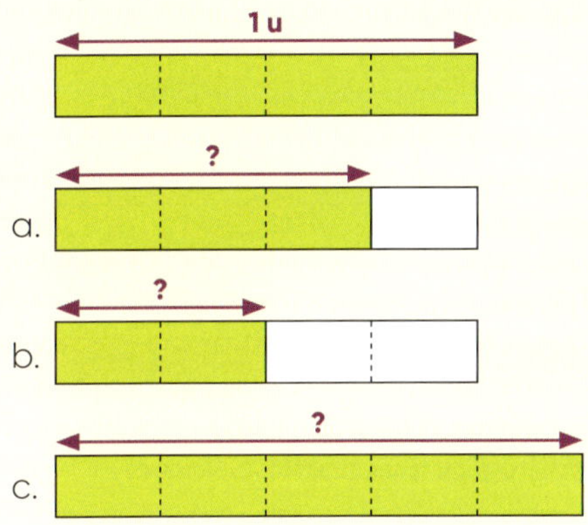

12 ★★ Dans chaque cas, écris la fraction représentée par la partie colorée.

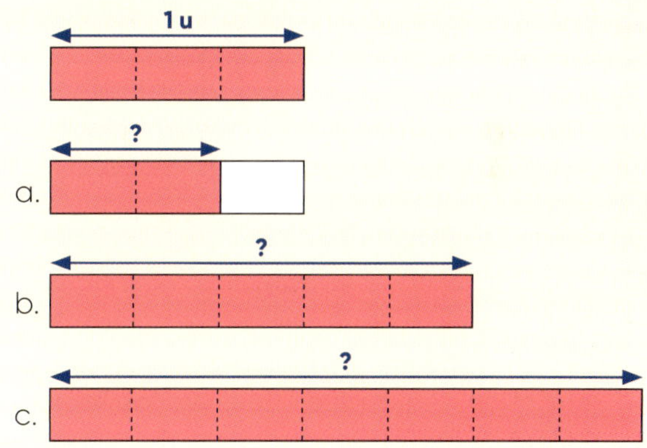

Lire, écrire et décomposer des fractions

13 ★ Écris les fractions en lettres.

a. $\frac{5}{4}$ b. $\frac{4}{5}$ c. $\frac{2}{10}$ d. $\frac{10}{2}$ e. $\frac{9}{7}$

14 ★ Écris les fractions en chiffres.

a. trois cinquièmes
b. neuf dixièmes
c. deux huitièmes
d. cinq septièmes
e. quatre sixièmes
f. sept demis

15 ★★

$\frac{6}{4}$ $\frac{4}{8}$ $\frac{5}{6}$ $\frac{6}{10}$ $\frac{10}{4}$ $\frac{4}{6}$

a. Recopie toutes les fractions dont le dénominateur est le nombre 4.

b. Recopie toutes les fractions dont le numérateur est le nombre 6.

16 ★★★ Recopie les fractions qui sont égales à $\frac{4}{3}$.

$\frac{1}{3}+\frac{1}{3}+\frac{1}{3}+\frac{1}{3}$ $3 \times \frac{1}{4}$ $\frac{2}{3}+\frac{2}{3}$

$\frac{3}{3}+\frac{1}{3}$ $4 \times \frac{1}{3}$ $1+\frac{1}{3}$

Je sais utiliser différentes désignations des fractions.

Pour chaque question, trouve la ou les bonnes réponses parmi celles proposées.

	a	b	c
1 La fraction $\frac{1}{6}$ est représentée sur la figure...	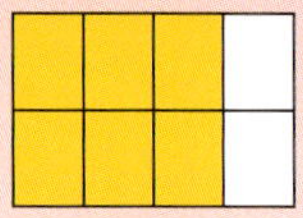	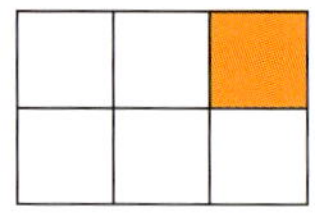	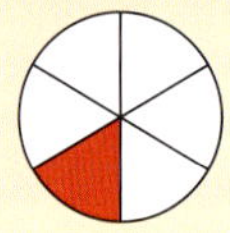
2 Indique la fraction correspondant à la partie colorée. 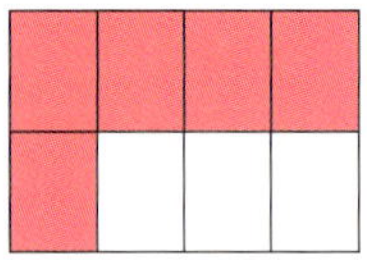	$\frac{8}{5}$	$\frac{1}{8}$	$\frac{5}{8}$
3 Comment la fraction trois septièmes s'écrit-elle en chiffres ?	$\frac{3}{7}$	$\frac{7}{3}$	$\frac{1}{7}$
4 Comment la fraction $\frac{9}{10}$ s'écrit-elle en lettres ?	neuf dixièmes	dix neuvièmes	un dixième
5 $\frac{3}{4}$ est égal à....	$\frac{1}{4}+\frac{1}{4}+\frac{1}{4}$	$\frac{1}{3}+\frac{1}{3}+\frac{1}{3}$	$3 \times \frac{1}{4}$
6 $\frac{1}{5}+\frac{1}{5}+\frac{1}{5}+\frac{1}{5}+\frac{1}{5}+\frac{1}{5}$ est égal à...	$6 \times \frac{1}{5}$	$\frac{5}{6}$	$\frac{6}{5}$

17 ★ Dans chaque cas, a-t-on coloré la fraction demandée ? Écris vrai ou faux. Justifie ta réponse.

a. 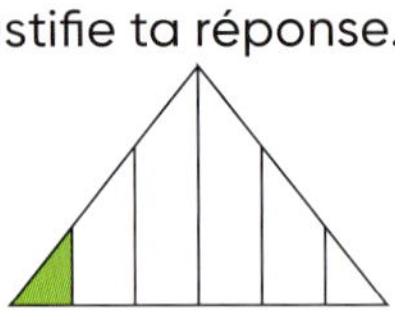
$\frac{1}{6}$
vrai ou faux ?

b. 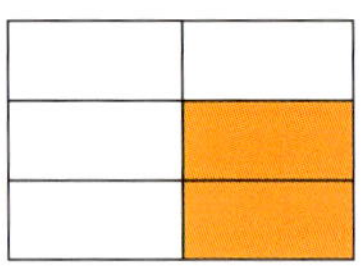
$\frac{2}{3}$
vrai ou faux ?

18 ★ Dans chaque cas, écris la fraction représentée par la partie colorée.

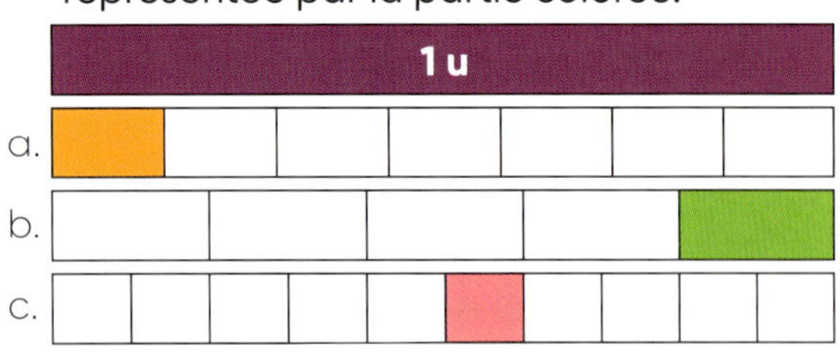

19 ★★ Dans chaque cas, écris la fraction représentée par la partie colorée.

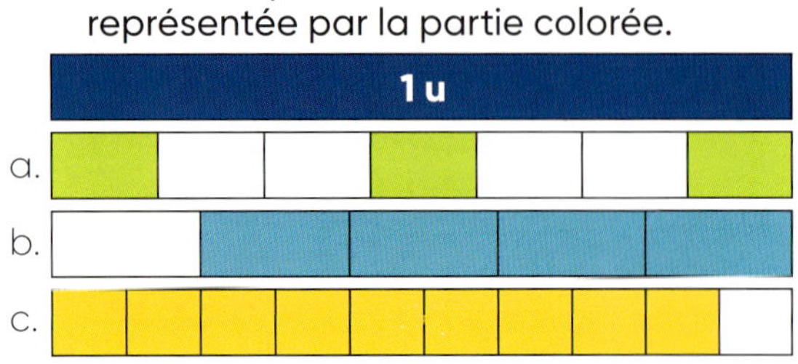

20 ★★ Dans chaque cas, écris la fraction représentée par la partie colorée.

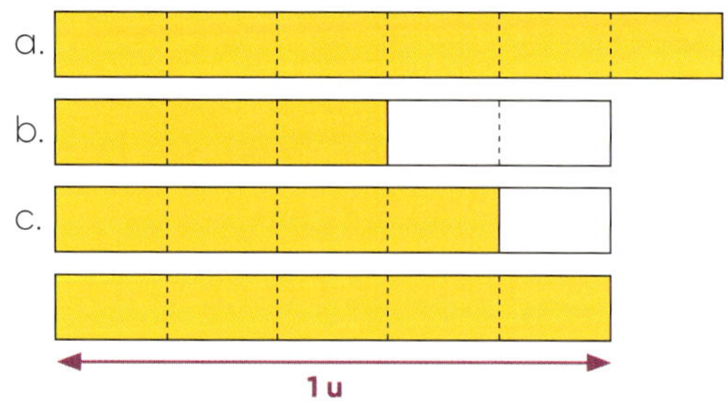

21 ★★★ Recopie les fractions qui sont égales à $\frac{5}{2}$.

$\frac{1}{2}+\frac{1}{2}+\frac{1}{2}+\frac{1}{2}+\frac{1}{2}$ $2 \times \frac{1}{5}$ $\frac{4}{2}+\frac{1}{2}$

$\frac{1}{2}+\frac{1}{2}+\frac{1}{2}$ $5 \times \frac{1}{2}$ $2+\frac{1}{2}$

Je pense à un nombre et j'en prends le septième. Je trouve 5. À quel nombre ai-je pensé ?

Flash maths 7

Multiplication

1 Pour chaque multiplication, trouve le nombre le plus proche du résultat.

2 476 × 5

a. 1 200 b. 7 000 c. 10 000 d. 12 000

5 124 × 8

a. 490 b. 4 900 c. 40 900 d. 49 000

2 Pose et effectue les opérations.

2 476 × 5 **5 124 × 8**

Solides

3 Réponds aux questions.

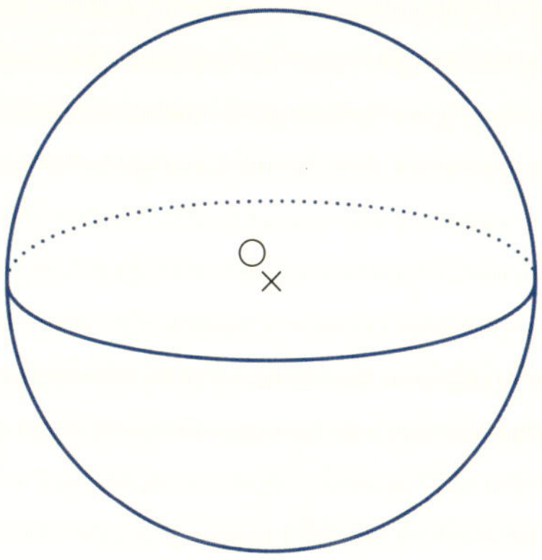

a. Comment s'appelle ce solide ?
b. Ce solide est-il un polyèdre ? Pourquoi ?

Durées

4 Choisis l'unité qui convient : millénaire, siècle.

a. 100 ans = 1 ....
b. 1000 ans = 1 ....
c. Christophe Colomb a découvert l'Amérique en 1492. C'était au 15e ....

5 Réponds aux questions.

a. Aujourd'hui, en quel millénaire sommes-nous ?
b. Aujourd'hui, en quel siècle sommes-nous ?

Multiplication

6 Pour chaque multiplication, trouve le nombre le plus proche du résultat.

9 × 3 207

a. 93 000 b. 28 800 c. 13 800 d. 2 700

3 560 × 4

a. 14 200 b. 18 800 c. 30 600 d. 80 200

7 Pose et effectue les opérations.

9 × 3 207 **3 560 × 4**

Calcul 7

Calcul mental *Connaitre les tables de multiplication*
Calculer le double et la moitié d'un nombre entier

Calcul en ligne *Calculer la différence de deux nombres entiers*

Séance 1

1 Écris en chiffres.

a. « quarante-cinq-mille-deux-cent-seize »
b. « quatre-vingt-mille »

2 Calcule rapidement.

a. 8 x 6	c. 7 x 4	e. 7 x 6	g. 9 x 6
b. 6 x 6	d. 8 x 5	f. 9 x 3	h. 7 x 3

3 Calcule en ligne.

a. 523 – 67	c. 946 – 137
b. 574 – 123	d. 927 – 158

Séance 2

4 Écris en chiffres.

a. « trois-cent-quarante-six-mille-cinquante-deux »
b. « sept-cent-un-mille-quatre-cents »

5 Calcule rapidement.
Combien de fois

a. 6 dans 48 ?	d. 6 dans 54 ?	e. 3 dans 12 ?
b. 6 dans 36 ?	e. 10 dans 80 ?	
c. 6 dans 42 ?	f. 4 dans 28 ?	

6 Calcule en ligne.

a. 863 – 236	c. 3 675 – 1 342
b. 1 056 – 356	d. 6 818 – 407

Séance 3

7 Écris le nombre qui suit.

a. 567 479   b. 342 999

8 Calcule le double de ces nombres.

a. 9, 13, 15, 17, 23, 25, 28
b. 35, 44, 21, 37, 50, 53, 60
c. 73, 75, 83, 91, 86, 95, 100

9 Calcule en ligne.

a. 4 130 – 26	c. 2 748 – 1 740
b. 2 748 – 239	d. 7 688 – 3 459

Séance 4

10 Écris le nombre qui précède.

a. 308 000   b. 700 000

11 Calcule la moitié de ces nombres.

a. 16, 14, 12, 22, 28, 30, 32
b. 38, 42, 48, 50, 54, 56, 60
c. 70, 76, 88, 90, 96, 92, 100

12 Résous les problèmes.

a. Louise a terminé 24e d'une course pédestre où 356 participantes ont franchi l'arrivée.
Combien ont terminé derrière elle ?

b. Léo veut acheter une tablette qui coute 456 €. Il a 243 € sur son compte en banque.
Quelle somme lui manque-t-il encore ?

c. Lili a payé 21 € pour trois entrées au musée, toutes au même prix.
Quel est le prix d'une entrée ?

Atelier problèmes 7

Résoudre des problèmes multiplicatifs : partages et groupements (1)

Découverte Les roses

Un fleuriste prépare 18 bouquets de 12 roses chacun. En tout, il utilise 216 roses.

a. Ce texte est-il un énoncé de problème ? Pourquoi ?

b. Écris la question qui manque à cet énoncé de problème puis réponds.

Un fleuriste prépare 18 bouquets de 12 roses chacun.

c. Écris la question qui manque à cet énoncé de problème puis réponds.

Un fleuriste a reçu 216 roses. Avec ces roses, il prépare 18 bouquets de roses qui contiennent tous le même nombre de roses.

d. Écris la question qui manque à cet énoncé de problème puis réponds.

Un fleuriste a reçu 216 roses. Avec ces roses, il prépare des bouquets de 12 roses.

Problème 1

Les élèves de la classe de CM1 se partagent 130 cahiers. Chaque élève reçoit 5 cahiers.

Combien y a-t-il d'élèves dans cette classe ?

Problème 2

Les 23 élèves de la classe de CM2 veulent se partager 92 cahiers. Chaque élève doit recevoir le même nombre de cahiers.

Combien chaque élève va-t-il recevoir de cahiers ?

Problème 3

Le professeur du CE2 distribue 7 cahiers à chacun des 25 élèves de sa classe.

Combien de cahiers a-t-il distribués en tout ?

Problème 4

Dans une salle de cinéma, il y a 9 rangées de 15 places et 4 rangées de 12 places.

Combien y a-t-il de places dans cette salle ?

Problème 5

Le jardinier a planté 132 plants de salades. Il les a plantés en 12 rangées. Dans chaque rangée, il y a le même nombre de salades.

Combien de salades a-t-il plantées dans chaque rangée ?

Problème 6

Dans une boite de chocolats, il y a 7 rangées de 5 chocolats et 4 rangées de 8 chocolats.

Combien y a-t-il de chocolats dans la boite ?

Problème 7

L'école de Yasmina se situe à 3 km de son domicile. Yasmina va à l'école 4 jours par semaine et 36 semaines par an. Elle déjeune tous les jours au restaurant scolaire.

Quelle distance parcourt-elle chaque année à vélo pour aller à l'école ?

8 Fractions (3)

Placer des fractions sur une demi-droite graduée

1 Mesure la longueur de chaque crayon à l'aide de l'unité u. Exprime cette mesure au moyen d'une fraction.

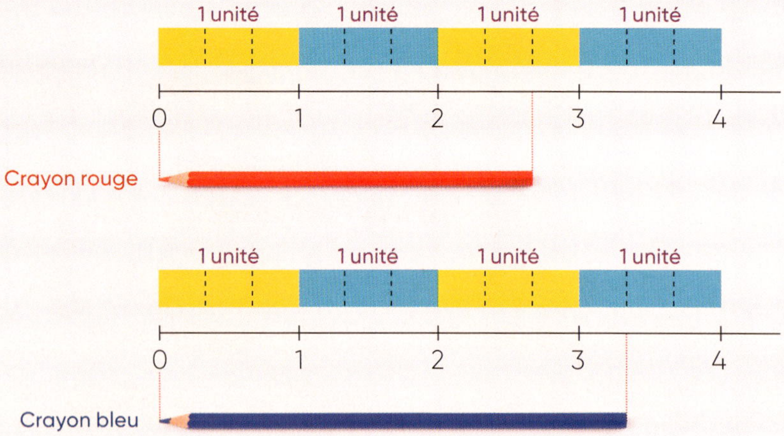

2 ★ Max, Nina et Zoé ont mesuré la longueur de leur bande en utilisant des unités différentes. Exprime la longueur de chaque bande au moyen d'une fraction.

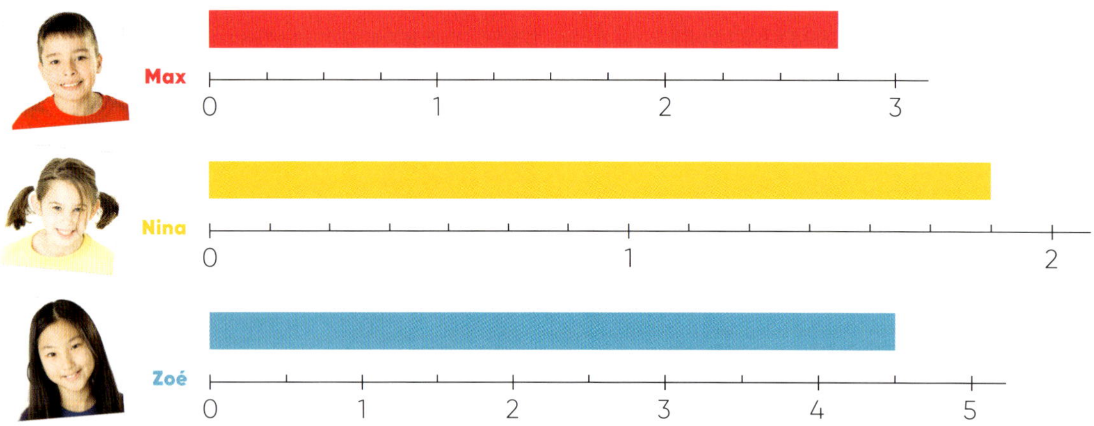

3 ★ Trouve parmi les fractions suivantes, celles qui sont repérées par les lettres A, B, C, D et E.

$\frac{6}{4}$ $\frac{8}{4}$ $\frac{10}{4}$ $\frac{2}{4}$ $\frac{11}{4}$ $\frac{4}{4}$

La fraction $\frac{2}{4}$ est repérée par la lettre A.

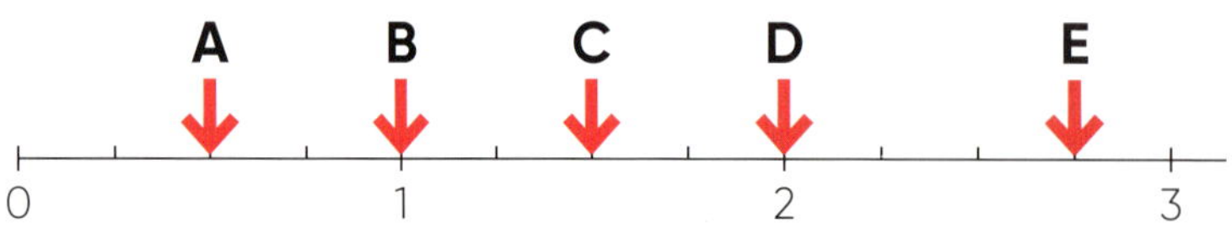

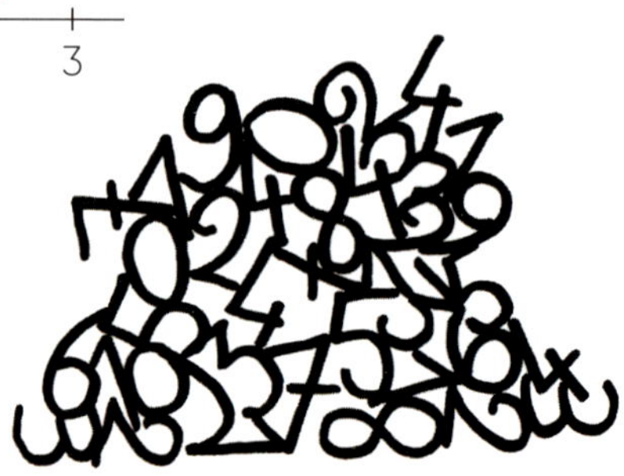

Comparer, ranger et encadrer des fractions

4 ★ Quelles sont les fractions
a. égales à 1?
b. inférieures à 1?
c. supérieures à 1?

$\frac{3}{4}$ $\frac{6}{5}$ $\frac{6}{4}$ $\frac{1}{4}$ $\frac{8}{5}$ $\frac{5}{5}$ $\frac{4}{4}$ $\frac{2}{5}$ $\frac{1}{5}$

5 ★ Complète avec le signe qui convient : < ,> ou =.

$\frac{8}{5}$ ...... $\frac{4}{5}$ $\frac{7}{10}$ ...... $\frac{9}{10}$ $\frac{7}{7}$ ...... 1 1 ...... $\frac{2}{3}$

6 ★★ Range les nombres dans l'ordre croissant.

$\frac{7}{8}$ $\frac{15}{8}$ $\frac{25}{8}$ 1 $\frac{18}{8}$ 2

7 ★★★ Quelles fractions sont comprises
a. entre 1 et 2?
b. entre 2 et 3?
c. entre 3 et 4?

$\frac{11}{5}$ $\frac{7}{5}$ $\frac{18}{5}$ $\frac{9}{5}$ $\frac{14}{5}$ $\frac{16}{5}$

8 ★★★ Encadre chaque fraction par deux nombres entiers qui se suivent.

$1 < \frac{3}{2} < 2$

$\frac{7}{3}$ $\frac{5}{4}$ $\frac{9}{2}$ $\frac{1}{3}$

Décomposer des fractions

9 ★★ Le disque représente l'unité. Dans chaque cas, écris la fraction représentée par la partie colorée.

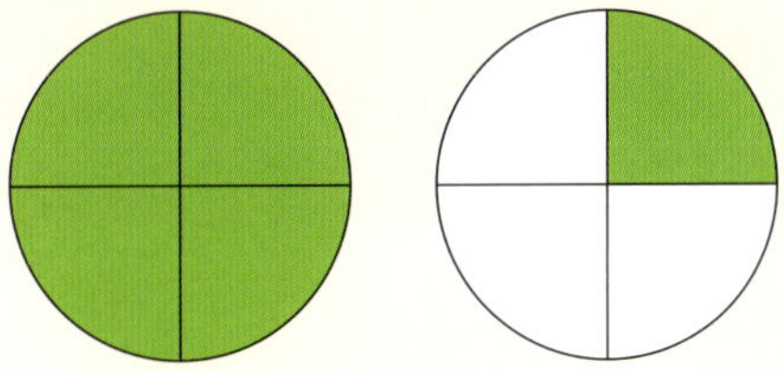

$\frac{5}{4}$ ou $1 + \frac{1}{4}$

a. 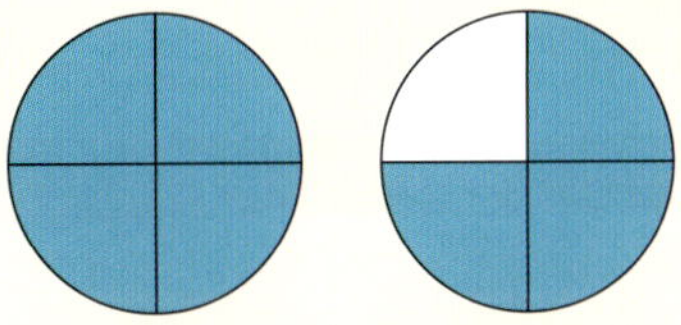

b. 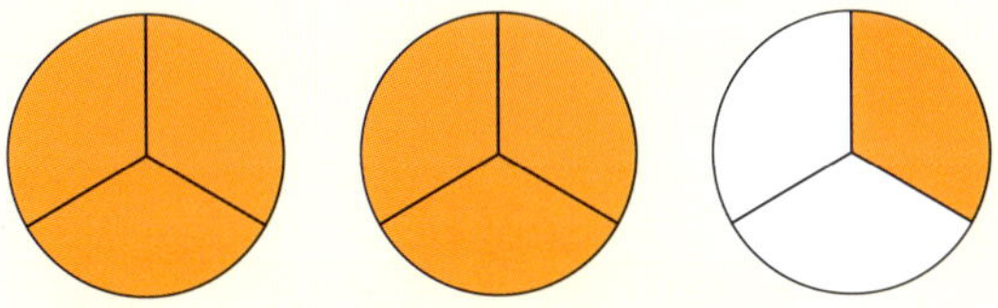

c. 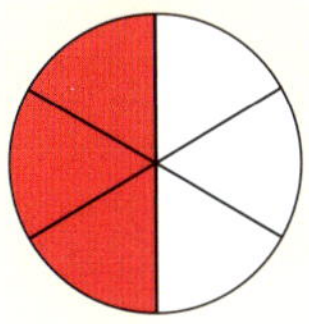

d. 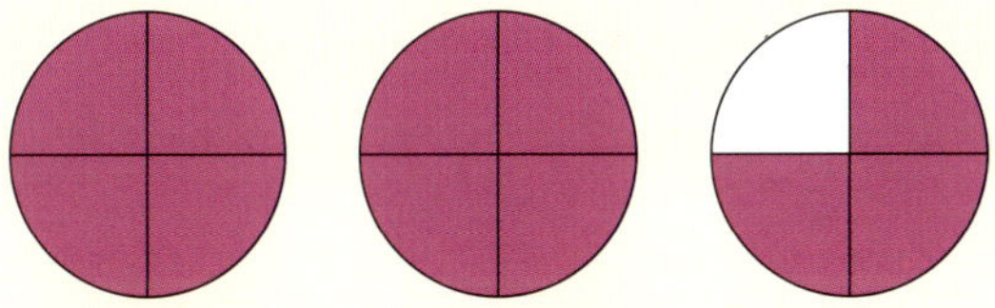

e. 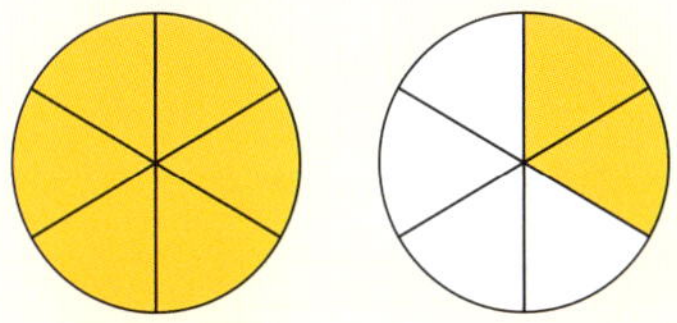

f. 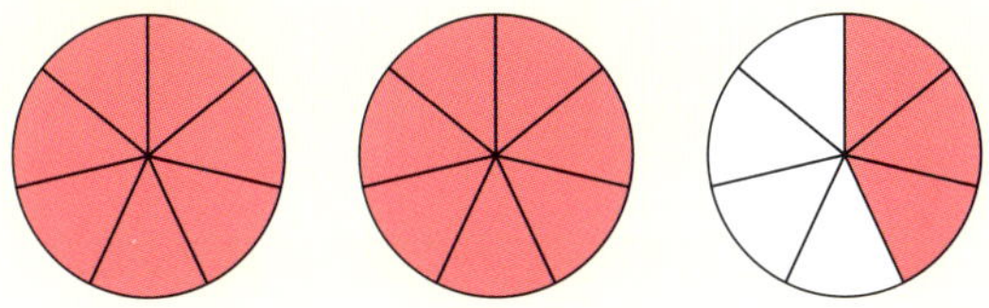

10 ★★★ Associe les fractions aux lettres qui correspondent.
Deux fractions peuvent correspondre à la même lettre.

$3 + \frac{2}{3}$ $\frac{1}{3}$ $2 + \frac{1}{3}$ $4 + \frac{1}{3}$ $1 + \frac{2}{3}$ $\frac{11}{3}$

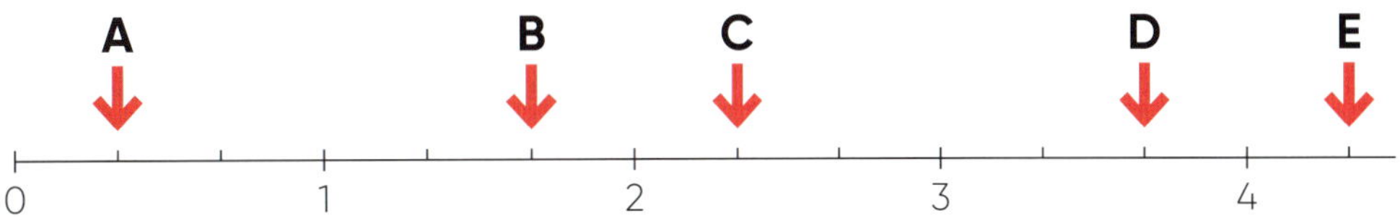

8 Fractions (3)

Je sais placer une fraction sur une demi-droite graduée.

Pour chaque question, trouve la ou les bonnes réponses parmi celles proposées.

	a	b	c
1 Le nombre repéré par la flèche sur cette demi-droite graduée est la fraction… 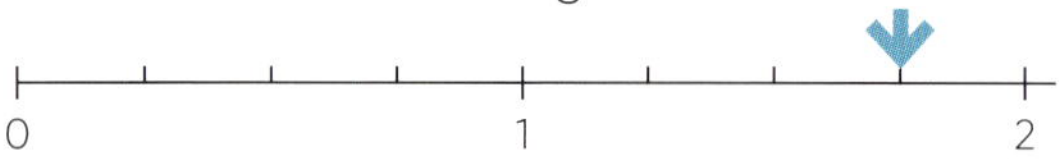	$\frac{7}{4}$	$1 + \frac{4}{3}$	$1 + \frac{3}{4}$
2 Le nombre repéré par la flèche sur cette demi-droite graduée est la fraction… 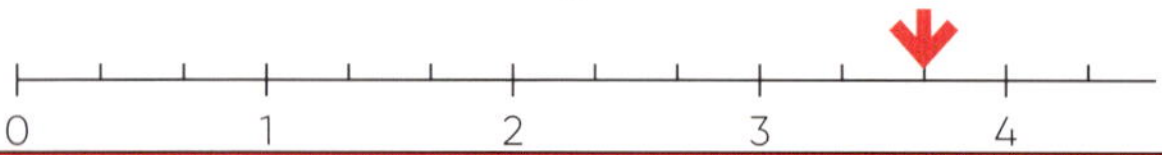	$3 + \frac{2}{3}$	$\frac{11}{3}$	$\frac{11}{4}$

Je sais comparer et encadrer des fractions.

Pour chaque question, trouve la ou les bonnes réponses parmi celles proposées.

	a	b	c
3 Il est vrai que…	$\frac{5}{3} > \frac{2}{3}$	$\frac{7}{3} < \frac{5}{3}$	$\frac{7}{7} = 1$
4 La fraction $\frac{7}{3}$ est comprise entre…	0 et 1	1 et 2	2 et 3

Je sais décomposer des fractions.

Pour chaque question, trouve la ou les bonnes réponses parmi celles proposées.

	a	b	c
5 $\frac{5}{2}$ est égal à…	$2 + \frac{1}{2}$	$3 + \frac{1}{2}$	$4 + \frac{1}{2}$
6 $2 + \frac{1}{5}$ est égal à…	$\frac{7}{5}$	$\frac{11}{5}$	$\frac{3}{5}$

11 ★ Ce rectangle représente l'unité.

Écris les fractions sous forme de somme d'un nombre entier et d'une fraction inférieure à 1.

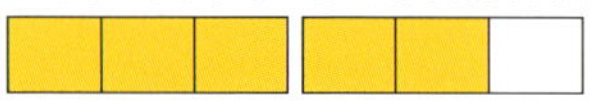

La fraction $\frac{5}{3}$ peut s'écrire $1 + \frac{2}{3}$.

a. $\frac{7}{3}$ 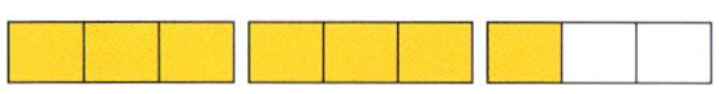

b. $\frac{11}{3}$ 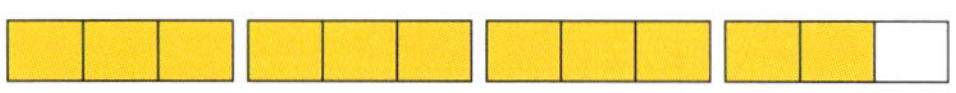

c. $\frac{4}{3}$ 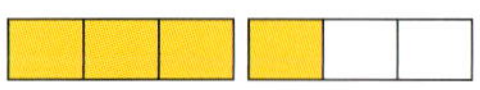

12 ★★ Écris les fractions repérées par chacune des lettres.

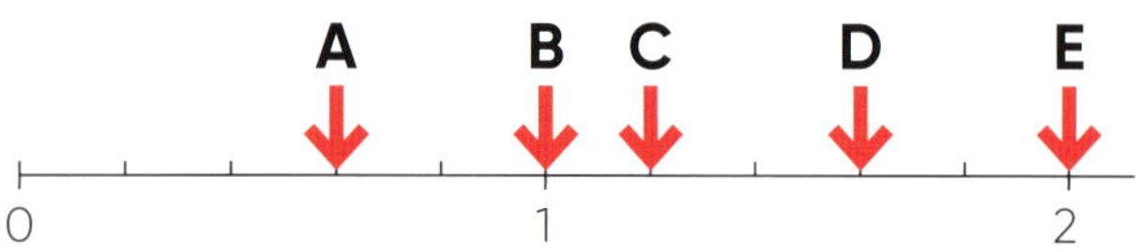

13 ★★★ Ce rectangle représente l'unité.

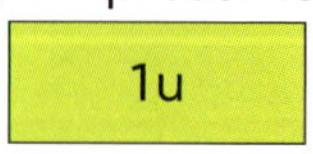

Écris les fractions sous forme de somme d'un nombre entier et d'une fraction inférieure à 1.

La fraction $\frac{13}{8}$ peut s'écrire $1 + \frac{5}{8}$.

a. $\frac{18}{8}$ 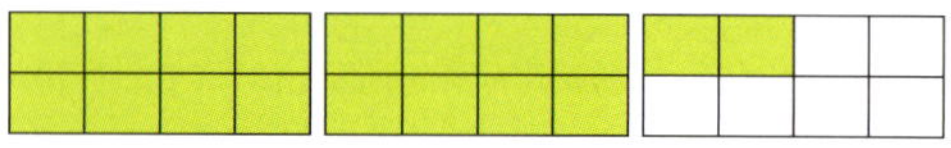

b. $\frac{9}{8}$ 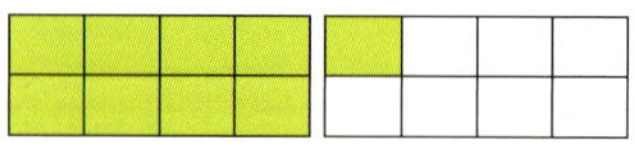

c. $\frac{22}{8}$ 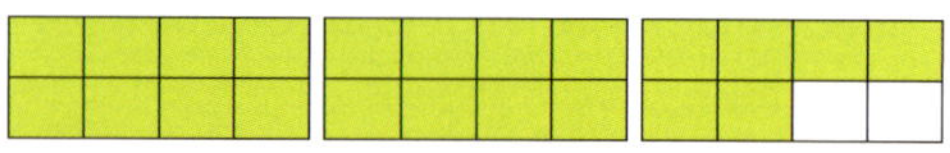

Exprime la longueur du crayon au moyen d'une fraction.

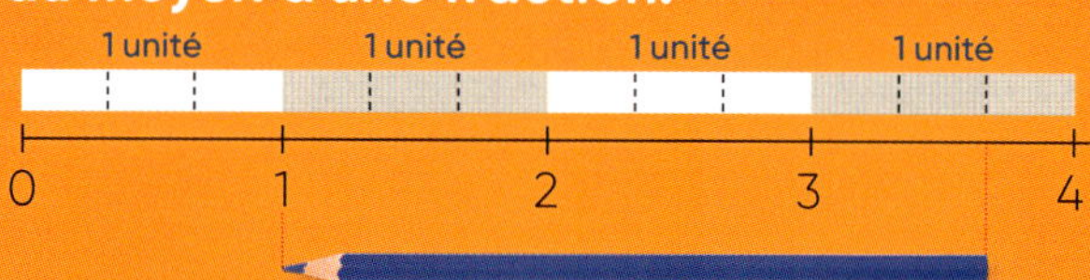

Flash maths 8

Mesures de longueurs

1 Associe à chacun sa hauteur.

1. L'immeuble

3. La Tour Eiffel

2. La chaise

4. La fenêtre

a. 1350 mm
b. 324 m
c. 20 m
d. 86 cm

Multiplication

2 Pose et effectue les multiplications.

17	17
x 5	x50

3 Pose et effectue les multiplications.

246	246
x 3	x 30

Durées

4 Combien y a-t-il de minutes dans une journée ?

Codage d'une figure

5 Lilou a dessiné des segments à main levée.
Elle a codé ces segments pour indiquer ceux qui ont même longueur.

Quels sont les segments de même longueur ?

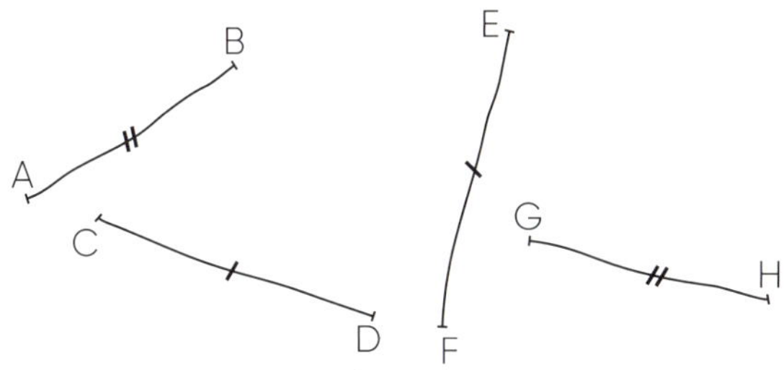

Plusieurs codages existent pour indiquer que des segments ont même longueur :
-/-, -//-, -///-, -x- et -o- sont les plus courants.

6 Quels sont les segments de même longueur ?

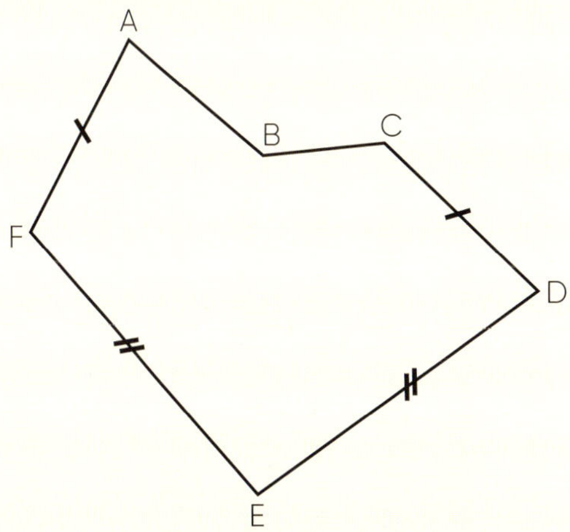

Calcul 8

Calcul mental Connaitre les tables de multiplication
Ajouter ou soustraire 9, 19, 29… 8, 18, 28… 11, 21, 31…

Séance 1

1 Écris la suite de cinq nombres
en avançant de 9 en 9 à partir de 108.

2 Calcule rapidement.

a. 8 x 7
b. 7 x 7
c. 6 x 7
d. 10 x 7
e. 9 x 7
f. 3 x 9
g. 6 x 8
h. 4 x 8

3 Calcule.

a. 56 + 9
b. 41 + 9
c. 50 + 19
d. 29 + 24
e. 57 + 69
f. 89 + 35
g. 142 + 29
h. 59 + 425
i. 139 + 2806
j. 4858 + 999
k. 25437 + 9999

Séance 2

4 Écris la suite de cinq nombres
en reculant de 9 en 9 à partir de 675.

5 Calcule rapidement.
Combien de fois

a. 7 dans 70 ?
b. 3 dans 21 ?
c. 8 dans 56 ?
d. 7 dans 49 ?
e. 7 dans 42 ?
f. 9 dans 36 ?
e. 6 dans 48 ?

6 Calcule.

a. 23 – 9
b. 58 – 9
c. 96 – 19
d. 92 – 29
e. 87 – 69
f. 82 – 59
g. 185 – 49
h. 867 – 39
i. 2576 – 39
j. 403 – 99
k. 5278 – 999
l. 89075 – 9999

Séance 3

7 Écris la suite de dix nombres
en avançant de 25 en 25 à partir de 400.

8 Complète.

a. 5 x ...... = 35
b. ...... x 7 = 49
c. 7 x ...... = 70
d. ...... x 7 = 42
e. 7 x ...... = 63
f. ...... x 7 = 28
g. 7 x ...... = 56
h. ...... x 7 = 21

9 Calcule.

a. 74 + 18
b. 27 + 48
c. 58 + 76
d. 28 + 505
e. 3462 + 98
f. 64597 + 9998
g. 565 – 18
h. 249 – 38
i. 1567 – 48
j. 2579 – 998

Séance 4

10 Écris la suite de cinq nombres
en reculant de 25 en 25 à partir de 2000.

11 Calcule.

a. 78 + 11
b. 54 + 21
c. 23 + 41
d. 347 + 51
e. 257 – 21
f. 532 – 81
g. 502 – 11
h. 461 – 81
i. 1098 – 61
j. 5078 – 41

12 Résous les problèmes.

a. Dans la boite de Léo,
il y a 19 billes rouges et 46 billes bleues.
Combien y a-t-il de billes dans sa boite ?

b. Aya a 63 € dans sa tirelire.
Son grand-père lui donne 8 €.
Quelle somme d'argent sa tirelire contient-elle maintenant ?
Aya achète un jeu à 39 €.
Combien d'argent reste-t-il dans sa tirelire maintenant ?

c. Capucine a ramassé 7 champignons.
C'est 9 de moins que sa grande sœur Louise.
Combien de champignons Louise a-t-elle ramassés ?

Atelier problèmes 8

Résoudre des problèmes en utilisant des fractions (1)

Découverte Les mini-pizzas

On veut partager ces mini-pizzas entre deux enfants.
Il faut partager ces mini-pizzas pour que chaque enfant en ait le même nombre et qu'il n'en reste pas.

Combien de mini-pizzas chaque enfant aura-t-il après le partage ?

Application

On veut partager ces mini-pizzas entre quatre enfants.
Il faut partager ces mini-pizzas pour que chaque enfant en ait le même nombre et qu'il n'en reste pas.

Combien de mini-pizzas chaque enfant aura-t-il après le partage ?

Problème 1

On veut partager ces pizzas entre quatre enfants. Il faut partager ces pizzas pour que chaque enfant en ait le même nombre et qu'il n'en reste pas.

Combien de pizzas chaque enfant aura-t-il après le partage ?

Problème 2

On veut partager ces pizzas entre quatre enfants. Il faut partager ces pizzas pour que chaque enfant en ait le même nombre et qu'il n'en reste pas.

Combien de pizzas chaque enfant aura-t-il après le partage ?

Problème 3

On veut partager ces tartelettes au citron entre quatre enfants. Il faut partager ces tartelettes pour que chaque enfant en ait le même nombre et qu'il n'en reste pas.

Combien de tartelettes chaque enfant aura-t-il après le partage ?

Problème 4

On a partagé une boite de tartelettes au citron entre quatre enfants. Chaque enfant a reçu 3 tartelettes et une demi-tartelette et il n'en reste pas dans la boite.

Combien y avait-il de tartelettes dans la boite avant le partage ?

9 Fractions décimales (1)

Utiliser des fractions décimales pour mesurer des longueurs

1 Mesure la longueur du crayon à l'aide de l'unité.
Trouve parmi les fractions suivantes celles qui expriment cette mesure.

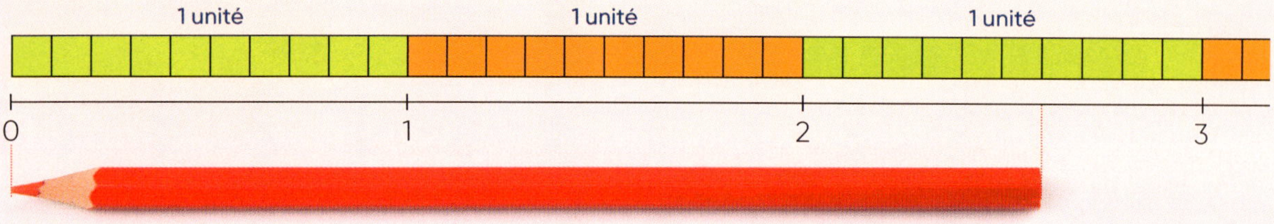

$2\text{u} + \frac{6}{10}\text{u}$ $\frac{260}{10}\text{u}$ $\frac{26}{10}\text{u}$ $20\text{u} + \frac{6}{10}\text{u}$

2 ★★ Max a mesuré la longueur de sa gomme.
Trouve parmi les fractions suivantes celles qui expriment cette mesure.

$8\text{u} + \frac{3}{10}\text{u}$ $\frac{83}{100}\text{u}$ $\frac{8}{10}\text{u} + \frac{3}{100}\text{u}$ $\frac{830}{100}\text{u}$

3 ★★ Sarah a mesuré la longueur de son stylo.
Trouve parmi les fractions suivantes celles qui expriment cette mesure.

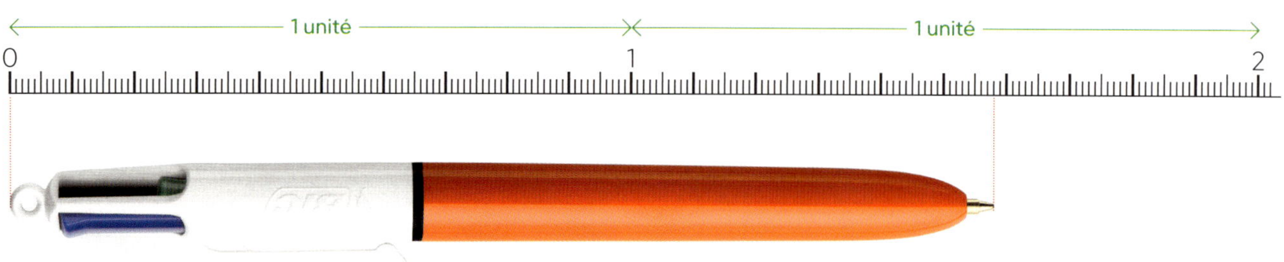

$1\text{u} + \frac{5}{10}\text{u}$ $\frac{158}{100}\text{u}$ $1\text{u} + \frac{5}{10}\text{u} + \frac{8}{100}\text{u}$ $1\text{u} + \frac{58}{100}\text{u}$

Je vais apprendre à utiliser des fractions décimales pour mesurer des longueurs et représenter les nombres.

Connaitre diverses désignations des fractions décimales

4 ★ Dans chaque cas, quel nombre a-t-on représenté ?

a.
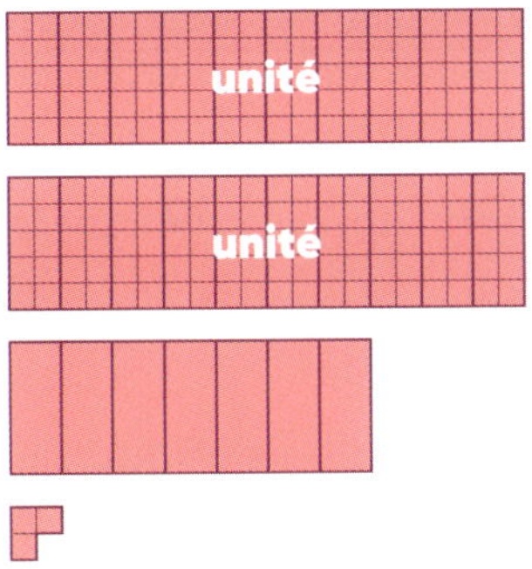

b.
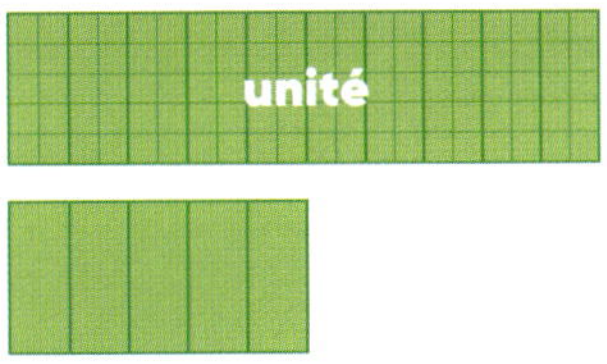

c.
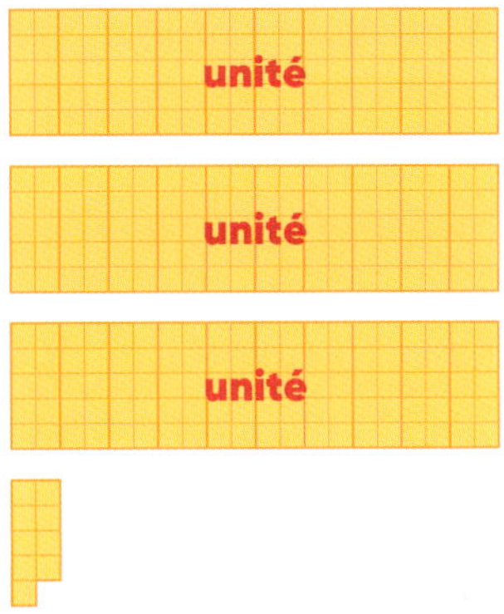

5 ★ Dans chaque cas, écris la fraction représentée par la partie colorée en bleu.

a.
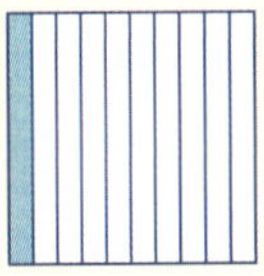

b.
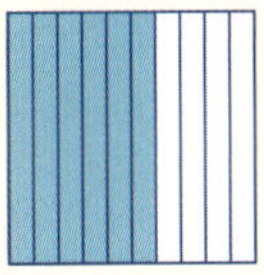

c.

d.
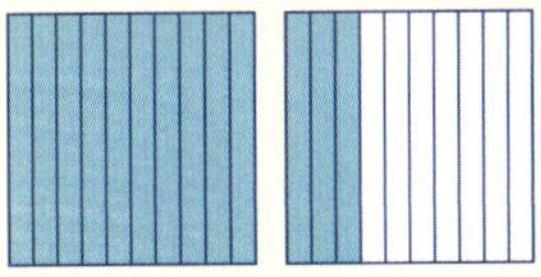

e.
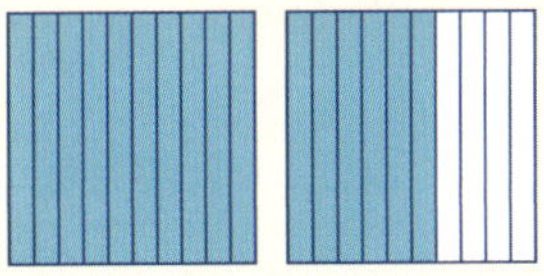

f.
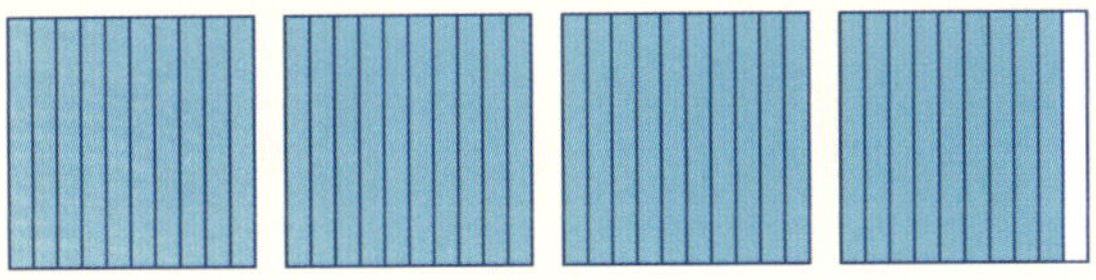

6 ★ Dans chaque cas, écris la fraction représentée par la partie colorée en orange.

a.
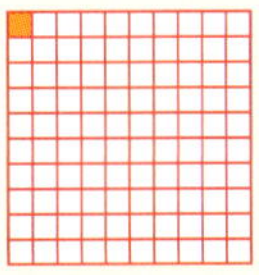

b.
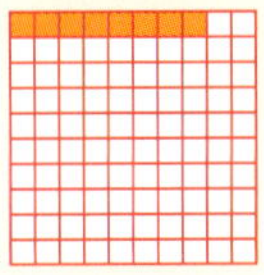

c.
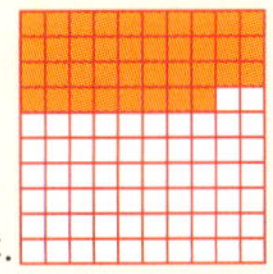

d.
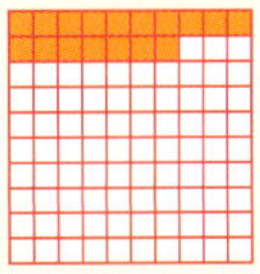

e.
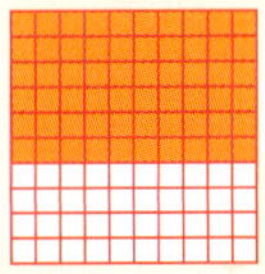

f.
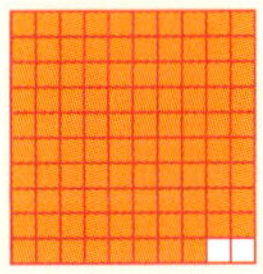

g.

h.
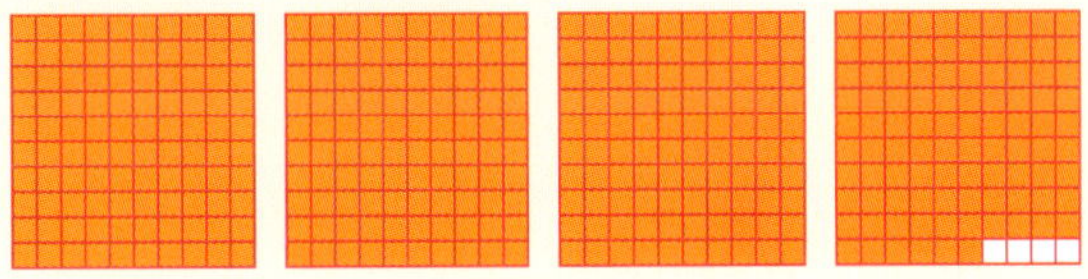

7 ★ Écris chaque fraction en chiffres.

a. six dixièmes
b. deux-cent-huit centièmes
c. soixante-dix dixièmes
d. trois centièmes
e. cinquante-huit centièmes

8 ★ Écris chaque fraction en lettres.

a. $\frac{8}{10}$ b. $\frac{49}{100}$ c. $\frac{503}{100}$ d. $\frac{93}{10}$

Je sais utiliser des fractions décimales pour représenter les nombres.

Pour chaque question, trouve la ou les bonnes réponses parmi celles proposées.

	a	b	c
1 Le grand carré représente l'unité. Indique la fraction correspondant à la partie colorée en rouge. 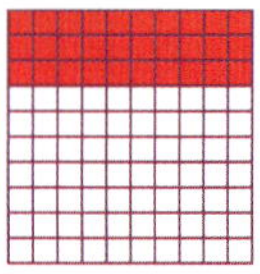	$\frac{10}{3}$	$\frac{30}{100}$	$\frac{3}{10}$
2 Indique la fraction correspondant à la partie colorée en rouge. 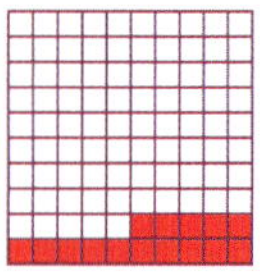	$\frac{15}{10}$	$\frac{15}{100}$	$\frac{1}{10} + \frac{5}{100}$
3 Indique la fraction correspondant à la partie colorée en rouge. 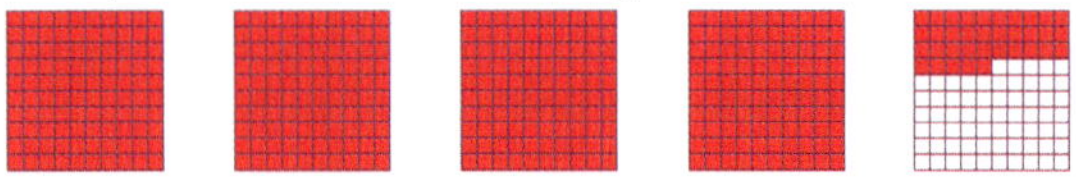	$4 + \frac{3}{10} + \frac{5}{100}$	$\frac{435}{100}$	$4 + \frac{35}{100}$
4 8 dixièmes s'écrit...	$\frac{10}{8}$	$\frac{8}{10}$	$\frac{8}{100}$
5 $\frac{702}{100}$ se lit....	702 dixièmes	7 centièmes	702 centièmes
6 Dans une unité, il y a....	10 centièmes	100 centièmes	10 dixièmes

9 ★ Le grand carré représente l'unité.
Recopie toutes les écritures qui correspondent à la partie colorée en orange.

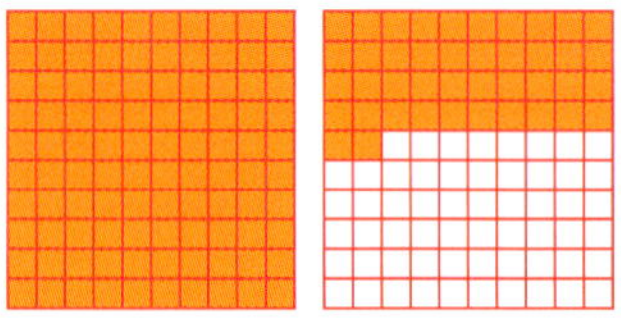

14 centièmes 142 centièmes

1 unité et 42 centièmes

14 dixièmes et 2 centièmes

$1 + \frac{42}{100}$ $1 + \frac{4}{10} + \frac{2}{100}$ $1 + \frac{40}{10} + \frac{2}{100}$

10 ★ Le grand carré représente l'unité.
Recopie toutes les écritures qui correspondent à la partie colorée en bleu.

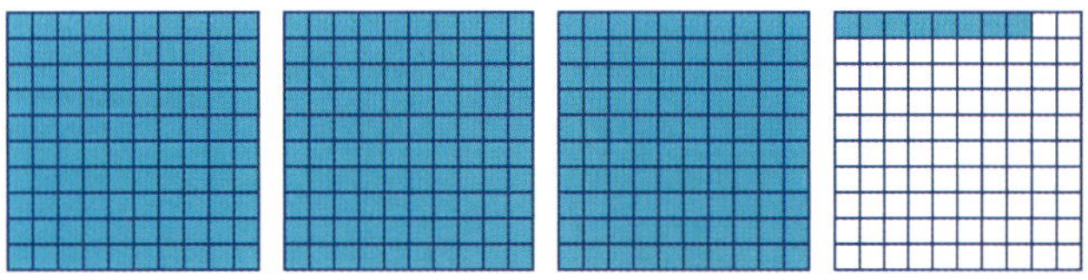

308 centièmes

3 unités et 8 centièmes

3 dixièmes et 8 centièmes

30 dixièmes et 8 centièmes

$3 + \frac{8}{10}$ $3 + \frac{8}{100}$ $\frac{30}{10} + \frac{8}{100}$

11 ★★ Complète

a. Il faut .... dixièmes pour faire 2 unités.

b. Il faut .... centièmes pour faire 4 unités.

c. Il faut .... centièmes pour faire 8 dixièmes.

12 ★★★ Complète avec une fraction décimale.

$1 \text{ cm} = \frac{1}{100} \text{m}$

a. 9 cm = ... m

b. 1 dm = ... m

c. 70 cm = ... m

d. 9 dm = ... m

e. 1 mm = ... cm

f. 8 mm = ... cm

Quelle pièce de monnaie vaut $\frac{10}{100}$ ou $\frac{1}{10}$ d'euro ?

Flash maths 9

Codage d'une figure

1 Lilou a dessiné une figure à main levée. Elle a codé la figure pour que tu puisses la reconnaitre.

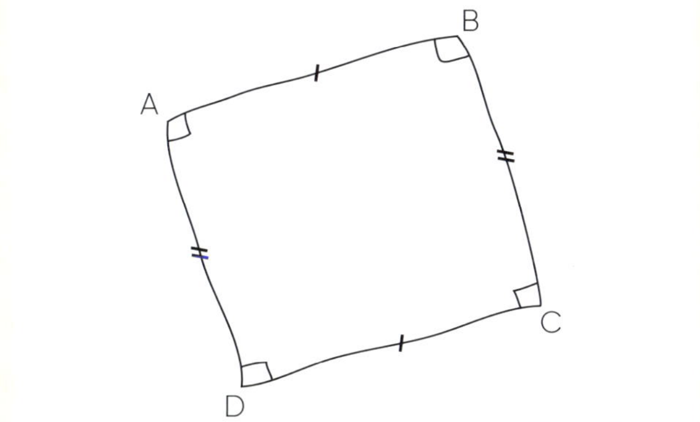

Laquelle de ces 3 affirmations est vraie ?

a. ABCD est un carré.

b. ABCD est un rectangle.

c. ABCD est un triangle.

Durées

2 Combien y a-t-il de secondes dans une journée ?

Nombres jusqu'à 99 999

3 Quel est le nombre le plus proche du nombre écrit dans la cible ?

a. 48 000 b. 50 000 c. 49 000

4 Quel est le plus grand nombre de 5 chiffres qui se termine par 0 ?

Droite graduée

5 À chaque fois, écris le nombre repéré par la flèche.

a.

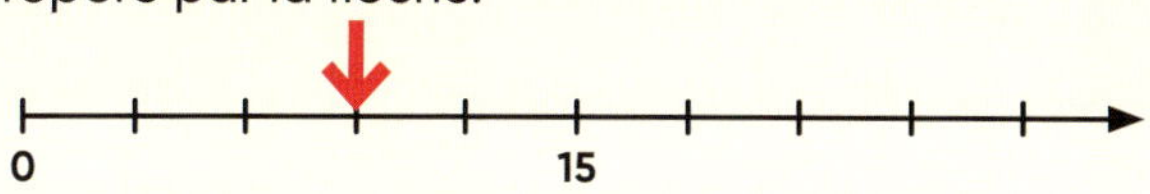

b.

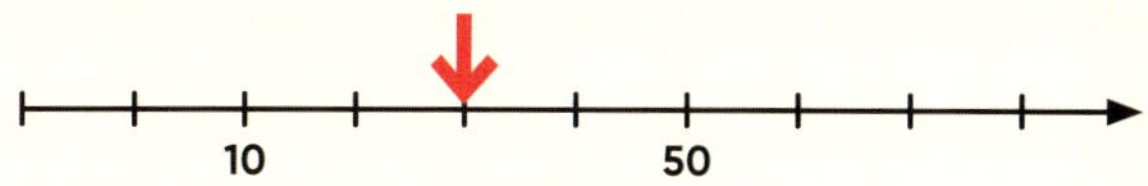

c.

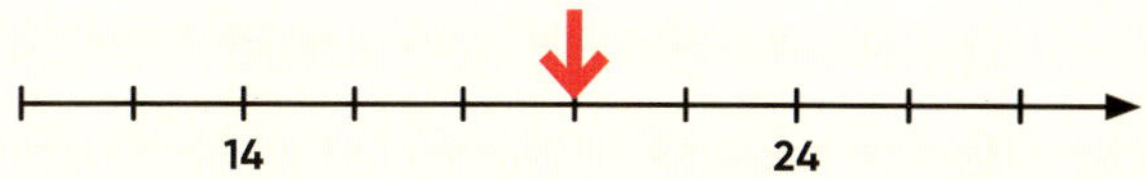

d.

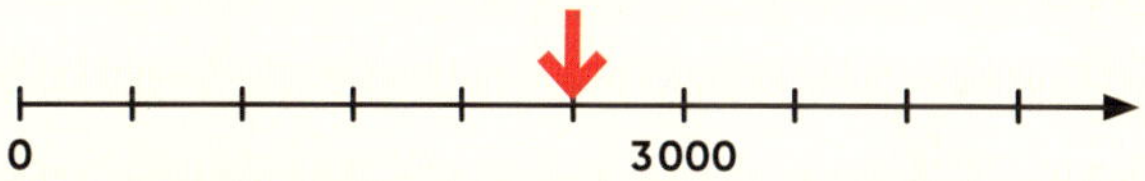

Multiplication

6 Pose et effectue les multiplications.

654 × 2 654 × 20

7 Pose et effectue les multiplications.

907 × 4 907 × 40

Calcul 9

Calcul mental *Connaitre les tables de multiplication*
Calculer de façon astucieuse la somme de 3 ou 4 nombres
Multiplier par 10, par 100, par 1000

Séance 1

1 Écris la suite de cinq nombres
en avançant de 50 en 50 à partir de 6300.

2 Calcule rapidement.

a. 3 x 7 c. 8 x 7 e. 6 x 7 g. 9 x 6
b. 5 x 7 d. 4 x 7 f. 9 x 7 h. 3 x 6

3 Calcule.

a. 3 + 5 + 7 c. 14 + 8 + 27 + 32
b. 28 + 6 + 12 + 54

Séance 2

4 Écris la suite de cinq nombres
en avançant de 50 en 50 à partir de 11000.

5 Calcule rapidement.

a. 8 x 8 c. 6 x 8 e. 3 x 8 g. 5 x 8
b. 4 x 8 d. 10 x 8 f. 9 x 8 h. 7 x 8

6 Calcule.

a. 34 + 8 + 26 + 10 c. 21 + 45 + 24
b. 47 + 4 + 8

Séance 3

7 Écris la suite de cinq nombres
en avançant de 500 en 500 à partir de 42500.

8 Calcule rapidement.
Combien de fois

a. 8 dans 80 ? e. 8 dans 48 ?
b. 4 dans 32 ? f. 8 dans 16 ?
c. 8 dans 72 ? g. 8 dans 56 ?
d. 8 dans 64 ?

9 Calcule.

a. 25 x 10 e. 30 x 1000
b. 57 x 100 f. 100 x 100
c. 203 x 10 g. 850 x 100
d. 100 x 60 h. 1000 x 502

Séance 4

10 Écris la suite de cinq nombres
en reculant de 500 en 500 à partir de 90000.

11 Calcule.

a. 12 x 10 d. 68 x 1000 g. 98 x 1000
b. 54 x 100 e. 406 x 100 h. 1000 x 210
c. 805 x 10 f. 10 x 32065

12 Résous les problèmes.

a. Un maraicher a planté 10 rangées de 85 salades.
Combien de salades a-t-il plantées ?

b. Une feuille de papier de format A4 pèse 5 g.
Combien pèsent 1000 feuilles ?
Combien pèse une ramette de 500 feuilles ?

c. Une balle de tennis pèse 59 g.
Combien pèse une centaine de balles ?

Atelier problèmes 9

Résoudre des problèmes en utilisant des fractions (2)

Découverte La tablette de chocolat

Léo a mangé 3 carrés de cette tablette de chocolat.

Quelle fraction de la tablette a-t-il mangée ?

Application

Cette partie représente $\frac{1}{6}$ d'une tablette.

Combien de carrés cette tablette compte-t-elle ?

Problème 1

Nassim a mangé $\frac{5}{10}$ de cette tablette de chocolat. Lina en a mangé $\frac{3}{10}$.

Quelle fraction de la tablette reste-t-il maintenant ?

Problème 2

Lilou a mangé $\frac{2}{6}$ d'une tablette de chocolat.

Lina en a mangé $\frac{3}{6}$.

Quelle fraction de la tablette ont-elles mangée à elles deux ?

Problème 3

Des enfants ont mangé $\frac{2}{3}$ de cette tablette de chocolat.

Combien de carrés de chocolat ont-ils mangés ?

Problème 4

Tom a acheté un sachet de 12 sucettes.

Il en donne $\frac{1}{4}$ à son frère.

Combien de sucettes lui reste-t-il ?

10 Fractions décimales (2)

Écrire une fraction sous forme de somme d'un entier et de fractions décimales

1 Observe les cartes ci-dessous.

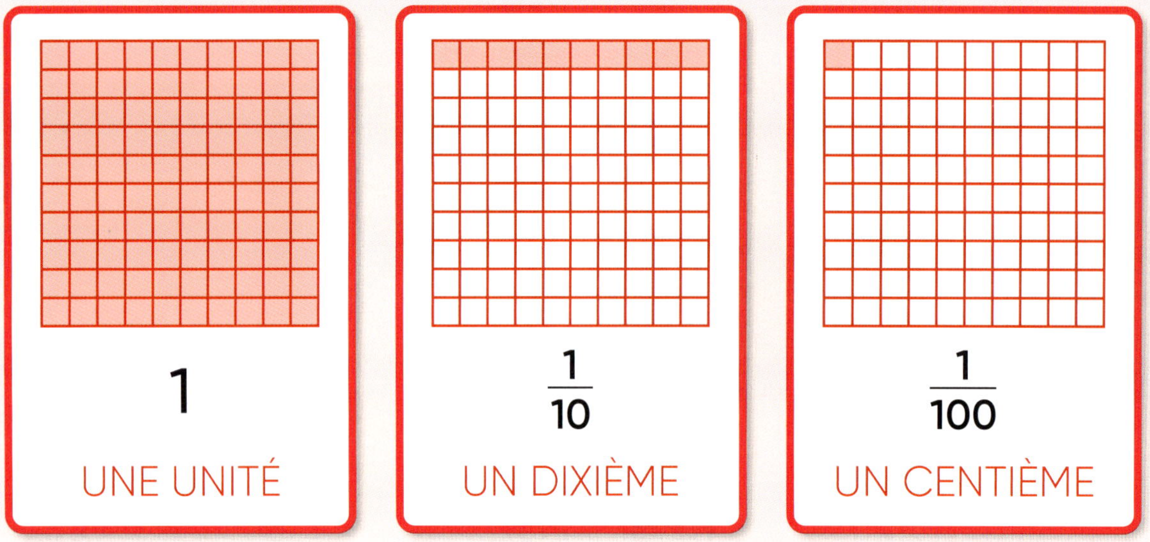

a. Combien te faut-il de cartes de chaque sorte pour pouvoir représenter le nombre $\frac{572}{100}$ en utilisant le moins possible de cartes ?

b. Pour chaque nombre, écris combien il te faut de cartes de chaque sorte pour pouvoir le représenter en utilisant le moins possible de cartes.

$\frac{306}{100}$ $\frac{45}{100}$ $\frac{200}{100}$ $\frac{780}{100}$ $\frac{39}{10}$ $\frac{1403}{100}$

2 ★ Le grand rectangle orange est l'unité.

Écris chaque nombre comme dans l'exemple.

$3 + \frac{5}{10} + \frac{8}{100}$

a.

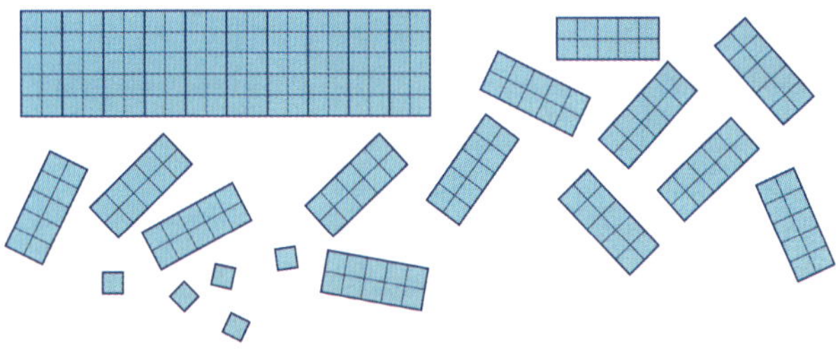

b.

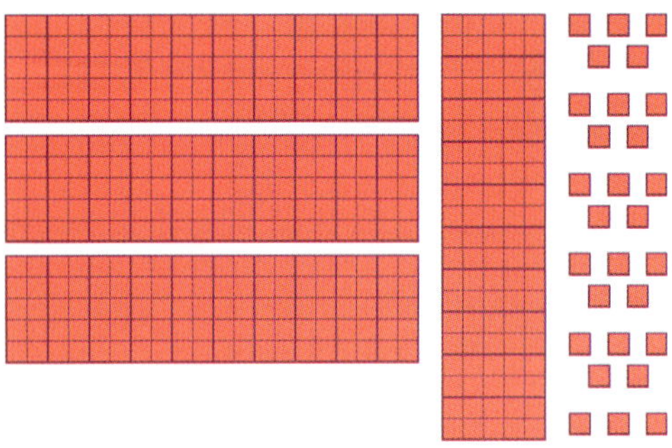

3 ★ Consigne identique à l'exercice 2.

a.

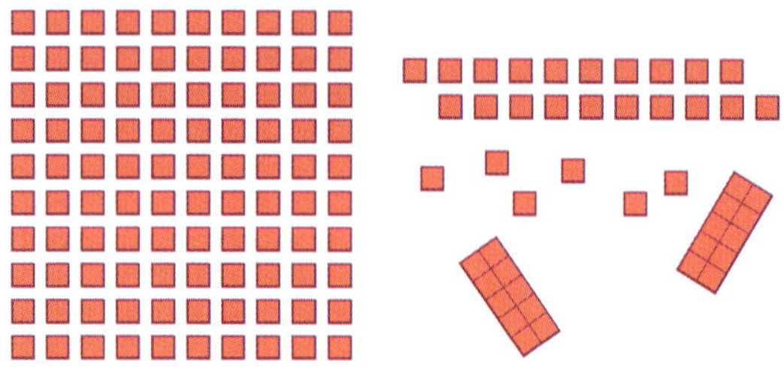

b.

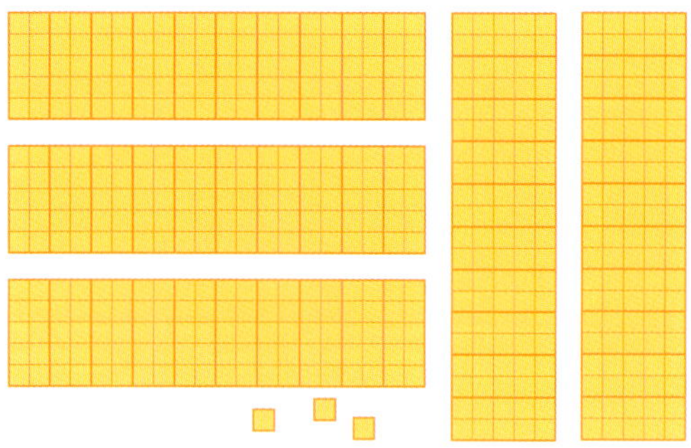

c.

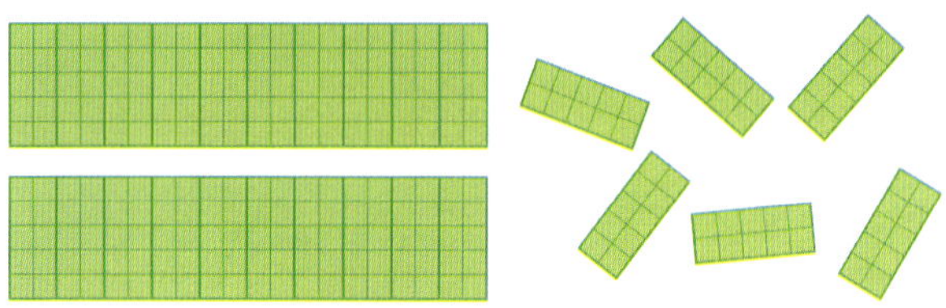

Décomposer et recomposer des fractions décimales

4 ★ Recopie toutes les cartes qui portent un nombre égal à 3 unités et 8 centièmes.

$3 + \frac{8}{10}$	$3 + \frac{8}{100}$	$\frac{308}{100}$
$\frac{30}{10} + \frac{8}{100}$	308 centièmes	$\frac{38}{100}$

5 ★★ Écris chaque somme sous la forme d'une seule fraction.

$3 + \frac{5}{10} + \frac{8}{100} = \frac{358}{100}$

a. $5 + \frac{7}{10}$

b. $4 + \frac{138}{100}$

c. $1 + \frac{6}{10} + \frac{45}{100}$

d. $9 + \frac{7}{100}$

e. $3 + \frac{4}{10} + \frac{5}{100}$

f. $7 + \frac{56}{10}$

6 ★ Trouve les cartes qui ont la même valeur.

a. Recopie toutes les cartes qui portent un nombre égal à 6.

b. Recopie toutes les cartes qui portent un nombre égal à 60.

$\frac{60}{10}$	$\frac{600}{100}$	$\frac{600}{10}$
$\frac{6}{100}$	$\frac{60}{100}$	$\frac{6000}{100}$

7 ★★ Décompose chaque fraction comme dans l'exemple.

$\frac{673}{100} = 6 + \frac{7}{10} + \frac{3}{100}$

a. $\frac{54}{10}$

b. $\frac{109}{100}$

c. $\frac{780}{100}$

d. $\frac{901}{100}$

e. $\frac{78}{100}$

f. $\frac{563}{10}$

Calculer en ligne des sommes et des différences avec des fractions décimales

8 ★★ Calcule

a. la somme de $1 + \frac{8}{10}$ et $\frac{9}{10}$.

b. la somme de $4 + \frac{5}{100}$ et $2 + \frac{7}{100}$.

c. 2 unités et 57 centièmes + 5 unités et 8 dixièmes.

d. la différence entre $\frac{9}{10}$ et $\frac{5}{10}$.

e. 3 unités – 6 dixièmes.

9 ★★ Résous le problème.

Pendant la séance d'EPS, l'enseignante du CM1 demande à ses élèves de former des équipes de deux coureurs.

Tom et Léo sont dans la même équipe. Chacun devra parcourir 60 mètres. On additionne ensuite le temps réalisé par chaque coureur de l'équipe.

	Temps réalisé sur 60 m
TOM	12 secondes et 3 dixièmes de seconde
LÉO	11 secondes et 9 dixièmes de seconde

Quel est le temps réalisé par l'équipe de Tom et Léo ?

10 ★★ Calcule.

a. $\frac{7}{10} + \frac{8}{10}$

b. $\frac{4}{100} + \frac{9}{100}$

c. $4 + \frac{4}{10} + 2 + \frac{9}{100}$

d. $5 + \frac{4}{100} + \frac{3}{10} + \frac{1}{100}$

e. $2 + \frac{8}{10} + \frac{7}{100} + 4 + \frac{3}{10} + \frac{5}{100}$

11 ★★★ Résous le problème.

Voici les temps réalisés par Lilou et Célia lors du passage de l'épreuve de ski alpin appelée la Flèche.

Lilou : 43 secondes et 7 dixièmes de seconde.

Célia : 44 secondes et 2 dixièmes de seconde.

Quel est l'écart de temps entre ces deux concurrentes ?

10 Fractions décimales (2)

Je sais décomposer et recomposer des fractions décimales.

Pour chaque question, trouve la ou les bonnes réponses parmi celles proposées.

	a	b	c
1 $\frac{17}{10}$ c'est aussi…	$1 + \frac{7}{100}$	$\frac{170}{100}$	$1 + \frac{7}{10}$
2 $\frac{608}{100}$ c'est aussi…	$6 + \frac{8}{10}$	$6 + \frac{80}{100}$	$6 + \frac{8}{100}$
3 $3 + \frac{7}{10}$ c'est aussi…	$\frac{37}{100}$	$\frac{370}{100}$	$\frac{37}{10}$
4 $9 + \frac{5}{10} + \frac{1}{100}$ c'est aussi…	$\frac{95}{10} + \frac{1}{100}$	$9 + \frac{51}{100}$	$9 + \frac{51}{10}$
5 Si on ajoute $\frac{7}{10}$ à $2 + \frac{6}{10}$ on obtient…	$2 + \frac{13}{10}$	$3 + \frac{3}{100}$	$3 + \frac{3}{10}$
6 $4 - \frac{8}{10} =$	$2 + \frac{2}{10}$	$3 + \frac{8}{10}$	$3 + \frac{2}{10}$

12 ★ Recopie et complète chaque étiquette pour obtenir à chaque fois le nombre $\frac{475}{100}$.

- $\ldots + \frac{\ldots}{100}$
- $\ldots + \frac{\ldots}{10} + \frac{\ldots}{100}$
- $\frac{\ldots}{10} + \frac{\ldots}{100}$
- …… unités + …… centièmes
- …… unités + …… dixièmes + …… centièmes

13 ★ Recopie et complète chaque étiquette pour obtenir à chaque fois le nombre 960 centièmes.

- $\frac{\ldots}{10}$
- $\ldots + \frac{\ldots}{10}$
- $\frac{\ldots}{100}$
- …… dixièmes
- …… unités + …… dixièmes

14 ★★ Effectue les calculs demandés.

CARTES DE NINA : 12 et $\frac{5}{10}$

CARTES DE SAMI : 4 et $\frac{9}{10}$

a. Calcule le nombre de points obtenus avec les cartes si on additionne les points de Nina et Sami.

b. Calcule la différence de points entre Nina et Sami.

c. Si Nina double son nombre de points, quel sera son score ?

d. Si Sami double son nombre de points, quel sera son score ?

15 ★★★ Calcule.

a. 11 unités et 5 dixièmes + 2 unités et 6 dixièmes

b. $17 - \frac{5}{100}$

c. 28 unités – 2 unités et 6 dixièmes

Cherche le plus possible d'écritures différentes du nombre.

$\frac{782}{100}$

Flash maths 10

Estimation d'un prix

1 Associe à chacun son prix.

1. Le croissant

3. La voiture

2. La maison

4. Le téléphone

a. 100 €
b. 14 000 €
c. 240 000 €
d. 1 €

Droite graduée

2 À chaque fois, écris le nombre repéré par la flèche.

a.
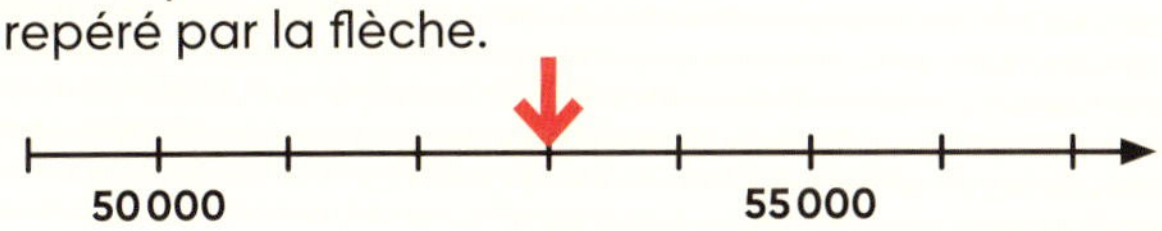

b.
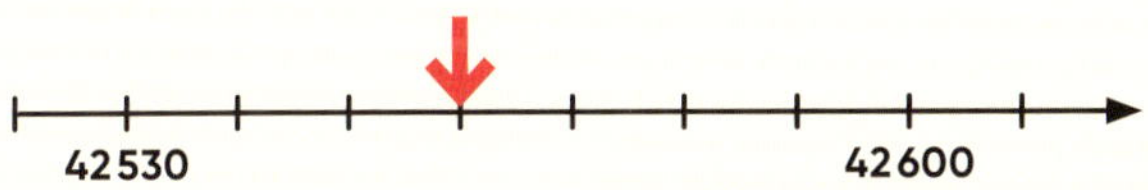

c.
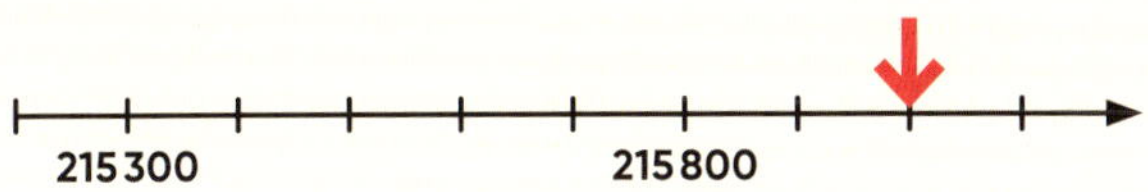

d.
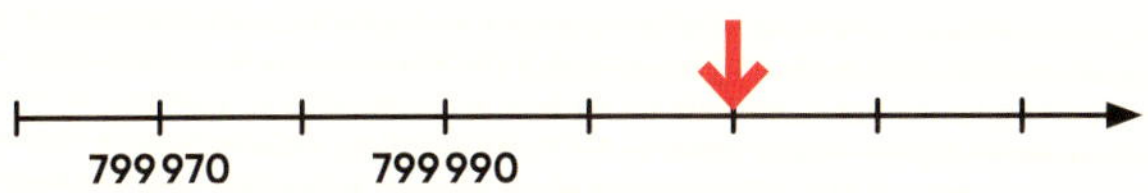

Géométrie mentale

3 Dessine à main levée les figures demandées.

a. Trace une droite et place un point sur cette droite.

b. Trace une droite et place un point à l'extérieur de cette droite.

c. La figure se compose d'une droite et de trois points, deux sur la droite et un à l'extérieur de la droite.

Nombres jusqu'à 99 999

4 Quel est le nombre le plus proche du nombre écrit dans la cible ?

a. 80 000 b. 90 000 c. 70 000

5 Quel est le plus grand nombre pair de 5 chiffres ?

Calcul 10

Calcul mental *Connaitre les tables de multiplication*
Lire et écrire des fractions simples
Calcul en ligne *Multiplier par un multiple de 10*

Séance 1

1 Écris les fractions en chiffres.

a. trois huitièmes
b. quatre septièmes
c. deux neuvièmes

2 Calcule rapidement.

a. 9 x 2 c. 6 x 9 e. 9 x 9 g. 8 x 9
b. 7 x 9 d. 10 x 9 f. 4 x 9 h. 9 x 5

3 Calcule.

a. 5 x 30 c. 20 x 6 e. 30 x 9 g. 90 x 9
b. 70 x 4 d. 8 x 60 f. 7 x 50 h. 6 x 80

Séance 2

4 Écris les fractions en chiffres.

un demi un quart cinq quarts
un tiers deux tiers neuf demis

5 Combien de fois

a. 9 dans 90 ? d. 8 dans 24 ? g. 9 dans 72 ?
b. 5 dans 45 ? e. 9 dans 81 ?
c. 9 dans 63 ? f. 9 dans 54 ?

6 Calcule.

a. 60 x 30 c. 20 x 60 e. 30 x 90 g. 90 x 90
b. 50 x 40 d. 80 x 70 f. 70 x 60 h. 40 x 80

Séance 3

7 Écris les fractions en lettres.

$\frac{2}{7}$ $\frac{8}{5}$ $\frac{4}{10}$ $\frac{2}{15}$

8 Complète.

a. 3 x ? = 21 d. ? x 9 = 9 g. 7 x ? = 42
b. ? x 9 = 81 e. 9 x ? = 63 h. ? x 9 = 72
c. 9 x ? = 18 f. ? x 9 = 36

9 Calcule.

a. 5 x 300 d. 8 x 600 g. 20 x 200
b. 700 x 4 e. 30 x 900 h. 800 x 70
c. 9 x 200 f. 700 x 50

Séance 4

10 Écris les fractions en lettres.

$\frac{1}{3}$ $\frac{1}{4}$ $\frac{1}{2}$ $\frac{3}{4}$ $\frac{7}{2}$ $\frac{12}{3}$

11 Calcule.

a. 5 x 3 000 d. 7 x 6 000 g. 40 x 4 000
b. 7 000 x 3 e. 30 x 8 000 h. 8 000 x 70
c. 9 x 5 000 f. 9 000 x 60

12 Résous les problèmes.

a. Une vache laitière produit en moyenne 28 L de lait par jour.
Combien de litres de lait un troupeau de 10 vaches produit-il en moyenne par jour ?

b. Le tour du lac de Gérardmer mesure 6 km. Un marcheur décide de faire le tour du lac une fois par jour pendant 30 jours.
Quelle distance aura-t-il parcourue au bout de 30 jours ?

c. Une maraichère a planté 60 rangées de 80 salades dans son champ. Elle vend chaque salade 2 euros.
Quel sera le montant de la recette si elle vend toutes les salades ?

Atelier problèmes 10

Résoudre des problèmes en utilisant des fractions (3)

Découverte Le ruban

Pour fabriquer un bracelet, Tom a utilisé $\frac{1}{3}$ d'un ruban de 36 cm.

Quelle longueur de ruban Tom a-t-il utilisée ?

Application

Un cycliste a parcouru les $\frac{3}{4}$ d'un parcours de 40 km.

Quelle distance lui reste-t-il à parcourir ?

Problème 1

Tom participe à une course de VTT. Après 1 heure de course, il a parcouru $\frac{5}{7}$ de la distance totale.

Quelle fraction de la distance totale lui reste-t-il à parcourir ?

Problème 2

Un cycliste a parcouru les $\frac{6}{10}$ d'un parcours de 80 km.

Combien de kilomètres lui reste-t-il à parcourir ?

Problème 3

Sami et Lola font une balade de 12 km à vélo. Après avoir parcouru les $\frac{2}{3}$ du trajet, ils font une pause.

Quelle distance leur reste-t-il à parcourir ?

Problème 4

Madame Azar part en vacances en voiture. Elle a déjà parcouru 500 km. Elle sait que cela correspond à $\frac{5}{7}$ du trajet qu'elle doit effectuer.

Quelle distance lui reste-t-il à parcourir ?

Problème 5

Lina achète un rouleau de réglisse. Elle le déroule et en donne $\frac{1}{5}$ de sa longueur à sa maman et $\frac{2}{5}$ à son frère.

Il lui reste maintenant 40 cm de réglisse.

Combien mesurait le rouleau de réglisse quand Lina l'a acheté ?

11 Droites parallèles

Reconnaitre des droites parallèles

1 a. À vue d'œil, dans quelles figures les paires de droites te semblent-elles parallèles ?
b. Utilise les instruments de ton choix pour vérifier quand c'est nécessaire.

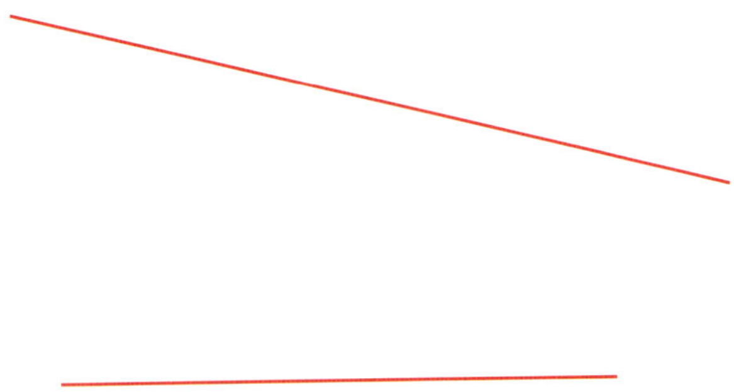

figure 1

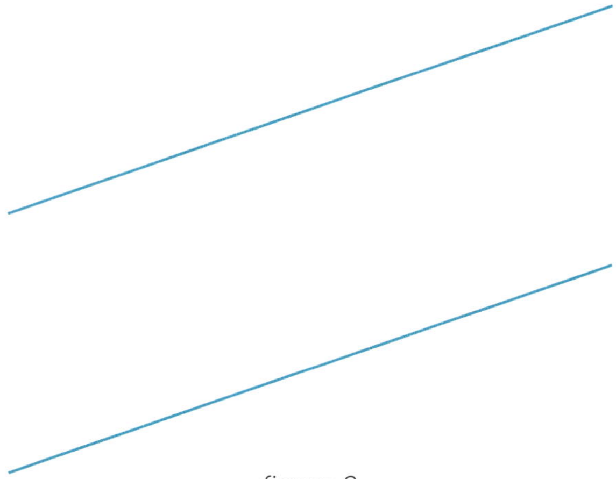

figure 2

figure 3

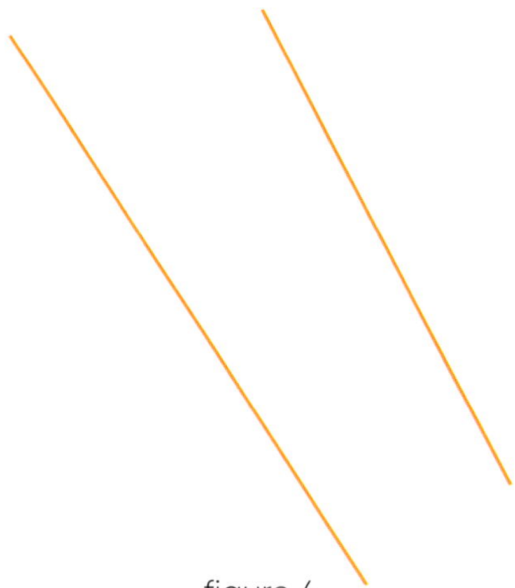

figure 4

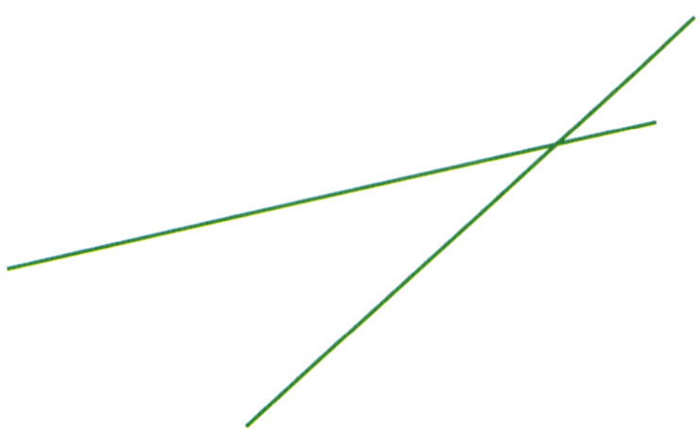

figure 5

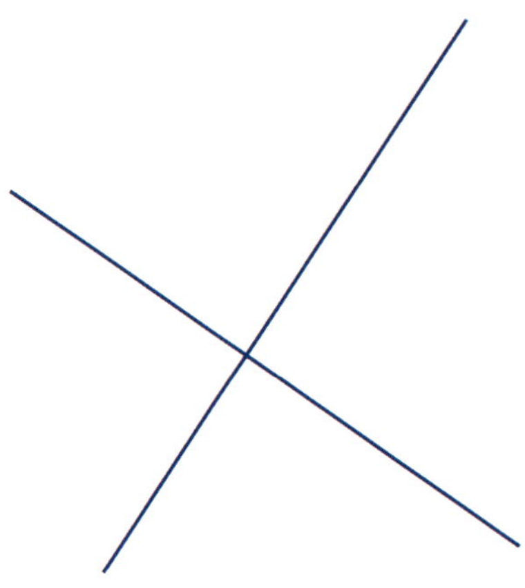

figure 6

2 ★★ Quelles sont les droites parallèles à la droite rouge ?

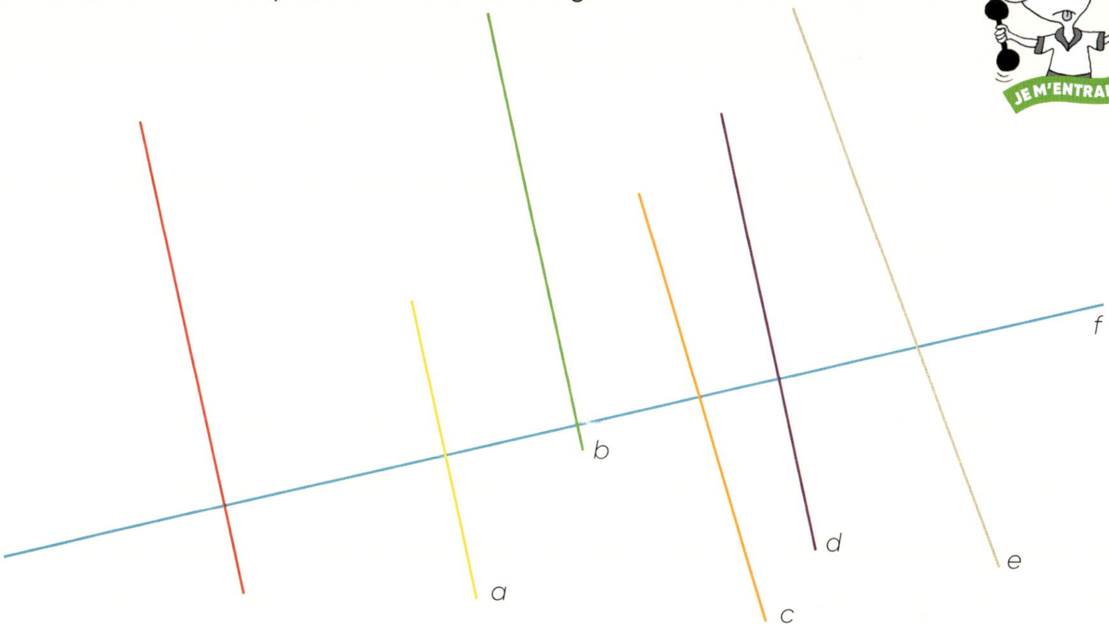

Tracer des droites parallèles

3 ★★ La droite *a* et la droite *b* sont parallèles.
À quelle distance sont-elles l'une de l'autre ?

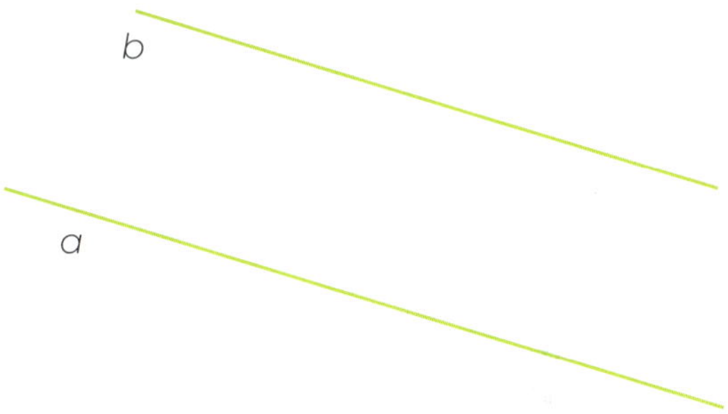

4 ★★ Reproduis la droite rouge.
Trace une droite bleue parallèle à la droite rouge. L'écartement entre ces deux droites est de 3 cm 6 mm.

5 ★★ Sur une feuille unie, trace six droites parallèles distantes de 1 cm, comme sur le modèle.

Ce réseau de droites s'appelle un guide-âne.
Il aide normalement à écrire droit.
Tu peux l'utiliser pour vérifier si deux droites sont parallèles.

6 ★★★ Reproduis la droite rouge et place le point A à 3 cm de cette droite comme sur le modèle.
Trace une droite bleue parallèle à la droite rouge et qui passe par le point A.

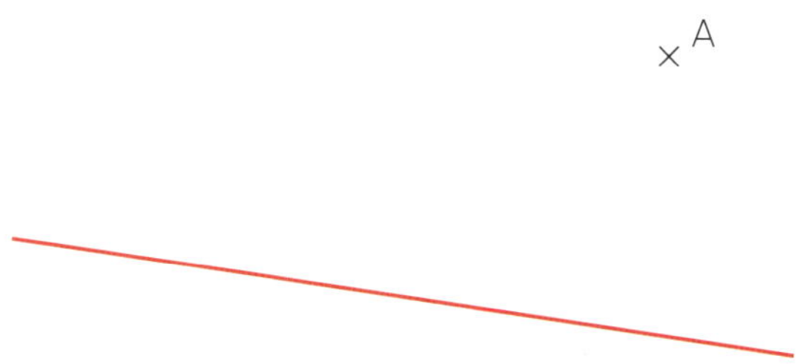

11 Droites parallèles

Je sais reconnaitre et tracer des droites parallèles.

Choisis les affirmations qui sont exactes dans l'exercice 1
et réalise la construction demandée dans l'exercice 2.

1 a. Les droites noire et bleue sont parallèles.
b. Les droites rouge et bleue sont perpendiculaires.
c. La droite noire est parallèle à la droite rouge.
d. La droite rouge est parallèle à la droite noire.
e. Les droites noire et rouge sont perpendiculaires à la droite bleue.
f. Les droites noire et rouge ne se coupent pas même si on les prolonge.
g. L'écartement entre deux droites parallèles est toujours le même.

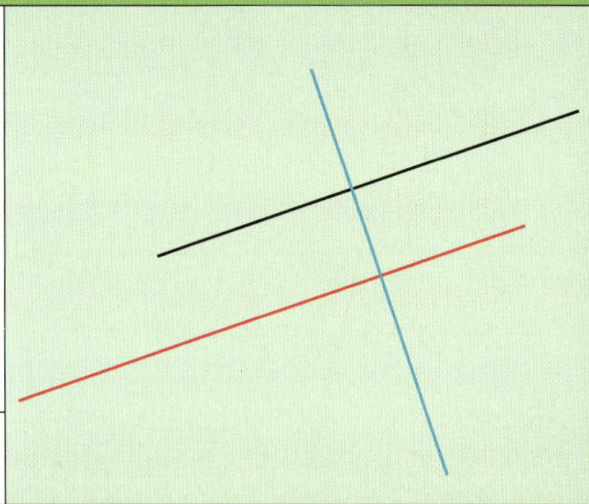

2 Sur une feuille unie, trace deux droites parallèles *d* et *e* distantes de 5 cm.

7 ★ Reproduis la droite rouge. Trace deux droites bleues perpendiculaires à la droite rouge.
Que peux-tu dire des deux droites bleues ?

8 ★★ Quelles sont les affirmations qui sont exactes ?

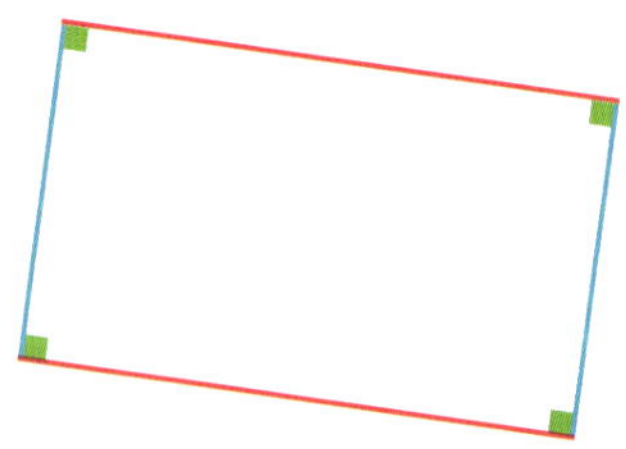

a. Cette figure est un triangle.
b. Les côtés opposés sont de la même couleur.
c. Les côtés opposés sont parallèles.
d. Les côtés opposés sont perpendiculaires.
e. Les côtés opposés sont de même longueur.

9 ★★ Réponds aux questions.
a. Quel est le nombre de côtés de ce polygone ?
b. Quels côtés de ce polygone sont perpendiculaires ?
c. Quels côtés de ce polygone sont parallèles ?

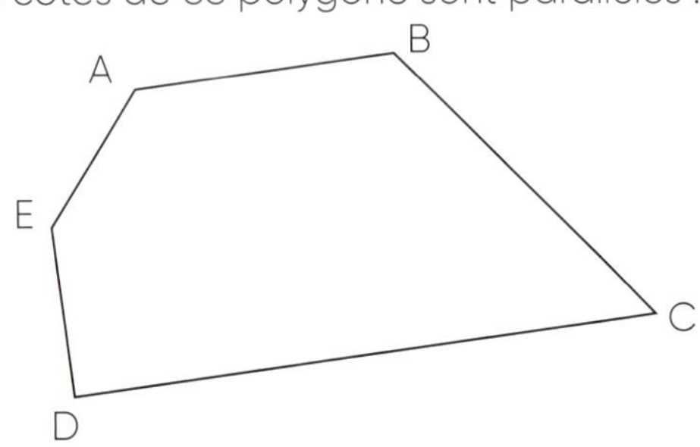

**À vue d'œil, dans chaque cas, les droites bleues te semblent-elles parallèles entre elles ?
Comment peux-tu vérifier tes réponses ?**

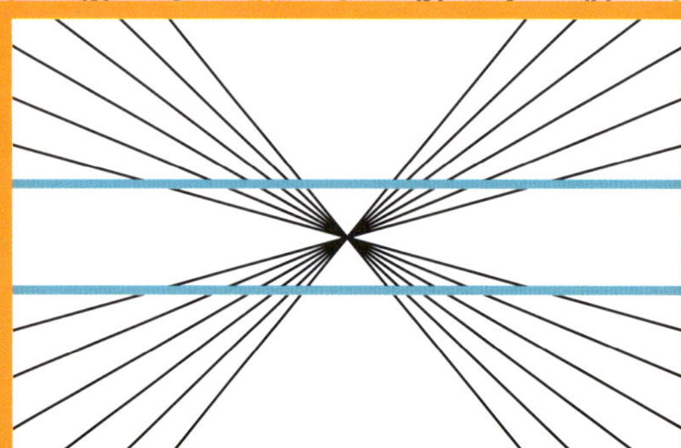

Flash maths 11

Droite graduée

1 À chaque fois, écris la fraction repérée par la flèche.

a.
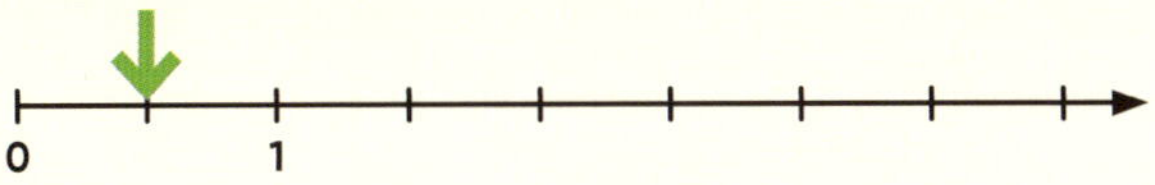

b.
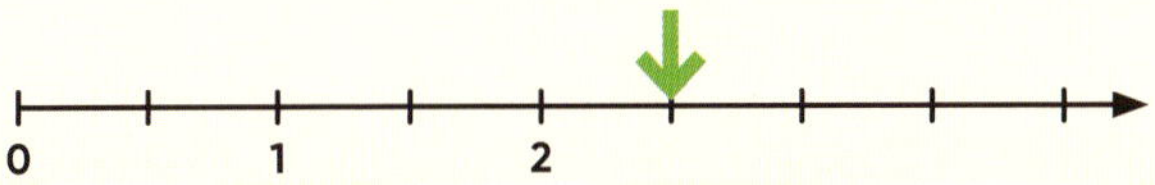

c.
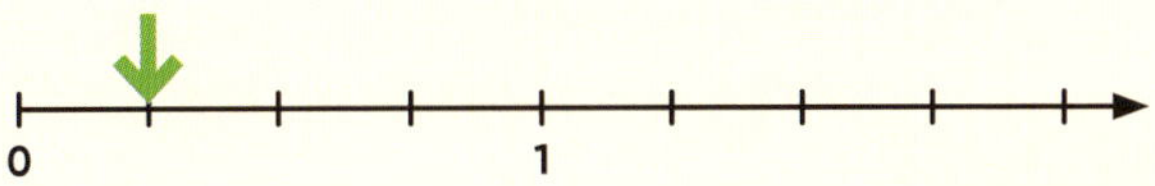

d.
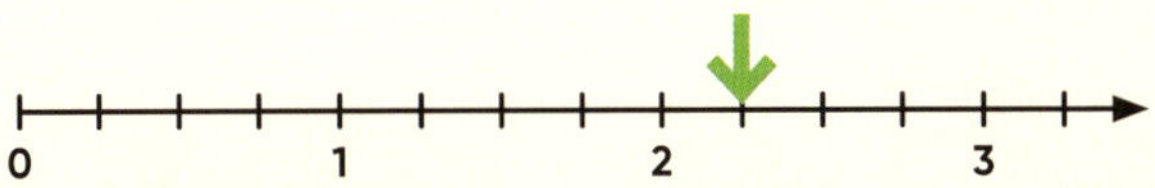

Calculs astucieux

2 Calcule le plus rapidement possible.

a. 40 + 120 + 60 + 80

b. 610 + 130 + 90 + 70

Géométrie mentale

3 Quelle façade de la maison voit la famille Home ?

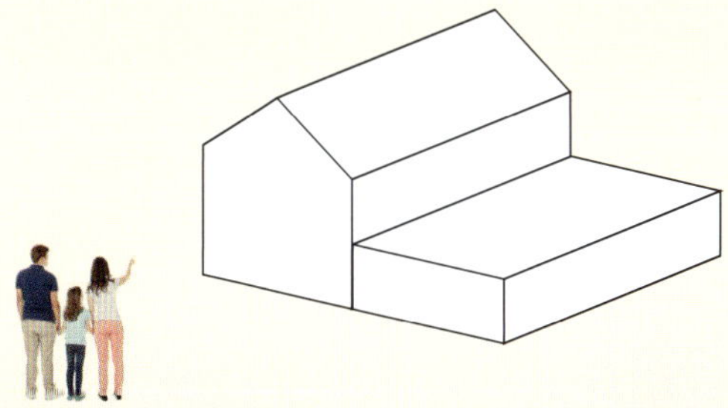

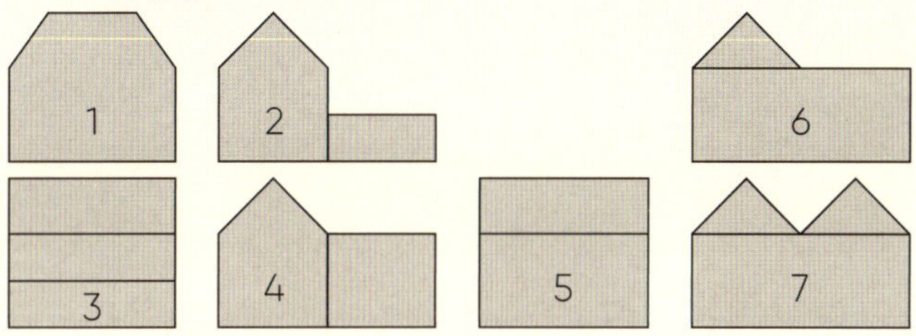

Nombres jusqu'à 99 999

4 Quel est le nombre le plus proche du nombre écrit dans la cible ?

a. 47 600 b. 47 500 c. 47 700

5 Quel est le plus grand nombre impair de 5 chiffres ?

Calcul 11

Calcul mental *Connaitre les tables de multiplication*
Ajouter des fractions de même dénominateur
Calculer le double, la moitié d'un nombre

Séance 1

1 Calcule.

$\frac{1}{2} + \frac{1}{2}$ $\quad$ $\frac{1}{3} + \frac{1}{3}$ $\quad$ $\frac{1}{3} + \frac{2}{3}$

2 Calcule rapidement.

a. 6 x 7 c. 8 x 7 e. 9 x 4 g. 6 x 3
b. 5 x 7 d. 9 x 7 f. 3 x 5 h. 4 x 7

3 Quel est le double

a. de 17 ? c. de 48 ? e. de 76 ? g. de 65 ?
b. de 37 ? d. de 59 ? f. de 93 ?

Séance 2

4 Calcule.

$\frac{2}{5} + \frac{1}{5}$ $\quad$ $\frac{3}{2} + \frac{1}{2}$ $\quad$ $\frac{1}{4} + \frac{2}{4}$

5 Recopie et complète.

x	6	......	4
3	......	27	......
......	42	......	......

6 Quel est le double

a. de 140 ? e. de 530 ? i. de 850 ?
b. de 260 ? f. de 550 ? j. de 970 ?
c. de 380 ? g. de 640 ?
d. de 450 ? h. de 760 ?

Séance 3

7 Calcule.

$\frac{1}{3} + \frac{1}{3} + \frac{1}{3}$ $\quad$ $\frac{5}{3} + \frac{1}{3}$

$\frac{1}{4} + \frac{1}{4} + \frac{1}{4} + \frac{1}{4}$

8 Recopie et complète.

x	8	5	......
5	......	......	45
......	56	......	......
9	......	......	......

9 Quelle est la moitié

a. de 60 ? d. de 70 ? g. de 100 ?
b. de 50 ? e. de 90 ? h. de 140 ?
c. de 40 ? f. de 80 ?

Séance 4

10 Calcule.

$\frac{1}{2} + \frac{1}{2} + \frac{1}{2}$ $\quad$ $\frac{2}{4} + \frac{2}{4}$ $\quad$ $\frac{6}{4} + \frac{2}{4}$

11 Quelle est la moitié

a. de 260 ? c. de 640 ? e. de 850 ?
b. de 550 ? d. de 760 ? f. de 1000 ?

12 Résous les problèmes.

a. Un bus peut transporter 56 passagers.
Combien de passagers deux bus peuvent-ils transporter ?

b. Des amis jouent à la belote.
L'équipe de Clara a marqué 930 points, l'équipe de Marcel en a marqué la moitié.
Combien de points l'équipe de Marcel a-t-elle marqués ?

c. Un ordinateur coute 760 €.
Combien la directrice de l'école va-t-elle payer si elle en achète deux ?

Atelier problèmes 11

Résoudre des problèmes en utilisant des fractions (4)

Découverte Les noix

Léo a 12 noix, il en mange $\frac{1}{6}$.

Lili a 15 noix, elle en mange $\frac{1}{3}$.

Aïcha a 6 noix, elle en mange $\frac{1}{2}$.

Tom a 16 noix, il en mange $\frac{1}{4}$.

Qui a mangé le plus de noix ?

Application

Lola a mangé $\frac{3}{4}$ de 20 noix.

Sami a mangé $\frac{4}{10}$ de 30 noix.

Qui a mangé le plus de noix ?

Problème 1

Lilou a mangé $\frac{2}{3}$ des 27 noix qu'elle a dans son assiette.

Combien de noix a-t-elle mangées ?

Problème 2

Tom a récolté 40 noix.
Il donne $\frac{2}{10}$ de ses noix à Sami et $\frac{4}{10}$ à Lola.

Combien de noix lui reste-t-il ?

Problème 3

Léo a donné $\frac{2}{5}$ de ses noix à sa sœur et $\frac{1}{5}$ de ses noix à son papa. Il a donné 60 noix en tout.

Combien avait-il de noix au départ ?

Problème 4

Madame Dunoyer a 15 kilos de noix à vendre au marché à 6 € le kilo.
À la fin du marché, elle a vendu les $\frac{2}{3}$ des noix.

Combien d'argent a-t-elle gagné ?

Problème 5

Avec les noix qu'elle récolte, Madame Dunoyer fabrique de l'huile.
Avec 1 kg de noix, elle sait qu'elle peut obtenir un demi-litre d'huile de noix.

Combien de litres d'huile obtiendra-t-elle avec 240 kg de noix ?

Nombres décimaux (1)

Lire et écrire des nombres décimaux

1 Au XVIe siècle, le mathématicien Simon Stevin a cherché une façon plus simple d'écrire des fractions décimales. Observe le tableau et explique comment fonctionnent les écritures qu'il a utilisées.

Écritures avec des fractions décimales	Écritures de Simon Stevin
$14 + \frac{5}{100}$	14⓪5②
$\frac{274}{100}$	2⓪7①4②
$\frac{78}{100}$	7①8②

• De nos jours, on utilise une écriture à virgule.
Observe le tableau et explique comment fonctionnent les écritures à virgule.

Écritures avec des fractions décimales	Aujourd'hui
$14 + \frac{5}{100}$	14,05
$\frac{274}{100}$	2,74
$\frac{78}{100}$	0,78

• Écris chaque nombre à la manière de Simon Stevin puis en utilisant une écriture à virgule.

a. $\frac{836}{100}$ b. $5 + \frac{9}{10}$ c. $\frac{4}{10} + \frac{7}{100}$ d. $5 + \frac{1}{100}$ e. $\frac{8}{100}$ f. $768 + \frac{3}{10}$ g. $\frac{56}{10}$

2 ★ Associe les nombres qui sont égaux.

$8 + \frac{6}{10} + \frac{3}{100}$ •	• 8,03
$8 + \frac{3}{100}$ •	• 8,3
$8 + \frac{6}{10}$ •	• 8,06
$8 + \frac{6}{100}$ •	• 8,63
$8 + \frac{3}{10}$ •	• 8,6

3 ★ Donne l'écriture à virgule des nombres suivants.

$3 + \frac{7}{10} + \frac{1}{100} = 3{,}71$

a. $9 + \frac{5}{10} + \frac{4}{100}$

b. $9 + \frac{4}{10} + \frac{5}{100}$

c. $\frac{9}{100}$

d. $\frac{9}{10}$

e. $509 + \frac{4}{10}$

f. $4 + \frac{59}{100}$

4 ★★ Écris chaque nombre décimal comme somme d'un nombre entier et de fractions décimales.

$9{,}75 = 9 + \frac{7}{10} + \frac{5}{100}$

a. 5,8 b. 50,8 c. 50,08 d. 5,08 e. 5,28

5 ★★★ Écris chaque fraction décimale avec une écriture à virgule.

a. $\frac{3}{10}$

b. $\frac{58}{10}$

c. $\frac{856}{100}$

d. $\frac{905}{100}$

e. $\frac{35}{100}$

f. $\frac{328}{10}$

Comprendre les règles d'écriture des nombres décimaux

6 a. Cherche le plus possible de nombres différents que tu peux écrire en plaçant côte à côte ces quatre cartes. Tu dois toujours utiliser les quatre cartes.

0	6	3	,

b. Le chiffre 0 et la virgule sont-ils toujours utiles ?

c. Utilise les cartes pour donner l'écriture à virgule des nombres suivants.

$6 + \frac{3}{100}$ $\quad 3 + \frac{6}{10}$ $\quad \frac{63}{100}$ $\quad 3 + \frac{6}{100}$

7 ★ Recopie les écritures qui correspondent au nombre représenté.

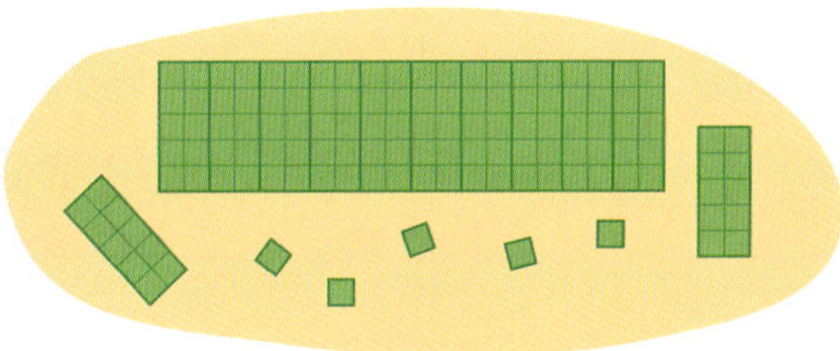

12,5 $\quad 1 + \frac{2}{10} + \frac{5}{100}$ $\quad$ 1,25 $\quad$ 1,52

$1 + \frac{25}{100}$ $\quad \frac{125}{100}$ $\quad$ 12,05

8 ★ Dans chaque cas, donne l'écriture à virgule des nombres représentés.

a.

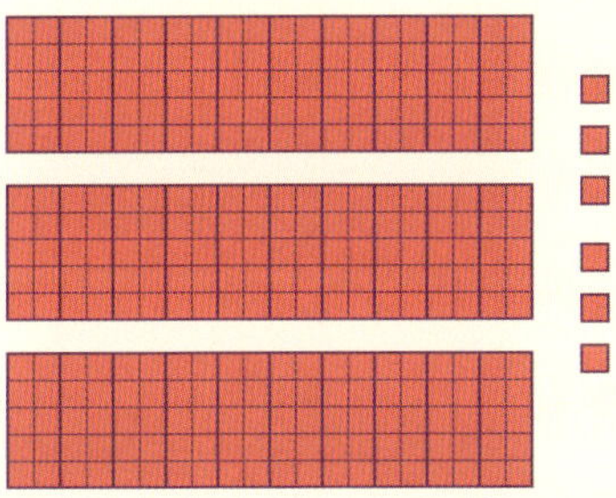

b.

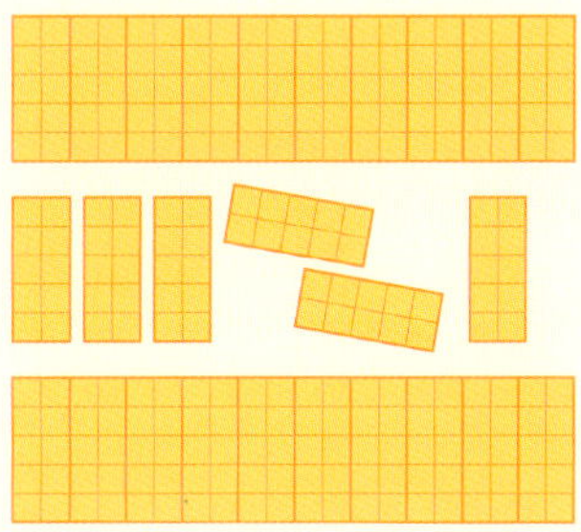

c.

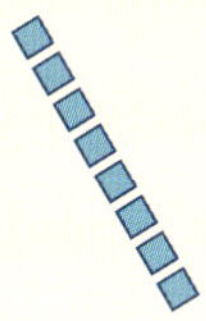

9 ★ Donne l'écriture à virgule des nombres décimaux suivants.

a. 5 unités et 7 dixièmes

b. 8 unités et 4 dixièmes et 9 centièmes

c. 4 centièmes

d. 2 dizaines et 6 unités et 7 centièmes

e. 239 unités et 5 dixièmes

10 ★★ Cherche le plus possible d'écritures différentes du nombre placé au centre de la fleur.

11 ★★★ Indique ce que représente le chiffre 7 dans les nombres suivants (chiffre des dixièmes, chiffre des centièmes...).

a. 470,8 b. 65,07 c. 762,8 d. 0,73

12 ★★ Écris les nombres plus simplement.

a. 4,00 b. 06,07 c. 0,10 d. 200,30

12 Nombres décimaux (1)

Je sais lire et écrire des nombres décimaux.

Pour chaque question, trouve la ou les bonnes réponses parmi celles proposées.

	a	b	c
1 Une autre écriture du nombre 5,84 est....	$5 + \frac{84}{100}$	$\frac{584}{100}$	$5 + \frac{8}{10} + \frac{4}{100}$
2 La fraction $\frac{9}{100}$ peut s'écrire...	0,9	9,100	0,09
3 Une autre écriture du nombre 0,7 est....	$0 + \frac{7}{10}$	$\frac{700}{100}$	$\frac{70}{100}$
4 Le nombre 3,92 peut se lire...	3 et 92 dixièmes	3 et 92 centièmes	3 et 9 dixièmes et 2 centièmes
5 Le nombre 3 dizaines 7 unités et 2 dixièmes peut s'écrire...	3,72	37,2	32,7
6 Le chiffre des dixièmes de 548,93 est...	9	4	3
7 6 est le chiffre des centièmes des nombres...	678,01	29,76	0,46
8 La partie décimale du nombre 34,78 est...	78	34	0,78

13 ★ Laquelle de ces fractions est égale à 10,3 ?

a. $\frac{130}{10}$ b. $\frac{13}{10}$ c. $\frac{103}{100}$ d. $\frac{103}{10}$

14 ★ Lequel de ces nombres est égal à $\frac{4}{100}$?

a. 4,100 b. 0,40 c. 0,04 d. 4,00

15 ★ Écris en chiffres les nombres dictés par les enfants.

16 ★ Associe l'écriture en lettres et l'écriture en chiffres qui désignent le même nombre.

une centaine •	• 0,01
un dixième •	• 1
une dizaine •	• 1000
un centième •	• 0,1
un millier •	• 100
une unité •	• 10

17 ★★ Dans chaque cas, place une virgule afin que 4 soit le chiffre des dixièmes.

a. 564 b. 3549 c. 2400 d. 48 e. 5004

LE JEU DU PORTRAIT

Ma partie entière est paire.
Je n'ai pas de zéro après la virgule.
Mon chiffre des dixièmes est plus petit que mon chiffre des centièmes.
Trouve ce nombre dans la liste ci-dessous.

10,31 18,04 7,12 26,38 16,64

Droite graduée

1 À chaque fois, écris la fraction repérée par la flèche.

a.
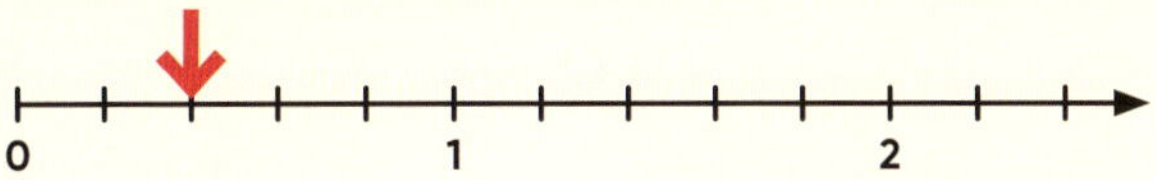

b.
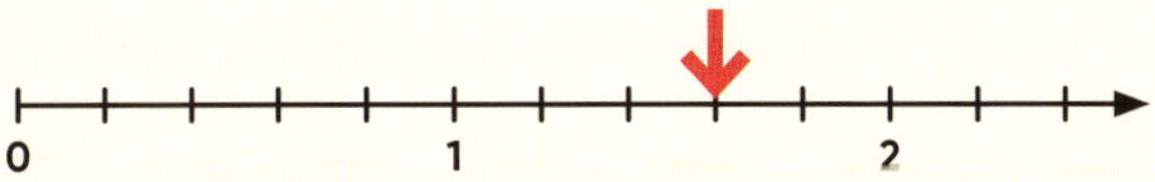

c.
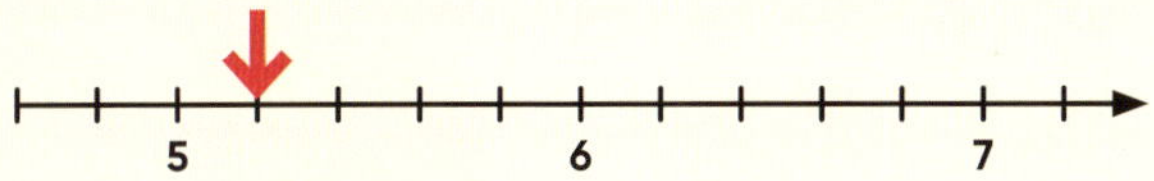

d.
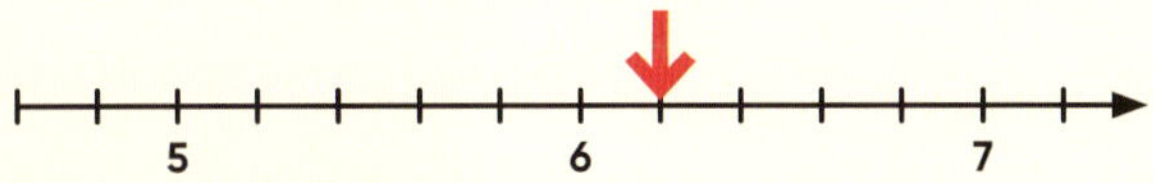

Calculs astucieux

2 Calcule le plus rapidement possible.

a. 150 + 250 + 150 + 250

b. 250 + 500 + 750 + 500

Géométrie mentale

3 Dessine à main levée la figure demandée.

a. Trace deux droites perpendiculaires.

b. Trace deux droites perpendiculaires qui se coupent au point A.

c. Trace un segment [AB] et un segment [AC].

4 Quelle façade de la maison voit la famille Home ?

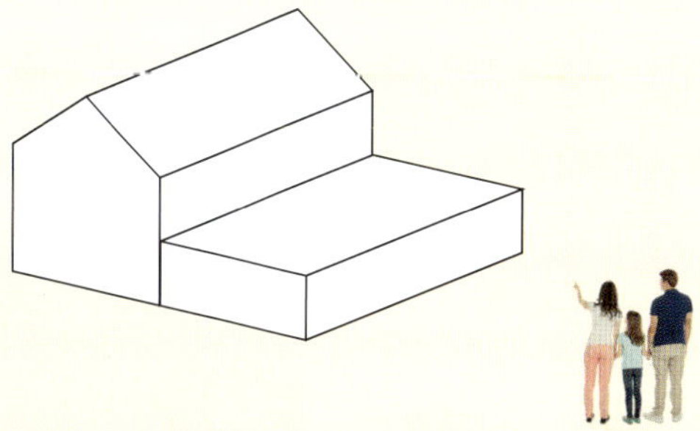

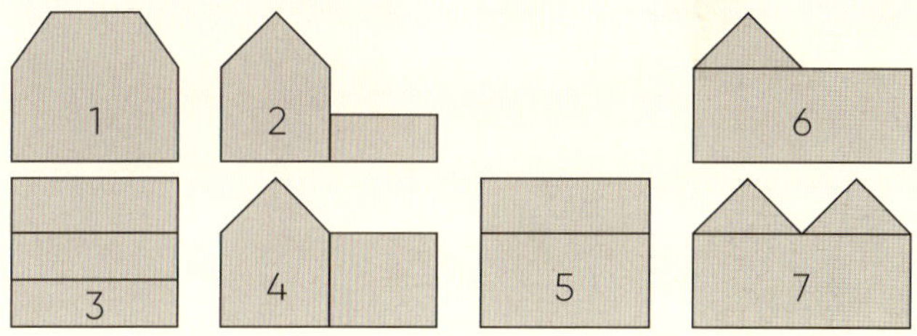

Nombres jusqu'à 99 999

5 Quel est le nombre le plus proche du nombre écrit dans la cible ?

a. 33 000 b. 34 000 c. 35 000

6 Quel est le plus petit nombre impair de 5 chiffres ?

Calcul 12

Calcul en ligne *Calculer le triple ou le quadruple d'un nombre*
Calculer le tiers ou le quart d'un nombre

Séance 1

1 Écris les fractions en chiffres.

a. deux dixièmes
b. un centième
c. vingt-quatre centièmes

2 Quel est le quadruple

a. de 5 ?	c. de 12 ?	e. de 31 ?	g. de 60 ?
b. de 7 ?	d. de 16 ?	f. de 54 ?	h. de 123 ?

3 Le compte est bon : trouve une solution pour atteindre le nombre-cible.

5 7 4 6 9

Séance 2

4 Écris les fractions en chiffres.

a. quatre dixièmes
b. cent-treize centièmes
c. quinze dixièmes

5 Quel est le triple

a. de 6 ?	c. de 12 ?	e. de 32 ?	g. de 64 ?
b. de 9 ?	d. de 17 ?	f. de 53 ?	h. de 213 ?

6 Le compte est bon : trouve une solution pour atteindre le nombre-cible.

3 75 4 8 5

Séance 3

7 Écris les fractions en lettres.

a. $\frac{1}{10}$ b. $\frac{1}{100}$ c. $\frac{4}{100}$ d. $\frac{7}{10}$

8 Quel est le tiers

a. de 6 ?	c. de 15 ?	e. de 30 ?	g. de 60 ?
b. de 9 ?	d. de 21 ?	f. de 90 ?	h. de 120 ?

9 Le compte est bon : trouve une solution pour atteindre le nombre-cible.

9 10 6 9 3

Séance 4

10 Écris les fractions en lettres.

a. $\frac{90}{10}$ b. $\frac{700}{100}$ c. $\frac{12}{100}$ d. $\frac{52}{10}$

11 Quel est le quart

a. de 8 ?	c. de 20 ?	e. de 48 ?	g. de 100 ?
b. de 16 ?	d. de 40 ?	f. de 60 ?	h. de 120 ?

12 Résous les problèmes.

a. Éva possède un paquet de 24 gâteaux. Elle donne un tiers du paquet à Tom.
Combien de gâteaux Tom reçoit-il ?

b. Dans une classe de 28 élèves, le quart pratique un instrument de musique.
Combien d'élèves pratiquent un instrument de musique ?

c. Enzo a lu le quart d'un livre de 84 pages.
Combien de pages Enzo a-t-il lues ?

d. Dans une classe de 24 élèves, un tiers pratique une activité sportive dans un club.
Combien d'élèves pratiquent une activité sportive en club ?

Atelier problèmes 12

Résoudre des problèmes additifs de comparaison (1)

Découverte Les fléchettes

Lilou et Nina jouent aux fléchettes. Lilou a marqué 53 points et Nina a marqué 38 points.

Quel est l'écart de points entre les deux joueuses ?

a) Reproduis et complète le schéma avec les données du problème. Place le signe **?** pour indiquer ce que l'on cherche.

b) Résous le problème.

c) Complète les deux phrases-réponses possibles.

Lilou a gagné .... points de .... que Nina.

Nina a gagné .... points de .... que Lilou.

Application

Tom et Léo jouent aux fléchettes.
Tom a marqué 460 points
et Léo a marqué 523 points.

Combien de points Léo a-t-il marqués de plus que Tom ?

Problème 1

Amir a 19 ans et mesure 186 cm. Son petit frère Nassim qui a 10 ans mesure 129 cm.

Quelle est leur différence de taille ?

a. Reproduis et complète le schéma avec les données du problème. Place un point d'interrogation pour indiquer ce que l'on cherche.

b. Résous le problème.

c. Complète les deux phrases-réponses possibles.

Nassim mesure .... cm de .... qu'Amir.

Amir mesure .... cm de .... que Nassim.

Problème 2

Chloé a 18 ans et sa maman 44 ans.

a. Quelle est leur différence d'âge ?

b. Dans 20 ans, quel âge auront Chloé et sa maman ? Quelle sera alors leur différence d'âge ?

Problème 3

L'école Jean Macé compte 324 élèves.
Elle est située à 7 kilomètres de l'école Louis Pergaud qui compte 158 élèves.

Combien l'école Jean Macé a-t-elle d'élèves de plus que l'école Louis Pergaud ?

Problème 4

Un vélo électrique coute 2 345 € dans le magasin Vélovert et 2 679 € chez Monvélo.
Le magasin Monvélo fait une remise de 350 € pour l'achat d'un vélo électrique.

**Dans quel magasin est-il plus intéressant d'acheter ce vélo ? Explique pourquoi.
Quelle est la différence de prix ?**

Poser et effectuer une addition de nombres décimaux

1 Calcule les additions avec la méthode de ton choix.
Vérifie tes calculs à l'aide du matériel mis à ta disposition.

a. 4,25 + 3,6 b. 2,37 + 4,58 c. 3 + 1,06 + 4,78

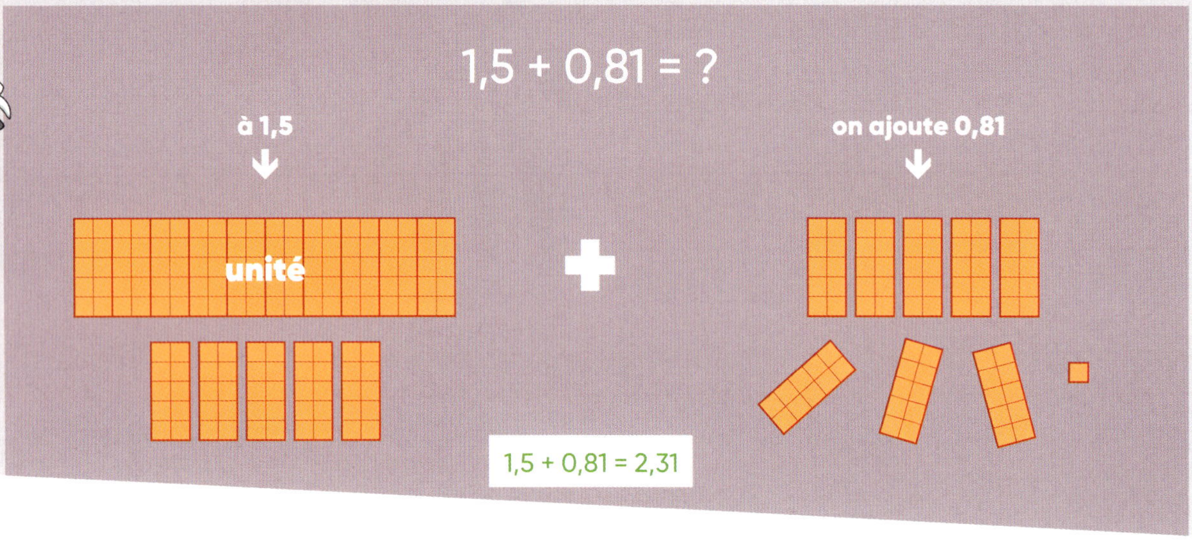

2 ★ Tom achète un peigne à 2,49 € et une brosse à dents à 3,25 €. Combien doit-il payer ?

JE M'ENTRAINE

3 ★ Calcule avec la méthode de ton choix.

a. 2,5 + 0,4
b. 4,8 + 5
c. 0,7 + 2,3
d. 6,42 + 2,5
e. 4,02 + 5,56
f. 2,7 + 1,4

4 Recopie et effectue l'opération qui est bien posée.

a. ★

	7,	3	9
+	5,	8	

	7,	3	9
+ 5,	8		

b. ★★

	1	2,	6
+	5,	7	8

	1	2,	6
+ 5,	7	8	

5 Recopie et effectue les additions.

a. ★

	9,	4	5
+	5,	8	

	5,	4	6
+	7,	0	9

b. ★★

	3	5,	8	
+		7,	3	9

	2	3	0,	7	4
+		8	9,	5	6

6 ★★ Trouve mentalement le résultat du calcul parmi ceux proposés.

a. 3,4 + 2,05 → 5,9 - 5,45 - 32,45
b. 20,36 + 3,1 → 23,46 - 51,36 - 203,361
c. 21,8 + 5,07 → 216,5 - 26,15 - 26,87
d. 13,1 + 4,02 + 1,20 → 18,23 - 18,32 - 135,302

7 ★★ Pose et effectue les additions.

a. 14,9 + 5,24
b. 0,8 + 0,75
c. 57,83 + 4,06
d. 430 + 12 + 67,84

Poser et effectuer une soustraction de nombres décimaux

8 Calcule les soustractions avec la méthode de ton choix.
Vérifie tes calculs à l'aide du matériel mis à ta disposition.

a. 9,82 – 5,26   b. 7,37 – 4,56   c. 13,9 – 4,52

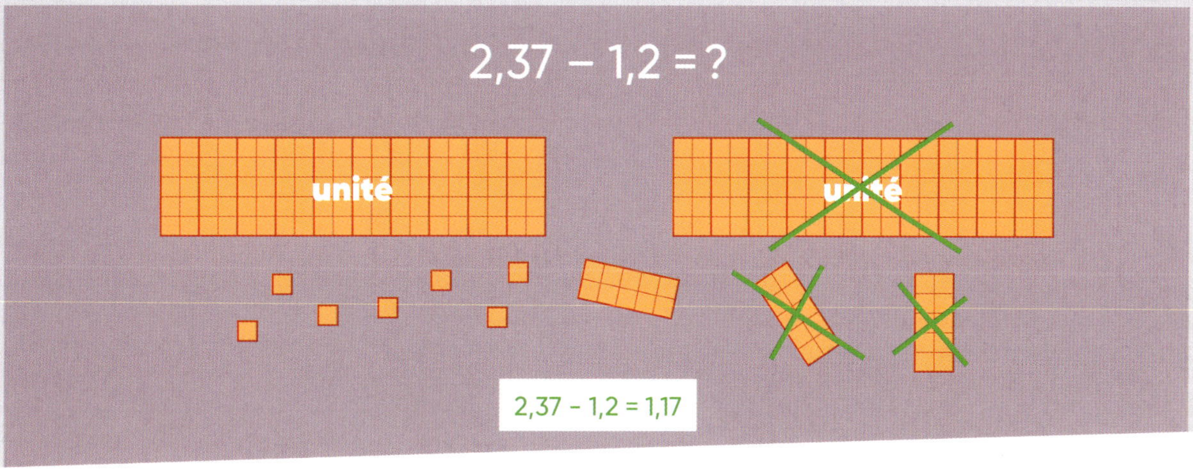

9 ★ Calcule en ligne.

a. 2,5 – 0,7   c. 10 – 2,5   e. 9,97 – 1, 5
b. 6,8 – 4,3   d. 8 – 5,4   f. 0,67 – 0,4

10 ★ Une coureuse a déjà parcouru 21,4 km des 42,19 km du marathon de Paris. Quelle distance doit-elle encore parcourir jusqu'à l'arrivée ?

11 Recopie et effectue l'opération qui est bien posée.

a. ★

	8,	7	4
–	5,	6	

	8,	7	4
–		5,	6

b. ★★

	1	3	7,	1	9
–		1	2,	9	5

		1	3	7,	1	9
–	1	2,	9	5		

12 Recopie et effectue les soustractions.

a. ★

	7,	9	3
–	5,	4	8

	5	8,	3	8
–	5	2,	9	

b. ★★

	4	3,	7	
–	1	6,	3	8

	8	2,	0	9
–	6	7,	3	7

13 ★★ Trouve mentalement le résultat du calcul parmi ceux proposés.

a. 13,97 – 6,3 → 7,94 - 7,67 - 13,34
b. 6,78 – 2,5 → 4,73 - 4,28 - 6,53
c. 69,89 – 15 → 54,89 - 69,75 - 54,75
d. 0,95 – 0,7 → 88 - 0,88 - 0,25

14 ★★ Pose et effectue les soustractions.

a. 8,15 – 5,7   c. 82,06 – 51,35
b. 19,6 – 7,28   d. 845,6 – 49,37

13 Addition et soustraction de nombres décimaux

Je sais poser et effectuer une addition ou une soustraction de nombres décimaux.

Pour chaque question, trouve la ou les bonnes réponses parmi celles proposées.

	a	b	c
1 Le résultat de l'opération 895,72 – 62,5 est…	une différence	une somme	un produit
2 Le résultat de l'opération 235,7 + 67,89 est…	une différence	une somme	un produit
3 Dans sa poche, Tom a 21,65 €. Il achète des fruits et repart avec 16,80 € en poche. Combien a-t-il payé pour les fruits ?	5,85	4,85	38,45
4 Sami a lancé le javelot à 15,69 m et Lola l'a lancé 7,48 m plus loin. Quelle est la longueur du lancer de Lola ?	8,21	22,07	23,17
5 6,36 + 3,5 =	63,365	9,41	9,86
6 8,74 – 5,6 =	3,14	3,68	7,90
7 5,9 + 13,75 + 8 =	14,42	18,92	27,65
8 12,7 – 4,62 =	8,18	8,08	8,12

15 ★ Sofia veut acheter un jeu de quilles et un ballon. Elle peut choisir parmi les objets représentés ci-dessous. Elle veut dépenser au maximum 35 €.

a. Trouve rapidement et mentalement toutes les solutions possibles.

b. Explique comment tu as fait.

A

C

B

D

16 ★★ Calcule en ligne ou mentalement de façon astucieuse.

a. 0,3 + 0,9 + 0,7

b. 0,4 + 6 + 1,6 + 0,5

c. 4,25 + 3,2 + 1,8 + 0,75

d. 2,1 + 23,65 + 24,35 + 9,9

17 ★★ Calcule.

a. 42,8 + ... = 43

b. 28,75 + ... = 29

c. 54,25 + ... = 55

d. 65,91 + ... = 66

e. 37,5 + ... = 38

f. 43,05 + ... = 44

18 ★★★ Recopie et complète les additions en écrivant les chiffres qui manquent.

```
  2 5, 3 □        3 □, □ 8
+ 4 □, 4 8      + □ 8, 0 2
  □ 2, □ 0        8 5, 7 □

    3 5, □ 4        1 2 □, 8 □
+     □ 7, 2    +       8, □ 9
+   □ 3 8       +     □ 5, 7
  5 2 □, 3 □      □ 3 1, 0 8
```

19 ★★★ Recopie et complète les soustractions en écrivant les chiffres qui manquent.

```
  3, □ 7          □ 9, □ 7
– 2, 6 □        –   2, 8 □
  □, 3 5          4 □, 2 2
```

Calcule en ligne ou mentalement puis explique comment tu as procédé.

a. 111,1 – 11,11

b. 11,1 – 1,11

c. 1111,1 – 111,11

Flash maths 13

Problème

1 Trouve le calcul qui permet de répondre à la question posée.

J'ai acheté 3 ballons à 12 € l'un. Combien ai-je payé en tout ?

a. 12 : 3 b. 3 + 12 c. 3 x 12 d. 12 – 3

Droites

2 Que peux-tu dire de ces deux droites ?

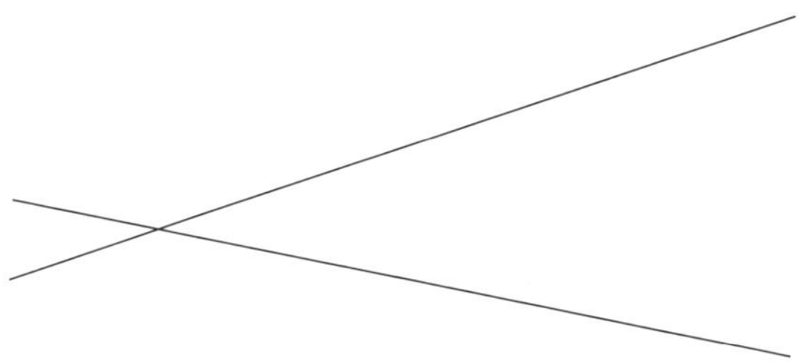

3 Que peux-tu dire de ces deux droites ?

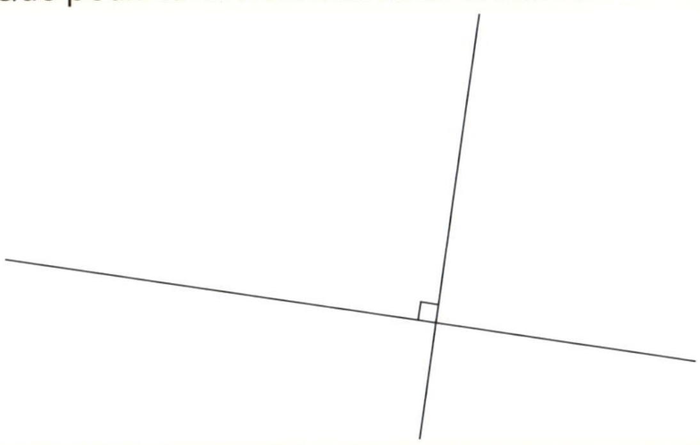

4 Que peux-tu dire de ces deux droites ?

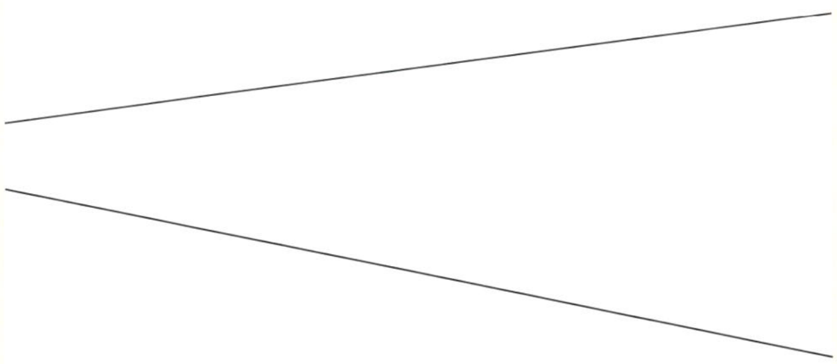

Géométrie mentale

5 Dessine à main levée la figure demandée.

a. La figure se compose d'un segment et d'un point placé au milieu du segment.

b. La figure se compose d'un segment [AB] et d'un point placé en dehors du segment.

c. Trace deux droites qui se coupent au point O.

6 Quelles façades ne sont pas celles de cette maison ?

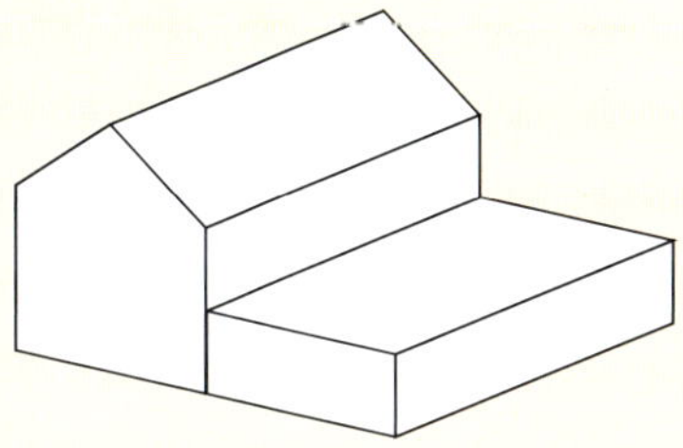

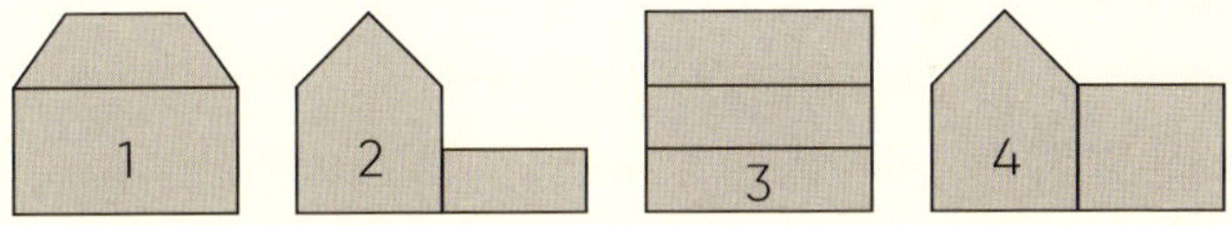

Droite graduée

7 À chaque fois, écris la fraction repérée par la flèche.

a.
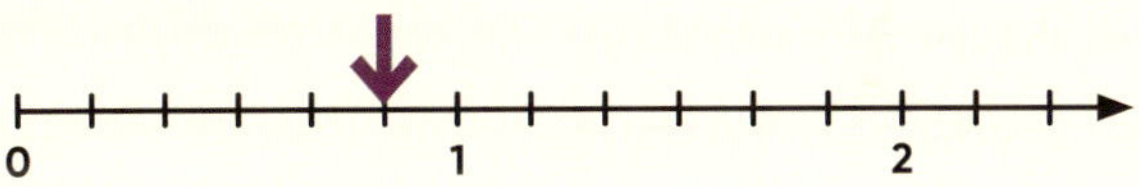

b.
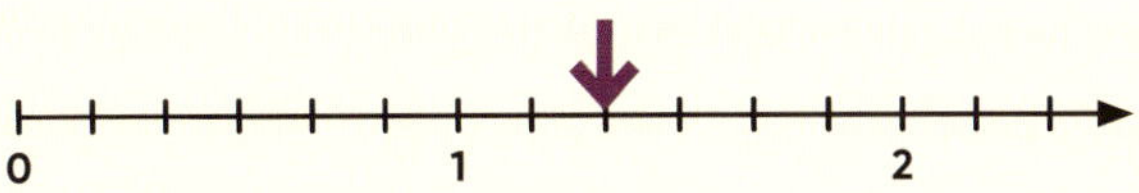

c.
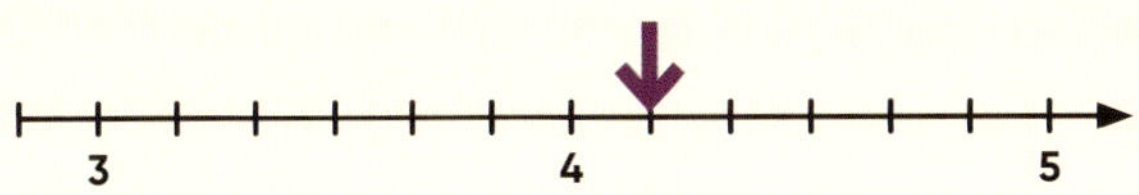

d.
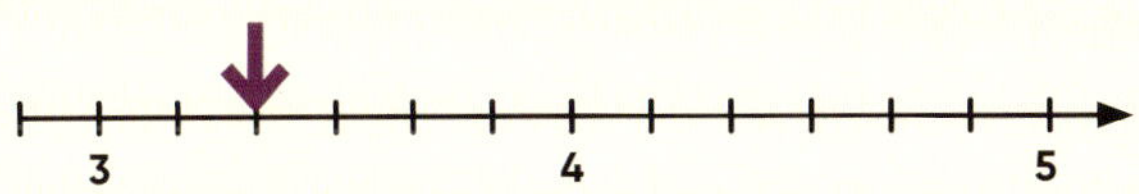

Calcul 13

Calcul en ligne *Calculer le tiers ou le quart d'un nombre*
Calcul en ligne *Additionner des nombres décimaux*

Séance 1

1 Calcule.

a. $\frac{1}{10} + \frac{6}{10}$

b. $\frac{13}{100} + \frac{14}{100}$

c. $\frac{8}{10} + \frac{2}{10}$

2 Quel est le tiers

a. de 18 ? b. de 27 ? c. de 24 ? d. de 36 ?

3 Écris le résultat de l'addition avec une écriture à virgule.

a. 2 unités et 4 dixièmes + 3 dixièmes

b. 4 dixièmes + 5 dixièmes

c. 2 unités et 7 centièmes + 6 centièmes

Séance 2

4 Calcule.

a. $\frac{10}{10} + \frac{5}{10}$

b. $\frac{300}{100} + \frac{52}{100}$

c. $\frac{20}{10} + \frac{6}{10}$

5 Quel est le tiers

a. de 300 ? b. de 900 ? c. de 600 ? d. de 1200 ?

6 Écris le résultat de l'addition avec une écriture à virgule.

a. 9 dixièmes + 46 centièmes

b. 2 unités et 57 centièmes + 5 unités et 8 dixièmes

c. 4 dixièmes et 8 centièmes + 6 dixièmes

Séance 3

7 Écris le nombre décimal avec une écriture à virgule.

a. 1 unité et 5 dixièmes

b. 4 unités et 2 centièmes

8 Quel est le quart

a. de 12 ? b. de 36 ? c. de 44 ? d. de 28 ?

9 Calcule en ligne.

a. 5 + 2,6
b. 24 + 2,07
c. 4,2 + 2,7
d. 3,8 + 0,5
e. 3,9 + 5,4
f. 1,2 + 74,8

Séance 4

10 Écris le nombre décimal avec une écriture à virgule.

a. 8 dixièmes

b. 4 unités 5 dixièmes et 7 centièmes

c. 9 dixièmes et 2 centièmes

11 Quel est le quart

a. de 200 ?
b. de 1000 ?
c. de 400 ?
d. de 800 ?
e. de 1600 ?

12 Résous les problèmes.

a. Avant la récréation, Tom avait 20 billes. Il en perd un quart pendant la récréation.
Combien de billes lui reste-t-il ?

b. Dans ma bibliothèque, j'ai 27 livres. Le tiers des livres sont des BD.
Combien ai-je de BD ?

c. J'ai dépensé $\frac{1}{4}$ de mes 20 €.
Combien ai-je dépensé ?

d. $\frac{1}{3}$ des 96 élèves de l'école Jacques Prévert prennent le bus pour venir à l'école.
Combien d'élèves viennent en bus à l'école ?

e. J'ai dépensé $\frac{1}{3}$ de mes 12 €.
Combien me reste-t-il ?

f. Dans la trousse de Sami, le quart des 12 stylos ne fonctionnent pas.
Combien de stylos fonctionnent ?

Atelier problèmes 13

Résoudre des problèmes additifs de comparaison (2)

Découverte Les fléchettes

Lilou et Nina jouent aux fléchettes.
Lilou a marqué 845 points.
Elle a marqué 268 points de plus que Nina.

Quel est le score de Nina ?

a) Reproduis et complète le schéma avec les données du problème. Place le signe ? pour indiquer ce que l'on cherche.

b) Résous le problème.

Application

Tom et Léo jouent aux fléchettes.
Tom a marqué 2 650 points.
Il a marqué 475 points de moins que Léo.

Quel est le score de Léo ?

Problème 1

Lina mesure 137 cm.
Elle mesure 26 cm de moins que sa sœur Jade.

Quelle est la taille de Jade ?

a) Reproduis et complète le schéma avec les données du problème. Place un point d'interrogation pour indiquer ce que l'on cherche.

b) Résous le problème.

Problème 2

Zoé a 9 ans.
C'est 63 ans de moins que sa grand-mère.

Trouve l'âge de sa grand-mère.

Problème 3

L'école Camille Claudel compte 314 élèves.
C'est 138 élèves de plus que dans l'école Victor Hugo.

Combien y a-t-il d'élèves dans l'école Victor Hugo ?

Problème 4

Le Stade de France à Paris peut accueillir 81 338 spectateurs. Il peut accueillir 13 944 spectateurs de plus que le stade Vélodrome à Marseille.

Combien de spectateurs le stade Vélodrome peut-il accueillir ?

Problème 5

Louise a ramassé 53 coquillages.
Elle a ramassé 28 coquillages de plus que sa sœur Nina. Elles décident de mettre leurs coquillages dans un même sac.

Combien de coquillages y aura-t-il dans ce sac ?

Problème 6

Trois enfants ramassent des coquillages sur la plage. Tom a ramassé 135 coquillages. Il a ramassé 40 coquillages de moins que Lilou et 70 de plus que Léo.

Combien de coquillages ont-ils ramassés à eux trois ?

14 Proportionnalité

Utiliser les propriétés de la proportionnalité

1 Madline assemble des cubes identiques pour construire une muraille devant son château fort.
Elle construit une muraille où tous les cubes sont alignés comme dans le schéma ci-dessous.

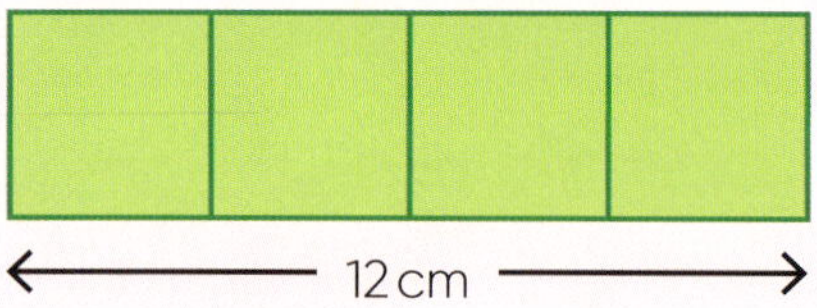

Avec 4 cubes assemblés, sa muraille mesure 12 cm.

Combien mesurera la muraille si elle assemble :

a. 8 cubes ? b. 12 cubes ? c. 20 cubes ?

2 ★ Sara assemble des cubes identiques pour construire une muraille devant son château fort. Elle construit une muraille où tous les cubes sont alignés comme dans le schéma ci-dessous.

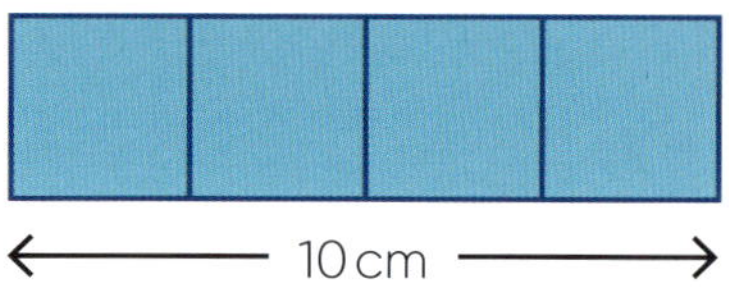

Avec 4 cubes assemblés, la muraille mesure 10 cm.

Combien mesurera la muraille si elle assemble :

a. 8 cubes ? b. 12 cubes ? c. 20 cubes ?

3 ★ Nassim assemble des cubes identiques pour construire une muraille devant son château fort.

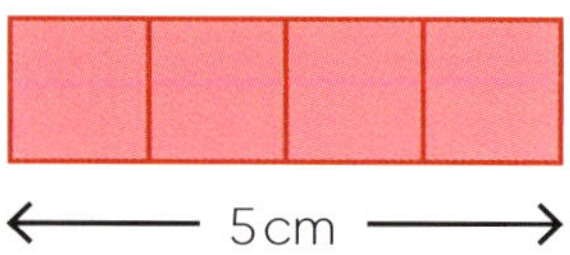

Avec 4 cubes assemblés, la muraille mesure 5 cm.

Combien mesurera la muraille s'il assemble :

a. 8 cubes ? b. 12 cubes ? c. 20 cubes ?

4 ★★ Madline mesure deux cure-dents identiques alignés comme sur la photographie.
Ces deux cure-dents mesurent 13 cm.

a. Combien mesurent 4 cure-dents ?

b. Combien mesurent 6 cure-dents ?

c. Combien mesurent 10 cure-dents ?

d. Combien mesurent 20 cure-dents ?

5 ★★ Léo a acheté des billes qui ont toutes la même masse. Il pèse ses billes et constate que 10 billes pèsent 50 grammes.

Recopie et complète le tableau.

Nombre de billes	10	5	20	40	25	100
Masse en g	50	....	....	....	....	....

Reconnaitre une situation de proportionnalité

6 ★ Fanny a 10 ans, elle chausse du 34.

a. Peut-elle connaitre avec exactitude sa pointure à 30 ans ?

b. La pointure et l'âge d'une personne sont-ils proportionnels ?

7 ★★ Réponds à la question de Sami en justifiant ta réponse.

Résoudre des problèmes relevant de la proportionnalité

8 ★ Louise achète des pommes au marché. 1 kg de pommes est vendu 3 €.

a. Combien paiera-t-elle si elle achète 4 kg ?

b. Combien paiera-t-elle si elle achète 6 kg ?

c. Combien paiera-t-elle si elle achète 10 kg ?

d. Combien paiera-t-elle si elle achète un demi-kilogramme ?

9 ★ L'école a reçu des cartons contenant des ballons. Dans un carton, il y a 6 ballons.

a. La classe de CM1 a reçu 18 ballons. Combien de cartons a-t-elle reçus ?

b. La classe de CM2 a reçu 30 ballons. Combien de cartons a-t-elle reçus ?

10 ★★ Le robot XP34 se déplace toujours à la même vitesse. En 4 heures, ce robot parcourt 10 km.

a. Combien de km parcourt-il en 2 heures ?

b. Combien de km parcourt-il en 10 heures ?

c. Combien de temps lui faut-il pour parcourir 100 km ?

11 ★★ Si Louise effectue 4 tours du lac, elle parcourt 5 000 m. Quelle distance va-t-elle parcourir si elle effectue

a. 2 tours ? b. 6 tours ? c. 10 tours ?

d. Combien de tours doit-elle effectuer pour parcourir 20 000 m ?

12 ★★★ La masse de compote de pomme obtenue est proportionnelle à la masse de pommes utilisées. Avec 5 kg de pommes, on obtient 4 kg de compote. Avec 3 kg de pommes, on obtient 2,4 kg de compote. Quelle masse de compote obtient-on avec :

a. 8 kg de pommes ?

b. 16 kg de pommes ?

Je sais résoudre des problèmes relevant de la proportionnalité.

Pour chaque question, trouve la ou les bonnes réponses parmi celles proposées.

	a	b	c
1 À 10 ans, Lili chausse du 37. À 20 ans, elle chaussera du…	74	On ne peut pas savoir	47
2 Une casquette SUPER MARIO coute 4 €. 3 casquettes SUPER MARIO coutent…	On ne peut pas savoir	7 €	12 €
3 Max a 10 ans. Il pèse 32 kg. À 70 ans, il pèsera…	224 kg	102 kg	On ne peut pas savoir
4 Pour 3 croissants, je paie 2 €. Pour 9 croissants, je paie…	6 €	On ne peut pas savoir	11 €
5 5 ballons identiques coutent 13 €. Sans remise, le prix pour 15 de ces mêmes ballons est…	39 €	28 €	On ne peut pas savoir
6 Fatou a effectué en courant 4 tours de la cour de son école, soit 1 000 m. Il est vrai que pour cette cour…	8 tours font 2 000 m	2 tours font 500 m	10 tours font 3 500 m

13 ★ Deux tablettes numériques identiques coutent 600 €. Une directrice d'école veut acheter 5 de ces tablettes.

Quel prix va-t-elle payer pour les 5 tablettes ?

14 ★★ Dans le livre de recettes de cuisine de Sami, on donne la recette pour faire 15 crêpes ou 25 crêpes.

POUR 15 CRÊPES
300 g de farine
3 œufs
75 cL de lait
3 cuillères à soupe d'huile

POUR 25 CRÊPES
500 g de farine
5 œufs
125 cL de lait
5 cuillères à soupe d'huile

Mais Sami veut préparer 10 crêpes seulement.

Quelle est la quantité d'ingrédients nécessaires pour préparer 10 crêpes ?

15 ★★★ Madame Suzette veut préparer 60 crêpes pour la fête d'anniversaire de sa fille. Elle a emprunté le livre de recette de Sami.

Quelles sont les quantités d'ingrédients nécessaires pour préparer 60 crêpes ?

Un marchand de stylos propose ces deux offres pour des stylos identiques.

OFFRE A

10 stylos pour **17 €**

OFFRE B

25 stylos pour **32 €**

Compare ces deux offres.

Flash maths 14

Problème

1 Trouve le calcul qui permet de répondre à la question posée :

Léo a 36 billes. Il a 4 billes de plus que Fatou. Combien de billes Fatou a-t-elle ?

a. 36 : 4 b. 36 – 4 c. 36 x 4 d. 36 + 4

2 Trouve le calcul qui permet de répondre à la question posée :

Lilou, âgée de 30 ans, a 5 ans de moins que sa sœur Nina. Quel est l'âge de Nina ?

a. 30 : 5 b. 30 – 5 c. 5 x 30 d. 30 + 5

Codage d'une figure

3 VRAI ou FAUX ?

Le segment AB mesure 6 cm. Pour chaque affirmation indique si elle est vraie ou fausse.

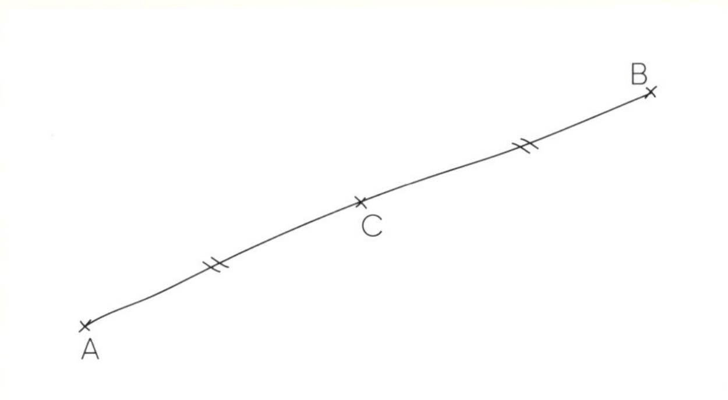

a. Le segment [AC] a la même longueur que le segment [BC].

b. C est le milieu du segment [AB].

c. Les points A, B et C sont alignés.

d. [AC] mesure 4 cm.

e. Les points A et B sont les extrémités du segment [AB].

Droites

4 VRAI ou FAUX ?

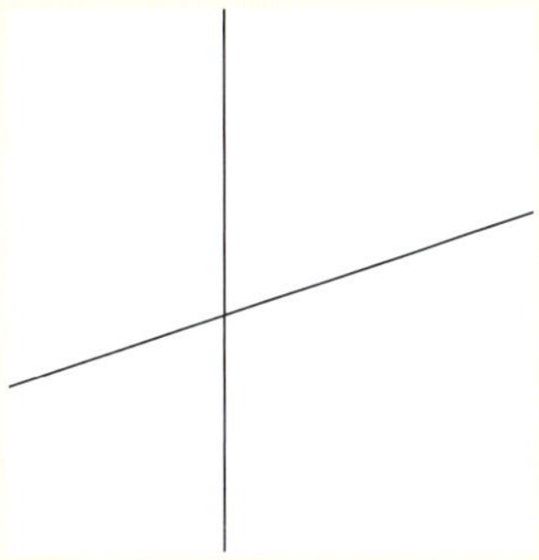

Ces deux droites semblent perpendiculaires.

5 VRAI ou FAUX ?

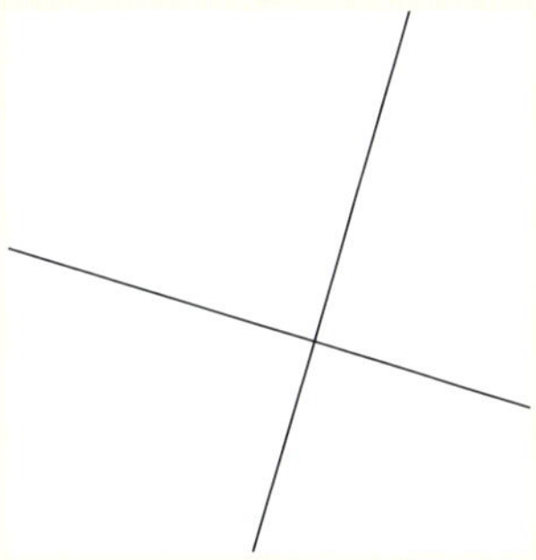

Ces deux droites semblent perpendiculaires.

6 Complète avec « sont » ou « semblent ».

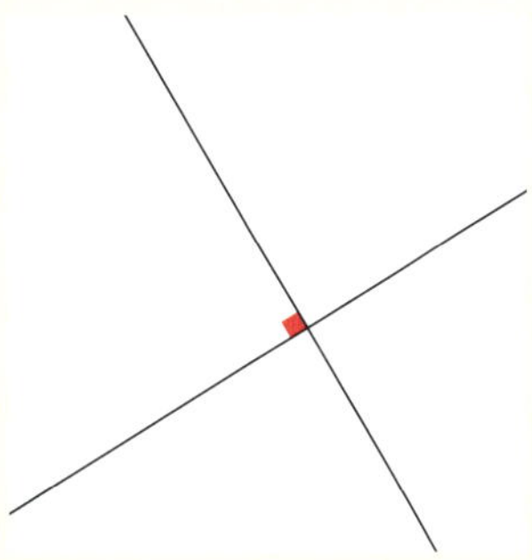

Ces deux droites .... perpendiculaires.

Nombres jusqu'à 99 999

7 Quel est le nombre le plus proche du nombre écrit dans la cible ?

a. 98 000

b. 98 100

c. 99 000

Calcul 14

Calcul mental *Additionner, soustraire des nombres décimaux*

Séance 1

1 Écris le nombre décimal avec une écriture à virgule.

a. $8 + \frac{5}{10} + \frac{9}{100}$

b. $78 + \frac{5}{10} + \frac{1}{100}$

c. $\frac{90}{10}$

d. $\frac{900}{100}$

2 Complète.

a. 40 centièmes, c'est .... dixièmes.

b. 94 dixièmes, c'est .... unités et .... dixièmes.

c. 807 centièmes, c'est .... unités .... dixième et .... centièmes.

d. 140 dixièmes, c'est .... dizaine et .... unités.

3 Trouve mentalement le résultat du calcul.

a. 1,2 + 2,07 → 3,9 - 3,27 - 12,07

b. 4,52 + 5,1 → 45,12 - 45,62 - 9,62

c. 5,8 + 2,09 → 7,89 - 70,89 - 8,7

d. 7,02 + 1,35 → 8,37 - 8,55 - 10,52

Séance 2

4 Écris le nombre décimal avec une écriture à virgule.

a. $9 + \frac{5}{10}$

b. $8 + \frac{2}{10} + \frac{7}{100}$

c. $\frac{74}{10}$

d. $\frac{327}{100}$

5 Complète.

a. 8,9 c'est .... unités et .... dixièmes.

b. 7,94 c'est .... unités .... dixièmes et .... centièmes.

c. 9,56 c'est .... unités .... dixièmes et .... centièmes.

d. 45,03 c'est .... dizaines .... unités et .... centièmes.

6 Trouve mentalement le résultat du calcul.

a. 3,8 – 1,3 → 3,67 - 2,77 - 2,5

b. 9,89 – 3,5 → 6,39 - 9,54 - 9,39

c. 28,46 – 12 → 16,46 - 16,34 - 40,46

d. 0,75 – 0,25 → 0,1 - 0,01 - 0,5

Séance 3

7 Écris le nombre décimal avec une écriture à virgule.

a. $6 + \frac{1}{10} + \frac{3}{100}$

b. $\frac{4}{10} + \frac{8}{100}$

c. $15 + \frac{28}{100}$

d. $7 + \frac{4}{100}$

8 Complète.

a. 9,05 c'est .... unités et .... centièmes.

b. 4,7 c'est .... dixièmes.

c. 765,94 c'est .... centaines .... dizaines .... unités et .... centièmes.

d. 8 c'est .... centièmes.

9 Calcule mentalement.

a. 7 + 0,6

b. 67 + 0,04

c. 3,2 + 0,7

d. 3,9 + 0,05

e. 3,9 – 0,4

f. 1,2 – 0,2

g. 9,87 – 0,03

h. 89,56 – 0,14

Séance 4

10 Écris le nombre décimal avec une écriture à virgule.

a. $\frac{905}{100}$

b. $349 + \frac{85}{100}$

c. $904 + \frac{50}{100}$

d. $10 + \frac{8}{100}$

11 Complète.

a. 9 c'est .... dixièmes.

b. 58 c'est .... dixièmes.

c. 0,7 c'est .... centièmes.

d. 0,23 c'est .... centièmes.

12 Résous les problèmes.

a. Corentin a acheté une trousse à 3,45 € et un stylo à 2,20 €.
Combien a-t-il dépensé ?

b. Kenza a lancé un javelot en mousse à 15,36 m et Cyprien l'a lancé 2,42 m plus loin.
Quelle est la longueur du lancer de Cyprien ?

c. Dans sa poche, Milla a 8,50 €. Elle achète des pommes et repart avec 6 € en poche.
Combien a-t-elle payé les pommes ?

d. Maïmouna mesure 1,46 m. C'est 0,23 m de plus que son frère.
Quelle est la taille de son frère ?

Atelier problèmes 14

Résoudre des problèmes additifs de comparaison (3)

Découverte Les fleurs

Lilou et Noa cueillent des fleurs pour leur maman.
Noa a cueilli 47 fleurs, il a cueilli 26 fleurs de moins que Lilou.

Combien de fleurs ont-ils cueillies en tout ?

a) Reproduis et complète le schéma avec les données du problème. Place un point d'interrogation pour indiquer ce que l'on cherche.

b) Résous le problème.

Application

Tom et Nina cueillent des fleurs pour leur maman.
Nina a cueilli 74 fleurs, elle a cueilli 17 fleurs de plus que Tom.

Combien de fleurs ont-ils cueillies en tout ?

Problème 1

Madame Lima a 1840 € sur son compte en banque.
Elle a 120 € de plus que Monsieur Lima.

Combien d'argent ont-ils à eux deux ?

a) Reproduis et complète le schéma avec les données du problème. Place un point d'interrogation pour indiquer ce que l'on cherche.

b) Résous le problème.

Problème 2

L'enseignante de la classe de CM1 a commandé 173 cahiers pour les élèves de sa classe.
Elle a commandé 58 cahiers de moins que l'enseignant du CM2.

Combien de cahiers seront livrés au total pour ces deux classes ?

Problème 3

Vendredi, un cinéma a accueilli 564 spectateurs. Samedi, il a accueilli 81 spectateurs de plus que vendredi. Dimanche, il a accueilli 140 spectateurs de moins que samedi.

Combien ce cinéma a-t-il accueilli de spectateurs en tout au cours de ces trois jours ?

Problème 4

Dans un élevage, il y a des poules et des canards.
Quand les poules sont rassemblées avec les canards, il y a 327 animaux.
Il y a 15 poules de plus que de canards.

Combien y a-t-il de poules ?

15 Nombres décimaux (2)

Repérer un nombre décimal sur une demi-droite graduée

1 Associe les repères A, B, C, D et E aux nombres décimaux suivants :

2,8 1,1 0,1 0,9 2,3 0,90

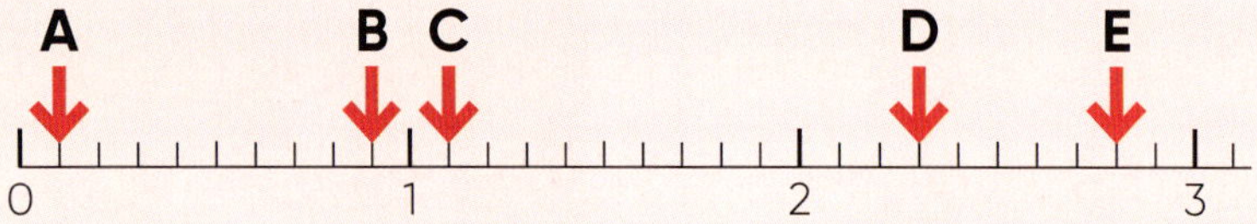

2 Associe les repères A, B, C, D et E aux nombres décimaux suivants :

1,4 1,40 1,04 0,7 1,77 0,07

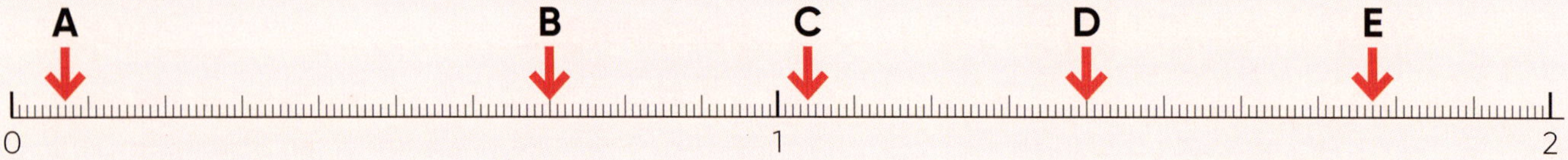

3 ★ Pour chaque lettre, donne l'écriture à virgule du nombre qui correspond.

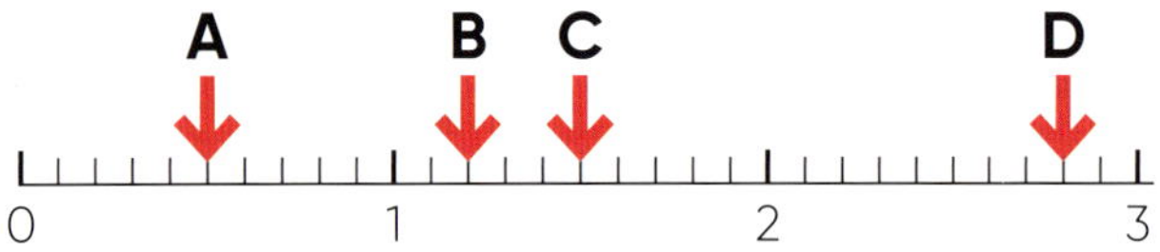

4 ★ Pour chaque lettre, donne l'écriture à virgule du nombre qui correspond.

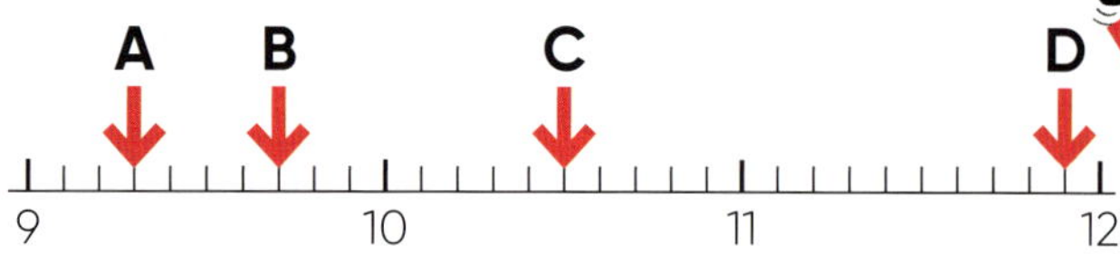

5 ★★ Pour chaque lettre, donne l'écriture à virgule du nombre qui correspond.

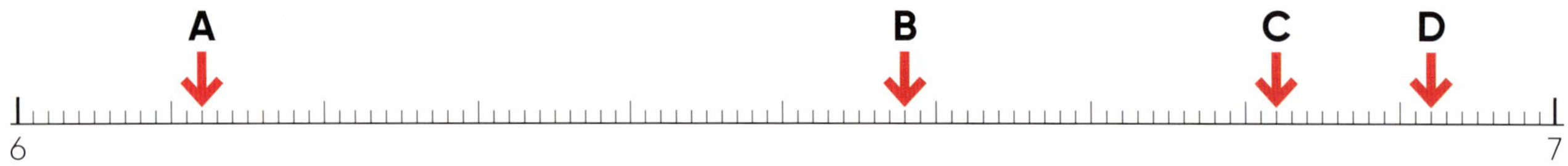

6 ★★ Pour chaque lettre, donne l'écriture à virgule du nombre qui correspond.

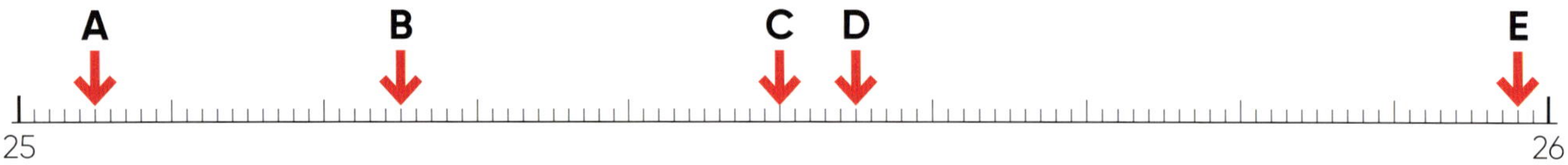

7 ★★★ Écris les nombres suivants avec une écriture à virgule.

$\frac{125}{100} = 1,25$

a. $\frac{3}{100}$ b. $\frac{23}{10}$ c. $\frac{1}{4}$ d. $\frac{75}{100}$ e. $\frac{108}{100}$ f. $\frac{1}{2}$

Décomposer un nombre décimal

8 Observe les cartes ci-dessous.

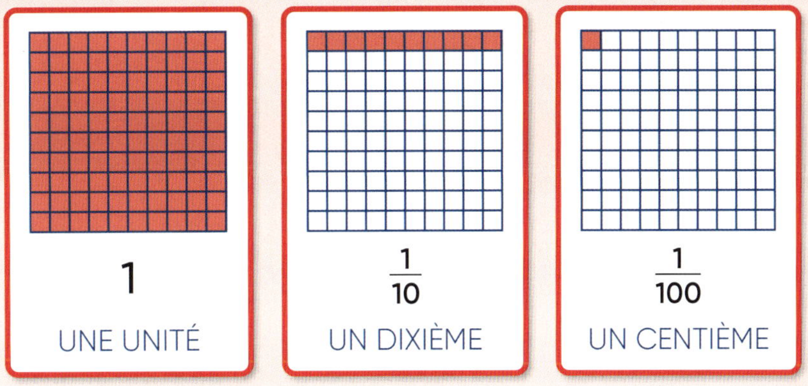

a. Combien te faut-il de cartes de chaque sorte pour pouvoir représenter le nombre 8,94 en utilisant le moins possible de cartes ?

b. Pour chaque nombre, écris combien il te faut de cartes de chaque sorte pour pouvoir le représenter en utilisant le moins possible de cartes.

3,07 9,84 0,08 0,6 12,50 0,59

c. Pour chaque nombre, écris combien il te faut de cartes de chaque sorte pour pouvoir le représenter en utilisant le moins possible de cartes.

58 dixièmes et 3 centièmes 307 centièmes 92 dixièmes

	une unité 1	un dixième $\frac{1}{10}$	un centième $\frac{1}{100}$
3,07			
9,84			
0,08			
0,6			
12,50			
0,59			

9 Écris le nombre de points obtenus avec les cartes.

a. ★

1	1	$\frac{1}{100}$	$\frac{1}{100}$	$\frac{1}{100}$
$\frac{1}{100}$	$\frac{1}{100}$	$\frac{1}{100}$	$\frac{1}{100}$	$\frac{1}{100}$

b. ★★

10	$\frac{1}{10}$	$\frac{1}{100}$	$\frac{1}{10}$	$\frac{1}{100}$
$\frac{1}{10}$	$\frac{1}{100}$	1	$\frac{1}{100}$	$\frac{1}{100}$

c. ★★★

100	$\frac{1}{10}$	$\frac{1}{10}$	$\frac{1}{10}$	$\frac{1}{10}$
1000	$\frac{1}{100}$	1	$\frac{1}{100}$	$\frac{1}{100}$

10 Écris les nombres suivants avec une écriture à virgule. Aide-toi du tableau quand c'est nécessaire.

a. ★ $\frac{207}{100}$ $45 + \frac{93}{100}$ $708 + \frac{5}{10}$ $500 + \frac{2}{100}$ $\frac{49}{10}$

b. ★★ 52 centièmes 89 dixièmes 2 centièmes

c. ★★★ 676 centièmes 5 069 dixièmes 8 056 centièmes

centaines	dizaines	unités	,	dixièmes	centièmes
100	10	1	,	$\frac{1}{10}$	$\frac{1}{100}$

11 ★★ Donne l'écriture à virgule de chaque décomposition des nombres suivants.

a. $93 + \frac{7}{10} + \frac{5}{100}$

b. $8 + \frac{6}{100}$

c. $2\,059 + \frac{2}{10} + \frac{4}{100}$

d. $\frac{9}{10} + \frac{4}{100}$

12 ★★ Pour le nombre 5,78 indique

a. le nombre de dixièmes.

b. le chiffre des dixièmes.

c. le nombre de centièmes.

d. le chiffre des centièmes.

Je sais repérer un nombre décimal sur une demi-droite graduée.

Pour chaque question, trouve la ou les bonnes réponses parmi celles proposées.

	a	b	c
1 Le repère A correspond à…	8,06	0,86	86
2 Le repère B correspond à…	8,60	8,06	8,6
3 Le repère C correspond à…	8,47	8,74	87,4

Je sais décomposer un nombre décimal.

Pour chaque question, trouve la ou les bonnes réponses parmi celles proposées.

	a	b	c
4 $8 + \frac{5}{10} + \frac{2}{100}$ est égal à…	8,52	85,2	85,02
5 $74 + \frac{9}{100}$ est égal à…	7,49	74,90	74,09
6 Il y a 35 dixièmes dans le nombre…	350	3,50	0,35

13 ★ Décompose chaque nombre comme dans l'exemple.

$53{,}85 = 53 + \frac{8}{10} + \frac{5}{100}$

a. 5,41 b. 0,56 c. 35,7 d. 402,03

14 ★★ Pour le nombre 74,05 indique

a. le nombre de dixièmes.
b. le chiffre des dixièmes.
c. le nombre de centièmes.
d. le chiffre des centièmes.
e. le nombre d'unités.
f. le chiffre des unités.
g. le nombre de dizaines.
h. le chiffre des dizaines.

15 ★★★ Complète la carte avec le nombre 1, $\frac{1}{10}$ ou $\frac{1}{100}$ pour obtenir le total demandé.

1	$\frac{1}{10}$	$\frac{1}{10}$	$\frac{1}{10}$	$\frac{1}{10}$	= 2,62
1	$\frac{1}{100}$	$\frac{1}{10}$	$\frac{1}{100}$	………	

Utilise ta calculatrice pour répondre aux questions de cette énigme.

a. Affiche le nombre 456,82. Sans effacer ni changer les autres chiffres, que dois-tu faire pour remplacer le chiffre 8 par le chiffre 9 ?

b. Affiche le nombre 37,53. Que dois-tu faire pour obtenir le nombre 47,63 ?

c. Affiche le nombre 59,96. Que dois-tu faire pour obtenir le nombre 48,85 ?

Flash maths 15

Problème

1 Trouve le calcul qui permet de répondre à la question posée.

Dans un arrosoir qui peut contenir 12 L, j'ai déjà versé 3 L d'eau.

Quelle quantité d'eau puis-je encore verser dans l'arrosoir ?

a. 12 : 3 b. 12 + 3 c. 12 x 3 d. 12 – 3

Calculs astucieux

2 Calcule le plus rapidement possible.

a. 4 + 35 + 56 b. 62 + 53 + 8 + 7

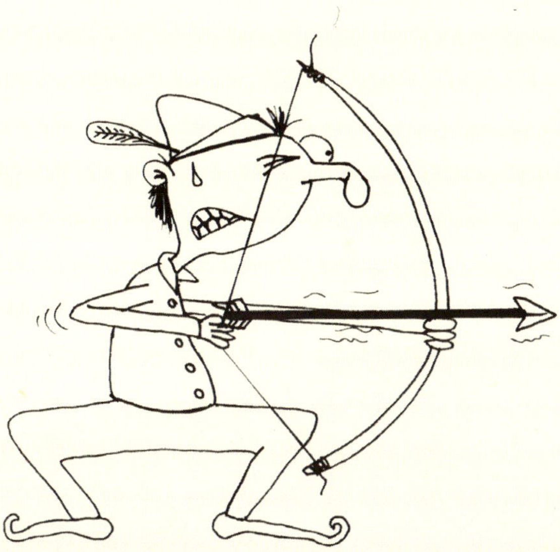

Droite graduée

3 À chaque fois, écris la fraction repérée par la flèche.

a.

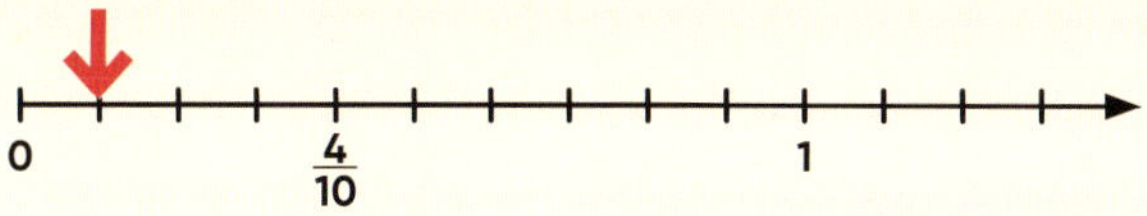

b.

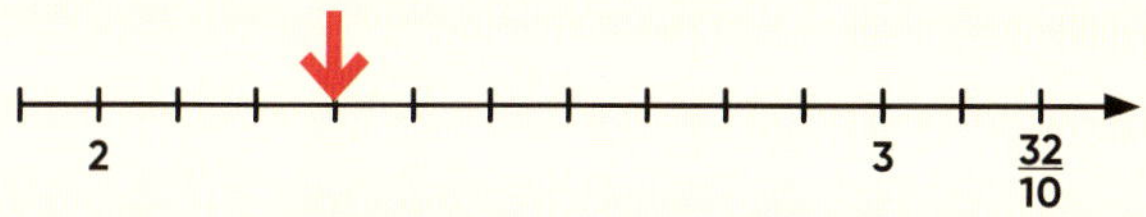

c.

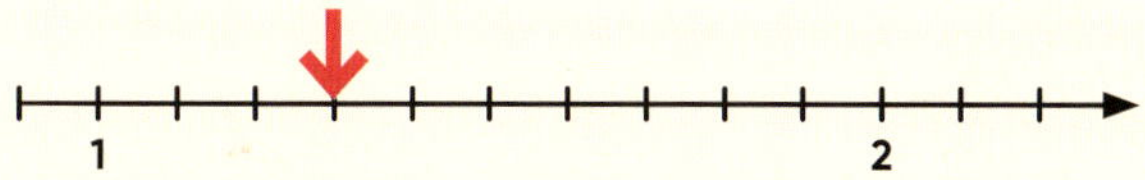

d.

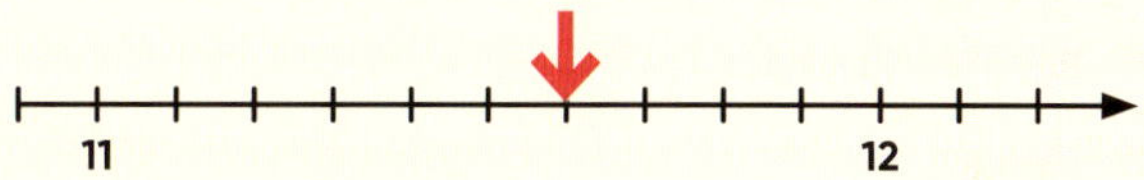

Droites parallèles

4 Lily a-t-elle raison ?

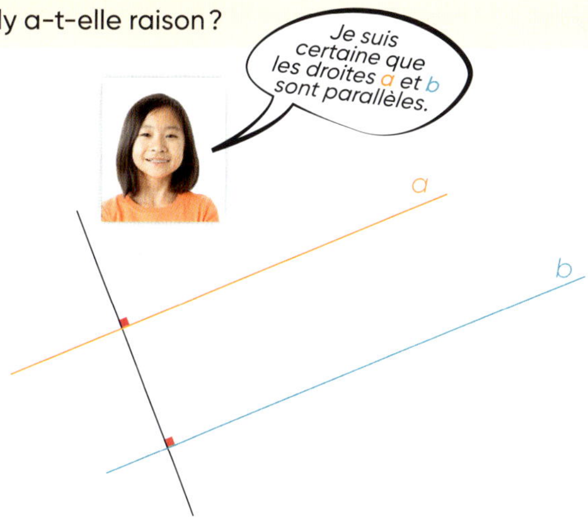

Fractions

5 La figure rouge représente l'unité. Indique la fraction représentée par la partie colorée en orange.

Calcul 15

Calcul en ligne *Additionner deux nombres décimaux avec retenue*

Séance 1

1 Écris la suite de cinq nombres en avançant de 0,1 en 0,1 à partir de 1,8.

2 Complète.

a. 0,5 + ... = 1
b. 0,8 + ... = 1
c. 0,3 + ... = 1
d. .... + 0,6 = 1
e. .... + 0,9 = 1
f. 0,7 + ... = 1

3 Calcule en ligne.

a. 2,5 + 2,6
b. 1,4 + 1,9
c. 4,6 + 0,7
d. 3,8 + 1,5
e. 6,9 + 1,4
f. 2,7 + 3,8

Séance 2

4 Écris la suite de cinq nombres en avançant de 0,1 en 0,1 à partir de 1,84.

5 Complète.

a. 2,5 + ... = 3
b. 4,8 + ... = 5
c. 9,3 + ... = 10
d. .... + 17,4 = 18
e. .... + 24,1 = 25
f. 15,3 + ... = 16

6 Calcule en ligne.

a. 1,8 + 1,7
b. 1,4 + 1,6
c. 8,5 + 0,5
d. 6,8 + 1,2
e. 6,9 + 3,1
f. 3,7 + 3,7

Séance 3

7 Écris la suite de cinq nombres en reculant de 0,1 en 0,1 à partir de 17,38.

8 Complète.

a. 0,95 + ... = 1
b. 0,85 + ... = 1
c. 0,5 + ... = 1
d. .... + 0,92 = 1
e. .... + 0,52 = 1
f. 0,74 + ... = 1

9 Calcule en ligne.

a. 0,5 + 0,5
b. 2,5 + 2,5
c. 1,5 + 1,5
d. 4,5 + 4,5
e. 3,5 + 3,5
f. 5,5 + 5,5
g. 10,5 + 10,5
h. 12,5 + 12,5

Séance 4

10 Complète.

a. 1,95 + ... = 2
b. 4,85 + ... = 5
c. 9,35 + ... = 10
d. .... + 17,45 = 18
e. .... + 24,75 = 25
f. 15,25 + ... = 16

11 Calcule en ligne.

a. 1,5 + 0,5
b. 2,5 + 1,5
c. 2,5 + 7,5
d. 5 + 2,5
e. 5,5 + 1,5
f. 32,5 + 2,5
g. 52,5 + 7,5
h. 99,5 + 0,5

12 Résous les problèmes.

a. Pauline a ramassé 2,4 kg de champignons et sa maman 3,8 kg.
Quelle masse de champignons ont-elles ramassée en tout ?

b. Kilyan a dans sa poche 6,40 €.
Ninon lui dit : *« Tu as 2,50 € de moins que moi. »*
Quelle somme Ninon a-t-elle ?

c. Une cycliste a parcouru 14,5 km ce matin et 5,9 km cet après-midi.
Quelle distance a-t-elle parcourue dans la journée ?

Atelier problèmes 15

Résoudre des problèmes relevant de la proportionnalité (1)

Découverte Les stylos

Une directrice doit acheter 80 stylos pour les élèves de l'école. Elle hésite entre deux magasins.

LA MAISON DU STYLO	LA LIBRAIRIE DES ARTS
Le lot de 4 stylos 5€	Le lot de 5 stylos 6€

Dans quel magasin paiera-t-elle le moins cher ?

Application

Sachant que 4 sucettes valent 2,42 €, combien valent

a. 8 sucettes ?

b. 2 sucettes ?

c. 6 sucettes ?

d. 14 sucettes ?

Problème 1

Léo dispose d'un sac de billes identiques. Il connait la masse de 3 billes (51 g) et de 5 billes (85 g).

a. Quelle est la masse de 8 billes ?

b. Quelle est la masse de 2 billes ?

c. Quelle est la masse de 6 billes ?

d. Quelle est la masse de 10 billes ?

e. Quelle est la masse de 13 billes ?

f. Quelle est la masse de 7 billes ?

Problème 2

Dans la recette du poulet au citron, il faut 2 citrons pour 5 personnes.

Combien faut-il de citrons pour 20 personnes ?

Problème 3

5 kg de pommes de terre coutent 6,40 € et 3 kg coutent 3,84 €.

a. Combien coutent 8 kg de pommes de terre ?

b. Combien coutent 10 kg de pommes de terre ?

c. Combien coutent 13 kg de pommes de terre ?

d. Combien coutent 2 kg de pommes de terre ?

e. Combien coutent 23 kg de pommes de terre ?

Problème 4

Il faut utiliser 400 g de fruits pour 30 g de sucre dans la préparation d'une salade de fruits.

a. Quelle quantité de sucre faut-il utiliser pour 800 g de fruits ?

b. Quelle quantité de sucre faut-il utiliser pour 200 g de fruits ?

c. Quelle quantité de sucre faut-il utiliser pour 1000 g de fruits ?

16 Multiplication : calcul posé

Multiplier un nombre entier par un nombre à un chiffre

1 Y a-t-il assez de places dans la salle de cinéma pour accueillir les 103 élèves de l'école Jacques Prévert et leurs 4 enseignantes ?

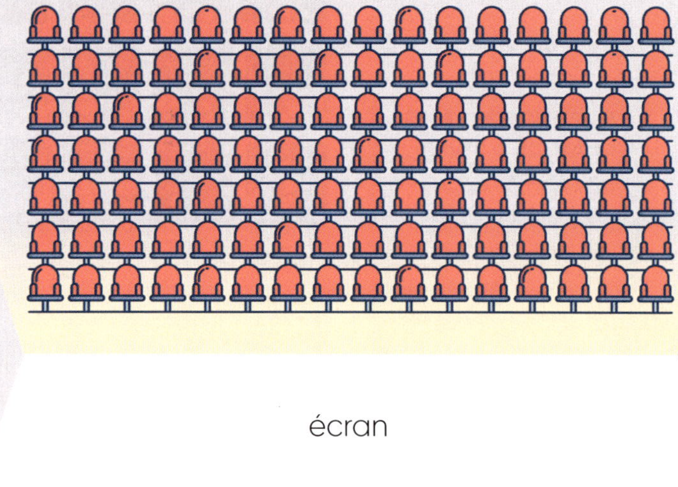

2 ★ Reproduis et utilise le schéma pour calculer 513 x 8.

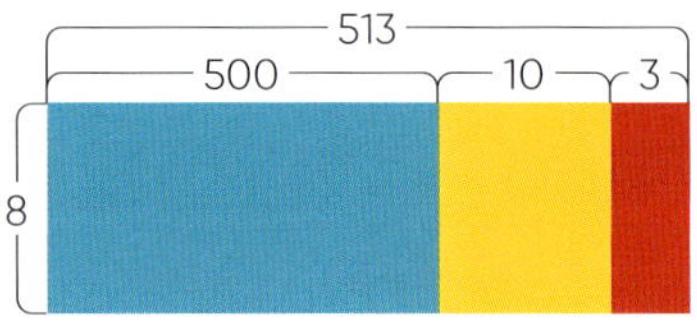

3 ★★ Reproduis et utilise le schéma pour calculer 6 589 x 4.

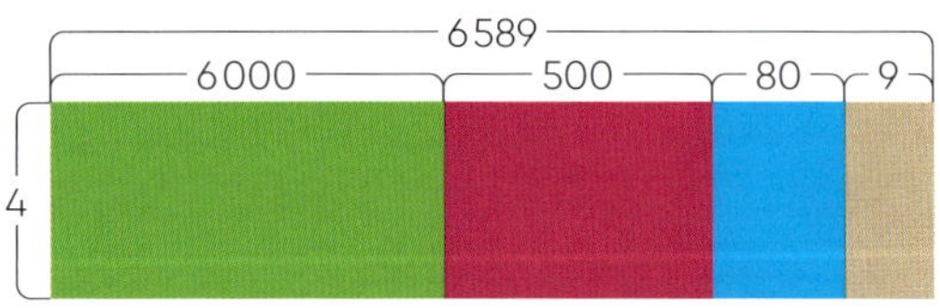

4 ★★ Calcule en ligne.

a. 48 x 5 c. 97 x 6 e. 305 x 7
b. 52 x 9 d. 541 x 8 f. 5 670 x 3

5 ★ Effectue les multiplications.

a.	b.	c.	d.
49	608	973	9 054
x 5	x 9	x 8	x 7

6 ★★ Pose et effectue les multiplications.

a. 78 x 6 c. 659 x 4 e. 7 600 x 3
b. 280 x 7 d. 3 409 x 8 f. 84 093 x 5

7 ★★ Trouve la bonne réponse sans poser ni effectuer l'opération.

341 × 7

7 341 3 417 2 387 1 117

8 ★★ Dans une salle de cinéma, il y a :
- 8 rangées de 27 fauteuils chacune à droite de l'allée centrale,
- 8 rangées de 16 fauteuils chacune à gauche de l'allée centrale.

Y a-t-il assez de fauteuils dans cette salle pour 400 personnes ?

9 ★★★ La directrice de l'école commande pour l'école :

- 4 ordinateurs portables à 567 €,
- 26 romans pour la jeunesse à 9 €,
- 245 cahiers à 4 €.

Calcule le montant de cette commande.

Multiplier un nombre entier par un nombre à deux ou trois chiffres

10 Le cinéma Majestic vient d'ouvrir une nouvelle salle. Il y a 26 rangées de 34 sièges.
Combien y a-t-il de sièges dans cette salle ?

11 ★ Calcule les produits avec la méthode de Younès.

22 x 30
22 x 3 x 10
66 x 10
660

22 x 30 = 660

5 x 40
...... x ...... x ......
...... x ......
......

5 x 40 =

14 x 20
...... x ...... x ......
...... x ......
......

14 x 20 =

51 x 30
...... x ...... x ......
...... x ......
......

51 x 30 =

12 ★ Effectue les multiplications.

```
   58
x  46
  . . .   ← 6 x 58
. . . .   ← 40 x 58
. . . .
```

```
   697
x   32
 . . . .   ← 2 x 697
. . . . .  ← 30 x 697
. . . . .
```

13 ★★ Effectue les multiplications.

a. 83 x 74 b. 42 x 37 c. 276 x 26 d. 506 x 39

14 ★★ Trouve la bonne réponse sans effectuer précisément le calcul.

53 × 67

12 341 1 121 2 065 3 551

15 ★ Calcule.

80 x 40
...... x ...... x ......
...... x ......
......

80 x 400
...... x ...... x ......
...... x ......
......

8 x 300
...... x ...... x ......
...... x ......
......

45 x 200
...... x ...... x ......
...... x ......
......

16 ★★ Effectue les multiplications.

```
    236
x   387
  . . . .    ← 7 x 236
 . . . . .   ← 80 x 236
. . . . . .  ← 300 x 236
. . . . . .
```

```
    309
x   264
  . . . .    ← 4 x 309
 . . . . .   ← 60 x 309
. . . . . .  ← 200 x 309
. . . . . .
```

16 Multiplication : calcul posé

Je sais poser et effectuer une multiplication en colonnes.

Pour chaque question, trouve la ou les bonnes réponses parmi celles proposées.

	a	b	c
1 Le résultat de l'opération 56 x 407 est...	une différence	une somme	un produit
2 5 x 30 = ...	530	150	15
3 24 x 20 = ...	2420	242	480
4 40 x 70 = ...	2800	4070	40700
5 8 x 400 = ...	3200	8400	320
6 35 x 200 = ...	7000	35200	3520
7 Pose et effectue 564 x 8 = ...	4512	4482	4428
8 Pose et effectue 564 x 28 = ...	5640	56400	15792
9 Pose et effectue 564 x 328 = ...	7332	184992	234568
10 Sans effectuer le calcul précisément, trouve le résultat de 208 x 49 = ...	10192	672	20849

17 ★ **En utilisant les résultats intermédiaires de cette multiplication, trouve les produits suivants.**

```
    1 9 5
x     3 2
    3 9 0
+ 5 8 5 0
  6 2 4 0
```

195 x 2
195 x 20
195 x 3
195 x 30

18 ★ **Utilise le résultat de 23 x 7 pour calculer les multiplications sans poser l'opération.**

23 x 7 = 161

a. 7 x 23
b. 23 x 70
c. 23 x 700
d. 230 x 7
e. 70 x 230
f. 7000 x 23

19 ★★ **Utilise le résultat de 36 x 24 pour calculer les multiplications sans poser l'opération.**

36 x 24 = 864

a. 24 x 36
b. 36 x 240
c. 360 x 24
d. 36 x 2400
e. 360 x 240
f. 3600 x 24

20 ★★ Trouve les nombres qui manquent.

```
  6 9        2 6 7        . . .
x   .      x     .      x     3
2 7 6      1 3 3 5      2 2 6 8
```

21 ★★ Au Tour de France, 23 équipes de 8 coureurs cyclistes ont pris le départ.
Après 7 étapes, 34 coureurs ont abandonné.
Combien de coureurs restent encore en course ?

22 ★★ Une équipe de 12 coureuses cyclistes participe à une course en Italie qui dure 13 jours.
Le prix du séjour à l'hôtel est de 47 € par jour et par coureuse.
Quel sera le montant à payer pour le séjour de l'équipe à l'hôtel ?

23 ★★★ Trouve les nombres qui manquent.

```
  7 4 6            . .
x     .        x   3 6
2 9 8 4          4 0 8
               + . . . 0
                 . 4 . 8
```

Je pense à un nombre.
Son double est compris entre 11 et 15.
Son triple est impair.

Quel est ce nombre ?

Flash maths 16

Droite graduée

1 À chaque fois, donne l'écriture à virgule du nombre repéré par la flèche.

a.
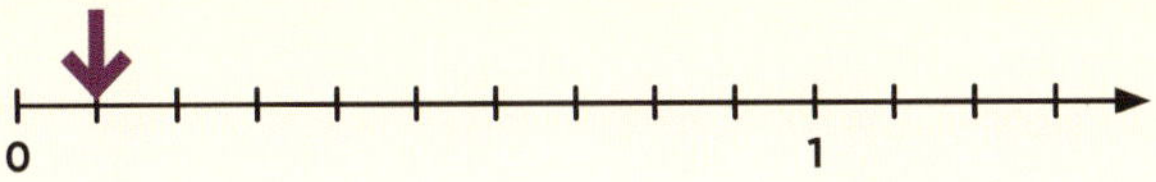

b.
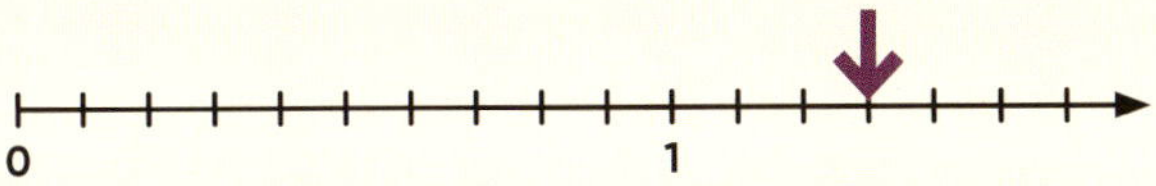

c.
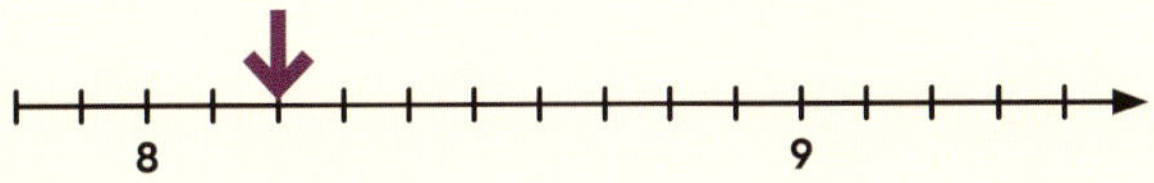

d.
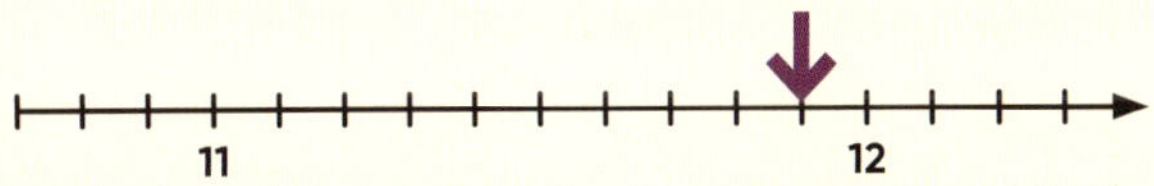

Droites parallèles

2 Tom a-t-il raison ?

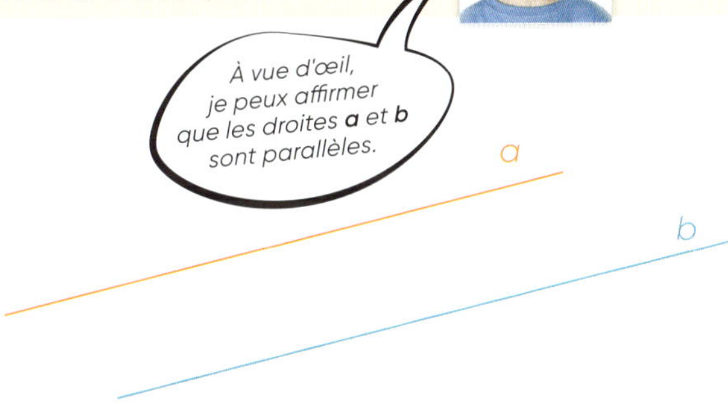

Fractions

3 La figure rouge représente l'unité. Indique la fraction représentée par la partie colorée en orange.

Proportionnalité

4 Pour faire des crêpes pour 12 personnes, il faut 4 œufs. Combien faut-il d'œufs

a. pour 6 personnes ?

b. pour 18 personnes ?

c. pour 24 personnes ?

Mesures de masses

5 Associe à chacun sa masse.

1. Le camion

3. Un litre d'eau pure

2. La pomme

4. Le taureau

a. 1 kg   b. 150 g   c. 1 t   d. 19 t

Calcul 16

Calcul mental *Calculer le double, la moitié d'un nombre décimal*
Calcul en ligne *Soustraire des nombres décimaux*

Séance 1

1 Écris la suite de cinq nombres en avançant de 0,01 en 0,01 à partir de 0,96.

2 Quel est le double de

a. 1,2 ? b. 0,4 ? c. 3,4 ? d. 2,3 ? e. 4,5 ? f. 1,24 ? g. 2,31 ? h. 2,03 ?

3 Calcule.

a. 1,8 – 1,6 b. 2,8 – 1,3 c. 5,96 – 3,5 d. 3,87 – 0,01 e. 3,5 – 0,01 f. 1,2 – 0,9

Séance 2

4 Écris la suite de cinq nombres en avançant de 0,01 en 0,01 à partir de 2,97.

5 Quel est le double de

a. 1,6 ? b. 0,8 ? c. 2,9 ? d. 3,7 ? e. 1,52 ? f. 1,83 ? g. 2,09 ? h. 2,37 ?

6 Calcule.

a. 1 – 0,6 b. 2 – 0,3 c. 5 – 0,5 d. 3 – 0,1 e. 18 – 0,4 f. 99 – 0,9

Séance 3

7 Écris la suite de cinq nombres en avançant de 0,01 en 0,01 à partir de 12,09.

8 Quelle est la moitié de

a. 1,2 ? b. 0,4 ? c. 2,8 ? d. 1,6 ? e. 4,64 ? f. 2,24 ? g. 2,06 ? h. 0,16 ?

9 Calcule.

a. 1 – 0,5 b. 2 – 0,5 c. 3 – 0,5 d. 3 – 1,5 e. 5 – 2,5 f. 7,5 – 2,5

Séance 4

10 Quelle est la moitié de

a. 124,28 ? b. 260,8 ? c. 100,08 ? d. 8,60 ? e. 4,50 ? f. 0,48 ? g. 2,06 ? h. 0,04 ?

11 Calcule.

a. 3,5 – 1,5 b. 2,5 - 1,5 c. 7 - 3,5 d. 9 – 4,5 e. 10 – 2,5 f. 15 – 2,5

12 Résous les problèmes.

a. Tom achète un magazine à 3,50 €.
Il paie avec un billet de 5 €.
Combien doit-on lui rendre ?

b. Madeline achète un livre à 8,40 €.
Elle paie avec un billet de 10 €.
Combien doit-on lui rendre ?

c. Raphaël achète un jeu à 17,90 €.
Il paie avec un billet de 20 €.
Combien doit-on lui rendre ?

d. Monsieur Poirot achète des légumes pour un montant de 18,25 €.
Il paie avec un billet de 20 €.
Combien doit-on lui rendre ?

e. Madame Lejus achète des fruits pour un montant de 45,25 €.
Elle paie avec un billet de 50 €.
Combien doit-on lui rendre ?

Atelier problèmes 16

Résoudre des problèmes relevant de la proportionnalité (2)

Découverte La demi-droite partiellement graduée

Reproduis la demi-droite sur une feuille blanche.

Place les nombres 50 et 500 sur cette demi-droite.

Application

Reproduis la demi-droite sur une feuille blanche.

Place le nombre 12 sur cette demi-droite. Puis place les nombres 54 et 72.

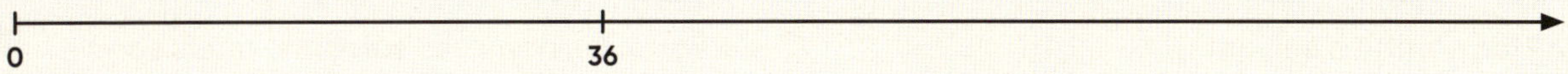

Problème 1

Dix cahiers coutent 8 € et vingt cahiers coutent 16 €.

Est-ce une situation de proportionnalité ?

Problème 2

2 croissants coutent 1,80 €
et 4 croissants coutent 3 €.

Est-ce une situation de proportionnalité ?

Problème 3

Une pile de 50 planchettes Kapla
a une hauteur de 38 cm.

Quelle est la hauteur d'une pile

a. de 100 planchettes ?
b. de 5 planchettes ?
c. de 25 planchettes ?
d. de 10 planchettes ?
e. de 35 planchettes ?

Problème 4

80 vis pèsent 280 g.

Quelle est la masse

a. de 20 vis ?
b. de 160 vis ?
c. de 40 vis ?
d. de 60 vis ?
e. de 320 vis ?

Problème 5

100 boulons pèsent 836 g.

Quelle est la masse

a. de 25 boulons ?
b. de 50 boulons ?
c. de 200 boulons ?
d. de 150 boulons ?
e. de 500 boulons ?

17 Multiples et diviseurs

Reconnaitre des multiples d'un nombre

1 Une grenouille saute de 7 en 7 sur la droite graduée en partant de 0.
Elle voudrait se poser exactement sur le nombre 126.
Est-ce possible ? Si oui, en combien de sauts ?

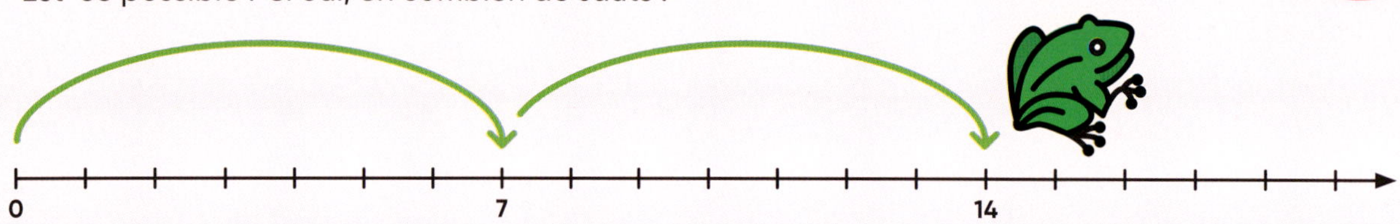

2 ★ Parmi les nombres suivants, quels sont les multiples de 7 ?
Justifie ta réponse comme dans l'exemple.

4 x 7 = 28   28 est un multiple de 7.

a. 47   77   21   42   65   74
b. 98   49   63   92   56   28

3 ★★ Parmi les nombres suivants, quels sont les multiples de 7 ? Justifie ta réponse.

a. 287   140   114   168
b. 721   121   1456   420

4 ★ Une grenouille saute de 3 en 3 sur la droite graduée en partant de 0. Elle voudrait se poser exactement sur le nombre 36.
Est-ce possible ? Si oui, en combien de sauts ?

5 ★★ Parmi les nombres suivants, quels sont les multiples de 3 ? Justifie ta réponse.

a. 9   15   23   24   27   33
b. 67   306   3 018   6 000

6 ★ Trouve deux multiples consécutifs de 3 qui encadrent chaque nombre.

9 < 10 < 12

...... < 26 < .... < 20 < .... < 41 < ......
...... < 17 < .... < 14 < ......

7 ★★ Trouve deux multiples consécutifs de 7 qui encadrent chaque nombre.

14 < 19 < 21

...... < 65 < .... < 95 < .... < 711 < ......
...... < 45 < .... < 143 < ......

8 ★ Reproduis cette droite graduée.

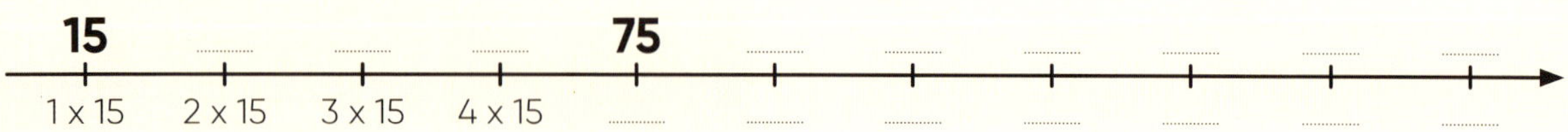

a. Complète-la avec des multiples de 15 et les produits correspondants.

b. Entoure les multiples de 15 qui sont aussi multiples de 10.

9 ★★ Trouve le nombre qui est à la fois multiple de 3 et de 7.

14   9   21   30   17

10 ★★★ Trouve le nombre qui est à la fois multiple de 2 et de 10.

13   45   8   30   16

Reconnaitre des diviseurs d'un nombre

11 Une grenouille voudrait sauter en faisant des bonds réguliers sur la droite graduée et en partant de 0. Elle souhaiterait se poser exactement sur le nombre 18.
Est-ce possible ? Si oui, en faisant des bonds de combien et en combien de sauts ?
Trouve le plus possible de solutions différentes.

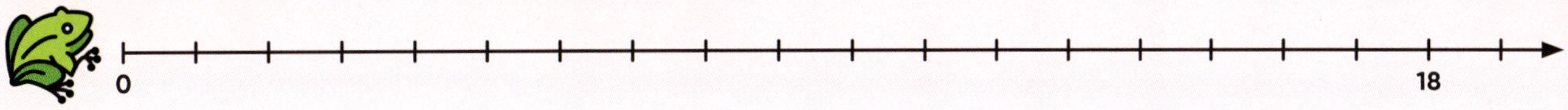

12 ★ Une grenouille voudrait sauter en faisant des bonds réguliers sur la droite graduée et en partant de 0. Elle souhaiterait se poser exactement sur le nombre 15.
Est-ce possible ? Si oui, en faisant des bonds de combien et en combien de sauts ?
Trouve le plus possible de solutions différentes.

13 ★ Une grenouille souhaiterait se poser exactement sur le nombre 17 en partant de 0 et en faisant des bonds réguliers.
Est-ce possible ? Si oui, en faisant des bonds de combien et en combien de sauts ?
Trouve le plus possible de solutions différentes.

14 ★ **Le nombre 24 est-il divisible par 6 ?**

24 : 6 = 4 — 24 est divisible par 6.
6 est un diviseur de 24.

a. par 4 ? b. par 5 ? c. par 8 ?

15 ★★ **Recopie les nombres qui sont des diviseurs de 36.**

4	18	6	12
5	9	23	10

Connaitre les critères de divisibilité par 2, par 5 et par 10

16 **Complète et observe cette suite de multiples de 5 puis réponds aux questions.**

70	75	....	....	....	....	....	....	....	....	....

a. Par quels chiffres sont terminés ces multiples de 5 ?
b. Cherche d'autres multiples de 5. Par quels chiffres sont terminés les multiples de 5 ?
c. Dans cette liste de nombres, quels sont ceux qui sont des multiples de 5 ?

56 45 58 200 359 407 630 4 000

17 ★★ **Complète et observe cette suite de multiples de 10 puis réponds aux questions.**

70	80	....	....	....	....	....	....	....	....	....

a. Par quels chiffres sont terminés ces multiples de 10 ?
b. Cherche d'autres multiples de 10. Par quels chiffres sont terminés les multiples de 10 ?
c. Dans cette liste de nombres, quels sont ceux qui sont des multiples de 10 ?

58 120 207 350 600 3 006 4 540 345 080

18 ★★ **Complète et observe cette suite de multiples de 2 puis réponds aux questions.**

a. Par quels chiffres sont terminés ces multiples de 2 ? Ces nombres sont-ils pairs ou impairs ?

72	74	....	....	....	....	....	....	....	....	....

b. Cherche d'autres multiples de 2. Par quels chiffres sont terminés les multiples de 2 ?
c. Dans cette liste de nombres, quels sont ceux qui sont des multiples de 2 ?

4 18 56 80 704 5 007 4 683 26 002

17 Multiples et diviseurs

Je sais reconnaître des multiples et des diviseurs d'un nombre entier.

Pour chaque question, trouve la ou les bonnes réponses parmi celles proposées.

	a	b	c
1 45 est un multiple de ...	5	10	2
2 12 est un multiple de ...	5	6	4
3 24 est un multiple de ...	4	6	12
4 40 est un multiple de ...	10	40	7
5 50 est un multiple de ...	25	5	10
6 Ces nombres sont des multiples de 5 ...	965	2980	5554
7 Ces nombres sont des multiples de 10 ...	780	8009	3000
8 Ces nombres sont des multiples de 2 ...	867	7894	768
9 3 est un diviseur de ...	8	12	63
10 8 est un diviseur de ...	64	40	11

19 ★ Encadre les nombres par deux multiples de 6 qui se suivent.
Justifie ta réponse comme dans l'exemple.

30 < 35 < 36 car 6 x 5 < 35 < 6 x 6

a. .... < 17 < .... car 6 x .... < 17 < 6 x ....
b. .... < 58 < .... car 6 x .... < 58 < 6 x ....
c. .... < 44 < .... car 6 x .... < 44 < 6 x ....
d. .... < 63 < .... car 6 x .... < 63 < 6 x ....

20 ★★ Combien de boites de 12 œufs peut-on remplir avec 156 œufs ?

21 ★★ Résous le problème.
L'âge de Jumbo l'éléphant est un multiple de 2 et de 5.
Jumbo a plus de 43 ans et moins de 53 ans.
Quel est l'âge de Jumbo ?

22 ★★ Parmi les nombres suivants, quels sont les multiples de 50 ? Justifie ta réponse.

200 est-il un multiple de 50 ?
4 x 50 = 200 200 est un multiple de 50.

a. 350 105 950 259 600
b. 435 8650 870 555 2000

23 ★★ Parmi les nombres suivants, quels sont les multiples de 25 ? Justifie ta réponse.

50 est-il un multiple de 25 ?
2 x 25 = 50 50 est un multiple de 25.

a. 75 100 154 259 600
b. 325 87 460 875 2000

24 ★★★ Parmi les nombres suivants, quels sont les multiples de 75 ? Justifie ta réponse.

150 est-il un multiple de 75 ?
2 x 75 = 150 150 est un multiple de 75.

a. 75 225 89 300 185
b. 750 1500 3000 674

LE NOMBRE MYSTÈRE

Le nombre mystère est compris entre 1 et 50.
Il est à la fois multiple de 12 et de 9.
Quel est ce nombre mystère ?

Flash maths 17

Mesures de contenances

1 Associe à chacun sa contenance.

1. La baignoire

3. Le verre

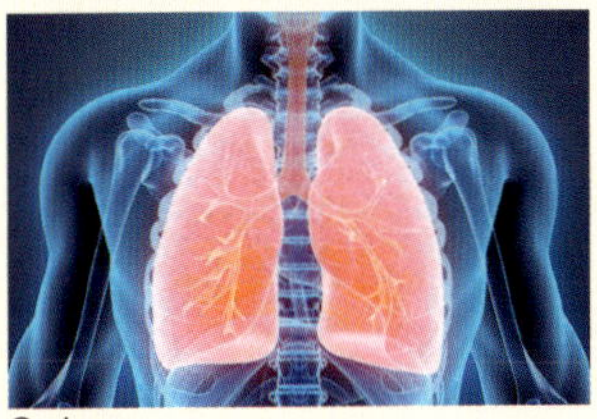

2. Les poumons

4. La bouteille

a. 4 L b. 20 cL c. 200 L d. 1 L

Proportionnalité

2 La boulangerie Harpagon ne fait pas de promotions pour les cookies. Le prix des cookies est proportionnel au nombre de cookies achetés.

Si 4 cookies coutent 3 €,

a. combien coutent 8 cookies ?

b. combien coutent 12 cookies ?

c. combien coutent 20 cookies ?

Droites parallèles

3 Vrai ou Faux ?

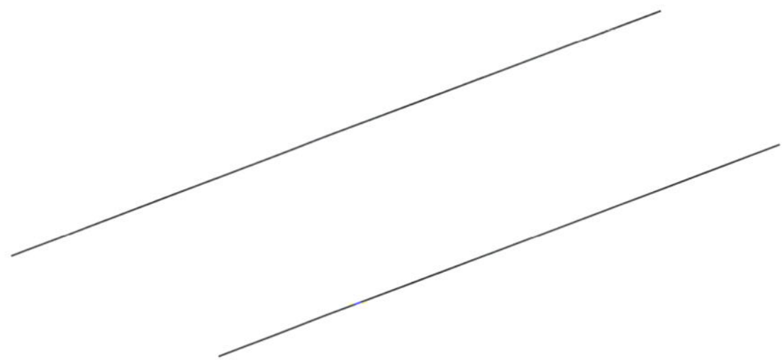

Ces deux droites semblent parallèles.

Droite graduée

4 À chaque fois, donne l'écriture à virgule du nombre repéré par la flèche.

a.

b.

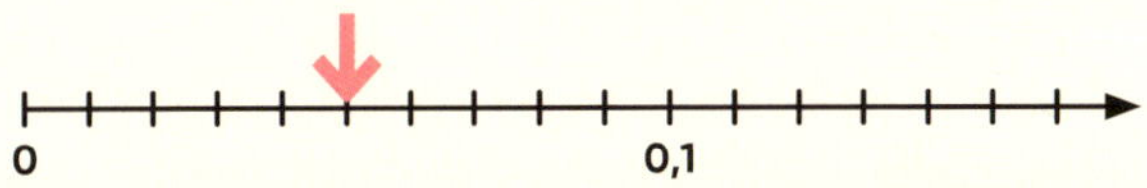

c.

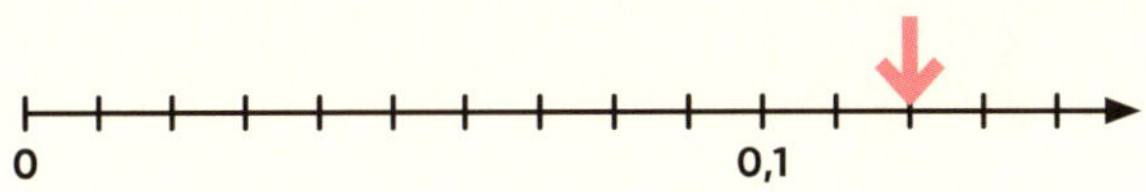

d.

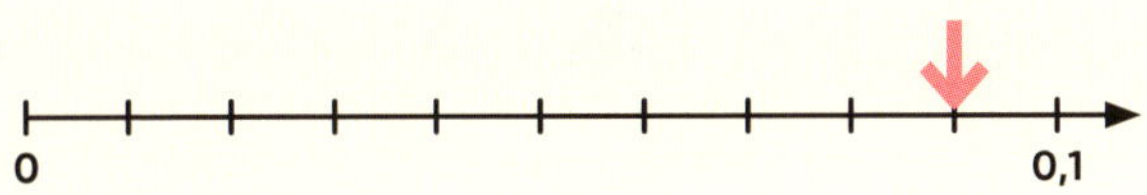

Fractions

5 Le disque représente l'unité. Indique la fraction représentée par la partie colorée en orange.

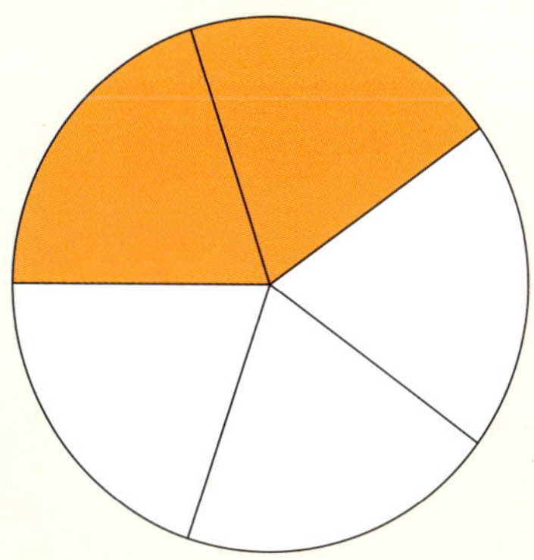

Calcul 17

Calcul mental *Multiplier par 4, par 8*
Calcul en ligne *Multiplier un nombre décimal par un nombre entier*

Séance 1

1 Écris la suite de cinq nombres en avançant de 0,5 en 0,5 à partir de 8.

2 Multiplie ces nombres par 4.

a. 12	c. 25	e. 50
b. 15	d. 35	f. 75

3 Calcule en ligne.

a. 4 x 1,2	c. 3 x 2,5	e. 2,8 x 3
b. 5 x 1,4	d. 2 x 0,3	f. 0,7 x 2

Séance 2

4 Écris la suite de cinq nombres en avançant de 0,5 en 0,5 à partir de 95.

5 Multiplie ces nombres par 4.

a. 150	c. 250	e. 1250
b. 220	d. 350	f. 2500

6 Calcule en ligne.

a. 2 x 3,04	c. 8 x 0,05	e. 1,25 x 2
b. 3 x 1,24	d. 4 x 2,3	f. 0,5 x 4

Séance 3

7 Écris la suite de cinq nombres en reculant de 0,5 en 0,5 à partir de 250.

8 Multiplie ces nombres par 8.

a. 12	c. 25	e. 50
b. 15	d. 35	f. 75

9 Calcule en ligne.

a. 4 x 8,25	c. 1,15 x 4	e. 0,2 x 5
b. 3 x 4,5	d. 2 x 0,37	f. 0,02 x 5

Séance 4

10 Multiplie ces nombres par 8.

a. 150	c. 250	e. 500
b. 220	d. 350	f. 750

11 Sans calculer le produit, choisis le meilleur ordre de grandeur du résultat parmi les trois proposés.

a. 9,3 x 4	40	36	32
b. 3 x 12,98	39	45	60
c. 0,58 x 3	2	1,8	0,15

12 Résous les problèmes.

a. Djibril a acheté 2 kg de pommes à 2,42 € le kilo.
Combien a-t-il payé ?

b. Inès achète 3 kg d'oranges à 3,04 € le kilo.
Combien doit-elle payer ?

c. Un cycliste a parcouru 4 fois le tour d'un lac dont le périmètre mesure 5,2 km.
Quelle distance a-t-il parcourue ?

d. Ramatoulaye habite à 6,4 km de l'école.
Quelle distance parcourt-elle pour faire un aller-retour ?

Atelier problèmes 17

Résoudre des problèmes multiplicatifs à plusieurs étapes (1)

Découverte Les ballons

Une directrice d'école achète 4 ballons de basket à 14 € l'unité et 5 ballons de rugby à 18 € l'unité.
Le vendeur lui fait une remise de 7 €.

Combien la directrice doit-elle payer ?

Problème 1

Marie a 9 billets de 5 € et un billet de 20 € dans sa tirelire. **Combien d'argent a-t-elle ?**

Trouve le calcul qui permet de répondre à la question posée :

a. (9 + 5) x 20
b. (9 – 5) x 20
c. (9 x 5) – 20
d. (9 x 5) + 20

Problème 2

Sophie veut acheter des fleurs pour les planter dans des jardinières. Chaque fleur coute 2 €.
Elle veut planter 15 fleurs par jardinière.
Elle a 12 jardinières.

Combien va-t-elle payer pour les fleurs ?

Problème 3

Lily achète 4 cahiers à 3,50 € l'un.
Elle paie avec un billet de 20 €.

Combien le commerçant doit-il lui rendre ?

Problème 4

Le championnat du monde de cyclisme se déroule sur un circuit de 18 km. Il faut faire 16 tours de circuit.
Julian a déjà effectué 9 tours de circuit.

Quelle distance en kilomètres lui reste-t-il à parcourir ?

Problème 5

Le directeur de l'école achète 13 tablettes à 479 € pièce.
Le vendeur lui fait une remise de 50 €.

Combien le directeur doit-il payer ?

18 Longueurs et périmètres (1)

Utiliser les unités de mesure de longueurs : mètre, décimètre, centimètre, millimètre

1 Indique, pour chaque objet
a. une estimation de sa mesure.
b. sa mesure exacte.
c. l'instrument de mesure que tu as choisi d'utiliser.

2 ★★ Tom observe le déplacement de 3 escargots. En quelques minutes, l'escargot A a parcouru une distance de 245 mm, l'escargot B, 2 dm et 5 mm, l'escargot C, 29 cm et 5 mm.
Quel escargot a parcouru la plus longue distance ?

A B C

3 ★ Une fourmi a suivi le chemin représenté sur le plan ci-dessous.
Calcule la distance qu'elle a parcourue.

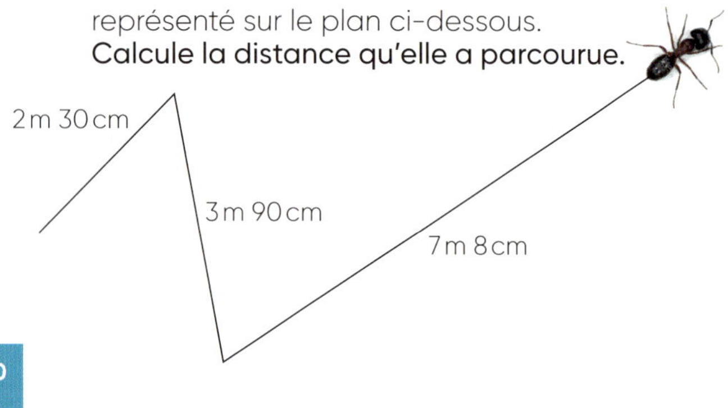

4 ★ Une coccinelle a suivi le chemin représenté sur le plan ci-dessous.
Quelle distance a-t-elle parcourue ?

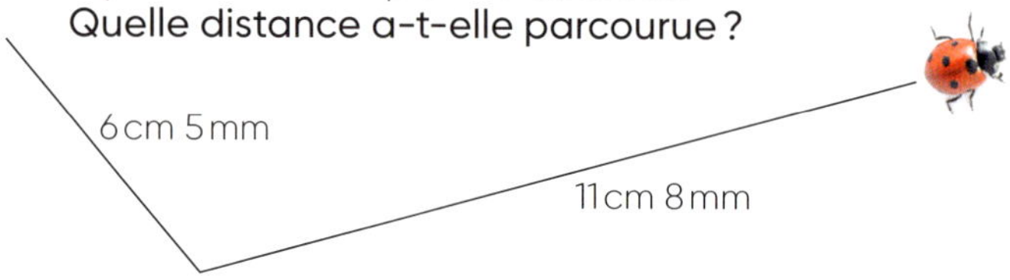

5 ★★ **Complète avec < ou > ou =.**

a. 86 cm .... 1 m
b. 4 cm .... 54 mm
c. 3 m .... 300 cm
d. 1400 cm .... 15 m
e. 5 dm 3 cm .... 53 cm
f. 10 m .... 999 cm

6 ★★ **Range les longueurs suivantes dans l'ordre croissant.**

96 cm 1 m 6 cm 2 dm 103 cm

7 ★ **Complète.**

a. 7 cm = ... mm
b. 4 dm = ... cm
c. 200 mm = ... cm
d. 1 m = ... dm
e. 56 cm = ... mm
f. 167 cm = ... m .... cm

8 ★★ **Complète.**

a. 230 cm = ... m .... cm
b. 203 cm = ... m .... cm
c. 7 dm 1 cm = ... cm
d. 96 cm = ... dm .... cm
e. 3 m 7 cm = ... cm
f. 3 m 70 cm = ... cm

Utiliser les unités de mesure de longueurs : kilomètre, hectomètre, décamètre

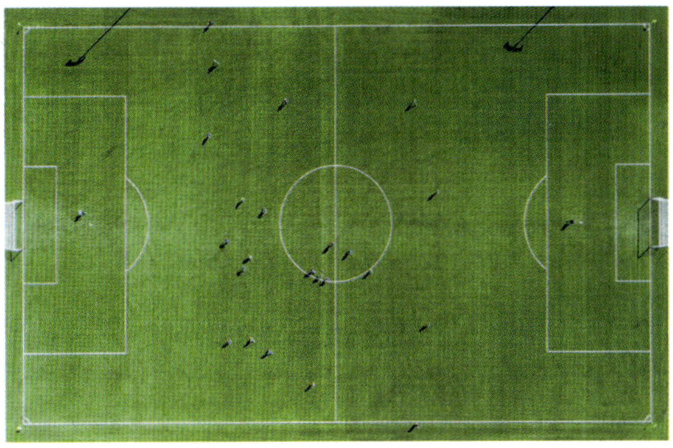

9 ★ Complète avec l'unité qui convient.

a. La longueur de la cour de l'école : 57 ......

b. La distance entre Lille et Grenoble : 803 ......

c. La taille d'une abeille : 15 ......

d. La profondeur de la piscine : 250 ......

e. La largeur de ton manuel de mathématiques : 226 ......

f. La longueur d'un terrain de football est d'environ 1 ......

10 Recopie et complète.

a ★

1 m = ... dm

1 m = ... cm

1 m = ... mm

1 km = ... m

1 hm = ... m

1 dam = ... m

b ★★

1 km = ... hm

1 hm = ... dam

1 m = ... dm

1 km = ... dam

1 dam = ... cm

1 dam = ... dm

11 Complète avec l'unité qui convient.

10 cm = 1 dm

a ★

1000 m = 1 ......

10 m = 1 ......

100 m = 1 ......

1000 mm = 1 ......

100 cm = 1 ......

b ★★★

10 dam = 1 ......

10 dm = 1 ......

100 mm = 1 ......

10 mm = 1 ......

10 000 mm = 1 ......

12 ★ Un coureur à pied a effectué le trajet représenté sur le plan ci-dessous.
Quelle distance a-t-il parcourue ?

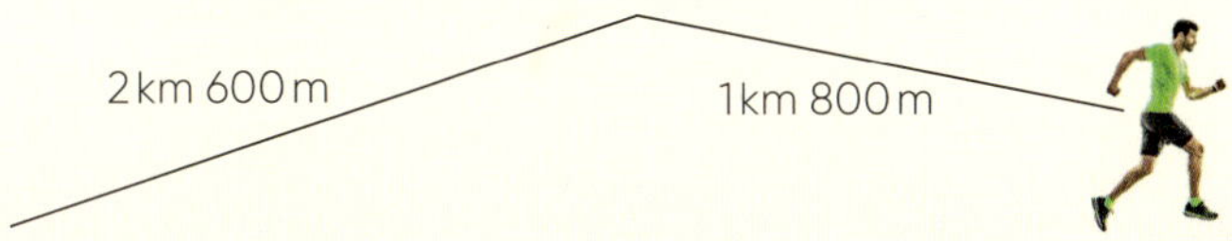

13 ★ Une cycliste a effectué le trajet représenté sur le plan ci-dessous.
Calcule la distance qu'elle a parcourue.

14 ★★ Complète avec < ou > ou =.

a. 9 000 m ...... 10 km

b. 4 hm ...... 400 m

c. 3 dam ...... 300 m

d. 42 km ...... 4 200 m

e. 5 km 37 m ...... 5 037 m

f. 10 hm ...... 999 m

15 ★★ Range les longueurs suivantes dans l'ordre croissant.

9 hm   6 000 m   7 dam   4 km

Exprimer une mesure de longueur à l'aide d'un nombre décimal

16 ★ Écris la mesure de chaque objet en centimètres en utilisant un nombre décimal.

a.

c.
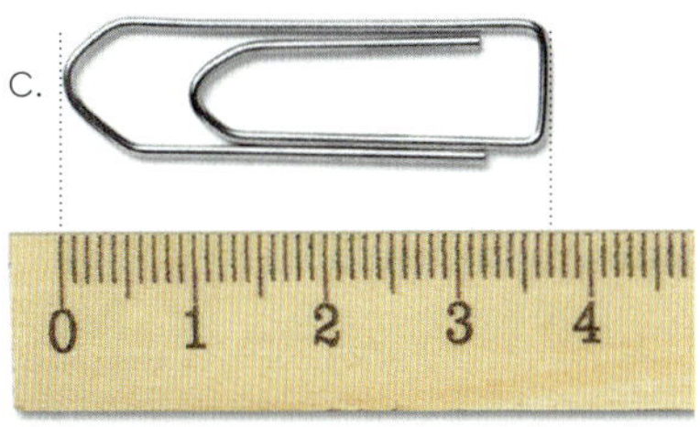

b.

d.

18 Longueurs et périmètres (1)

Je sais comparer, estimer, mesurer des longueurs.

Pour chaque question, trouve la ou les bonnes réponses parmi celles proposées.

	a	b	c
1 8 m est égal à ...	800 cm	80 dm	8 000 mm
2 9 km est égal à ...	9 000 m	900 m	90 hm
3 7 hm est égal à ...	70 m	700 m	70 dam
4 3 dam est égal à ...	30 m	300 dm	300 cm
5 6 km 50 m est égal à ...	650 m	6 050 m	6 005 m
6 2 m est plus grand que ...	189 cm	205 cm	24 dm
7 1 km 900 m + 2 km 400 m est égal à ...	4 300 m	3 km 300	4 km 300 m
8 1400 m est égal à ...	14 km	1,4 km	1 km 400 m
9 34 mm est égal à ...	3,4 cm	3 cm 4 mm	0,34 m
10 0,62 m est égal à ...	62 mm	62 cm	6 dm 2 cm

17 ★ Convertis en mètres.

a. 56 dam
b. 10 km
c. 7 km 450 m
d. 6 hm
e. 23,8 km

18 ★ Convertis en centimètres.

a. 4 m
b. 12 m
c. 2 m 50 cm
d. 7 dm
e. 3,2 m

19 ★ Trace les segments sur une feuille blanche.

AB = 3,6 cm
CD = 10,8 cm
EF = 0,8 cm
GH = 4 cm $\frac{5}{10}$ cm

20 ★★ Trace les segments sur une feuille blanche.

IJ = 0,2 m
KL = 0,06 m
MN = 0,14 m
OP = $\frac{2}{100}$ m

21 ★★★ Complète les égalités.

9 cm = $\frac{9}{100}$ m

a. 2 cm = $\frac{\ldots}{100}$ m
b. 8 dm = $\frac{\ldots}{10}$ m

c. 82 cm = $\frac{\ldots}{10}$ m + $\frac{\ldots}{100}$ m

d. 4 m 95 cm = ... m + $\frac{\ldots}{10}$ m + $\frac{\ldots}{100}$ m

22 ★★★ Complète les égalités.

0,09 m = $\frac{9}{100}$ m

a. 0,02 m = $\frac{\ldots}{100}$ m
b. 0,8 m = $\frac{\ldots}{10}$ m

c. 0,82 m = $\frac{\ldots}{10}$ m + $\frac{\ldots}{100}$ m

d. 4,95 m = ... m + $\frac{\ldots}{10}$ m + $\frac{\ldots}{100}$ m

23 ★★★ Résous le problème.

Une nageuse a parcouru 1 750 m dans un bassin de 25 m de long.

Combien de longueurs de bassin a-t-elle effectuées ?

**En Angleterre,
on utilise différentes unités de longueur.**

1 pouce = 2,54 cm

1 pied = 30,48 cm

1 mile = 1,61 km

1 lieue = 3 miles

Quelle est la valeur d'une lieue en kilomètres ?

Flash maths 18

Mesures de masses

1 À ton avis, combien pèse ce vélo ?

a. 100 g   b. 1 kg   c. 1 t   d. 10 kg

Proportionnalité

2 Si 10 photocopies coutent 2 €,
a. combien coutent 20 photocopies ?
b. combien coutent 30 photocopies ?
c. combien coutent 50 photocopies ?
d. combien coutent 5 photocopies ?

Fractions

3 Le disque représente l'unité. Indique la fraction représentée par la partie colorée en vert.

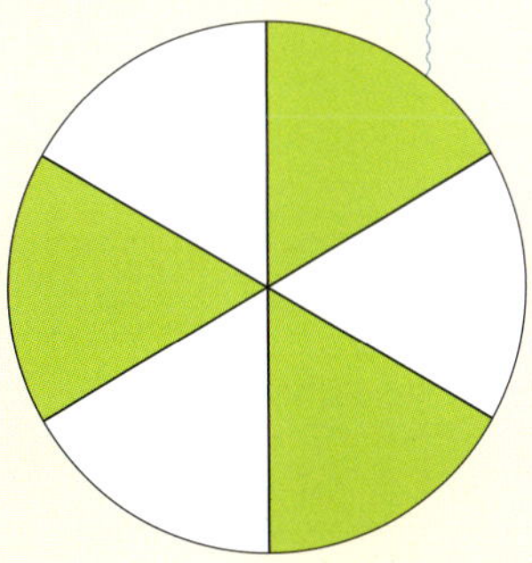

Droites parallèles

4 Vrai ou Faux ?

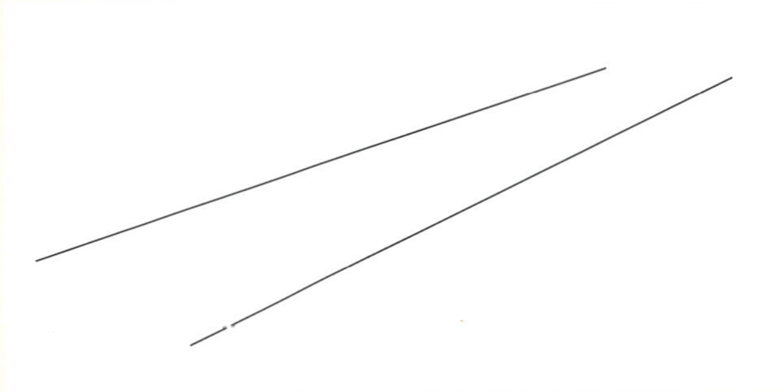

Ces deux droites semblent parallèles.

Droite graduée

5 À chaque fois, donne l'écriture à virgule du nombre repéré par la flèche.

a.
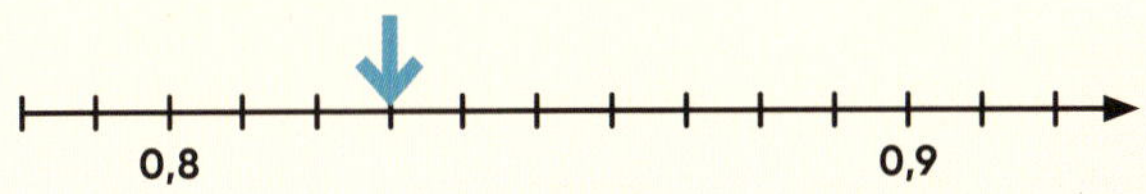

b.
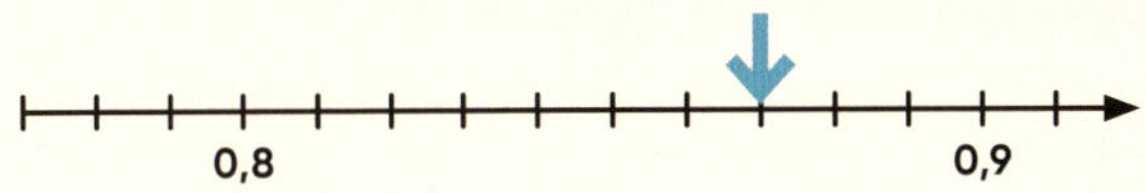

c.
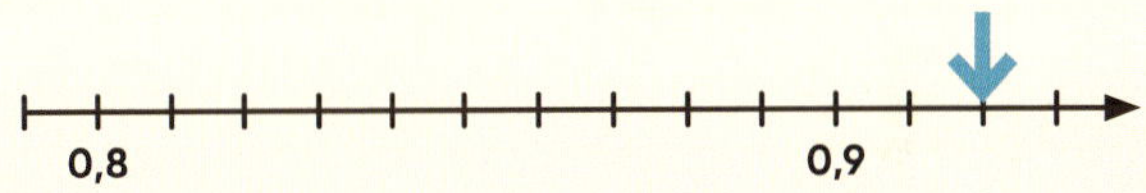

d.
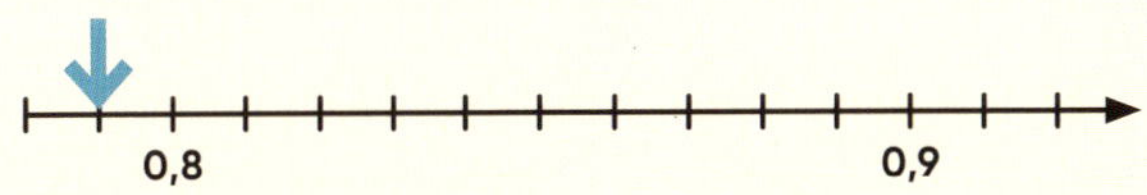

Calcul 18

Calcul mental *Multiplier un nombre décimal par 10*
Mobiliser les tables de multiplication

Séance 1

1 Écris la suite de dix nombres en avançant de 0,05 en 0,05 à partir de 0,8.

2 Calcule les produits.

a. 0,07 x 10
b. 8,56 x 10
c. 12,65 x 10
d. 204,6 x 10

Séance 2

3 Écris la suite de cinq nombres en avançant de 0,05 en 0,05 à partir de 3,25.

4 Calcule les produits.

a. 40,8 x 10
b. 13,06 x 10
c. 0,03 x 10
d. 0,6 x 10
e. 123,48 x 10
f. 305,07 x 10
g. 1,55 x 10
h. 0,18 x 10

Séance 3

5 Écris la suite de cinq nombres en reculant de 0,05 en 0,05 à partir de 7.

6 Résous les problèmes.

a. Monsieur Lejus a acheté 10 kg d'oranges à 1,58 € le kilo.
Combien a-t-il payé ?

b. La directrice achète 10 cahiers à 2,50 € l'un.
Combien va-t-elle payer ?

c. Une cycliste a parcouru 10 fois le tour d'un lac dont le périmètre mesure 6,9 km.
Quelle distance a-t-elle parcourue ?

d. Meriem achète 10 croissants à 0,95 € l'un. Elle paie avec un billet de 10 €.
Combien doit-on lui rendre ?

Séance 4

7 Voici un code secret. En utilisant ce code secret, déchiffre les deux mots.

A	B	C	D	E	F	G	H	I	J	K	L	M
48	15	16	18	24	32	45	35	21	12	81	42	64
N	**O**	**P**	**Q**	**R**	**S**	**T**	**U**	**V**	**W**	**X**	**Y**	**Z**
72	27	63	56	28	36	30	49	9	20	14	40	8

a.

3 x 5	3 x 9	9 x 8	2 x 6	9 x 3	7 x 7	4 x 7
.....	.....	.....	.....	.....	.....	.....

b.

4 x 4	7 x 5	4 x 6	3 x 3	8 x 6	6 x 7
.....	.....	.....	.....	.....	.....

8 En utilisant le même code secret, déchiffre le message suivant.

4 x 3	8 x 6	7 x 3	8 x 8	8 x 3
..... '	.....	.....	.....	.....

7 x 6	6 x 4	6 x 6
.....	.....	.....

(7 x 9) + 1	(7 x 7) − 1	5 x 6	7 x 5	4 x 9
.....	.....	.....	.....	.....

Atelier problèmes 18

Résoudre des problèmes multiplicatifs à plusieurs étapes (2)

Découverte La commande de matériel de ski

Un club de ski commande du matériel avec le bon de commande ci-dessous. Certains nombres ont été effacés. **Recopie le bon de commande en le complétant avec les nombres qui manquent.**

	Quantité	Prix en €	Prix à payer en €
Casque	15	27	....
Paire de skis	17	....	7 191
Paire de bâtons	....	42	546
		Total à payer	....

Problème 1

Tarifs du cinéma Palace

	Lundi	Mercredi	Autres jours
Adulte	5 €	3,50 €	7 €
Enfant	3,50 €	2,50 €	5 €

Ce cinéma propose deux séances le dimanche.
Lors de la séance de 17 h, il y avait 34 adultes et 46 enfants.
À la séance de 20 h, il y avait 173 adultes.

Quelle est la recette de la journée ?

Problème 2

À la piscine, Laure nage dans un bassin de 25 m.
Elle fait 32 longueurs le matin et 28 longueurs l'après-midi.

Quelle distance a-t-elle parcourue au cours de la journée ?

Problème 3

Lucas fait 17 tours d'un circuit de 4 km et Emma fait 24 tours d'un circuit de 3 km.

Quel est l'écart entre les distances parcourues par Lucas et Emma ?

Problème 4

Le président d'un club de VTT achète 14 casques à 22 € l'un et 2 VTT électriques identiques.
Au total, il a payé 4 232 €.

Quel est le prix d'un VTT électrique ?

Problème 5

Lyla a l'habitude de faire 4 tours d'un circuit de 12 km en VTT.
Elle a déjà effectué deux tours et demi.

Quelle distance en kilomètres lui reste-t-il à parcourir ?

19 Division (1) : situations de partage

Chercher un nombre de parts dans une situation de partage

1 Madame Mimosa ramasse 128 œufs.
Elle veut les ranger dans des boites de 6 œufs.
Combien de boites va-t-elle remplir ?

2 ★ Monsieur Mollet ramasse 300 œufs.
Il veut les ranger dans des boites de 6 œufs.
Combien de boites peut-il remplir ?

3 ★ Corentin ramasse 386 œufs.
Il veut les ranger dans des boites de 10 œufs.
Combien de boites peut-il remplir ?

4 ★★ Lilou ramasse 87 œufs qu'elle veut ranger dans des boites de 12 œufs.
Combien de boites peut-elle remplir ?

5 ★★★ Madame Maillot ramasse 648 œufs qu'elle veut ranger dans des plateaux de 30 œufs.
Combien de plateaux peut-elle remplir ?

6 ★ Un fleuriste reçoit 72 roses.
Combien peut-il faire de bouquets de 9 roses ?

7 ★★★ **Dans un ruban de 378 cm, combien de morceaux de 12 cm peut-on découper ? S'il reste un morceau de ruban, indique la mesure de sa longueur.**

Calculer des divisions mentalement ou en ligne

8 ★ **Calcule mentalement les divisions exactes.**

a. 35 : 5	80 : 10
b. 42 : 7	80 : 8
c. 81 : 9	56 : 8
d. 48 : 6	56 : 7
e. 63 : 9	27 : 3

9 ★★ **Calcule mentalement le quotient et le reste de chaque division.**

53 divisé par 5
53 = (5 x 10) + 3 q = 10 r = 3

a. 19 divisé par 3	d. 35 divisé par 5
b. 28 divisé par 5	e. 96 divisé par 9
c. 55 divisé par 6	f. 84 divisé par 10

Je vais apprendre à résoudre des problèmes mettant en jeu la division.

Chercher la valeur d'une part dans une situation de partage

10 Quatre pirates se partagent à parts égales un trésor de 158 pièces d'or.
Chaque pirate doit recevoir le plus grand nombre possible de pièces.
Trouve le nombre de pièces d'or que chaque pirate recevra.
Restera-t-il des pièces à la fin du partage ?

11 ★ Sept pirates se partagent à parts égales un trésor de 86 pièces d'or.
Chaque pirate doit recevoir le plus grand nombre possible de pièces.
Trouve le nombre de pièces d'or que chaque pirate recevra.
Restera-t-il des pièces à la fin du partage ?

12 ★★ 25 pirates se partagent à parts égales un trésor de 975 pièces d'or.
Chaque pirate doit recevoir le plus grand nombre possible de pièces.
Trouve le nombre de pièces d'or que chaque pirate recevra.
Restera-t-il des pièces à la fin du partage ?

13 ★ Cinq enfants veulent se partager les 58 chocolats contenus dans une boite.
Chaque enfant veut avoir le même nombre de chocolats que ses camarades.
Trouve le nombre de chocolats que chaque enfant recevra.

14 ★★ Un menuisier a coupé en 8 morceaux identiques une planche de 240 cm de longueur.
Combien mesure chaque morceau ?

15 ★★ Madame Girole encaisse 600 € en vendant 40 kg de champignons.
Quel est le prix d'un kilogramme de champignons ?

16 ★★★ Un bouquet composé de 5 roses et de 3 lys coute 19 €. Une rose coute 2 €.
Quel est le prix d'un lys ?

19 Division (1) : situations de partage

Je sais résoudre des problèmes mettant en jeu la division.

Pour chaque question, trouve la ou les bonnes réponses parmi celles proposées.

	a	b	c
1 On partage 45 bonbons entre 9 enfants. Chaque enfant doit recevoir le même nombre de bonbons. Chacun recevra ...	4 bonbons	5 bonbons	6 bonbons
2 Maya partage équitablement 39 kg de miel entre 3 personnes. Chaque personne reçoit ...	13 kg	117 kg	42 kg
3 Un fleuriste a reçu 256 roses. Combien peut-il faire de bouquets de 10 roses ?	266	25	26
4 8 pirates se partagent équitablement 50 pièces d'or. Le nombre de pièces qui reste doit être le plus petit possible. Chaque pirate reçoit ...	58 pièces	2 pièces	6 pièces
5 Dans une planche de 186 cm, combien de morceaux de 25 cm peut-on découper ?	7	211	161
6 27 divisé par 4. Le quotient et le reste sont ...	q = 5 et r = 7	q = 6 et r = 3	q = 7 et r = 1
7 L'égalité 38 = (5 x 7) + 3 permet de trouver le quotient et le reste de ...	38 divisé par 3	38 divisé par 5	38 divisé par 7
8 20 : 4 = ...	6	3	5
9 63 : 7 = ...	8	9	6
10 63 : 9 = ...	6	8	7

17 ★ Calcule mentalement.

a. Dans 53 combien de fois 5 ? Combien reste-t-il ?

b. Dans 33 combien de fois 4 ? Combien reste-t-il ?

c. Dans 68 combien de fois 7 ? Combien reste-t-il ?

d. Dans 39 combien de fois 3 ? Combien reste-t-il ?

18 ★★ Recopie et complète le tableau.

	Quotient	Reste
47 divisé par 5	9	2
23 divisé par 4		
78 divisé par 9		
54 divisé par 6		
103 divisé par 25		

19 ★ Avec un billet de 20 €, Madame Cendrillon veut acheter 3 places de cinéma qui coutent le même prix. À la caisse, elle se rend compte qu'il lui manque 4 €.

Quel est le prix d'une place de cinéma ?

20 ★★★ Monsieur Gulliver pourrait acheter 6 livres à 14 €. Il lui resterait alors 16 €. Finalement, il choisit d'acheter des livres à 25 €.

Combien peut-il en acheter ?

21 ★★ Lorsqu'un bébé kangourou fait trois sauts, sa maman n'en fait qu'un.

a. Bébé kangourou a fait 24 sauts.

Combien de sauts a fait maman kangourou ?

b. Bébé kangourou a fait 39 sauts.

Combien de sauts a fait maman kangourou ?

**Une chèvre vaut vingt-cinq lapins.
Un lapin vaut quatre poules.
Une poule vaut une douzaine d'œufs.
Combien d'œufs vaut une chèvre ?**

Flash maths 19

Droite graduée

1 À chaque fois, donne l'écriture à virgule du nombre repéré par la flèche.

a.

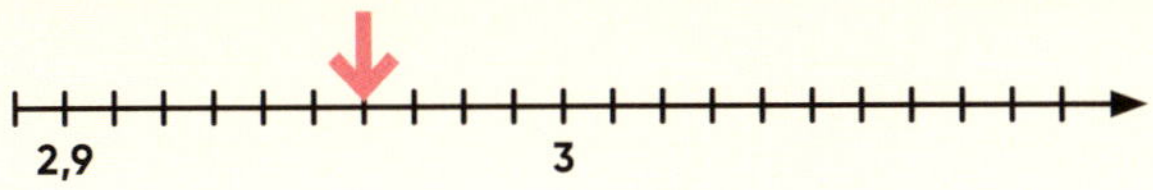

b.

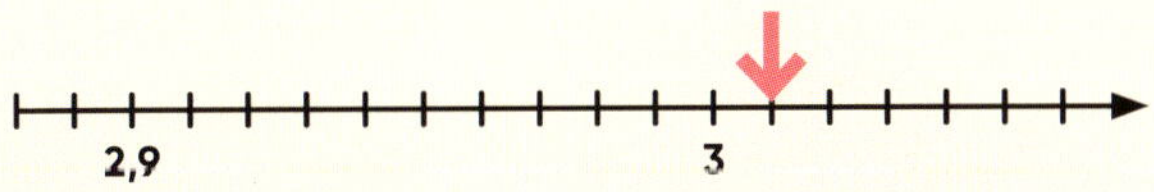

c.

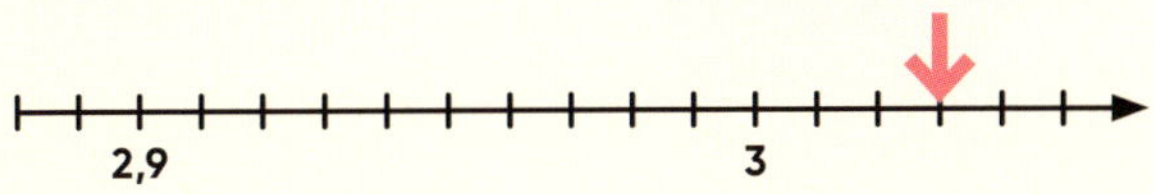

d.

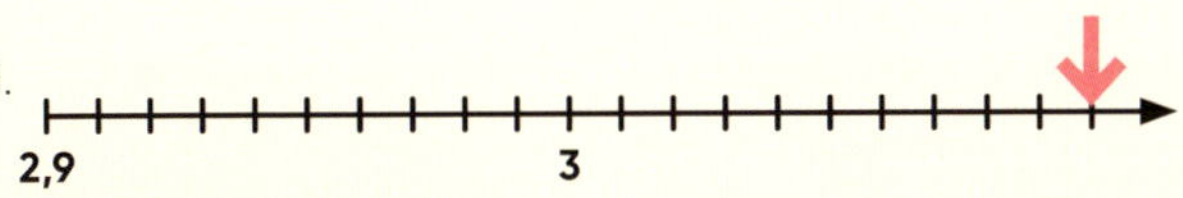

Proportionnalité

2 La boulangerie Rapia ne fait pas de promotion pour les brioches. Le prix des brioches est proportionnel au nombre de brioches achetées.

Si 2 brioches coutent 8 € et 3 brioches coutent 12 €,

a. combien coutent 4 brioches ?

b. combien coutent 5 brioches ?

c. combien coutent 10 brioches ?

Fractions

3 La figure rouge représente l'unité. Indique la fraction représentée par la partie colorée en vert.

Mesures de longueurs

4 Combien y a-t-il de fois

a. 1 cm dans 1 m ?

b. 1 m dans 1 km ?

c. 1 dm dans 1 m ?

d. 1 hm dans 1 km ?

5 Un coureur à pied a effectué le trajet représenté sur le plan ci-dessous. Quelle distance a-t-il parcourue ?

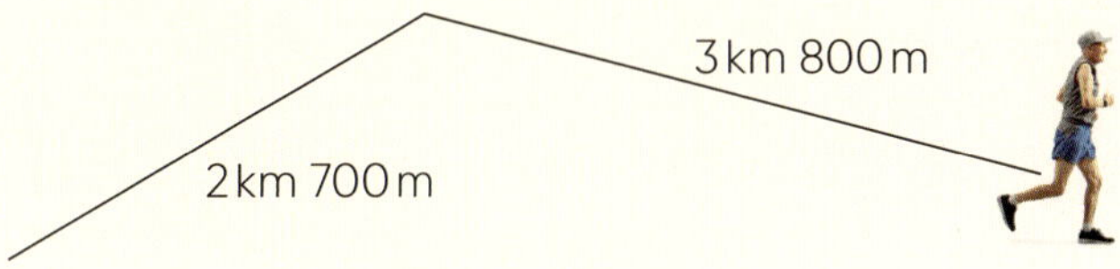

Droites perpendiculaires

6 Vrai ou Faux ?

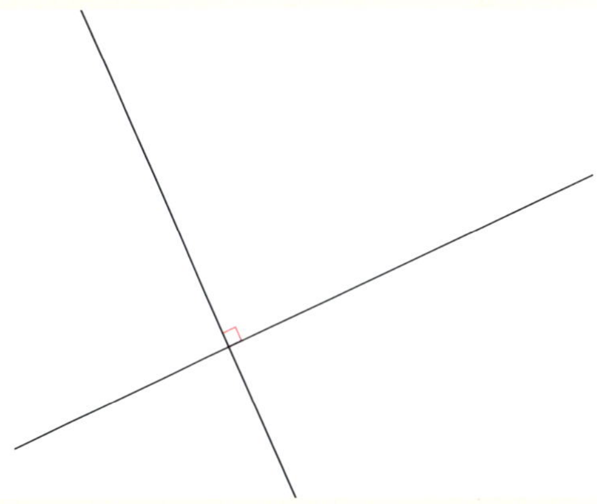

Ces deux droites sont perpendiculaires.

Calcul 19

Calcul mental *Reconnaitre les multiples d'un nombre*
Calculer un quotient exact en prenant appui sur la connaissance des tables de multiplication

Séance 1

1 Écris la suite de cinq nombres en avançant de 0,2 en 0,2 à partir de 5,43.

2 Trouve les multiples de 5.
a. 63 est-il multiple de 5 ?
b. 80 est-il multiple de 5 ?
c. 75 est-il multiple de 5 ?
d. 207 est-il multiple de 5 ?
e. 3 925 est-il multiple de 5 ?
f. 400 est-il multiple de 5 ?

3 Calcule le quotient exact.
a. 30 divisé par 5
b. 50 divisé par 10
c. 30 divisé par 6
d. 45 divisé par 9
e. 20 divisé par 5
f. 35 divisé par 7

Séance 2

4 Écris la suite de cinq nombres en avançant de 0,2 en 0,2 à partir de 12,05.

5 Trouve les multiples de 3.
a. 24 est-il multiple de 3 ?
b. 20 est-il multiple de 3 ?
c. 63 est-il multiple de 3 ?
d. 300 est-il multiple de 3 ?
e. 35 est-il multiple de 3 ?
f. 306 est-il multiple de 3 ?

6 Calcule le quotient exact.
a. 27 : 3
b. 30 : 10
c. 12 : 4
d. 21 : 3
e. 18 : 6
f. 24 : 3

Séance 3

7 Écris la suite de cinq nombres en reculant de 0,2 en 0,2 à partir de 259,04.

8 Réponds aux questions en justifiant ta réponse.
a. 30 est-il multiple de 6 ?
b. 80 est-il multiple de 10 ?
c. 65 est-il multiple de 7 ?
d. 42 est-il multiple de 7 ?
e. 54 est-il multiple de 9 ?
f. 40 est-il multiple de 8 ?

9 Quel est le quotient
a. de 15 divisé par 3 ?
b. de 18 divisé par 9 ?
c. de 72 divisé par 8 ?
d. de 60 divisé par 6 ?
e. de 42 divisé par 7 ?
f. de 63 divisé par 9 ?

Séance 4

10 Écris la suite de cinq nombres en reculant de 0,2 en 0,2 à partir de 30.

11 Cherche le plus possible de nombres dont 48 est multiple.

48 est multiple de 24 car 2 x 24 = 48.

12 Résous les problèmes.

a. Une boite contient 6 gâteaux.
Combien de boites faut-il acheter pour avoir 48 gâteaux ?

b. La grand-mère de Youssef a 63 ans. Elle est 7 fois plus âgée que Youssef, son petit-fils.
Quel est l'âge de Youssef ?

c. Quatre personnes jouent à la belote avec un jeu de 32 cartes. On distribue toutes les cartes à parts égales entre ces 4 joueurs.
Combien de cartes doit recevoir chaque joueur ?

d. **Combien d'équipes de 8 peut-on former dans une école où il y a 72 enfants ?**

e. Le restaurant scolaire a besoin de 45 kg de pommes de terre pour préparer des frites. Les pommes de terre sont vendues dans des filets de 5 kg.
Combien de filets faut-il commander pour obtenir 45 kg de pommes de terre ?

Atelier problèmes 19

Résoudre des problèmes en utilisant des nombres décimaux et le calcul (1)

Découverte À la librairie

Avec son argent de poche, Emma achète un livre à 6,26€ et une trousse à 18,53€.

Combien a-t-elle dépensé ?

Application

Le cartable de Jules pèse 0,93kg vide et 3,4kg lorsqu'il est plein.

Quelle est la masse du matériel rangé dans le cartable de Jules ?

Problème 1

En sortant de l'école, Éva passe à la boulangerie. Elle achète une baguette à 0,60€ et un pain au chocolat à 0,90€.

Combien a-t-elle dépensé ?

Problème 2

Madame Savoie va faire une randonnée. Elle prévoit une première étape de 8,16km, une deuxième étape de 12,4km et une troisième de 6,25km.

Quelle distance va-t-elle parcourir ?

Problème 3

Cet après-midi, Noé a dépensé 24,75€ pour acheter un cadeau à sa sœur pour son anniversaire. Il lui reste maintenant 17,28€ dans sa tirelire.

Combien d'argent avait-il ce matin dans sa tirelire ?

Problème 4

Avec son argent de poche, Lucas a acheté un stylo à 14,75€ et une bande dessinée à 9,85€.

Combien a-t-il dépensé ?

Problème 5

Yann pèse 67,2kg. Il pèse 3,5kg de plus que Loïc.

Combien Loïc pèse-t-il ?

Problème 6

Louis pèse 79,6kg. Alexandre pèse 2,7kg de plus que Louis.

Combien Alexandre pèse-t-il ?

20 Division (2) : calcul posé

Résoudre des problèmes de division

1 Quatre pirates découvrent un coffre contenant 493 pièces d'or. Ils veulent partager ce trésor en 4 parts égales. Chaque pirate doit recevoir le plus grand nombre possible de pièces. En utilisant le matériel de numération, trouve combien de pièces recevra chaque pirate et combien il en restera.

2 Trois pirates découvrent un coffre contenant 284 pièces d'or. Ils veulent partager ce trésor en 3 parts égales. Chaque pirate doit recevoir le plus grand nombre possible de pièces. En utilisant le matériel de numération, trouve combien de pièces recevra chaque pirate et combien il en restera.

3 ★ Louise distribue 52 cartes entre 4 enfants. Chaque enfant reçoit le plus possible de cartes.

Combien chaque enfant reçoit-il de cartes ?

Combien en reste-t-il dans la pioche ?

4 ★★ Un enseignant a commandé 150 cahiers pour les élèves de sa classe.
Chaque enfant reçoit 7 cahiers et il en reste 3.

Combien d'enfants y a-t-il dans cette classe ?

5 ★★ Pour arroser son jardin, Sophie utilise un arrosoir de 5 litres. Elle possède une cuve de récupération d'eau de pluie de 1000 litres.

Combien d'arrosoirs peut-elle remplir si sa cuve est pleine ?

6 ★★ Un club de football compte 119 inscrits en U11. L'entraineur veut former le plus possible d'équipes de 8 joueurs.

Combien d'équipes peut-il former ?

Combien y aura-t-il de remplaçants ?

Utiliser le vocabulaire lié à la division

7 ★ Dans la division posée ci-dessous,

a. quel est le quotient ?
b. quel est le reste ?
c. quel est le diviseur ?
d. quel est le dividende ?

6 9 3	4
− 4 ↓	1 7 3
2 9	
− 2 8 ↓	
1 3	
− 1 2	
1	

8 ★★ Dans chaque situation, indique quel est le quotient et quel est le reste.

a. Je divise 362 par 7, je trouve 51 et il reste 5.
b. Je divise 257 par 3. 257 = (3 x 85) + 2
c. Quatre pirates se partagent à parts égales 795 pièces d'or. Chacun reçoit 198 pièces et il reste 3 pièces dans le coffre au trésor.
d. Avec les 26 élèves de la classe, l'enseignant veut former des équipes de 6 joueurs. Il a formé 4 équipes et a nommé 2 arbitres.

Trouver par encadrement le nombre de chiffres au quotient

9 ★ Indique dans chaque proposition si le quotient est compris entre 0 et 10, entre 10 et 100 ou entre 100 et 1000.

a. 423 divisé par 7
b. 955 divisé par 8
c. 3407 divisé par 5
d. 87 divisé par 9

10 ★★ Donne le nombre de chiffres du quotient après en avoir effectué un encadrement.

a. 5321 divisé par 7
b. 893 divisé par 4
c. 75 divisé par 8
d. 750 divisé par 9

Estimer l'ordre de grandeur du quotient

11 ★ Sans effectuer le calcul, trouve le quotient parmi les propositions suivantes.

2304   96   547

3 2 8 7	6

12 ★ Je divise 6347 par 9.
Parmi les nombres suivants, quel est l'ordre de grandeur du quotient obtenu ?

10   100   1000
70   700   7000

Poser et effectuer une division

13 ★ Recopie et termine les divisions que Capucine a commencées.

8 4 9 3	7
− 7 ↓	1
1 4	

6 9 1	5
− 5 ↓	1 . .
1 9	
− . . ↓	
. .	
− . .	
.	

14 ★★ Pose et effectue les divisions.

a. 763 divisé par 6
b. 6987 divisé par 9
c. 6504 divisé par 4
d. 2140 divisé par 7

15 ★ Recopie et complète les divisions.

8 2 7 2	1 7
− 6 8 ↓	4
1 4 7	

5 4 9 1	2 1
− . . . ↓	. . .
. . .	
− . . . ↓	
. .	
− . .	
. .	

16 ★★ Pose et effectue les divisions.

a. 478 divisé par 12
b. 7056 divisé par 15
c. 9631 divisé par 37
d. 82901 divisé par 23
e. 70547 divisé par 19

Résoudre des problèmes de division

17 ★ Romain achète une boite de 900 g de lait en poudre infantile 1er âge pour son bébé. Pour chaque biberon, il utilise 8 g de lait.
Combien de biberons pourra-t-il préparer avec cette boite de 900 g ?

18 ★★ Simon possède 500 poules. Aujourd'hui, il a ramassé 431 œufs dans son poulailler. Il les range dans des boites de 12.
Combien de boites peut-il remplir ?
Combien d'œufs lui manque-t-il pour pouvoir remplir une boite supplémentaire ?

19 ★★★ Pour remplir 6 bouteilles d'un litre de jus de pomme, il faut en moyenne 9 kg de fruits. Madame Dapi a récolté 2556 kg de pommes.

a) **Combien de bouteilles d'un litre peut-elle espérer remplir ?**

b) Elle les range ensuite dans des caisses de 24 bouteilles.
Combien de caisses pourra-t-elle remplir ?

Je sais poser et effectuer une division.

Pour chaque question, trouve la ou les bonnes réponses parmi celles proposées.

	a	b	c
1 Le quotient de 750 divisé par 5 est ...	15	150	1500
2 Le quotient de 537 divisé par 4 est compris entre ...	0 et 10	10 et 100	100 et 1000
3 Dans cette division, 3518 s'appelle ... 3 5 1 8 | 1 4 − 2 8 ↓ | 2 5 1 7 1 − 7 0 ↓ 1 8 − 1 4 4	le dividende	le diviseur	le quotient
4 Dans la division ci-dessus, 14 s'appelle ...	le dividende	le diviseur	le quotient
5 Dans la division ci-dessus, le reste est ...	251	14	4
6 Dans la division ci-dessus, le quotient est ...	4	251	14
7 Pose et effectue la division suivante sur ton ardoise : 8073 divisé par 7. Le quotient de cette division est ...	1153	1154	1253
8 Pose et effectue la division suivante sur ton ardoise : 9425 divisé par 17. Le reste de cette division est ...	0	3	7

20 ★ Sans effectuer les calculs, indique le nombre de chiffres que comportera le quotient des divisions suivantes.

a. 5841 divisé par 5
b. 7023 divisé par 9
c. 34118 divisé par 7
d. 9612 divisé par 92
e. 15439 divisé par 13
f. 70168 divisé par 85

21 ★ Recopie et complète les divisions.

```
 7 0 5 6 | 6                 6 3 0 1 | 2 7
− 6 ↓    | 1 1 . .          − . . ↓  | 2 . 3
   . .                          . .
 −   .                        − . .
   4 5                            9 .
 − . .                          − . .
     . .                            . 0
   − . .
     . .
```

22 ★★ Pose et effectue les divisions.

a. 9651 divisé par 4
b. 4265 divisé par 7
c. 43970 divisé par 9
d. 8123 divisé par 16
e. 79860 divisé par 19
f. 87391 divisé par 93

23 Résous les problèmes.

a. ★ Dans un parc, Malo regarde des chevaux. Il compte 68 pattes.
Combien y a-t-il de chevaux dans ce parc ?

b. ★★ Un cheval mange en moyenne 6 kg de foin par jour. Sarah a acheté 500 kg de foin pour nourrir ses 3 chevaux.
Pendant combien de jours pourra-t-elle nourrir ses 3 chevaux ?

L'ÂGE DE MA GRAND-MÈRE

Emma questionne sa grand-mère pour connaitre son âge.
Sa grand-mère lui répond :
Multiplie mon âge par 14, ajoute 5 et tu trouveras 873 ans.
Trouve l'âge de la grand-mère d'Emma.

Flash maths 20

Proportionnalité

1 Le tableau ci-dessous présente les tarifs proposés par la boulangerie Lelarge pour les brioches.

Nombre de brioches	Prix
1	4 €
2	8 €
3	11 €
4	14 €

À partir de quel nombre de brioches achetées une remise est-elle appliquée ?

Droites parallèles

2 Vrai ou Faux ?

Les deux droites *a* et *b* sont parallèles.

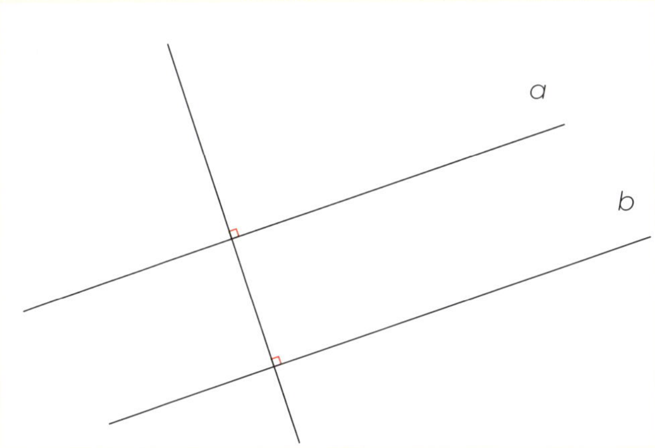

Fractions

3 La figure verte représente l'unité. Indique la fraction représentée par la partie colorée en orange.

Droite graduée

4 À chaque fois, donne l'écriture à virgule du nombre repéré par la flèche.

a. 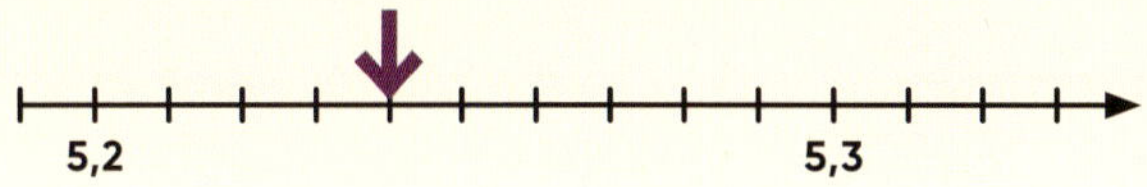

b. 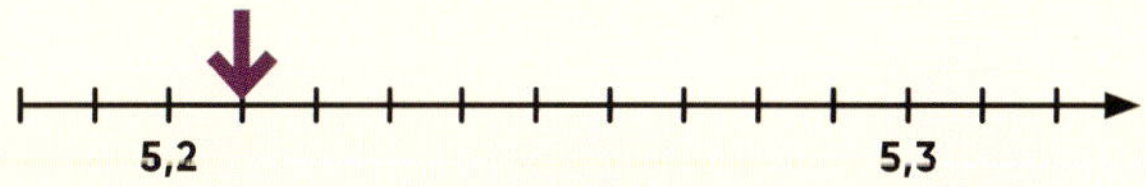

c. 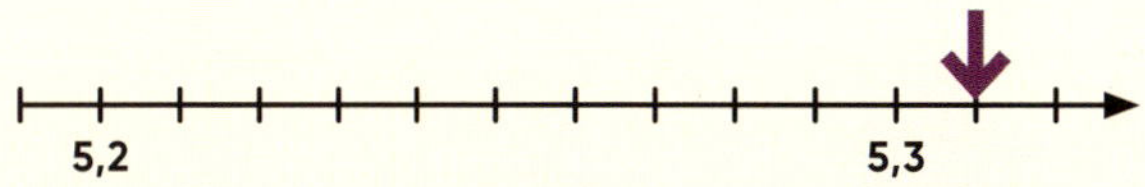

d. 

Mesures de longueurs

5 Une cycliste a effectué le trajet représenté sur le plan ci-dessous.
Calcule la distance qu'elle a parcourue.

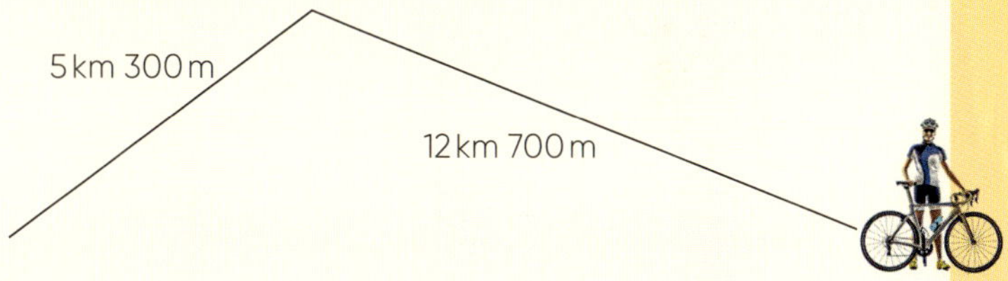

Calcul 20

Calcul mental *Reconnaitre les multiples d'un nombre*
Calculer le quotient et le reste d'une division euclidienne

Séance 1

1 Écris la suite de cinq nombres en avançant de 0,02 en 0,02 à partir de 5,26.

2 Trouve deux multiples consécutifs de 5 qui encadrent chaque nombre.

25 < 28 < 30 .... < 42 < ....
.... < 16 < .... < 34 < ....
.... < 39 < .... < 6 < ....

3 Calcule mentalement le quotient et le reste de chaque division.
Combien de fois 5 dans 17 ?
17 = (5 x 3) + 2 q = 3 r = 2

a. Combien de fois 5 dans 48 ?
b. Combien de fois 5 dans 29 ?
c. Combien de fois 5 dans 32 ?
d. Combien de fois 5 dans 57 ?

Séance 2

4 Écris la suite de cinq nombres en avançant de 0,02 en 0,02 à partir de 3,6.

5 Trouve deux multiples consécutifs de 3 qui encadrent chaque nombre.

9 < 11 < 12 c. .... < 19 < ....
a. .... < 17 < .... d. .... < 23 < ....
b. .... < 29 < .... e. .... < 26 < ....

6 Calcule mentalement le quotient et le reste de chaque division.
Combien de fois 3 dans 19 ?
19 = (3 x 6) + 1 q = 6 r = 1

a. Combien de fois 3 dans 28 ?
b. Combien de fois 3 dans 22 ?
c. Combien de fois 3 dans 31 ?
d. Combien de fois 3 dans 16 ?

Séance 3

7 Écris la suite de cinq nombres en reculant de 0,02 en 0,02 à partir de 7.

8 Trouve deux multiples consécutifs de 7 qui encadrent chaque nombre.

7 x 3 < 22 < 7 x 4
.... < 15 < .... < 43 < ....
.... < 58 < .... < 29 < ....
.... < 37 < .... < 62 < ....

9 Recopie et complète le tableau.

	Quotient	Reste
19 divisé par 8	2	3
59 divisé par 8		
74 divisé par 8		
85 divisé par 8		
49 divisé par 8		

Séance 4

10 Écris la suite de cinq nombres en reculant de 0,02 en 0,02 à partir de 50,9.

11 Trouve un multiple de 6
a. compris entre 5 et 10.
b. compris entre 45 et 50.
c. compris entre 20 et 29.
d. compris entre 50 et 59.
e. compris entre 62 et 70.

12 Résous les problèmes.

a. Un fleuriste reçoit une livraison de 55 roses.
Combien de bouquets de 6 roses peut-il préparer ? Combien de roses lui restera-t-il ?

b. Ramatoulaye a 29 € dans sa tirelire. Elle veut acheter le plus possible de romans policiers à 7 €.
Combien de romans policiers peut-elle acheter ? Quelle somme d'argent lui restera-t-il ?

c. Cinq personnes se partagent à parts égales un jeu de 32 cartes. Chaque joueur doit recevoir le plus grand nombre possible de cartes.
Combien de cartes doit recevoir chaque joueur ? Combien de cartes restera-t-il dans la pioche ?

d. Une couturière veut couper un ruban de 76 cm en 8 morceaux égaux, les plus longs possibles.
Combien mesurera chaque morceau ?

Atelier problèmes 20

Résoudre des problèmes en utilisant des nombres décimaux et le calcul (2)

Découverte Les courses

Madame Obio achète pour 15,93 € de légumes, des fruits pour 16,76 € et un fromage à 7,34 €.

Combien doit-elle payer au total ?

Monsieur Cuisto a dépensé 41 €. Il a acheté pour 18,28 € de fruits, 15,32 € de légumes et un poulet.

Combien a couté le poulet ?

Problème 1

Chez le marchand de légumes, Tom achète pour 6,43 € de tomates, 5,32 € de carottes et une salade à 2 €.

Combien doit-il payer au total ?

Problème 2

Madame Parmentier a acheté 10 kg de pommes de terre à 1,80 € le kg et un poulet à 12,70 €.

Quelle somme a-t-elle dépensée pour ces achats ?

Problème 3

À la station-service, j'ai rempli mon réservoir avec 27,6 L d'essence.
Celui-ci a une capacité maximale de 52,3 L.

Combien restait-il d'essence dans le réservoir avant de faire le plein ?

Problème 4

Lily achète un livre qui coute 7,90 € et un stylo qui coute 2,60 €.
Après ces achats, il lui reste 9,50 €.

Quelle somme d'argent avait-elle avant ces achats ?

Problème 5

Pour composer un bouquet, Monsieur Husson achète 10 roses rouges à 2,50 € l'unité et 10 roses blanches à 2,35 € l'unité.
Il paie avec un billet de 50 €.

Combien doit-on lui rendre ?

Problème 6

Une baguette coute 0,90 €. Madame Raimu achète 10 baguettes. Elle paie avec un billet de 20 €.

Combien doit-on lui rendre ?

Problème 7

Lily et Amina participent à une randonnée à vélo de 77,8 km. La première étape est de 21,1 km, la deuxième étape de 24 km et la troisième étape mène directement à l'arrivée.

Quelle distance doit-on parcourir lors de la troisième étape ?

21 Nombres décimaux (3)

Comparer des nombres décimaux

1 Une classe de CM1 a participé à une rencontre sportive.
Ce tableau présente les performances de 6 élèves au saut en longueur.

Prénom	Longueur du saut
Ali	2,08 m
Charlotte	1,93 m
Kenza	3 m
Noa	2,57 m
Marina	2,6 m
Paul	2,14 m

Range les élèves selon la longueur de leur saut par ordre croissant.

Tu peux utiliser la demi-droite graduée ci-dessous :

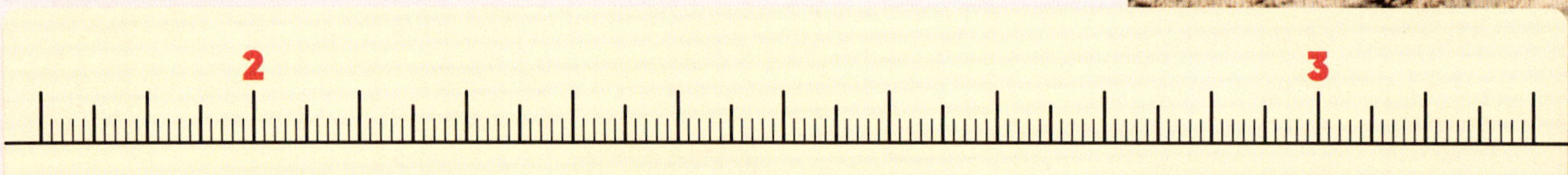

2 ★ Complète avec <, > ou =.

a. 7,4 .... 7, 28
b. 12,96 14
c. 7,5 7,50
d. 987,6 456,97
e. 0,83 0,8
f. 5,09 5,9
g. 9,63 9,67
h. 17,05 20

3 ★★ Complète avec <, > ou =.

a. 0,1 0,01
b. 1,01 1,1
c. 10,1 101,1
d. 0,1 0,10
e. 101,10 110
f. 11,11 11,1
g. 101,1 101,01
h. 1011,10 1011,1

4 ★★ Complète avec <, >.

a. 5,36 .... 9,2.
b. 3 unités 6 centièmes .... 3 unités 6 dixièmes
c. 425 centièmes .... 43 dixièmes
d. $\frac{25}{10}$ .... $\frac{225}{100}$
e. $56 + \frac{8}{10}$ .... $56 + \frac{63}{100}$

5 ★★ Range les dauphins selon leur taille par ordre décroissant.

Une chercheuse océanographe a mesuré la taille de 6 dauphins.

Dauphin+	Taille
Flipper	2,19 m
Dolly	2,5 m
Tico	1,86 m
Joséphine	1,9 m
Oum	2,41 m
Luc	2 m

6 ★ Décompose chaque nombre en faisant apparaitre sa partie entière et sa partie décimale.

45,28 = 45 + 0,28

a. 4,29
b. 5,07
c. 7,5
d. 458,01
e. 0,25
f. 108,3

7 ★★ Quel est le nombre le plus proche de 3,7 ?

3,6 3,73 3,69 4 3,72

Encadrer, intercaler des nombres décimaux

8 Le poids d'un tigre à la naissance varie entre 1 kg et 2 kg.

a. Donne 4 poids possibles pour un tigre à la naissance.

b. Range-les par ordre croissant.

1 kg < .... < .... < .... < .... < 2 kg

9 ★ Réponds aux questions.

3,5 est compris entre
- a. 34 et 38 ?
- b. 35,1 et 35,2 ?
- c. 3 et 4 ?

200,91 est compris entre
- d. 200 et 201 ?
- e. 2 009 et 2 010 ?
- f. 20 091 et 20 092 ?

10 ★★ Encadre chaque nombre par deux nombres entiers qui se suivent.

a. .... < 6,2 < .... c. .... < 0,93 < ....
b. .... < 103, 05 < .... d. .... < 29,45 < ....

11 ★ Dans chaque cas, intercale un nombre décimal qui convient.

a. 12 < .... < 13 d. 23 < .... < 24
b. 4,8 < .... < 4,9 e. 7,9 < .... < 8
c. 86,5 < .... < 86,9 f. 3,02 < .... < 3,1

12 ★★ Dans chaque cas, intercale trois nombres décimaux qui conviennent.

a. 10 < .... < .... < .... < 11
b. 7 < .... < .... < .... < 8
c. 3,8 < .... < .... < .... < 3,9
d. 0 < .... < .... < .... < 0,1

13 ★★ Dans chacune des inégalités un chiffre est caché par une tache. Complète avec un chiffre qui convient.

1,4● > 1,45 → 1,47 > 1,45

a. 2,3● > 2,36 c. 0,●1 > 0,8
b. 9,●8 < 9,47 d. 4,●5 < 4,93

14 ★★ Aide Sarah à trouver un nombre qui est à la fois :
- plus petit que 4,3
- plus grand que 2,43
- plus grand que 0,9
- plus petit que 2,8
- plus grand que 1,78
- plus petit 2,49

15 ★ Ali a récolté des pièces jaunes pour les enfants hospitalisés. Il a 3,26 € en pièces de 1 centime.
Combien de pièces de 1 centime Ali a-t-il récoltées ?

16 ★★ Donne le nombre le plus proche

a. de 47 → 47,26 ou 47,2.
b. de 20 → 19,9 ou 20,9.
c. de 34 → 34,8 ou 34,09.

21 Nombres décimaux (3)

Je sais comparer, ranger, encadrer et intercaler des nombres décimaux.

Pour chaque question, trouve la ou les bonnes réponses parmi celles proposées.

	a	b	c
1 Il est exact que...	2,7 > 2,63	5,90 = 5,9	9,9 < 9,86
2 2,9 est...	inférieur à 2,86	égal à 2,90	supérieur à 2,45
3 12,68 est supérieur à...	12,53	12,7	13,09
4 5,07 < .... peut être complété par...	5,6	5	6
5 Quel est le bon ordre ?	8,5 < 8,52 < 8,57	8,5 > 8,52 > 8,57	8,57 < 8,52 < 8,5
6 Le nombre 6,29 est compris entre...	628 et 630	6 et 7	6,2 et 6,3
7 5,3 < .... < 5,4 peut être complété par...	5,36	5,8	5,03
8 La partie décimale du nombre 21,73 est...	73	21	0,73
9 Qui suis-je ? Je suis un nombre décimal. Sur la droite graduée, je suis à égale distance des nombres 2 et 3.	2,3	2,10	2,5
10 Qui suis-je ? Je suis un nombre décimal. Sur la droite graduée, je suis à égale distance des nombres 5,6 et 5,7.	5,65	5,05	5,75

17 ★★ Voici les longueurs de 7 circuits du championnat du monde de Formule 1.

Suzuka (Japon)	**5,8 km**
Melbourne (Australie)	**5,3 km**
Le Castellet (France)	**5,84 km**
Silverstone (Grande Bretagne)	**5,9 km**
Shanghai (Chine)	**5,45 km**
Barcelone (Espagne)	**4,65 km**
Monza (Italie)	**5,79 km**

Range ces circuits par ordre décroissant de longueur.

18 ★★ Lors d'une compétition, cinq lanceuses de javelot ont réalisé les performances suivantes.

Amina : 63,72 m — Éva : 62,90 m
Louise : 62,09 m — Pauline : 63,80 m
Maëlle : 64 m

Établis le classement de ces cinq lanceuses (de la 1re à la 5e).

19 ★★★ Dans un tournoi de pétanque, une boule doit avoir obligatoirement une masse comprise entre 0,65 kg et 0,8 kg.
Le diamètre d'une boule doit être compris entre 7,05 cm et 8 cm. Parmi les 4 boules qui sont présentées dans le tableau ci-dessous, lesquelles peut-on utiliser pour participer à un tournoi ?

Boule	Masse	Diamètre
N°1	0,62 kg	7 cm
N°2	0,75 kg	7,6 cm
N°3	0,7 kg	8,3 cm
N°4	670 g	74 mm

QUI SUIS-JE ?

Je suis un nombre décimal.
Mon chiffre des unités est 3.
Mon chiffre des dixièmes est le double de mon chiffre des unités.
Mon chiffre des dizaines est le triple de mon chiffre des unités.
Mon chiffre des centièmes est 8.
Mon chiffre des centaines est la moitié de mon chiffre des centièmes.

Flash maths 21

Division

1 Sept pirates découvrent un coffre contenant 7185 pièces d'or. Ils veulent partager ce trésor en 7 parts égales. Chaque pirate doit recevoir le plus grand nombre possible de pièces.

```
 7 1 8 5 | 7
-7       |---------
 0 1     | 1 0 2 6
 - 0
   1 8
 - 1 4
   0 4 5
   - 4 2
     0 3
```

En t'aidant de la division ci-dessus, complète l'égalité

7185 = (7 x 1026) + ...

2 Pose et effectue.

473 divisé par 6

Problème

3 Madame Rousseau achète un fauteuil. Elle donne 3 billets de 50 € à la caissière qui lui rend 13 €.

Combien a-t-elle payé le fauteuil ?

Proportionnalité

4 On sait qu'une cycliste a parcouru une distance de 45 km en 2 h.

Vrai ou faux ?

Dix cyclistes parcourront donc une distance de 45 km en 20 h.

Droite graduée

5 À chaque fois, écris le nombre décimal repéré par la flèche.

a
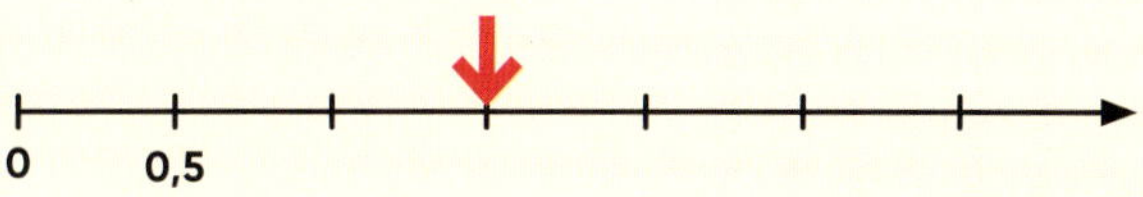

b.
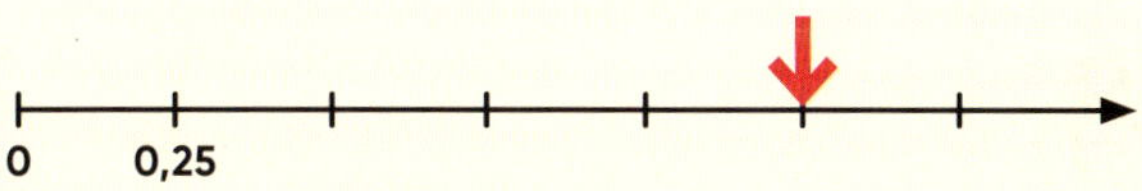

c.
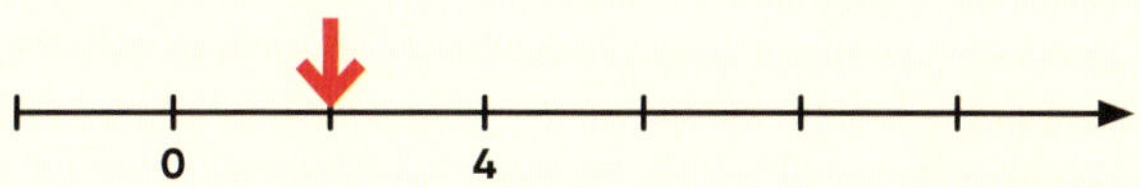

d.
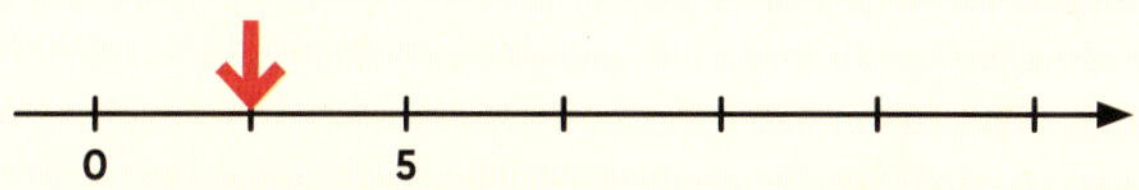

Géométrie mentale

6 Dessine à main levée les figures demandées.

a. Trace le point A.
Trace deux droites qui se coupent en A.

b. Trace deux droites perpendiculaires.

c. Trace deux droites parallèles.

Calcul 21

Calcul en ligne *Diviser un nombre décimal par 10*
Mobiliser les tables de multiplication

Séance 1

1 Écris la suite de cinq nombres en avançant de 1,1 en 1,1 à partir de 2,8.

2 Calcule.

a. 30,7 : 10
b. 143 : 10
c. 0,8 : 10
d. 2 147 : 10

Séance 2

3 Écris la suite de cinq nombres en avançant de 1,1 en 1,1 à partir de 74.

4 Calcule.

a. 14,5 : 10
b. 9,4 x 10
c. 60,7 : 10
d. 205,8 : 10
e. 12,6 x 10
f. 7,6 : 10
g. 480,7 x 10
h. 0,9 : 10

Séance 3

5 Écris la suite de cinq nombres en reculant de 1,1 en 1,1 à partir de 100.

6 Résous les problèmes.

a. Madame Godé paie 13,45 € pour mettre 10 litres d'essence dans sa voiture.
Quel est le prix d'un litre d'essence ?

b. Monsieur Drop achète 10 ballons de rugby pour 145,50 €.
Quel est le prix d'un ballon ?

c. Un filet de 10 kg de pommes de terre est vendu 4 €.
Quel est le prix d'un kilo ?

d. Un escalier de 10 marches permet de monter de 1,8 m.
Quelle est la hauteur d'une marche ?

Séance 4

7 En utilisant ce code secret, déchiffre le message suivant.

A	B	C	D	E	F	G	H	I	J	K	L	M
48	15	16	18	24	32	45	35	21	12	81	42	64
N	**O**	**P**	**Q**	**R**	**S**	**T**	**U**	**V**	**W**	**X**	**Y**	**Z**
72	27	63	56	28	36	30	49	9	20	14	40	8

7 x 6	3 x 8	3 x 3	6 x 4
....	....	....	....

6 x 7	8 x 6
....	....

8 x 8	(9 x 5) + 3	3 x 7	9 x 8
....	....	....	....

8 x 7	7 x 7	6 x 8	8 x 9	2 x 9
....	....	....	....	....

5 x 6	(9 x 6) – 5
....	....

(5 x 10) – 2	6 x 6
....	....

6 x 3	3 x 8	2 x 8	7 x 5	7 x 3	8 x 4	(5 x 6) + 2	7 x 4	(6 x 5) – (3 x 2)
....	....	....	....	....	....	....	....	....

4 x 4	6 x 4
....	....

8 x 8	8 x 3	9 x 4	6 x 6	8 x 6	5 x 9	2 x 12
....	....	....	....	....	....	....

Atelier problèmes 21

Résoudre des problèmes multiplicatifs de comparaison

Découverte Les billes

Lily a 24 billes. Sa sœur en a trois fois moins qu'elle.

Combien de billes auront-elles si elles les rassemblent dans une seule boite ?

Application

Léo a 16 billes. Il a deux fois plus de billes que Tom.
Tom a trois fois moins de billes que Zoé.

Combien Zoé a-t-elle de billes ?

Problème 1

Lily pèse 42 kg.
Elle pèse 7 fois plus que son chat Félix.

Combien pèse Félix le chat ?

Problème 2

Léo a 24 images de basket.
Il en a deux fois moins qu'Ali.

Combien d'images Ali possède-t-il ?

Problème 3

Lily a construit une tour avec des cubes.
La hauteur de sa tour mesure 54 cm.
Elle est trois fois plus haute que la tour de Tom.

Quelle est la hauteur de la tour de Tom ?

Problème 4

À la piscine, Ali a parcouru 1800 mètres à la nage et Samir 600 mètres.
Ali affirme qu'il a parcouru une distance cinq fois plus longue que Samir.

A-t-il raison ? Justifie ta réponse.

Problème 5

Lilou et Zoé ont cueilli des jonquilles.
Lilou en a ramassé 100 et Zoé 25.
Zoé affirme qu'elle a cueilli quatre fois moins de jonquilles que Lilou.

A-t-elle raison ? Justifie ta réponse.

Problème 6

Léo a deux fois plus de billes que Tom.
Tom en a trois fois plus que Zoé.
À eux trois, Léo, Tom et Zoé ont 120 billes.

Combien Léo a-t-il de billes ?

Problème 7

La chatte Tigrette pèse 4 kg. Ronron, son compagnon, est deux fois plus lourd qu'elle.
Le chaton Méo est quatre fois moins lourd que Ronron.

Combien ces trois félins pèsent-ils ensemble ?

22 Longueurs et périmètres (2)

Calculer des périmètres

1 Lily veut confectionner une carte d'anniversaire. Elle veut coller un fil doré tout autour pour la décorer. Elle hésite entre deux cartes représentées ci-dessous.
La carte A est un rectangle et la carte B est un carré. *Attention ! Les cartes ne sont pas représentées à la taille réelle.*

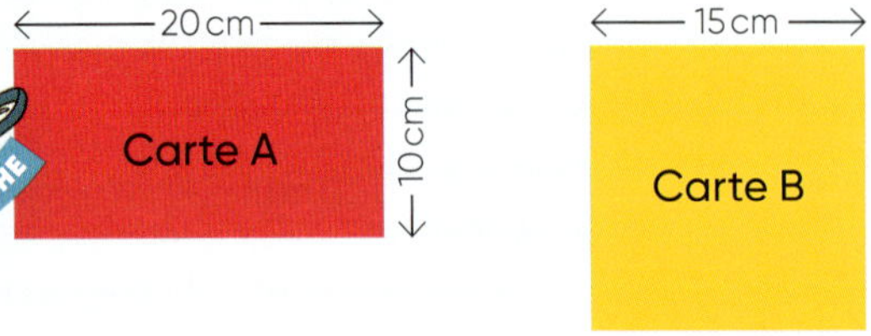

Quelle carte Lily doit-elle choisir pour utiliser le moins de fil doré possible ?

2 ★ Calcule le périmètre de chaque polygone représenté.

a.

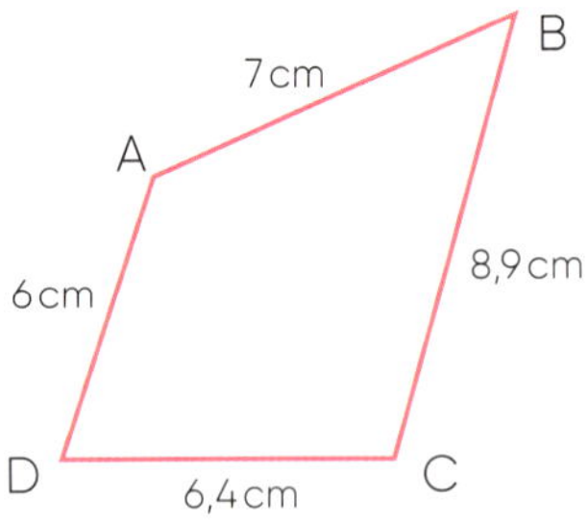

b.

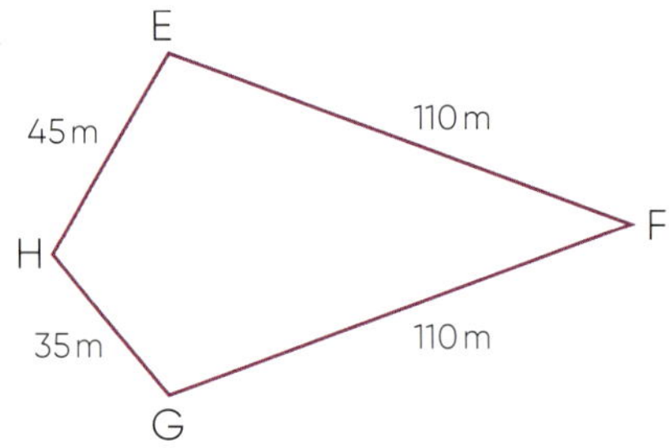

3 ★★ Calcule le périmètre de chaque figure en tenant compte des codages indiqués.

a.

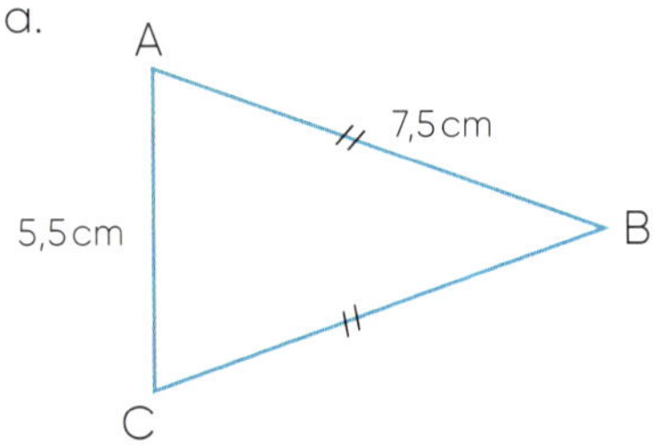

b.

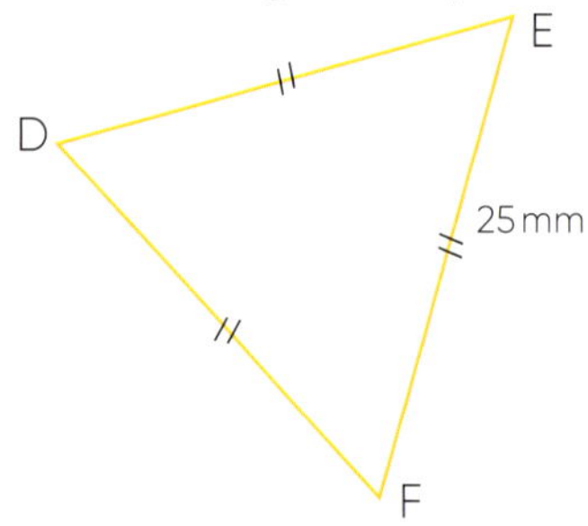

4 ★ Calcule le périmètre du polygone en tenant compte des codages indiqués.

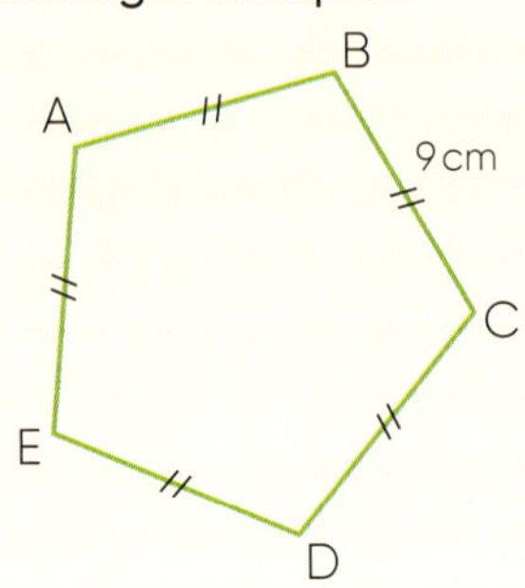

5 ★★ Calcule en centimètres le périmètre du rectangle ABCD.

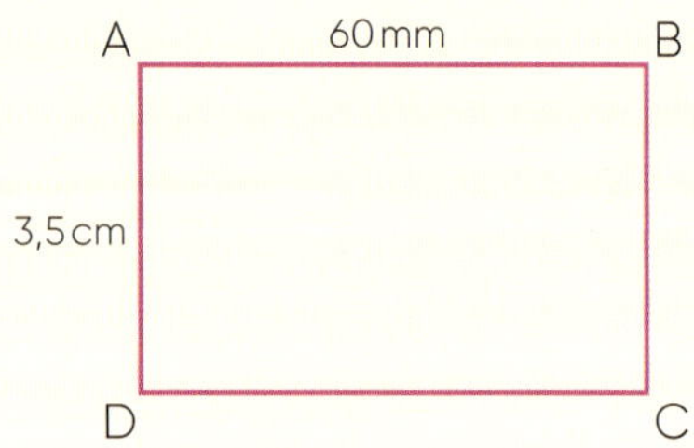

6 ★★ Calcule le périmètre des figures suivantes.

a. Un rectangle de longueur 5 cm et de largeur 3 cm

b. Un carré de côté 7 cm

7 ★★★ Calcule le périmètre des figures suivantes.

a. Un rectangle de longueur 7,5 cm et de largeur 4,5 cm

b. Un carré de côté 2,5 cm

Mesurer des périmètres en utilisant un quadrillage

8 a. Calcule le périmètre de la figure ci-contre en prenant comme unité de longueur l'unité *u*.

b. Calcule le périmètre de la figure en prenant comme unité de longueur l'unité *v*. Explique comment tu as procédé.

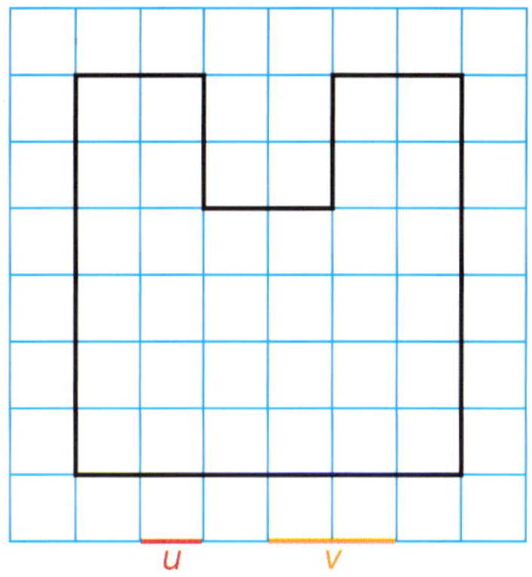

9. ★ a. Tom calcule le périmètre de la figure ci-contre en prenant comme unité de longueur l'unité *u*. Combien trouve-t-il ?

b. Amina veut calculer le périmètre de la figure en utilisant l'unité *v*. Elle affirme qu'elle peut le calculer plus rapidement en utilisant le résultat trouver de Tom. Comment fait-elle ?

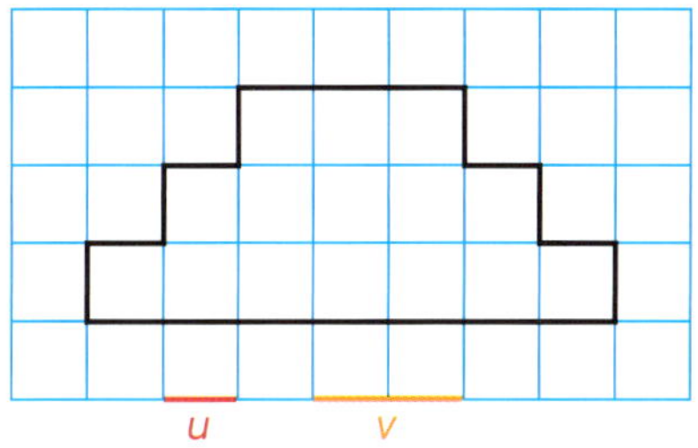

10 ★★ Calcule le périmètre de chaque figure. Le côté d'un carreau mesure 1 cm, sa diagonale mesure 1,4 cm.

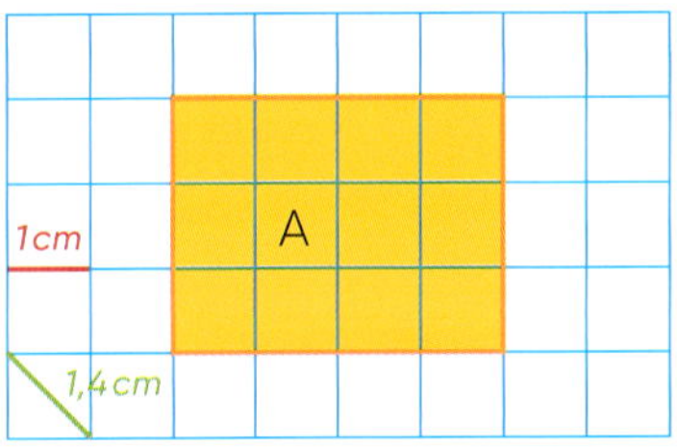

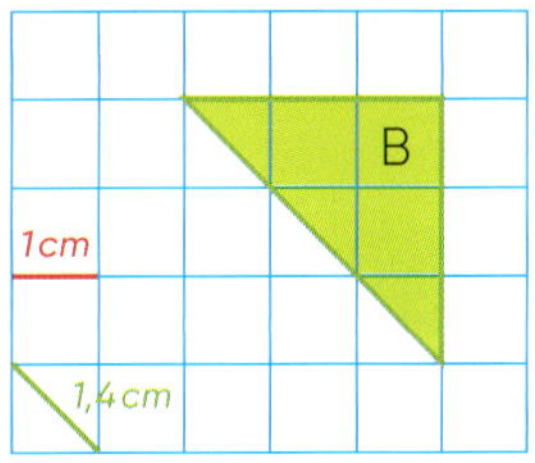

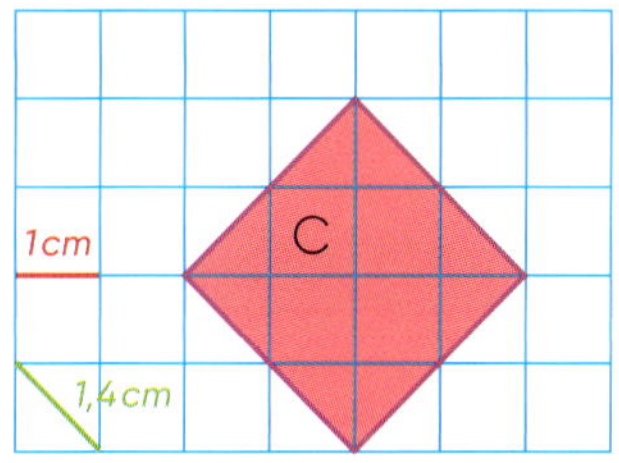

Résoudre des problèmes impliquant des périmètres

11 Lina a assemblé deux rectangles identiques. Calcule le périmètre de la figure obtenue.

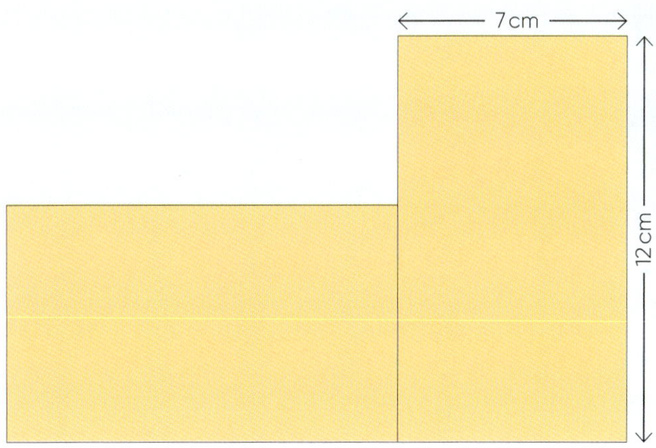

12 ★★ Tom a assemblé 5 carrés pour obtenir le rectangle ABCD. Le périmètre de chaque carré est 12 cm. Quel est le périmètre du rectangle ABCD ?

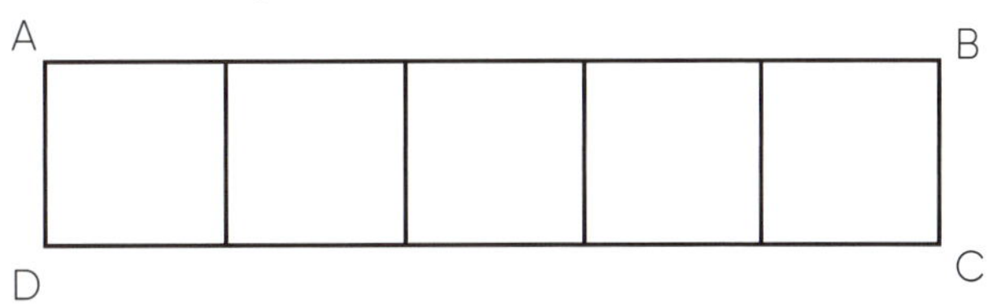

Je sais comparer, mesurer et calculer des périmètres.

Pour chaque question, trouve la ou les bonnes réponses parmi celles proposées.

	a	b	c
1 Le périmètre de ce rectangle est : 	12 cm	24 cm	32 cm
2 Le périmètre d'un carré mesure 160 cm. Combien mesure un côté de ce carré ?	10 cm	20 cm	40 cm
3 Le périmètre du triangle mesure 34 cm. Quelle est la mesure qui manque ? 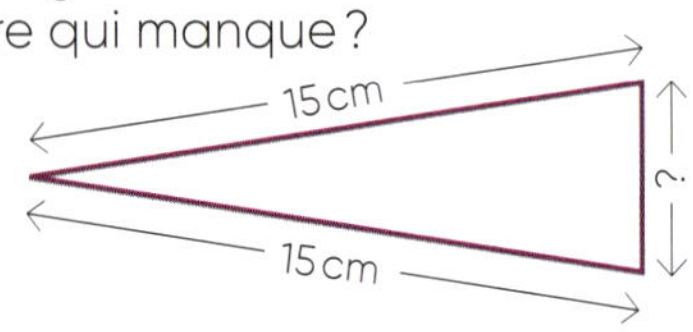	4 cm	30 cm	64 cm
4 Quelle figure a le plus grand périmètre ? 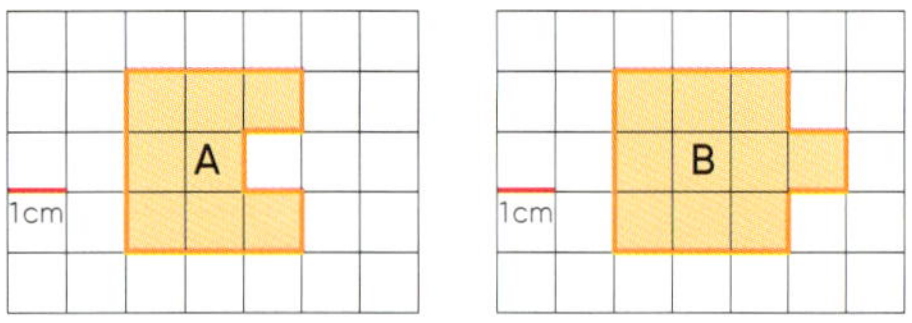	La figure A	La figure B	Les deux figures ont le même périmètre.

13 ★ Le périmètre de ce polygone mesure 48 cm.
Combien mesure chacun de ses côtés ?

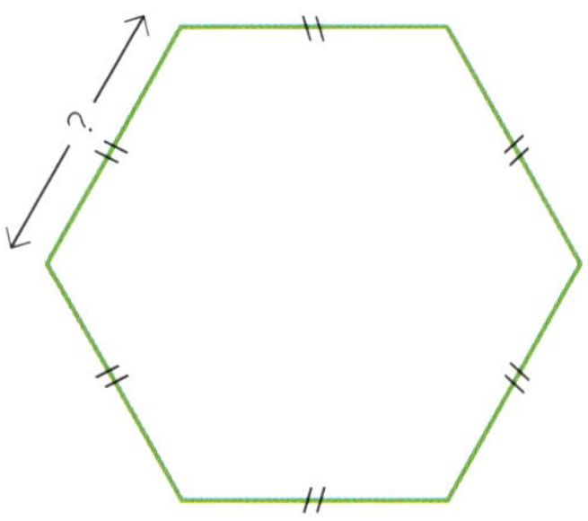

14 ★★ Trace un carré qui a le même périmètre que le rectangle suivant.

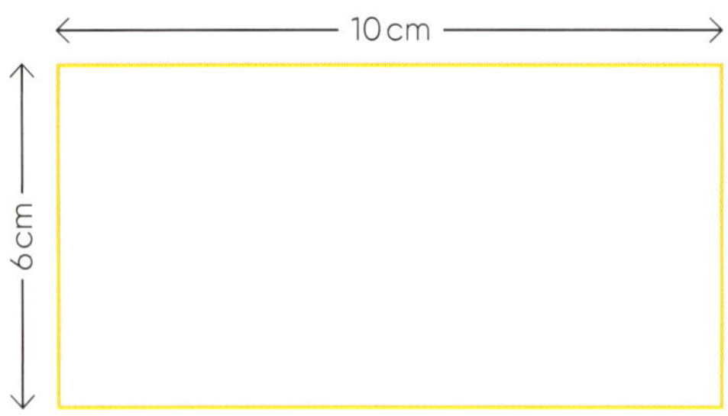

15 ★★★ Ce ring de boxe est entouré de 4 rangées de cordes qui forment un carré de 4,50 m de côté.
Quelle est la longueur totale des cordes autour de ce ring ?

Tom plie une serviette carrée en deux. Il obtient un rectangle qui a un périmètre de 60 cm.

Quel est le périmètre de la serviette dépliée ?

Flash maths 22

Division

1 Sept pirates découvrent un coffre contenant 7185 pièces d'or. Ils veulent partager ce trésor en 7 parts égales. Chaque pirate doit recevoir le plus grand nombre possible de pièces.

```
 7 1 8 5 | 7
-7       |---------
---      | 1 0 2 6
 0 1
  -0
 ----
   1 8
 - 1 4
 ------
   0 4 5
   - 4 2
   -----
     0 3
```

En t'aidant de la division ci-dessus, complète l'égalité

$$7185 = (\dots \times 1026) + 3$$

2 Pose et effectue.

784 divisé par 15

Vocabulaire

3 Calcule

a. la somme de 5,3 et 2,7.

b. le quotient de 18 par 2.

c. la différence entre 14 et 8,5.

d. le produit de 8 par 7.

Proportionnalité

4 On sait que Monsieur Satanas a payé 33 € pour 25 L d'essence.

Vrai ou faux ?

Ce jour-là, dans la même station-service, pour le même carburant, Monsieur Satanas aurait payé 66 € s'il avait pris 50 L d'essence.

Droite graduée

5 Quel repère correspond à 5,85 ?

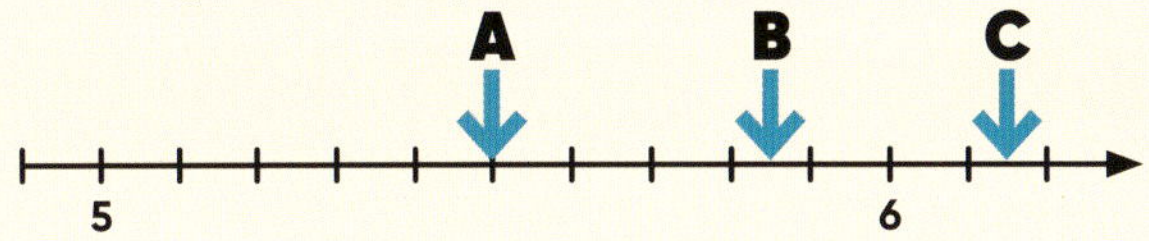

Géométrie mentale

6 Dessine à main levée les figures demandées.

Tracer deux droites *d* et *e* qui sont parallèles.
Tracer une droite perpendiculaire à *d*.

Que remarques-tu ?

Nombre pensé

7 Je pense à un nombre.
Je lui ajoute 6.
Je trouve 13.
Quel est le nombre de départ ?

Calcul 22

Calcul mental *Reconnaitre les diviseurs d'un nombre*
Multiplier un nombre décimal par 100, par 1000

Séance 1

1 Écris la suite de cinq nombres en avançant de 2,5 en 2,5 à partir de 15.

2 18 est-il divisible par 3 ?

18 : 3 = 6 18 est divisible par 3.
3 est un diviseur de 18.

Recopie les nombres qui sont des diviseurs de 18.

a. 4 6 18 10
b. 2 1 12 9

3 Calcule.

a. 30,7 x 100
b. 14,02 x 100
c. 0,05 x 100
d. 0,6 x 100

Séance 2

4 Écris la suite de cinq nombres en avançant de 2,5 en 2,5 à partir de 47,5.

5 Recopie les nombres qui sont des diviseurs de 24.

a. 4 8 16 10 6
b. 2 7 3 12 24

6 Calcule.

a. 85,07 x 100
b. 25,8 x 100
c. 0,4 x 100
d. 0,01 x 100

Séance 3

7 Écris la suite de cinq nombres en reculant de 2,5 en 2,5 à partir de 100.

8 Trouve la ou les bonnes réponses parmi celles proposées.

2 est un diviseur de	a. 16	b. 6	c. 18
5 est un diviseur de	d. 19	e. 35	f. 40
3 est un diviseur de	g. 8	h. 14	i. 21
7 est un diviseur de	j. 14	k. 42	l. 17
9 est un diviseur de	m. 72	n. 54	p. 63

9 Calcule.

a. 8,5 x 1000
b. 70,23 x 1000
c. 0,8 x 1000
d. 0,06 x 1000

Séance 4

10 Écris la suite de cinq nombres en reculant de 2,5 en 2,5 à partir de 3000.

11 Trouve la ou les bonnes réponses parmi celles proposées.

7 est un diviseur de	a. 32	b. 56	c. 27
6 est un diviseur de	d. 34	e. 36	f. 42
8 est un diviseur de	g. 8	h. 32	i. 54
10 est un diviseur de	j. 80	k. 100	l. 65
9 est un diviseur de	m. 49	n. 67	p. 36

12 Calcule.

a. 0,25 x 1000
b. 9,05 x 1000
c. 20,3 x 1000
d. 0,02 x 1000

Atelier problèmes 22

Résoudre des problèmes multiplicatifs : partages et groupements (2)

Découverte La rencontre sportive

Les 253 élèves de l'école Marcel Pagnol participent à une rencontre sportive.

Combien d'équipes de 8 élèves peut-on former ?

Problème 1

Djibril a 30 € dans sa poche.
Avec cet argent, il veut acheter le plus possible de petites voitures à 7 €.

Combien peut-il en acheter ?

Problème 2

Un fleuriste a reçu une livraison de tulipes.
Avec ces tulipes, il a pu faire 8 bouquets de 12 tulipes et il lui reste 4 tulipes.

Combien de tulipes a-t-il reçues ?

Problème 3

Une fleuriste a reçu une livraison de 142 roses.
Avec ces roses, elle veut préparer des bouquets de 9 roses.

a. Combien de bouquets de 9 roses peut-elle préparer ?

b. Combien de roses lui manque-t-il pour pouvoir préparer un bouquet de plus ?

Problème 4

Zoé a nagé 3 000 m à la piscine dans un bassin de 50 m.

Combien de longueurs de bassin a-t-elle effectuées ?

Problème 5

Rédige une question pour ce problème puis réponds à cette question.

La directrice achète des chaises pour l'école.
Chaque chaise coute 60 €. Elle paie 420 €.

Problème 6

Un producteur a récolté 8 564 kg de pommes de terre. Il veut répartir sa récolte dans des sacs de 5 kg.

Combien de sacs peut-il remplir ?

23 Cercle et disque

Comprendre les notions de cercle et de disque

1 Louise a commencé à tracer le cercle de centre O qui passe par A.

a. En utilisant uniquement ta règle graduée, trouve tous les points de la figure qui seront sur ce cercle.

b. Vérifie en traçant le cercle avec ton compas.

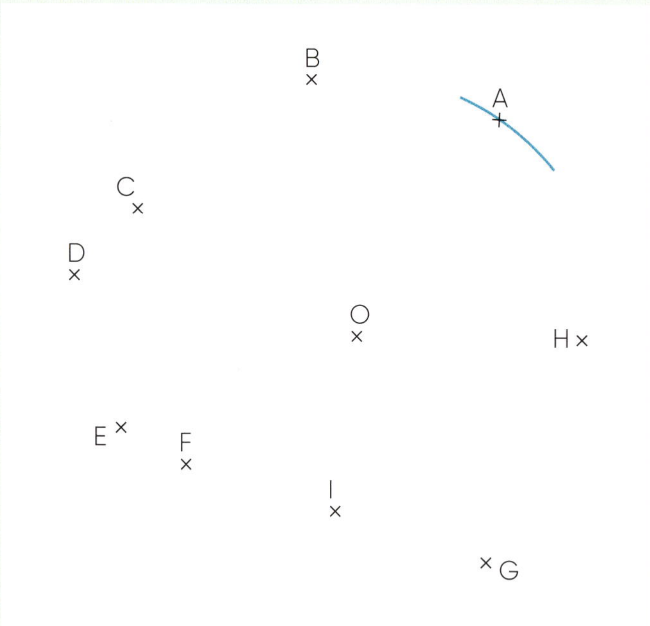

2 ★ Omar a commencé à tracer le cercle vert qui passe par les points A et B.

a. Parmi les points tracés en rouge, trouve le centre du cercle vert en utilisant uniquement ta règle graduée.

b. Termine le tracé avec ton compas.

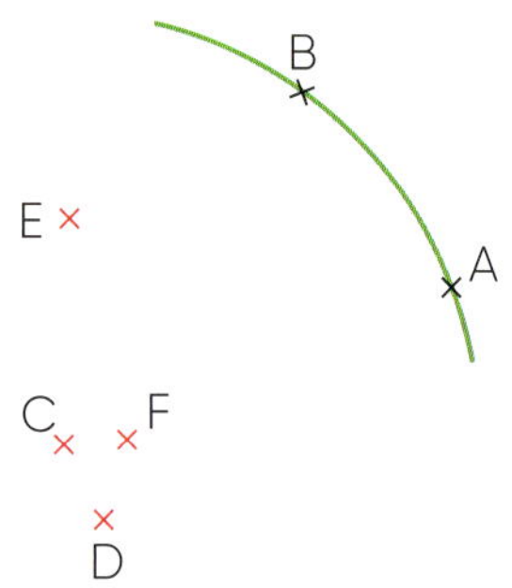

3 ★★ Observe le cercle de centre O et de rayon 2 cm 5 mm.

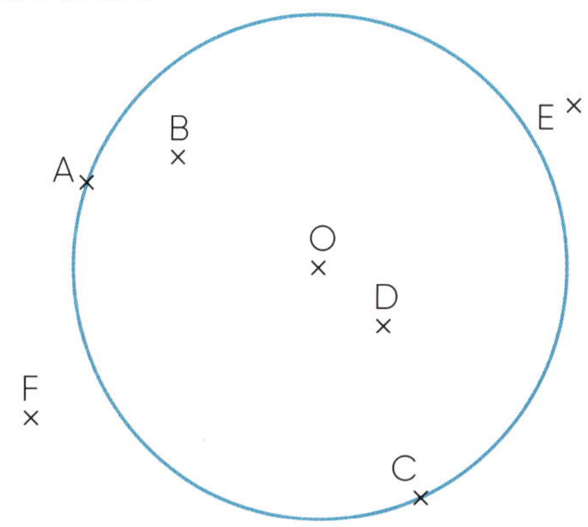

a. Quels sont les points de la figure qui sont placés à moins de 2 cm 5 mm du point O ?

b. Quels sont les points de la figure qui sont placés à plus de 2 cm 5 mm du point O ?

c. Quels sont les points de la figure qui sont placés exactement à 2 cm 5 mm du point O ?

d. Quels sont les points du disque de centre O et de rayon 2 cm 5 mm ?

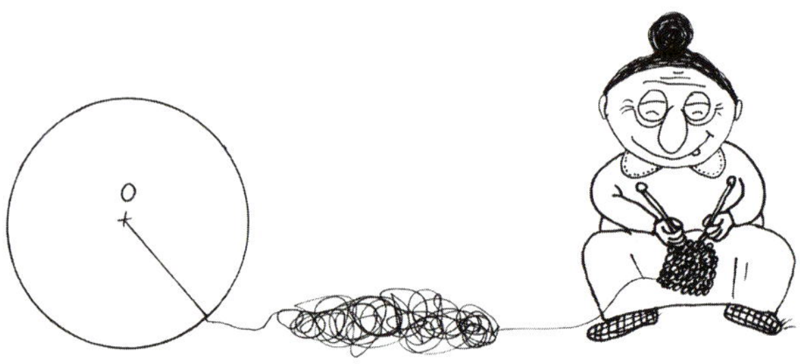

Je vais apprendre à construire, reproduire, décrire un cercle et reporter des longueurs à l'aide d'un compas.

Reproduire un cercle

4 a. Reproduis la figure sur une feuille blanche en utilisant les instruments de ton choix.

b. Explique comment tu as procédé.

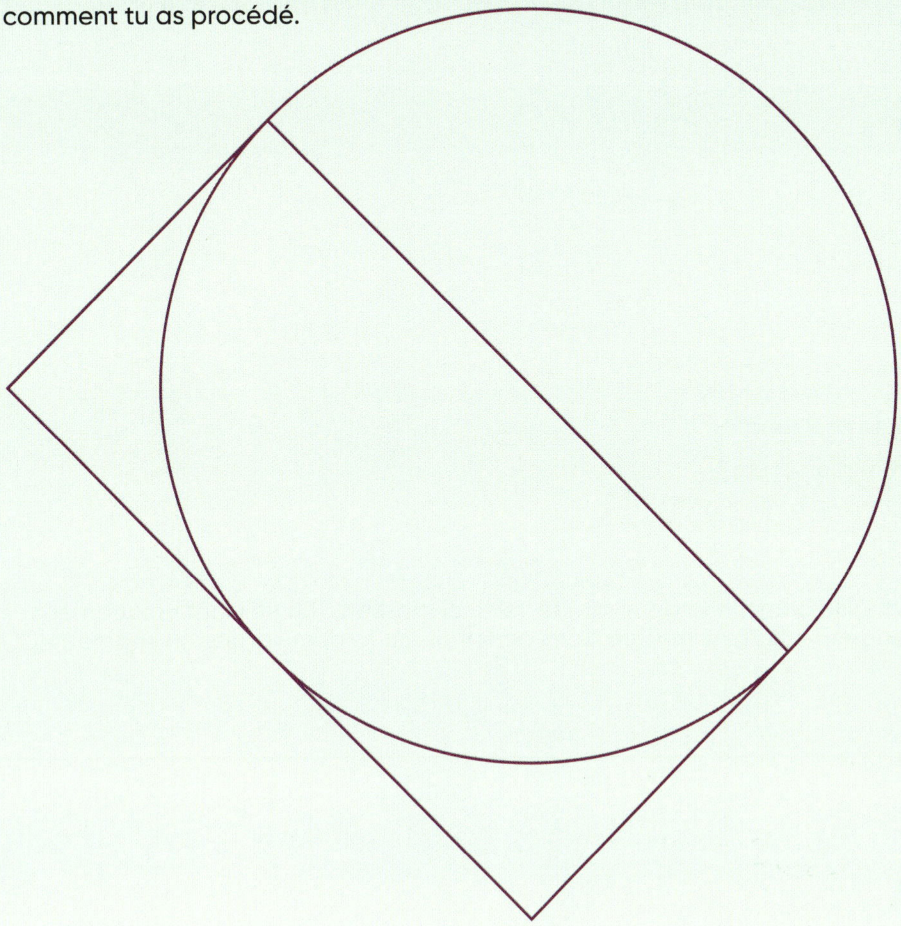

5 ★★ a. Reproduis la figure sur une feuille blanche en utilisant les instruments de ton choix.

b. Explique comment tu as procédé.

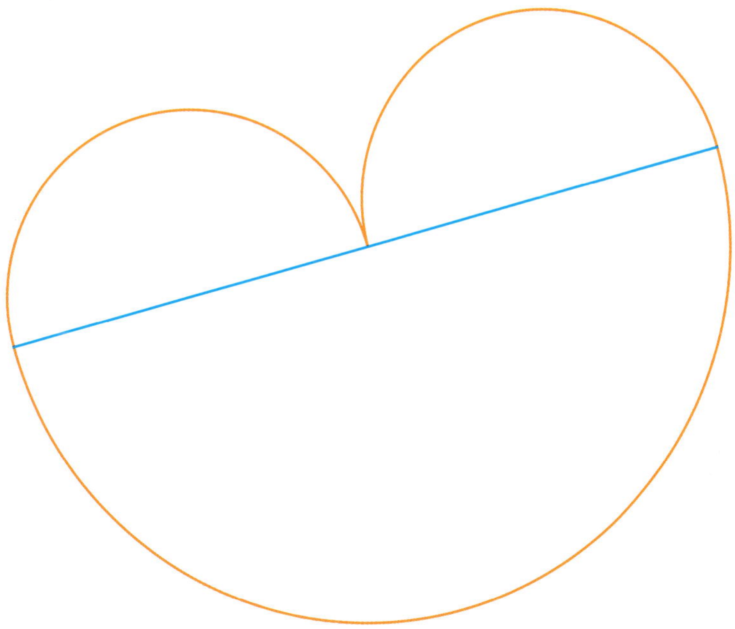

23 Cercle et disque

Utiliser un compas pour reporter des longueurs

6 Reproduis sur une feuille blanche la demi-droite rouge ci-dessous. En utilisant uniquement la demi-droite et le compas, compare les longueurs des segments [AB], [CD] et [EF].

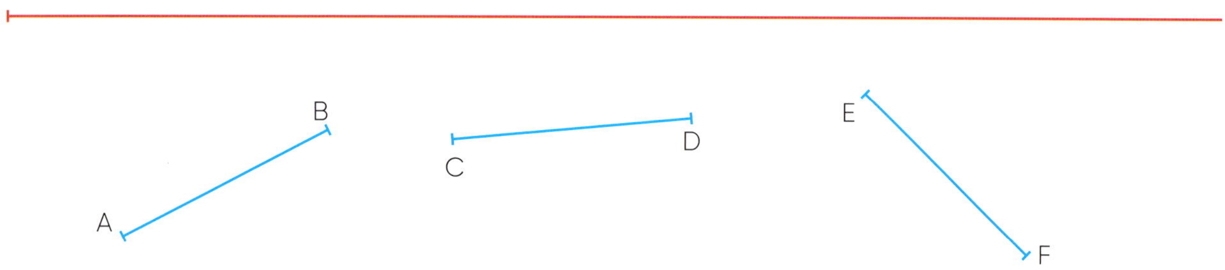

a. Quel est le segment le plus long ?

b. Quel est le segment le plus court ?

7 ★ Reproduis sur une feuille blanche la demi-droite verte ci-dessous. En utilisant uniquement ton compas et le segment [AB] qui mesure 4 cm, construis sur la demi-droite un segment [CD] de 12 cm.

8 ★★ Reproduis la figure sur une feuille blanche en utilisant uniquement ton compas.

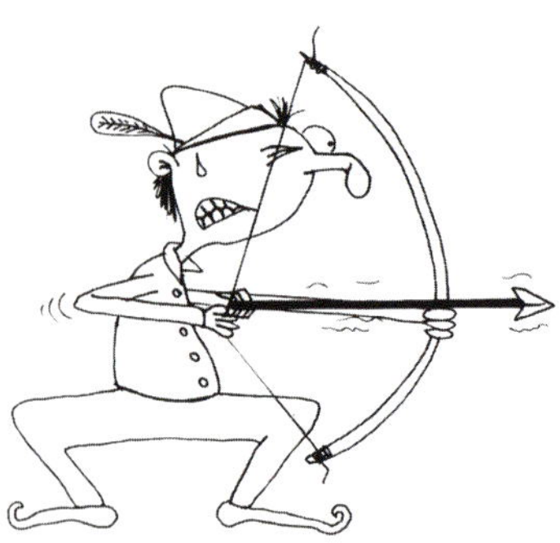

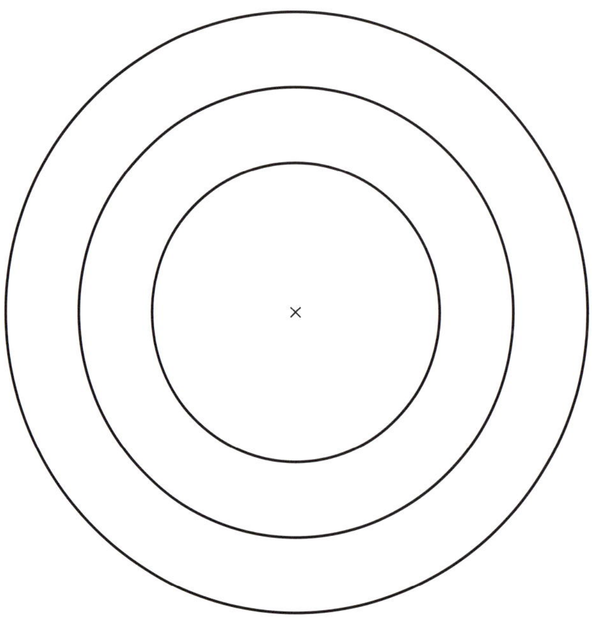

Décrire un cercle

9 ★ **Pour chaque affirmation, écris vrai ou faux.**

a. Le segment qui relie D à G est un diamètre du cercle.
b. Le point A est sur le cercle.
c. Le segment [EF] est un rayon du cercle.
d. Le segment [BC] est un rayon du cercle.
e. Le point A est le centre du cercle.
f. La distance entre le point A et le point B est égale au rayon du cercle.
g. Le segment [BD] est un rayon du cercle.

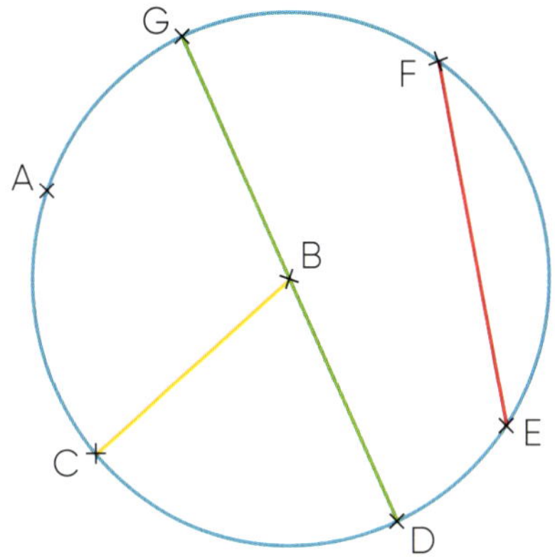

10 ★★ **Complète en indiquant la couleur du cercle qui est décrit.**

a. Le segment [BD] est un diamètre du cercle ....
b. Le segment [EF] est un diamètre du cercle ....
c. Le segment [AD] est un diamètre du cercle ....
d. Le segment [CD] est un rayon du cercle ....
e. Le segment [AB] est un rayon du cercle ....

11 ★★ **Indique la couleur du cercle**

a. de centre C et de rayon BC.
b. de centre B et de rayon BD.
c. de centre B et de rayon BE.
d. de centre C et de diamètre BD.
e. de centre B et de diamètre 6 cm.

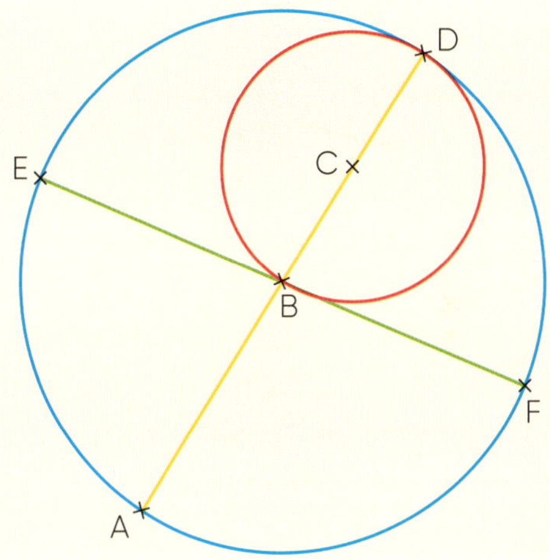

Construire un cercle avec un compas

12 ★★ Trace le cercle de centre O passant par A.

A ×

×
O

13 ★★ Trace le cercle de centre M et de diamètre 8 cm.

×
M

Reproduire un cercle

14 ★★★ Reproduis cette figure en utilisant uniquement ton compas.

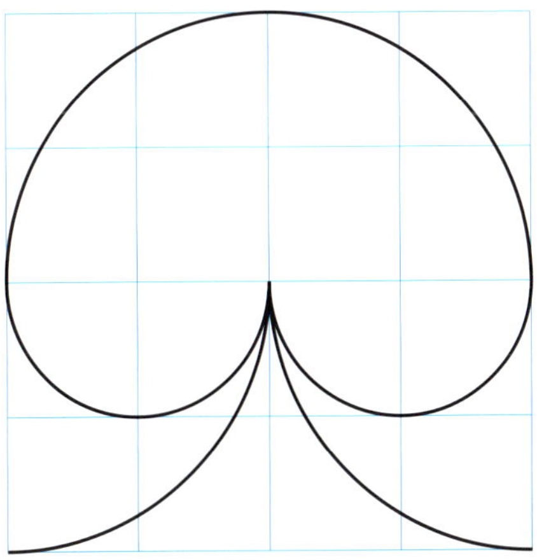

23 Cercle et disque

Je sais construire un cercle avec un compas.

Pour chaque question, trouve la ou les bonnes réponses parmi celles proposées.

	a	b	c
1 Pour construire un cercle de 8 cm de diamètre, j'ouvre le compas…	de 4 cm	de 8 cm	de 16 cm
2 Pour construire un cercle de 8 cm de rayon, j'ouvre le compas…	de 4 cm	de 8 cm	de 16 cm

Je sais décrire un cercle en utilisant un vocabulaire précis.

Choisis les affirmations qui sont exactes.

3 a. Le segment [CF] est un diamètre du cercle.
b. O est un point du cercle.
c. Le segment [CD] est un rayon du cercle.
d. B est un point du disque.
e. C'est un cercle de centre A et de rayon 2 cm 5 mm.
f. Le point D est un point du cercle.
g. Le segment [EB] est un diamètre du cercle.
h. Le segment [OE] est un rayon du cercle.

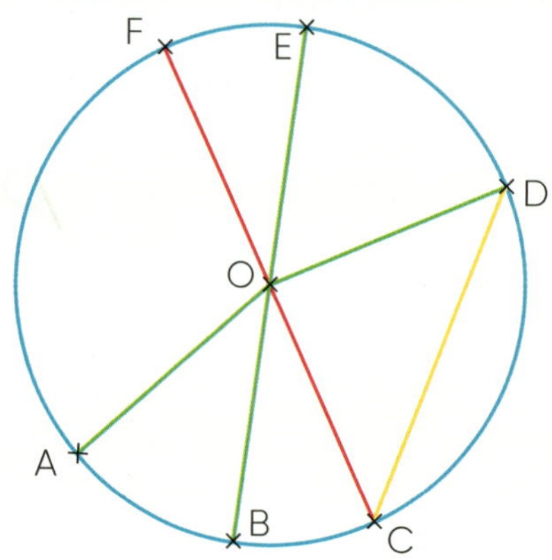

15 ★ Fais les constructions sur une feuille blanche.
a. Trace un cercle de centre O et de diamètre 4 cm.
b. Trace un cercle de centre A et de rayon 4 cm.
c. Trace un cercle de centre I et de rayon 3 cm. Trace deux diamètres de ce cercle.

16 ★★ Trace un segment [CD] de longueur 5 cm.
Trace un cercle de rayon CD.
Trace le cercle de diamètre CD.

17 ★★★ Résous le problème.
Le mouton Albert est attaché à un piquet (point A) par une corde de 3 m de long.
La chèvre Blanquette est attachée à un piquet (point B) par une corde de 4 m de long.
En prenant 1 cm pour 1 m, cherche s'il y a une zone où les deux animaux peuvent aller tous les deux. Colorie cette zone si elle existe.

18 ★★ Reproduis la figure dans ton cahier en utilisant uniquement ton compas.

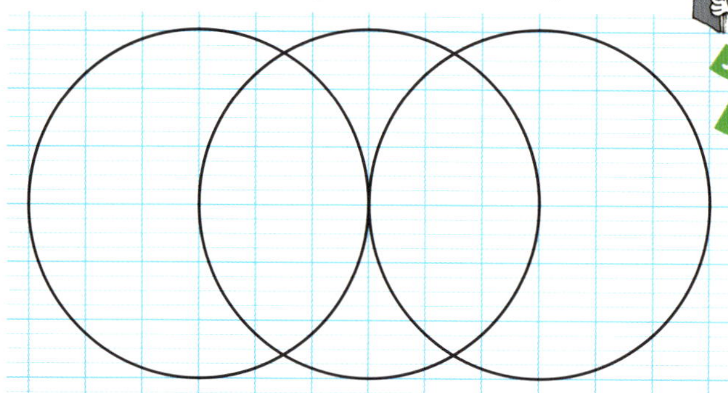

Reproduis la figure sur une feuille blanche en utilisant les instruments de ton choix.

Flash maths 23

Proportionnalité

1 Le tableau ci-dessous présente les tarifs proposés par la boulangerie Lelarge pour les cookies.

Nombre de cookies	Prix
1	0,75 €
2	1,50 €
3	2 €
4	2,50 €

À partir de combien de cookies achetés une réduction est-elle appliquée ?

Vocabulaire

2 VRAI ou FAUX ?

a. Dans 78 – 21 = 57
57 est la différence.

b. Dans 78 – 21 = 57
21 est un facteur.

c. Dans 78 – 21 = 57
78 est un terme.

d. La différence est le résultat d'une soustraction.

Nombre pensé

3 Je pense à un nombre.
Je lui soustrais 7.
Je trouve 18.
Quel est le nombre de départ ?

Périmètre

4 Calcule le périmètre de ce polygone.

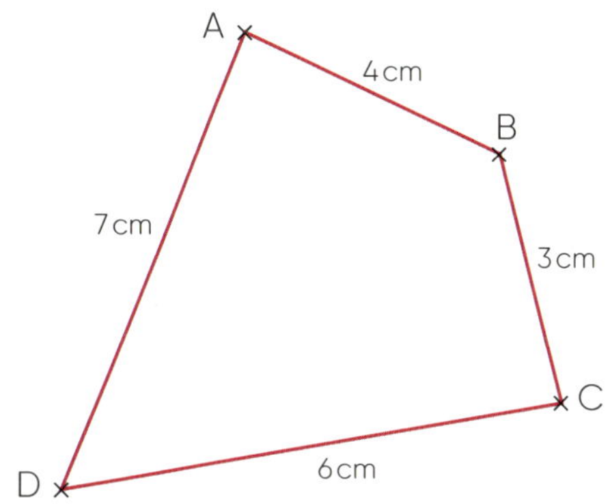

Division

5 Sept pirates découvrent un coffre contenant 7185 pièces d'or. Ils veulent partager ce trésor en 7 parts égales. Chaque pirate doit recevoir le plus grand nombre possible de pièces.

```
 7 1 8 5 | 7
-7       |---------
 0 1     | 1 0 2 6
 - 0
   1 8
 - 1 4
   0 4 5
   - 4 2
     0 3
```

Combien chaque pirate va-t-il recevoir de pièces ?

a. 7185 b. 7 c. 1026 d. 3

6 Pose et effectue.

578 divisé par 25

Calcul 23

Calcul mental *Calculer le quotient et le reste d'une division euclidienne*
Calcul en ligne *Multiplier par 11, par 21*

Séance 1

1 Trouve le nombre de dizaines des nombres suivants.

a. 15,78
b. 39,84
c. 179,04
d. 673,51
e. 4586,5

2 Trouve le quotient et le reste de

a. 48 divisé par 6.
b. 40 divisé par 7.
c. 28 : 4.
d. 28 : 7.
e. 27 divisé par 5.
f. 47 divisé par 5.

3 Calcule.

a. 6 x 11
b. 8 x 11
c. 26 x 11
d. 43 x 11
e. 75 x 11
f. 89 x 11
g. 430 x 11
h. 750 x 11
i. 324 x 11

Séance 2

4 Trouve le nombre de dixièmes des nombres suivants.

a. 8,17
b. 10,76
c. 4,01
d. 147
e. 3452,7

5 Trouve le quotient et le reste de

a. 42 divisé par 6.
b. 63 divisé par 9.
c. 42 : 6.
d. 64 : 8.
e. 53 divisé par 8.
f. 74 divisé par 9.

6 Calcule.

a. 18 x 11
b. 11 x 11
c. 11 x 94
d. 430 x 11
e. 750 x 11
f. 324 x 11
g. 4000 x 11
h. 11 x 7000
i. 3400 x 11

Séance 3

7 Trouve le nombre de centièmes des nombres suivants.

a. 1,78
b. 21,84
c. 12,9
d. 402,24
e. 278

8 Trouve le quotient et le reste de

a. 24 divisé par 4.
b. 54 divisé par 9.
c. 49 : 7.
d. 45 : 9.
e. 33 divisé par 8.
f. 30 divisé par 7.

9 Calcule.

a. 4 x 21
b. 9 x 21
c. 23 x 21
d. 43 x 21
e. 75 x 21
f. 89 x 21
g. 430 x 21
h. 750 x 21
i. 324 x 21

Séance 4

10 Trouve le nombre de centaines des nombres suivants.

a. 245,78
b. 8319,84
c. 21039,04
d. 673,51
e. 4 586,5

11 Trouve le quotient et le reste de

a. 16 divisé par 5.
b. 18 divisé par 3.
c. 30 : 6.
d. 81 : 9.
e. 56 divisé par 9.
f. 21 divisé par 7.

12 Calcule.

a. 8 x 21
b. 3 x 21
c. 21 x 21
d. 21 x 63
e. 21 x 32
f. 79 x 21
g. 540 x 21
h. 820 x 21
i. 234 x 21

Résoudre des problèmes multiplicatifs : partages et groupements (3)

Découverte Les salades

Un maraicher a planté des rangées de salades.
Chaque rangée contient 60 salades.
En tout, il a planté 1800 salades.

Combien de rangées a-t-il plantées ?

Problème 1

Emma a un paquet de bonbons.
Elle donne 8 bonbons à chacun de ses cinq camarades. Il lui en reste 3.

Combien y avait-il de bonbons dans le paquet ?

Problème 2

Le cuisinier du restaurant scolaire a besoin de 128 yaourts. Les yaourts sont vendus par packs de 12.

Combien de packs doit-il commander ?

Problème 3

Emma donne à son chien 150 g de croquettes par jour. Elle achète un sac de 15 kg de croquettes.

Pendant combien de jours peut-elle nourrir son chien avec ce sac ?

Problème 4

Lucien a planté 28 rangées de 15 sapins.
Yves a planté 32 rangées de 13 sapins.

Qui a planté le plus de sapins ?

Problème 5

Une cuve de récupération d'eau est pleine.
Elle a une contenance de 500 L.
Sophie l'utilise pour arroser son jardin avec son arrosoir de 8 L.

Combien d'arrosoirs pourra-t-elle remplir avec l'eau de la cuve ?

Problème 6

Un avion vole à une altitude de 34 500 pieds.
Un mètre vaut environ 3 pieds.

Calcule en mètres l'altitude approximative de cet avion ?

24 Aires (1)

Comparer des surfaces selon leur aire

1 Sur une feuille, Arthur trace un rectangle de largeur 14,8 cm et de longueur 21 cm. Il veut partager ce rectangle en deux parties exactement superposables. Peux-tu l'aider à trouver une solution ?

2 ★ Découpe les surfaces A, B et C dans le document distribué par ton enseignant. Range ces surfaces de la plus petite aire à la plus grande aire.

3 ★ Les surfaces ci-dessous ont été réalisées en utilisant le triangle u.

a. Quelles surfaces ont la même aire ?

b. Range les surfaces A, B et C selon leur aire, de la plus petite à la plus grande.

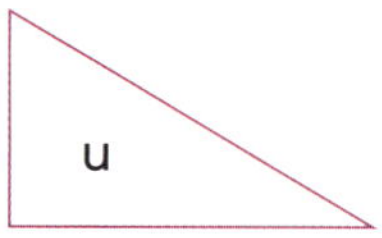

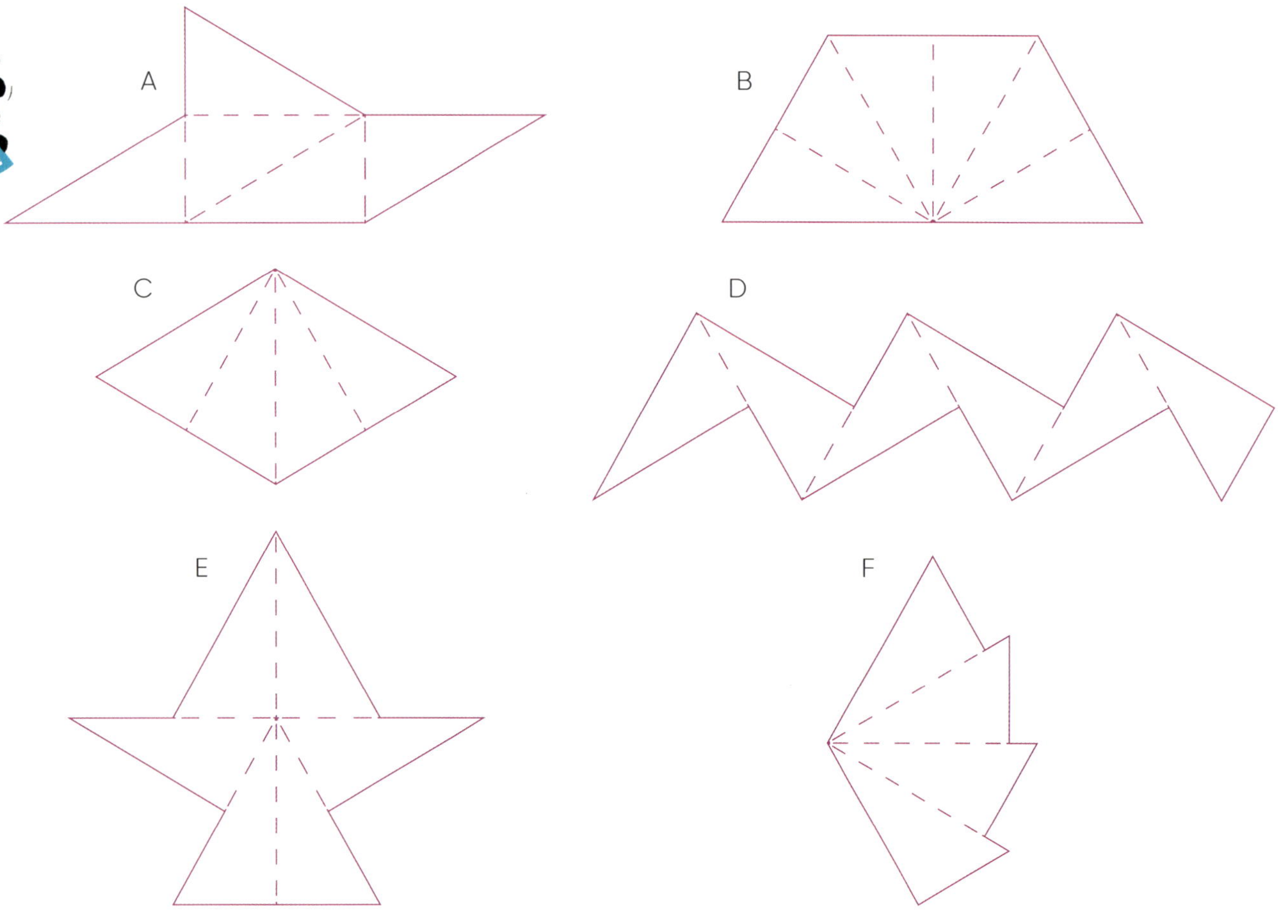

Je vais apprendre à comparer des surfaces selon leur aire sans avoir recours à la mesure.

4 ★★ Quelles surfaces ont la même aire ?

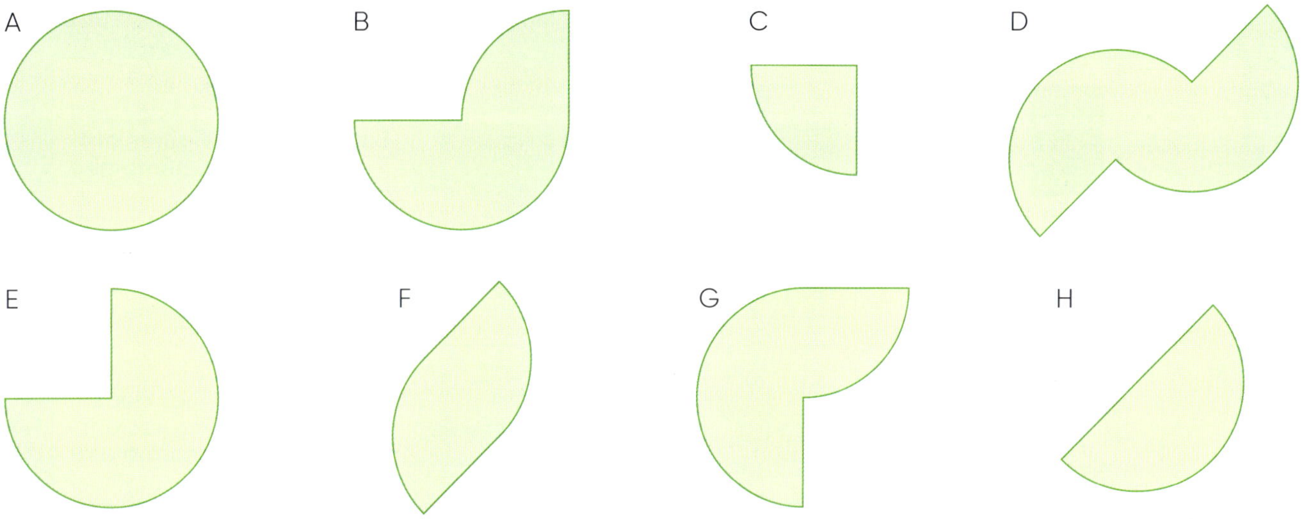

5 ★★★ Quelles surfaces ont la même aire ?

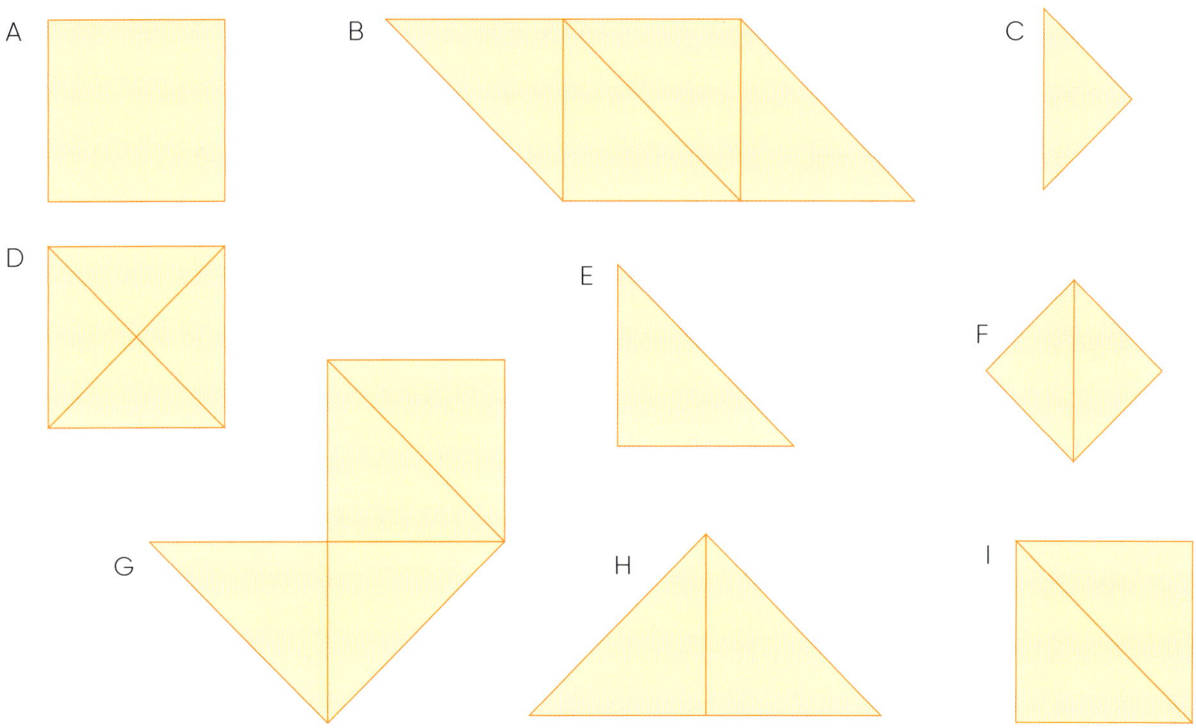

6 ★★★ Dans chaque cas, en prenant pour unité l'aire du carré u, recopie la ou les fractions qui indiquent l'aire de la surface colorée.

a. 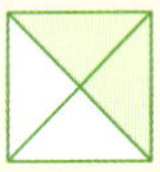 $\frac{2}{4}$ $\frac{1}{3}$ $\frac{1}{2}$

b. 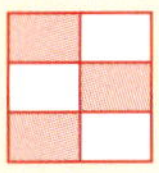 $\frac{1}{2}$ $\frac{3}{6}$ $\frac{1}{4}$

c.  $\frac{5}{2}$ $\frac{3}{3}$ $\frac{3}{2}$

d.  $\frac{2}{3}$ $\frac{1}{2}$ $\frac{2}{2}$

e. 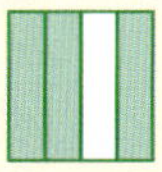 $\frac{2}{3}$ $\frac{3}{4}$ $\frac{1}{2}$

f. 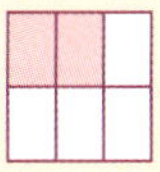 $\frac{1}{2}$ $\frac{1}{3}$ $\frac{2}{6}$

g. 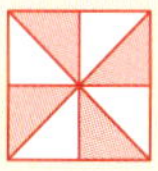 $\frac{1}{2}$ $\frac{2}{4}$ $\frac{4}{8}$

h.  $\frac{1}{3}$ $\frac{1}{4}$ $\frac{1}{5}$

i.  $\frac{2}{3}$ $\frac{3}{4}$ $\frac{6}{8}$

Je sais comparer des surfaces selon leur aire.

Quelle figure a la plus grande aire ?

	a	b	c
1 	La figure A	La figure B	Les deux figures ont la même aire.
2 	La figure A	La figure B	Les deux figures ont la même aire.
3 	La figure A	La figure B	Les deux figures ont la même aire.
4 	La figure A	La figure B	Les deux figures ont la même aire.

7 ★★★ Quelles surfaces ont la même aire ?

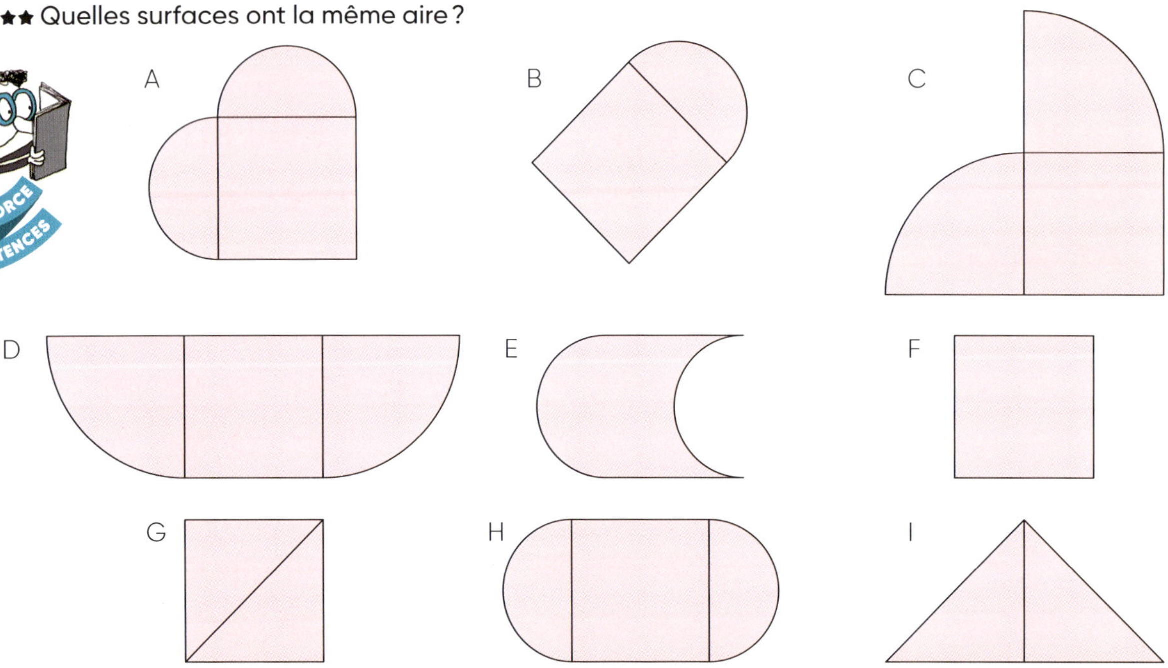

Parmi Les surfaces A, B et C, deux ont la même aire. Lesquelles ?

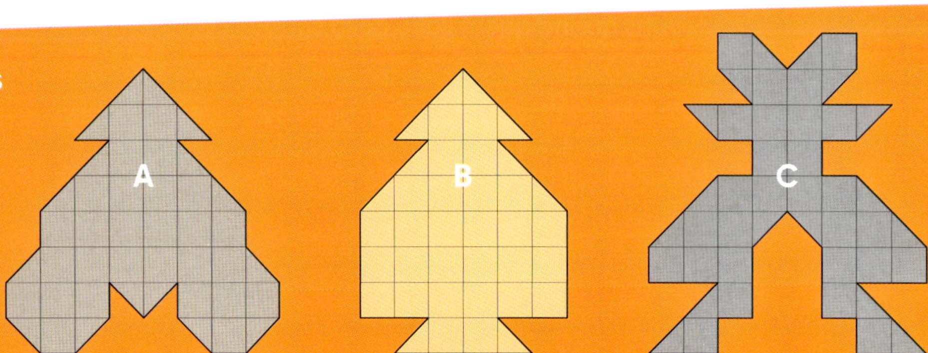

Flash maths 24

Proportionnalité

1 Le tableau ci-dessous présente les tarifs proposés par le cinéma Le Majestic.

Nombre de tickets	Prix
1	8 €
2	16 €
3	24 €
4	28 €
5	35 €

À partir de combien de billets achetés une réduction est-elle appliquée ?

Vocabulaire

2 VRAI ou FAUX ?

a. Dans 25 x 4 = 100
25 est un facteur.

b. Dans 25 x 4 = 100
100 est le produit.

c. Dans 25 x 4 = 100
4 est un terme.

d. Le produit est le résultat d'une addition.

Cercle et disque

3 Complète en indiquant la couleur du cercle décrit.

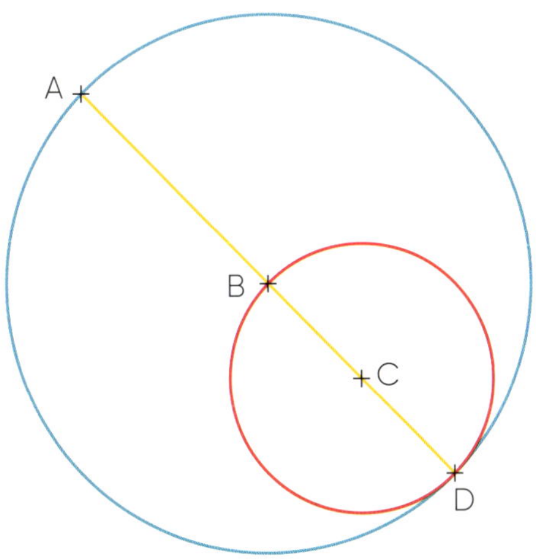

Le segment [AD] est un diamètre du cercle ....

Périmètres

4 Calcule le périmètre de ce polygone.

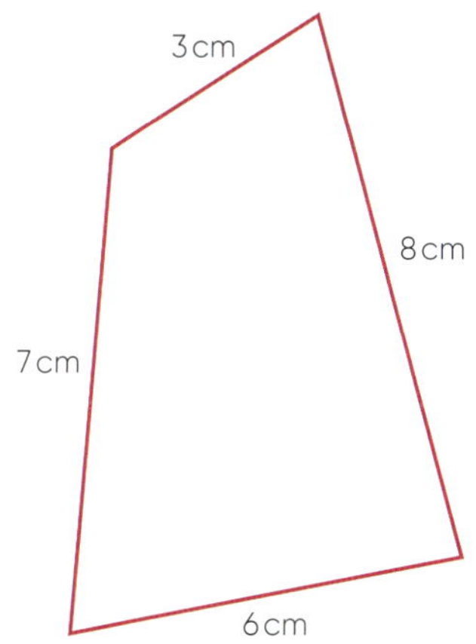

Division

5 Sept pirates découvrent un coffre contenant 7185 pièces d'or. Ils veulent partager ce trésor en 7 parts égales. Chaque pirate doit recevoir le plus grand nombre possible de pièces.

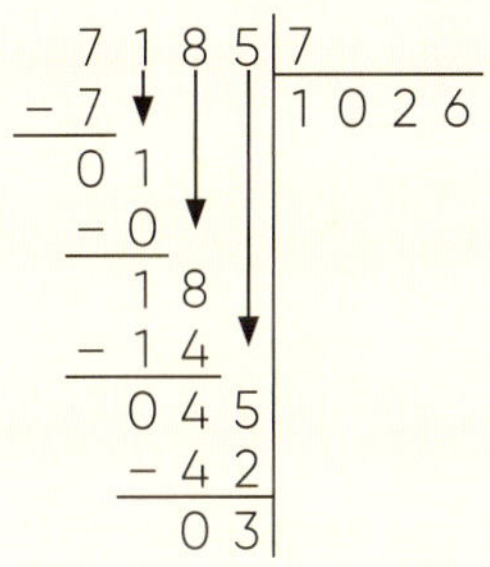

Dans la division ci-dessus, 7 représente

a. le dividende.

b. le diviseur.

c. le quotient.

d. le reste.

6 Pose et effectue.

2782 divisé par 26

Calcul 24

Calcul mental *Calculer le quotient et le reste d'une division euclidienne*
Multiplier par 9, par 19

Séance 1

1 Indique le chiffre des dizaines dans les nombres suivants.

a. 15,78
b. 39,84
c. 179,04
d. 673,51
e. 4 586,5

2 Trouve le quotient et le reste de

a. 8 divisé par 2.
b. 12 divisé par 4.
c. 40 : 4.
d. 25 : 5.
e. 83 divisé par 9.
f. 32 divisé par 4.

3 Calcule.

a. 14 x 9
b. 9 x 43
c. 26 x 9
d. 78 x 9
e. 9 x 59
f. 42 x 9
g. 9 x 150
h. 690 x 9
i. 345 x 9

Séance 2

4 Indique le chiffre des dixièmes dans les nombres suivants.

a. 8,17
b. 10,76
c. 4,01
d. 147
e. 3 452,7

5 Trouve le quotient et le reste de

a. 64 divisé par 8.
b. 56 divisé par 7.
c. 48 : 8.
d. 24 : 6.
e. 34 divisé par 8.
f. 22 divisé par 7.

6 Calcule.

a. 17 x 9
b. 9 x 56
c. 23 x 9
d. 97 x 9
e. 9 x 62
f. 127 x 9
g. 9 x 250
h. 1 800 x 9
i. 3 500 x 9

Séance 3

7 Indique le chiffre des centièmes dans les nombres suivants.

a. 1,78
b. 21,84
c. 12,9
d. 402,24
e. 278

8 Trouve le quotient et le reste de

a. 16 divisé par 2.
b. 35 divisé par 7.
c. 42 : 7.
d. 36 : 9.
e. 65 divisé par 9.
f. 27 divisé par 9.

9 Calcule.

a. 13 x 19
b. 19 x 43
c. 32 x 19
d. 26 x 19
e. 19 x 74
f. 82 x 19
g. 19 x 250
h. 750 x 19
i. 340 x 19

Séance 4

10 Indique le chiffre des dixièmes dans les nombres suivants.

a. 5,78
b. 19,84
c. 9,04
d. 673,51
e. 4 586,5

11 Trouve le quotient et le reste de

a. 27 divisé par 3.
b. 45 divisé par 9.
c. 21 : 7.
d. 63 : 7.
e. 95 divisé par 9.
f. 50 divisé par 7.

12 Calcule.

a. 19 x 19
b. 19 x 53
c. 69 x 19
d. 77 x 19
e. 19 x 98
f. 46 x 19
g. 19 x 500
h. 800 x 19
i. 4 000 x 19

Atelier problèmes 24

Résoudre des problèmes multiplicatifs : partages et groupements (4)

Découverte Les pirates

Un butin de 2148 pièces d'or doit être partagé entièrement et à parts égales entre 6 pirates.

Combien de pièces chaque pirate reçoit-il ?

Application

Un butin de 1115 pièces d'or doit être partagé à parts égales entre 7 pirates. Chaque pirate doit recevoir le plus possible de pièces.

Combien de pièces chaque pirate reçoit-il ?

Problème 1

Une école a acheté 25 dictionnaires identiques au prix total de 225 euros.

Quel est le prix d'un dictionnaire ?

Problème 2

Un paysagiste dispose de 256 bulbes de tulipes qu'il doit répartir entre 8 massifs.

Combien de bulbes plantera-t-il dans chaque massif ?

Problème 3

Madame Relax achète 4 fauteuils identiques et une table à 80 €. Elle dépense 240 €.

Quel est le prix d'un fauteuil ?

Problème 4

Madame Poulidor achète un vélo électrique qui coute 1878 €. Elle paie en six versements d'un même montant.

Combien doit-elle payer à chaque versement ?

Problème 5

Un moustique bat des ailes 132 000 fois par minute.

Combien cela représente-t-il de battements par seconde ?

Problème 6

Quel est l'âge de Pierre ?

Si on multiplie l'âge de Pierre par 3 et si on retire 7 au résultat, on obtient 98.

25 Nombres jusqu'au milliard

Comprendre et appliquer les règles de la numération aux grands nombres

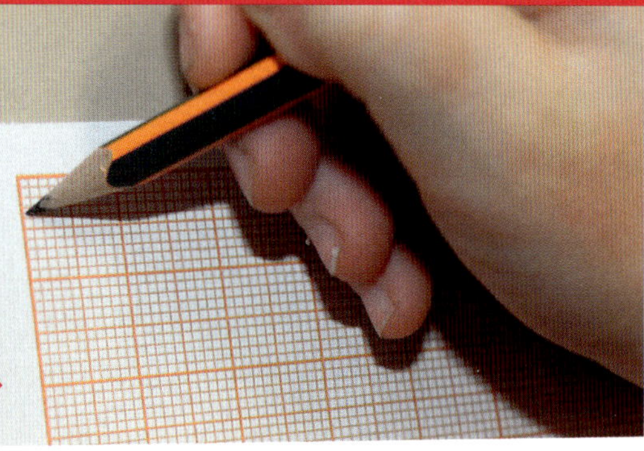

1 Lyla veut savoir combien il y a de petits carreaux sur la feuille de papier millimétré que son grand frère lui a donnée. En utilisant la feuille de papier quadrillé que va te donner ton enseignant, aide Lyla à trouver la réponse.

2 ★ Écris en chiffres.

a. 1 million, 7 centaines de milliers et 5 dizaines
b. 7 millions
c. 2 millions et 2 dizaines de milliers
d. 7 centaines de millions, 5 millions et 8 centaines

3 ★★ Écris en chiffres.

a. 3 centaines de milliers, 4 millions et 5 milliers
b. 6 centaines et 2 millions
c. 4 dizaines, 9 dizaines de millions et 6 unités
d. 5 millions et 2 centaines de millions

4 ★ Indique pour chaque nombre la signification du chiffre 8.

Dans 8 214 975
le chiffre 8 est le chiffre des unités de millions.

a. 85 000 000
b. 7 800 000
c. 850 000 000
d. 18 201 427

5 ★★ Pour chaque décomposition, écris le nombre qui correspond.

(8 x 1 000 000) + (4 x 100 000) + (2 x 100) = 8 400 200

a. (6 x 10 000 000) + (8 x 10 000)
b. (9 x 100 000 000) + (2 x 1 000) + (5 x 10)
c. (7 x 10 000 000) + (3 x 1 000 000)
d. 3 + (7 x 1 000 000) + (5 x 1 000) + (3 x 10 000 000)

Connaitre les unités de numération et les relations qui les lient

6 Nino se rend à Paris en voiture avec ses parents. Il observe un panneau de signalisation et se pose la question suivante. **Dans 272 kilomètres, combien y a-t-il de millimètres ?**
Aide Nino à répondre à cette question.

7 ★ Complète.

a. 1 millier = ... unités
b. 1 million = ... unités
c. 1 million = ... milliers
d. 1 million = ... centaines de milliers
e. 1 million = ... dizaines de milliers

8 ★★ Complète.

a. 20 centaines de milliers = ... millions
b. 7 millions = ... centaines de milliers
c. 3 dizaines de millions = ... millions
d. 8 centaines de millions = ... dizaines de millions
e. 5 centaines de millions = ... millions

9 ★★★ Complète

a. 20 millions = ... dizaines de millions
b. 4 millions = ... unités
b. 5 millions = ... milliers
c. 2 000 milliers = ... millions
d. 28 millions = ... milliers
e. 7 millions et 52 milliers = ... milliers

10 ★★ Calcule mentalement.

a. 1 524 709 + 1 000
b. 1 524 709 + 1 000 000
c. 1 524 709 + 100 000
d. 1 524 709 + 10 000 000
e. 1 524 709 + 10 000
f. 1 524 709 + 100 000 000

11 ★★ Calcule mentalement.

a. 10 x 30 000
b. 200 000 x 10
c. 10 x 3 000 000
d. 1 000 080 x 10
e. 450 000 x 10
f. 25 600 000 x 10

12 ★★ Calcule mentalement.

a. 1 000 000 : 10
b. 6 000 000 : 10
c. 90 000 000 : 10
d. 1 500 000 : 10
e. 42 000 000 : 10
f. 203 000 000 : 10

Lire et écrire les grands nombres

13 Alice et Emma jouent à la bataille des grands nombres.
Indique le nombre obtenu par chaque enfant à la fin de la partie. Qui a gagné ?

Alice

506 cartes	**1 millier**
34 cartes	**1 million**
82 cartes	**1 unité**

Emma

1 unité	6 cartes
1 millier	93 cartes
1 million	35 cartes

14 ★ Léo et Tom jouent à la bataille des grands nombres.
Indique le nombre obtenu par chaque enfant à la fin de la partie. Qui a gagné ?

Léo

Léo a obtenu :
986 cartes de 1 millier
6 cartes de 1 unité
702 cartes de 1 million

Tom

Tom a obtenu :
578 cartes de 1 unité
95 cartes de 1 million
739 cartes de 1 millier

15 ★★ Écris ces nombres en chiffres.

a. sept-millions-quatre-vingt-mille
b. trois-millions-six-cent-mille
c. vingt-neuf-millions-huit-mille-cinq
d. sept-cent-millions
e. quatre-vingt-dix-millions-trois-cent-soixante-dix

16 ★★ Réécris les nombres pour les rendre plus faciles à lire.

8520000 → 8 520 000

a. 257208
b. 1900000
c. 2536000
d. 7500239
e. 562000000
f. 25897027

Comparer, ranger et encadrer les grands nombres

17 Corentin et Arthur jouent à *la bataille des grands nombres*.
Écris chaque fois le plus grand des deux nombres.

	CORENTIN	ARTHUR
a	1 200 000	3 000 000
b	10 000 000	5 969 000
c	1 300 895	1 301 000
d	32 075 075	32 750 570
e	956 782	2 111 502

18 ★ Complète avec les signes < ou >.
Souligne le plus petit des deux nombres.

a. 3 000 000 .... 2 999 999
b. 9 000 524 .... 14 200 000
c. 61 245 000 .... 59 986 457
d. 3 709 943 .... 3 714 435

19 ★★ Reproduis et complète le tableau.

Nombre qui vient juste avant		Nombre qui vient juste après
	1 236 759	
	4 000 000	
	999 999	
	147 000 000	
	25 999 700	
	3 499 000	

20 ★★ Complète avec un nombre qui convient.

a. 999 999 < .... < 1 000 002
b. 5 089 653 < .... < 5 089 670
c. 3 000 000 < .... < 4 000 000
d. 980 000 < .... < 980 010

21 ★★ Encadre chaque nombre par deux millions consécutifs.

1 000 000 < 1 456 789 < 2 000 000

a. .... < 9 859 730 < ....
b. .... < 32 240 905 < ....
c. .... < 458 812 021 < ....
d. .... < 4 127 953 < ....

25 Nombres jusqu'au milliard

Je sais utiliser et représenter les grands nombres.

Pour chaque question, trouve la ou les bonnes réponses parmi celles proposées.

	a	b	c
1 Un million s'écrit…	10 000 000	1 000 000	100 000
2 Un million est égal à…	10 centaines de milliers	1 000 milliers	100 dizaines de milliers
3 8 dizaines de millions est égal à…	800 millions	80 millions	8 millions
4 20 centaines de milliers est égal à…	20 millions	200 millions	2 millions
5 Quelle est l'écriture en chiffres de trois-millions-cinq-cent-mille ?	3 500 000	30 500 000	300 000 500
6 Quelle est l'écriture en chiffres de dix-huit-millions-sept-cent-quatre-vingt-dix-huit-mille ?	18 000 798	18 798	18 798 000
7 Quelle est l'écriture en chiffres de six-millions-deux-cent-douze ?	6 212 000	6 000 212	600 212 000
8 Le nombre qui vient juste avant 6 000 000 est…	5 000 999	5 999 999	599 999
9 Quel nombre est supérieur à 1 896 503 ?	1 897 000	1 800 964	2 000 000
10 Quel nombre est inférieur à 8 372 060 ?	8 400 000	8 000 000	8 371 070

22 Pour chaque demi-droite graduée, écris les nombres qui sont repérés par les flèches A, B et C.

a. ★

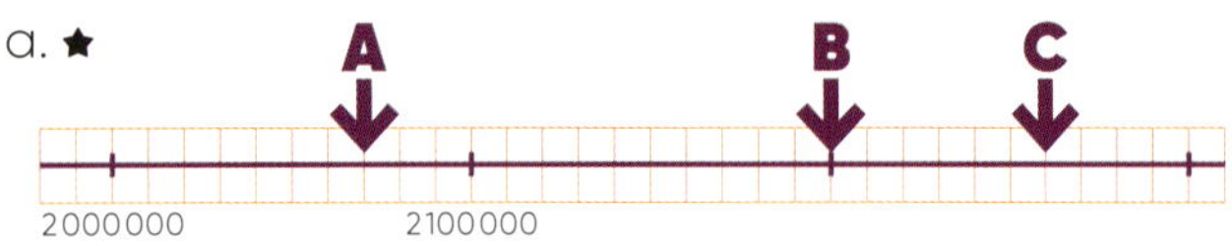

b. ★

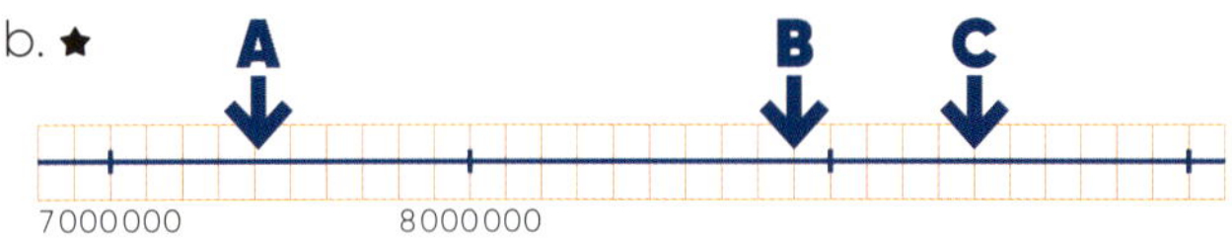

c. ★★

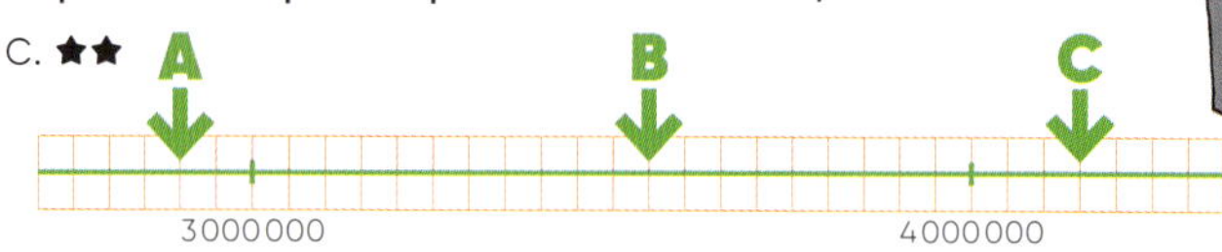

d. ★★★

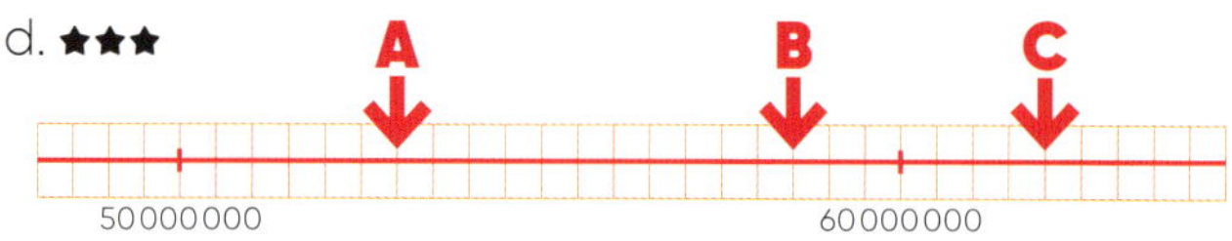

23 ★★ Donne une valeur approximative des nombres repérés par les flèches A, B et C.

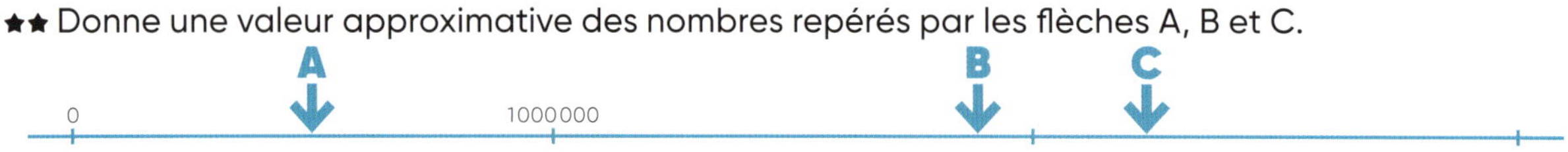

24 ★ Écris en chiffres les nombres en rouge.

Le soleil est une étoile du système solaire qui se situe à cent-quarante-neuf-millions-six-cent-mille kilomètres de la Terre. Son diamètre mesure un-million-trois-cent-quatre-vingt-onze-mille kilomètres soit cent-neuf fois celui de la Terre.

25 ★★ Trouve le plus possible de nombres différents que l'on peut écrire en utilisant à chaque fois toutes les étiquettes.

a. un | cent | million(s)

b. quatre | vingt | million(s)

c. quatre | dix | soixante | million(s)

26 ★★★ Dans 7 528 040

a. combien y a-t-il de centaines ?

b. combien y a-t-il d'unités simples ?

c. combien y a-t-il de dizaines de milliers ?

d. combien y a-t-il de milliers ?

e. combien y a-t-il de millions ?

a. Quel est le plus petit nombre formé de 7 chiffres ?

b. Quel est le plus grand nombre formé de 7 chiffres ?

c. Quel est le plus petit nombre formé de 9 chiffres ?

d. Quel est le plus grand nombre formé de 9 chiffres ?

Flash maths 25

Proportionnalité

1 Il faut 3 kg d'oranges pour faire 1 L de jus.

Avec 9 kg d'oranges, combien de litres de jus peut-on préparer ?

Droite graduée

2 Quel repère correspond à 3,02 ?

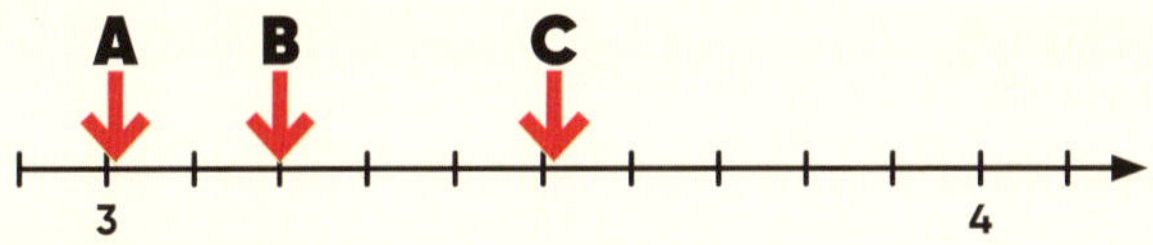

Périmètres

3 Calcule le périmètre de ce triangle.

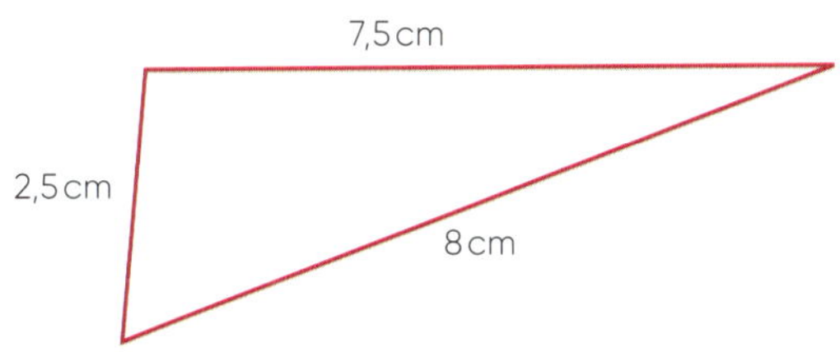

Cercle et disque

4 Complète en indiquant la couleur du cercle décrit.

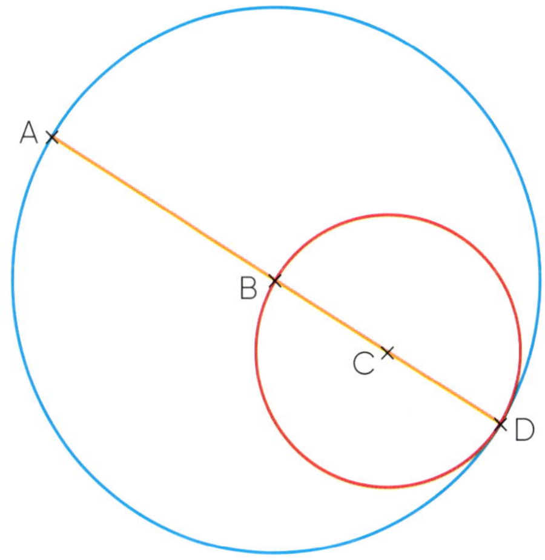

Le segment [BC] est un rayon du cercle ....

Division

5 Complète la division.

```
  8 2 7 | 1 3
- 7 8 ↓ | ✹ ✹
    ✹ ✹ |
  - 3 9 |
      ✹ |
```

Calcul mental *Calculer le double, la moitié d'un nombre décimal*
Calcul en ligne *Multiplier par 5*

Séance 1

1 Donne la partie entière et la partie décimale des nombres décimaux suivants.
a. 324,9 b. 8,06. c. 17 d. 0,45

2 Quel est le double de
a. 1,5 ? b. 0,5 ? c. 2,5 ? d. 4,5 ?

3 Complète le tableau.

	x 10	x 5
4		
28		
62		
86		
248		

Séance 2

4 Donne la partie entière et la partie décimale des nombres décimaux suivants.
a. 0,24 b. 0,7 c. 1,08 d. 279,23

5 Quel est le double de
a. 1,25 ? c. 2,5 ?
b. 2,25 ? d. 1,2 ?

6 Calcule.
a. 18 x 5 c. 84 x 5 e. 56 x 5
b. 45 x 5 d. 126 x 5 f. 62 x 5

Séance 3

7 Quel nombre obtient-on si au nombre 52,74 on ajoute
a. une dizaine ? c. un centième ?
b. un dixième ? d. une unité ?

8 Quelle est la moitié de
a. 1 ? c. 5 ? e. 3 ?
b. 7 ? d. 9 ? f. 11 ?

9 Complète le tableau.

	x 10	x 5
1,4		
2,6		
8,24		
11,4		
24,86		

Séance 4

10 Quel nombre obtient-on si au nombre 591,59 on ajoute
a. une dizaine ? c. un centième ?
b. un dixième ? d. une centaine ?

11 Quelle est la moitié de
a. 1,6 ? c. 2,5 ? e. 3,4 ?
b. 0,5 ? d. 1,5 ? f. 0,08 ?

12 Résous les problèmes.
a. À 7 mois, le chat Félix pesait 2,3 kg. Aujourd'hui, son poids a doublé.
Quel est le poids de ce chat aujourd'hui ?
b. Noam a 6,50 € dans sa poche. Il en donne la moitié à Florian.
Quelle somme d'argent donne-t-il à Florian ?
c. Madame Duboulot habite à 15,4 km de son bureau.
Quelle distance parcourt-elle chaque jour si elle fait un aller-retour par jour ?

13 Calcule.
a. 64 x 5 d. 41,2 x 5 g. 16 x 5
b. 8,62 x 5 e. 17 x 5 h. 1,9 x 5
c. 18,42 x 5 f. 0,24 x 5 i. 21 x 5

Atelier problèmes 25

Résoudre des problèmes relevant de la proportionnalité (3)

Découverte Les trottinettes électriques

Monsieur Urbain doit transporter les trottinettes électriques mises à disposition dans les rues d'une grande ville pour les recharger.
Il sait que 6 trottinettes identiques pèsent 57 kg.

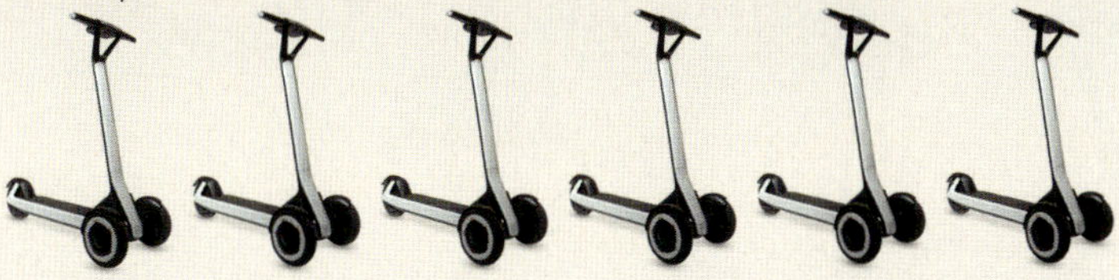

Dans chaque cas, calcule la masse des trottinettes qu'il devra transporter.

a.

b.

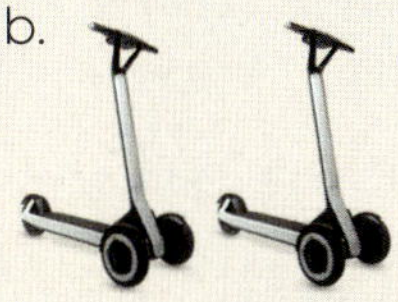

c.

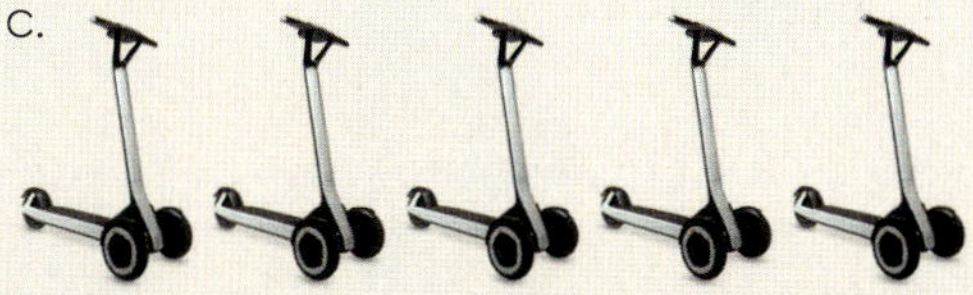

Application

Monsieur Urbain transporte 114 kg des mêmes trottinettes dans sa remorque.

Combien de trottinettes transporte-t-il ?

Problème 1

Chez le poissonnier, la dorade est vendue 15 € le kilogramme.

Quel est le prix de

a. 500 g ?
b. 2 kg ?
c. 1,5 kg ?
d. 2,5 kg ?

Problème 2

Deux tablettes identiques coutent 800 €.
Pour calculer le prix de cinq de ces tablettes, Lily effectue le calcul
800 € + 800 € + 400 € = 2 000 €

Explique sa stratégie.

Problème 3

2 L d'huile d'olive coutent 13 €.

Quel est le prix

a. de 4 L ? b. de 12 L ? c. de 1 L ?

Problème 4

Une tour de 10 cubes identiques a une hauteur de 9 cm.

Quelle est la hauteur d'une pile de

a. 20 cubes ?
b. 5 cubes ?
c. 25 cubes ?
d. 30 cubes ?
e. 15 cubes ?

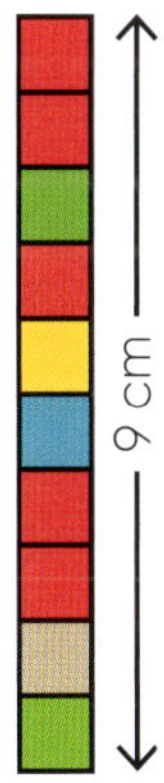

Problème 5

Une cycliste a parcouru 2,8 km en 10 minutes.

En supposant sa vitesse constante, calcule la distance parcourue

a. en 20 min. b. en 30 min. c. en 5 min.

26 Triangles

Reconnaitre des triangles particuliers

1 Utilise tes instruments de géométrie pour identifier les triangles particuliers.

Un triangle peut appartenir à plusieurs catégories ou à aucune.

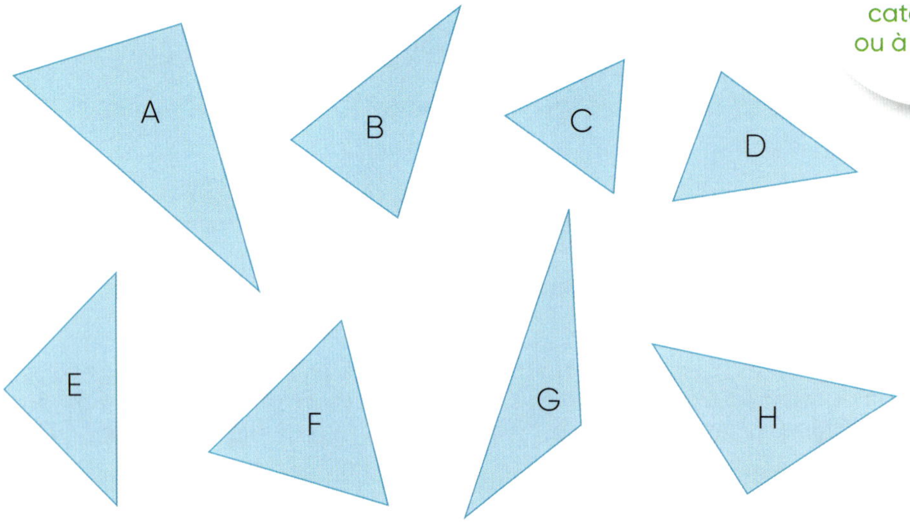

Écris la liste

a. des triangles équilatéraux.

b. des triangles isocèles.

c. des triangles rectangles isocèles.

d. des triangles rectangles.

2 ★★ Identifie la nature de chaque triangle en observant le codage des figures ci-dessous.

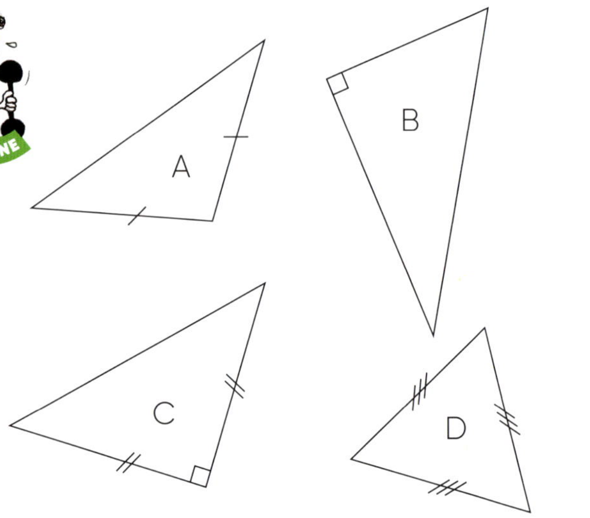

3 ★ a. Utilise les indications portées sur les figures ci-dessous pour identifier la nature de chaque triangle.

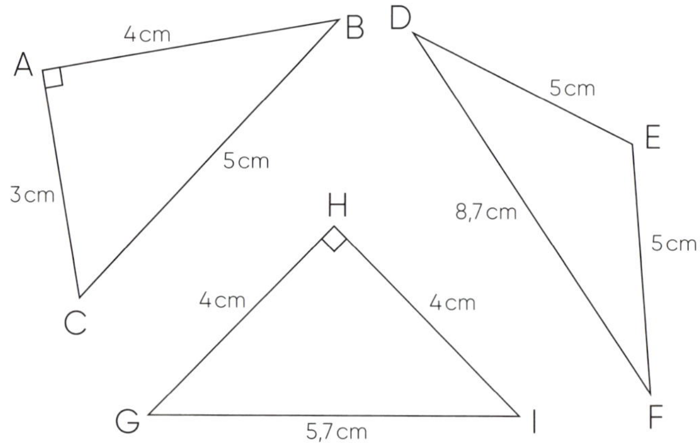

b. Quel triangle a le plus petit périmètre ?

c. Quel triangle a le plus grand périmètre ?

4 ★★ En utilisant uniquement ton compas, identifie les triangles isocèles.

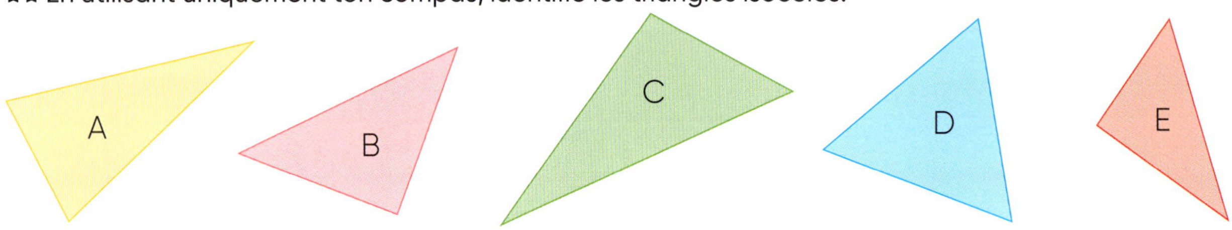

Je vais apprendre à reconnaitre, décrire, reproduire et construire des triangles dont les triangles particuliers.

Reconnaitre des triangles dans une figure complexe

5 a. Combien y a-t-il de triangles rectangles dans la figure ci-contre ?

b. Nomme chacun des triangles rectangles en précisant en quel sommet ils sont rectangles.

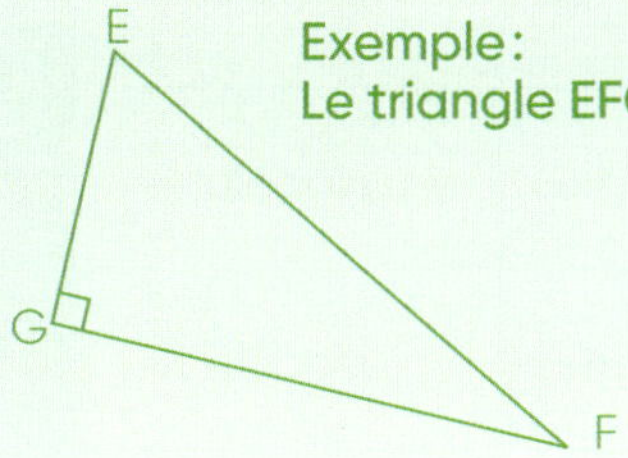

Exemple :
Le triangle EFG est rectangle en G.

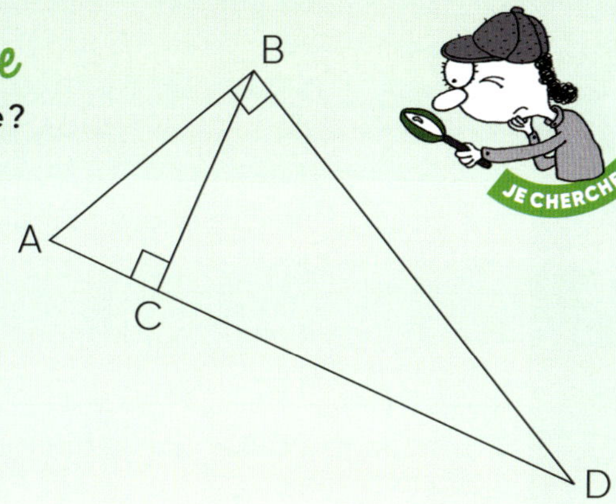

6 ★★★ En utilisant les codages de la figure, indique si chaque affirmation est vraie ou fausse.

a. ABE est un triangle équilatéral.
b. BCE est un triangle isocèle.
c. BCD est un triangle rectangle.
d. BCE est un triangle rectangle.

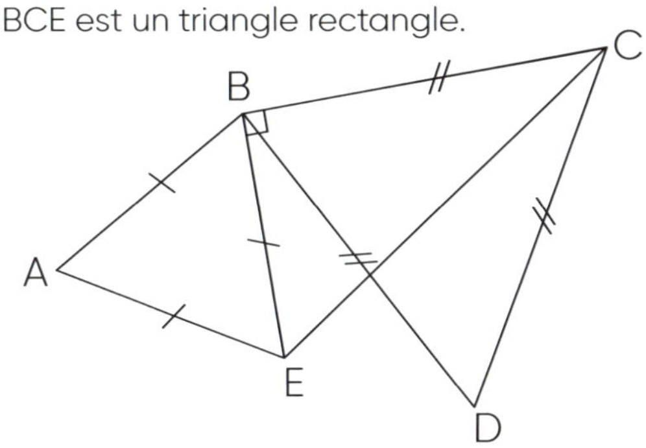

7 ★★★ En utilisant les codages de la figure, indique si chaque affirmation est vraie ou fausse.

a. ABC est un triangle rectangle isocèle.
b. ACD est un triangle isocèle.
c. CDE est un triangle rectangle isocèle.
d. ABC est un triangle rectangle.

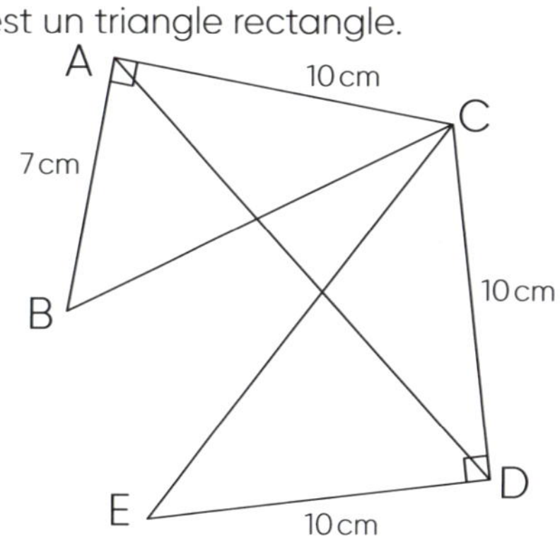

Reproduire, construire des figures simples ou complexes

8 ★ Reproduis le triangle ABC en commençant par le côté [AB].

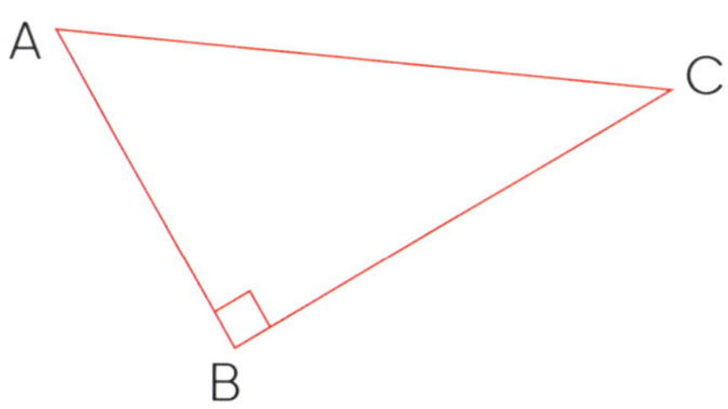

9 ★★ Reproduis la figure en utilisant la règle graduée et l'équerre.

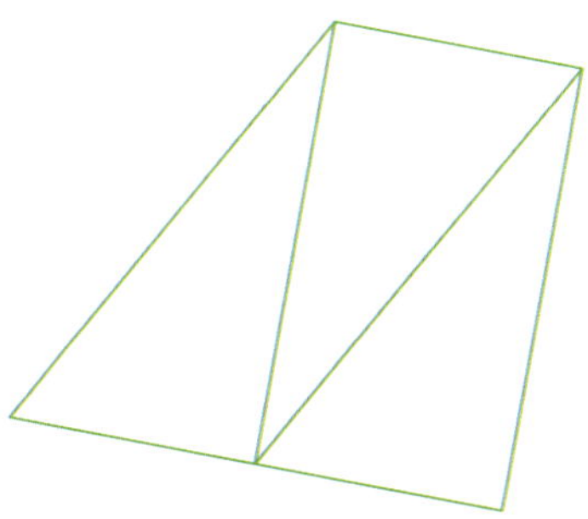

10 ★ Tom a tracé le triangle rectangle DEF à main levée. Construis le triangle DEF sur papier uni, à l'aide de la règle graduée et de l'équerre, en respectant les mesures indiquées.

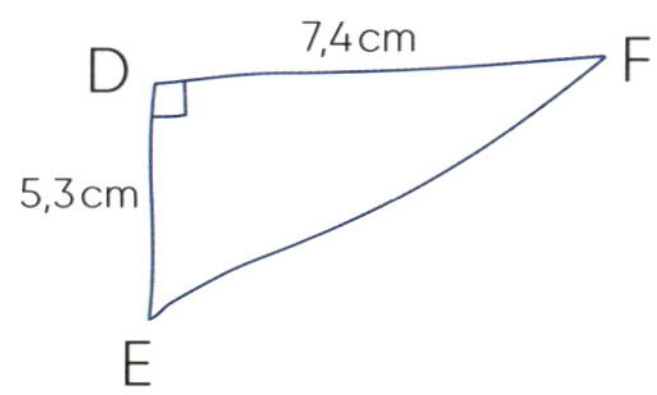

11 ★★★ Lily a tracé la figure ABCD à main levée. Construis la figure ABCD sur papier uni, à l'aide de la règle graduée et de l'équerre, en respectant les mesures indiquées.

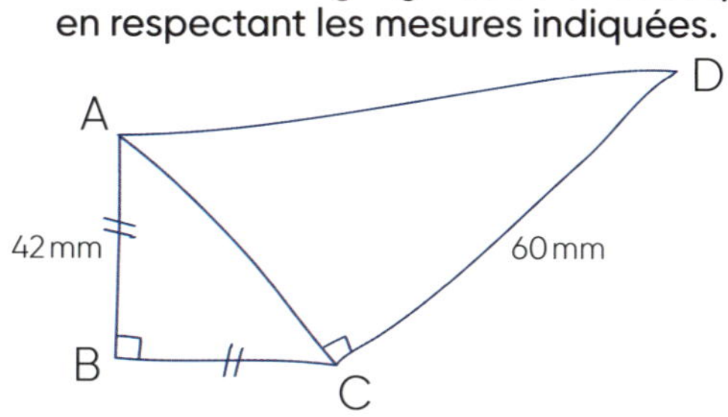

Je sais reconnaitre des triangles particuliers.

Pour chaque question, trouve la ou les bonnes réponses parmi celles proposées.

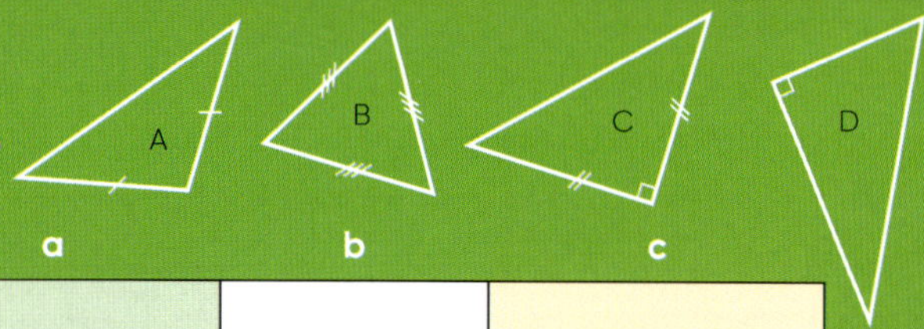

	a	b	c
1 Le codage indique que le triangle A est un triangle…	**équilatéral**	**rectangle**	**isocèle**
2 Le codage indique que le triangle B est un triangle…	**équilatéral**	**rectangle**	**isocèle**
3 Le codage indique que le triangle C est un triangle…	**équilatéral**	**rectangle**	**isocèle**
4 Le codage indique que le triangle D est un triangle…	**équilatéral**	**rectangle**	**isocèle**
5 Un triangle rectangle possède toujours…	**2 côtés de même longueur**	**un angle droit**	**3 côtés de même longueur**
6 Un triangle équilatéral possède toujours…	**2 côtés de même longueur**	**un angle droit**	**3 côtés de même longueur**
7 Un triangle isocèle possède toujours…	**2 côtés de même longueur**	**un angle droit**	**3 côtés de même longueur**
8 Un triangle rectangle isocèle possède toujours…	**2 côtés de même longueur**	**un angle droit**	**3 côtés de même longueur**

12 ★ Reproduis les triangles sur ton cahier.

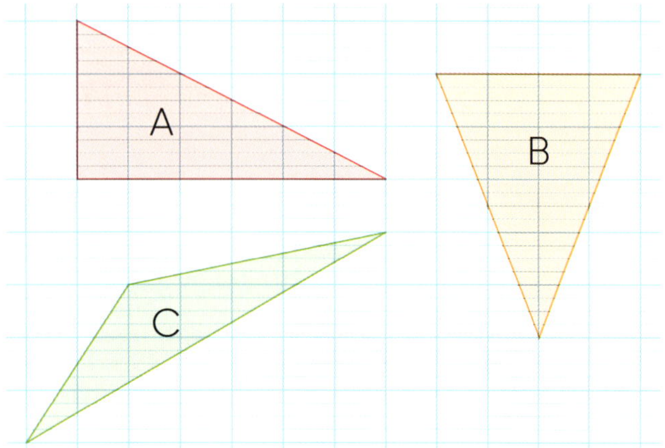

13 ★★ Sur papier blanc, trace un triangle DEF qui respecte les conditions suivantes : chacun des trois côtés du triangle DEF doit avoir une longueur double de chacun des trois côtés du triangle ABC.

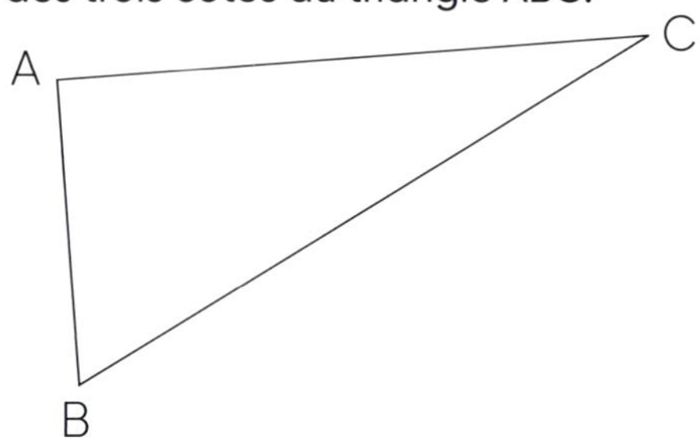

14 ★★ Construis le triangle rectangle KLM. Un côté de l'angle droit mesure 5,4 cm et l'autre côté de l'angle droit mesure 7 cm.

15 ★★ Le triangle NOP est un triangle isocèle. Les côtés qui ont même longueur mesurent 6 cm et le troisième côté mesure 8 cm. Calcule le périmètre du triangle NOP.

16 ★★★ Ali a tracé la figure ABCDE à main levée.

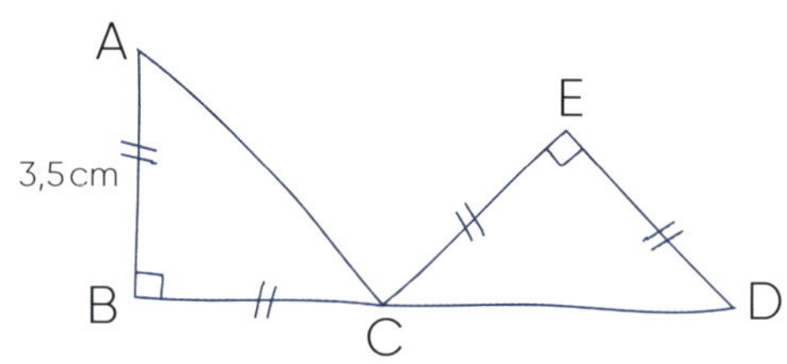

Construis la figure ABCDE sur papier uni, à l'aide de la règle graduée et de l'équerre, en respectant les mesures indiquées.

ABCD est un rectangle.

a. Nomme les triangles isocèles.
b. Nomme les triangles rectangles.

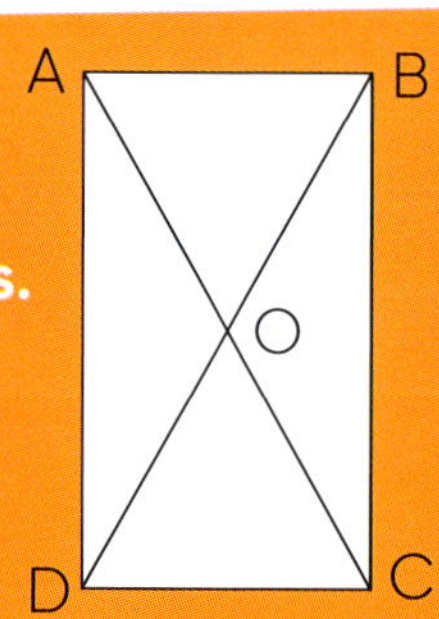

Flash maths 26

Périmètres

1 Dans ton cahier, trace un carré de même périmètre que le rectangle ci-dessous.

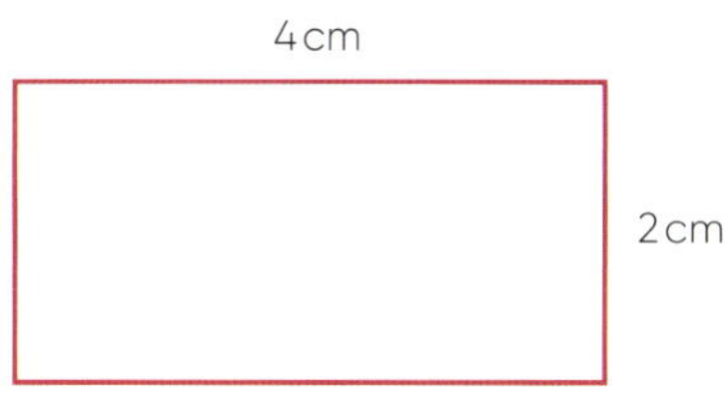

Droite graduée

2 Quel repère correspond à 2,27 ?

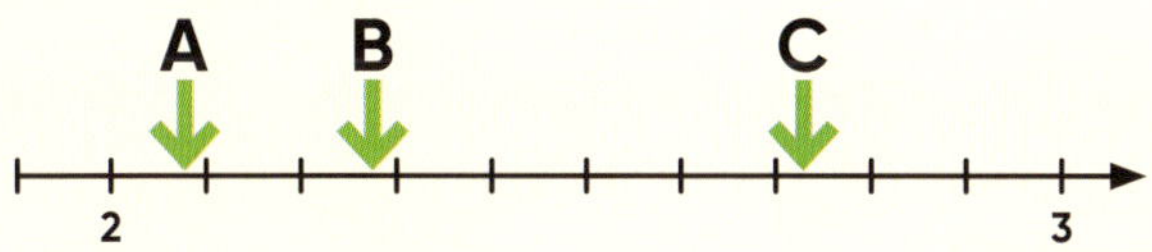

Proportionnalité

3 Tom a payé 6 € pour 3 kg de tomates.

Léo veut acheter 12 kg de tomates.
Combien va-t-il payer ?

Division

4

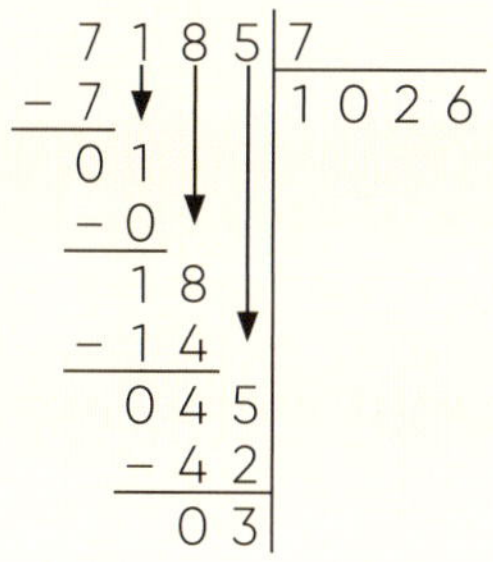

Dans la division ci-dessus, 7185 représente
a. le dividende.
b. le diviseur.
c. le quotient.
d. le reste.

5 Complète la division.

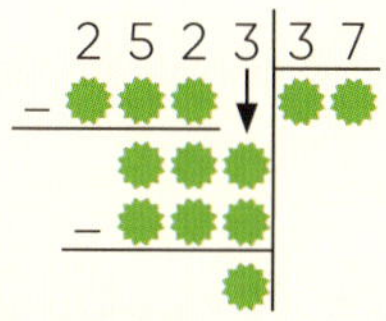

Cercle et disque

6 Complète en indiquant la couleur du cercle décrit.

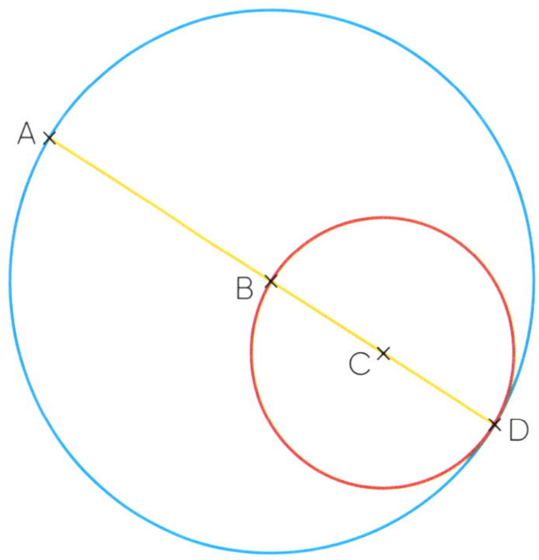

Le segment [BD] est un diamètre du cercle ....

Calcul 26

Calcul mental *Calculer le double, la moitié d'un nombre décimal*
Calcul en ligne *Diviser par 2, par 4*

Séance 1

1 Recopie le plus grand des deux nombres.
a. 4,78 et 12,3 b. 4,09 et 3,98 c. 7,8 et 7,56

2 Quel est le double de
a. 0,25 ? c. 2,65 ?
b. 0,75 ? d. 0,35 ?

3 Trouve le quotient exact.
a. 126 : 2 c. 500 : 2 e. 1086 : 2
b. 368 : 2 d. 842 : 2 f. 2620 : 2

Séance 2

4 Recopie le plus grand des deux nombres.
a. 7,2 et 7,14 b. 14,09 et 14,9 c. 57,75 et 57,8

5 Quel est le double de
a. 0,15 ? c. 0,55 ?
b. 0,45 ? d. 0,95 ?

6 Trouve le quotient exact.
a. 584 : 2 d. 18600 : 2
b. 760 : 2 e. 50000 : 2
c. 900 : 2 f. 96000 : 2

7 Résous les problèmes.
a. La directrice de l'école a acheté deux ordinateurs identiques. Elle a payé 680 €.
Quel est le prix d'un ordinateur ?
b. Meriem a 46 coquillages. Elle en donne la moitié à sa meilleure amie.
Combien de coquillages lui reste-t-il ?
c. Léo a une collection de 256 figurines. Il en a deux fois plus que son cousin.
Combien de figurines son cousin a-t-il ?
d. Jumbo l'éléphant pèse 4868 kg. Elmer l'éléphant pèse deux fois moins.
Combien Elmer pèse-t-il ?

Séance 3

8 Recopie le plus grand des deux nombres.
a. 4 et 3,58 b. 1,54 et 1,45 c. 0,7 et 0,63

9 Quelle est la moitié de
a. 15 ? c. 55 ? e. 39 ?
b. 75 ? d. 67 ? f. 13 ?

10 Trouve le quotient exact.
a. 48 : 4 d. 44 : 4 g. 200 : 4
b. 80 : 4 e. 120 : 4 h. 24 : 4
c. 60 : 4 f. 100 : 4

Séance 4

11 Recopie le plus grand des deux nombres.
a. 6,05 et 5,98 b. 415,28 et 487 c. 67,01 et 61,7

12 Quelle est la moitié de
a. 17 ? c. 43 ? e. 91 ?
b. 25 ? d. 95 ? f. 37 ?

13 Trouve le quotient exact.
a. 240 : 4 e. 1200 : 4
b. 204 : 4 f. 88 : 4
c. 1000 : 4 g. 2000 : 4
d. 600 : 4 h. 84 : 4

Atelier problèmes 26

Résoudre des problèmes relevant de la proportionnalité (4)

Découverte La carte routière

Sur cette carte routière 3 cm représentent 50 km.

Quelle est la distance à vol d'oiseau entre Marseille et Monaco ?

Application La carte routière

Sur cette carte routière 2 cm représentent 20 km.

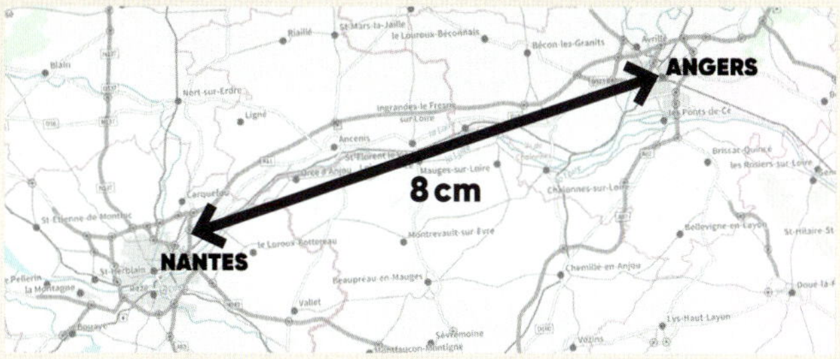

Quelle est la distance à vol d'oiseau entre Nantes et Angers ?

Problème 1

Douze cahiers identiques coutent 30 €.

Quel est le prix de 18 cahiers ?

Problème 2

Pour un de ses clients, un électricien a travaillé 6 heures qu'il a facturées 90 €.

Quel serait le montant de la facture pour 4 heures de travail ?

Problème 3

Un satellite fait 6 tours de la Terre en 24 heures.

Combien de tours fait-il en 72 heures ?

Problème 4

Le son parcourt 680 mètres en 2 secondes.

Quelle distance parcourt-il en 10 secondes ? Exprime la distance en km.

Problème 5

Dans le conte de Charles Perrault, le Petit Poucet s'empare des bottes de l'ogre et parcourt 14 lieues en 2 enjambées.

Quelle distance (en lieues) parcourt-il
a. en 6 enjambées ?
b. en 10 enjambées ?
c. en 100 enjambées ?

Problème 6

Dans 12 litres d'eau de mer, il y a 420 g de sel.

Quelle est la quantité de sel contenu
a. dans 6 litres d'eau de mer ?
b. dans 4 litres d'eau de mer ?
c. dans 10 litres d'eau de mer ?
d. dans 60 litres d'eau de mer ?

Mesurer des aires en utilisant un quadrillage

1 Une architecte dessine le plan d'une nouvelle école.
Pour le plan de la cour, elle hésite entre les choix ci-dessous.

A
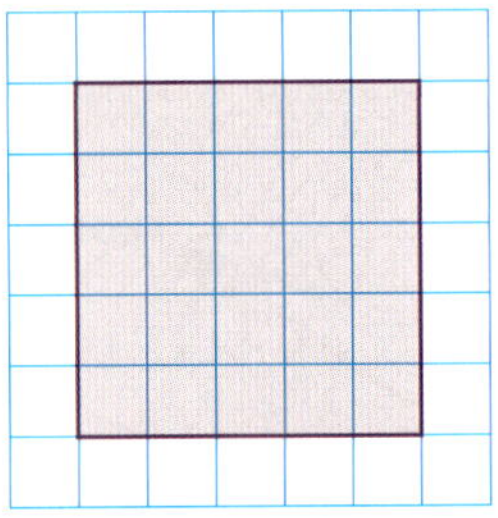
B
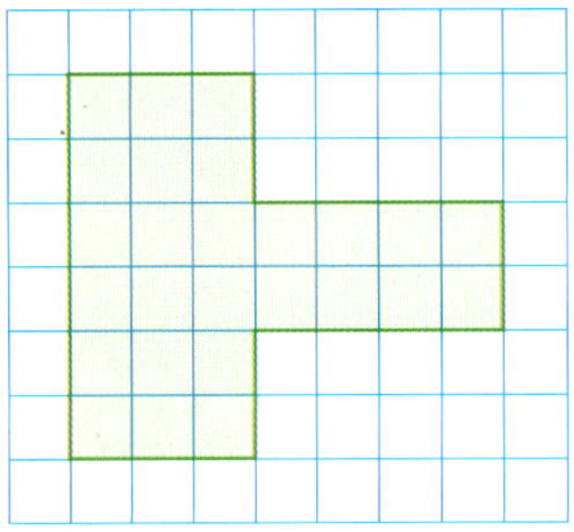
C
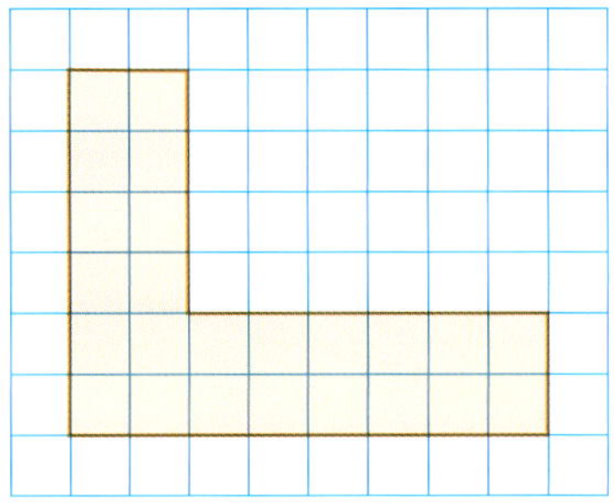

Dans quelle cour y a-t-il le plus d'espace pour accueillir les élèves ? Pourquoi ?

2 ★

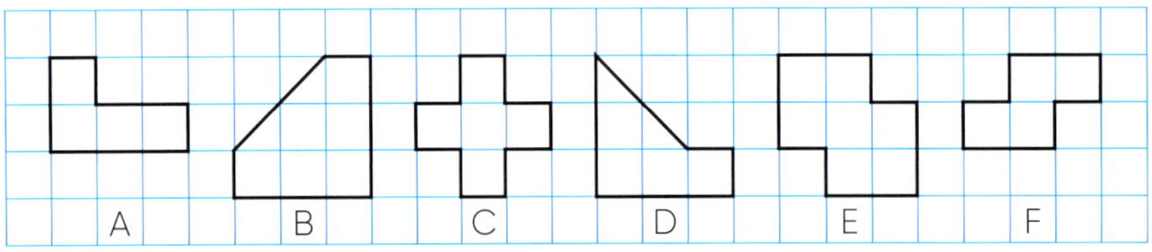

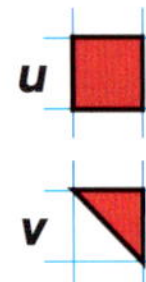

a. Détermine l'aire des surfaces ci-dessus en prenant pour unité d'aire l'aire du carré ***u*** puis l'aire du triangle ***v***. Reproduis et complète le tableau.

	A	B	C	D	E	F
u	....	....	....	....	....	....
v	....	....	....	....	....	....

b. Quelles sont les surfaces de même aire ?

3 ★★ Trouve toutes les surfaces qui ont la même aire que la surface A.

Pour t'aider, on a tracé le carré A en pointillés sur chaque surface.

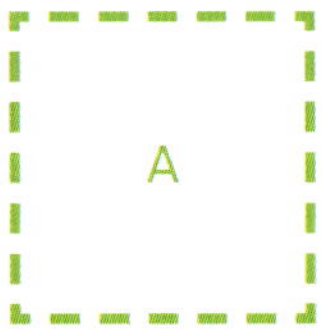

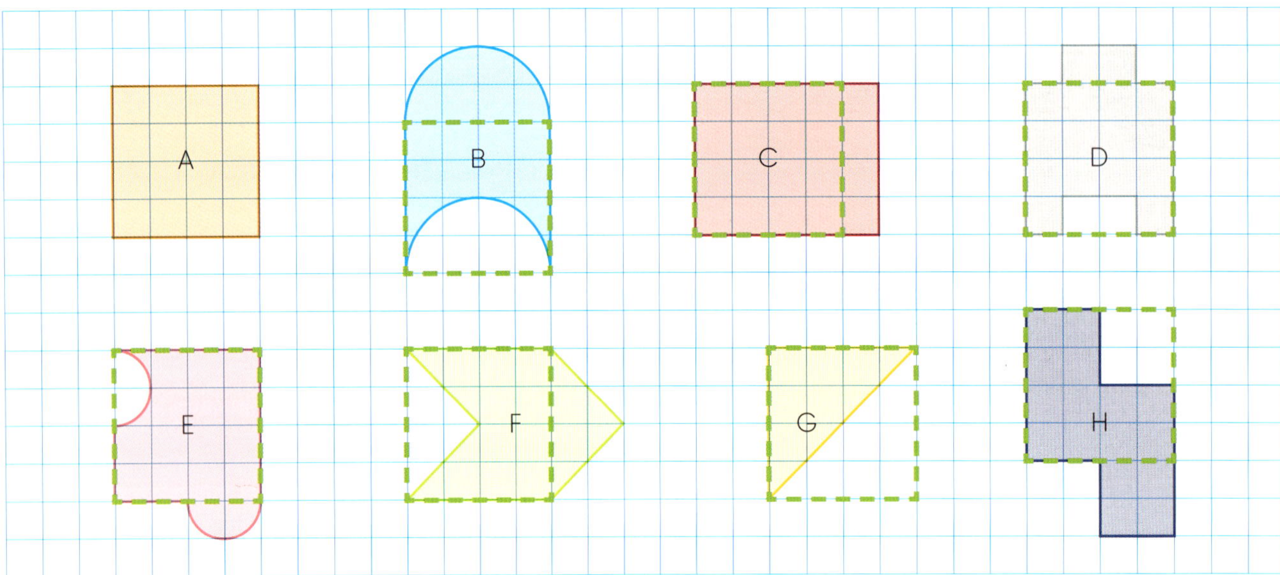

Distinguer aire et périmètre

4 Léo veut construire un enclos pour son lapin.
Il hésite entre les deux choix suivants.

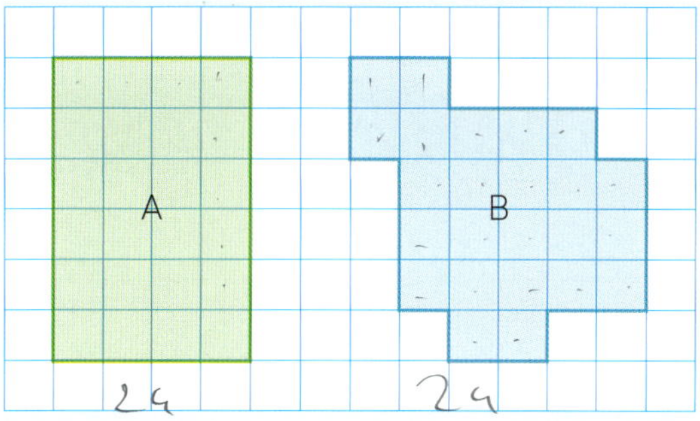

a. Dans quel enclos son lapin aura-t-il le plus d'espace pour se déplacer ?

b. Y a-t-il un enclos pour lequel il faudra davantage de grillage pour le clôturer ?

5 ★ Dans chaque cas, compare les aires et les périmètres des deux surfaces. Que remarques-tu ?

a.

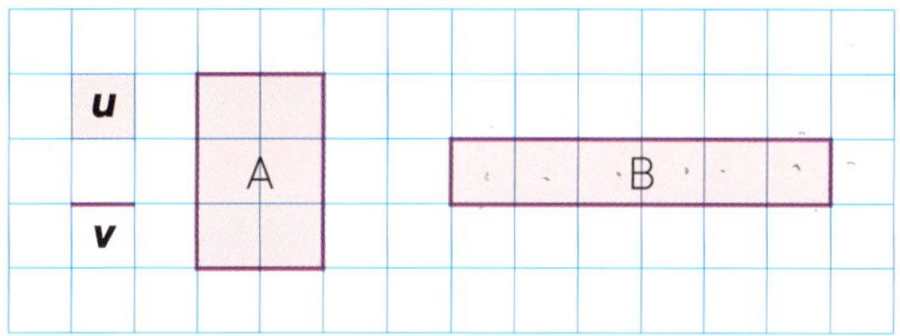

b.

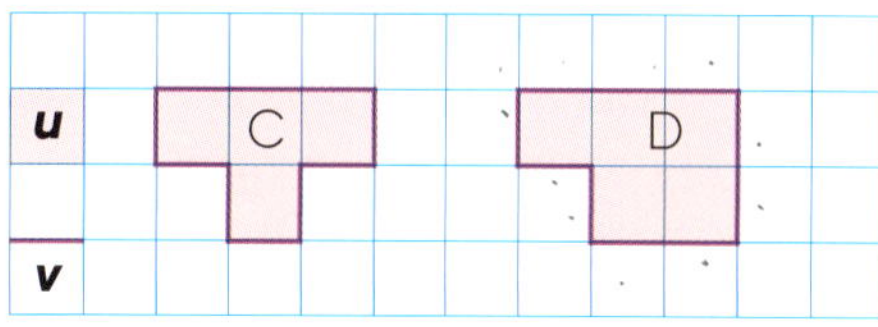

6 ★★ Dans chaque cas, compare les aires et les périmètres des deux surfaces. Que remarques-tu ?

a.

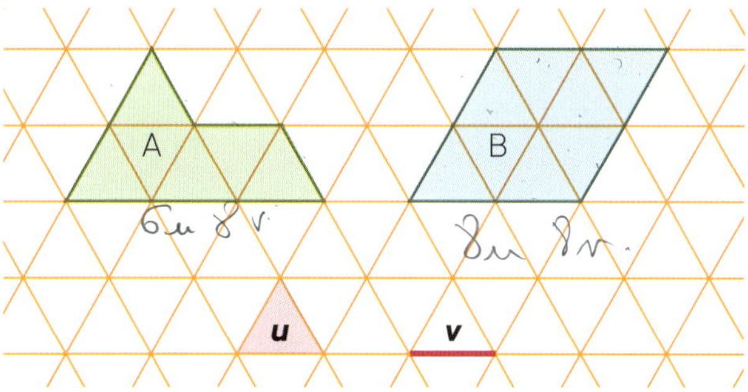

b.

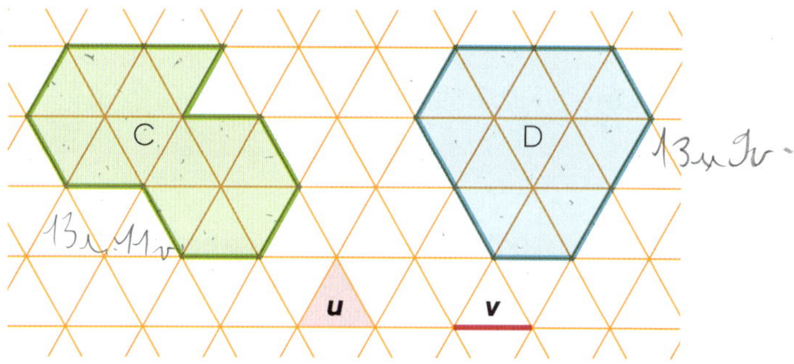

7 ★★ Sur ton cahier, construis un carré B de même aire que le rectangle A. Compare les périmètres des deux figures.

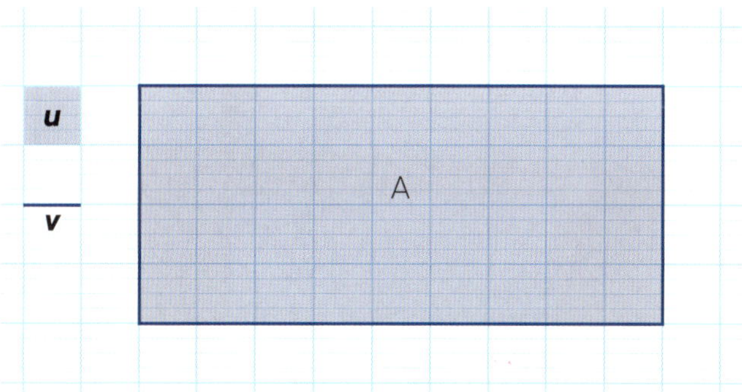

8 ★★ Sur ton cahier, construis une figure D de même aire et de même périmètre que la figure C. Cette figure doit avoir une forme différente de la figure C.

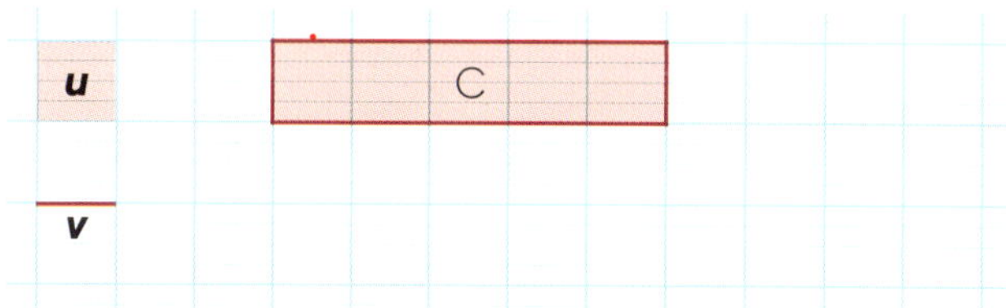

Je sais mesurer des aires en utilisant un quadrillage.

Pour chaque question, trouve la ou les bonnes réponses parmi celles proposées.

	a	b	c
1 Quelle est l'aire de la surface A en prenant ***u*** pour unité ? 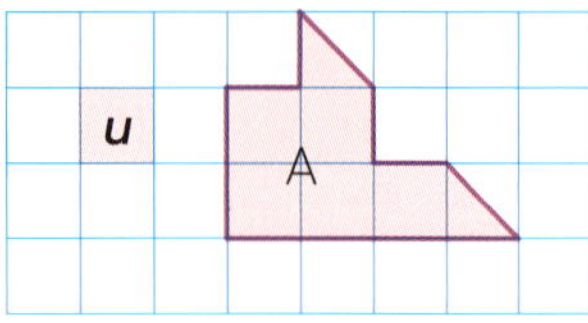	5 u	6 u	7 u
2 Quelle est l'aire de la surface B en prenant ***v*** pour unité ? 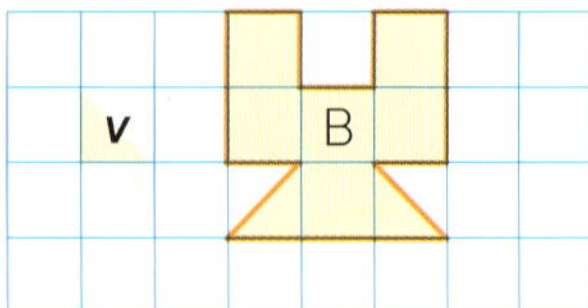	10 v	12 v	14 v
3 Quelles sont les affirmations exactes ? 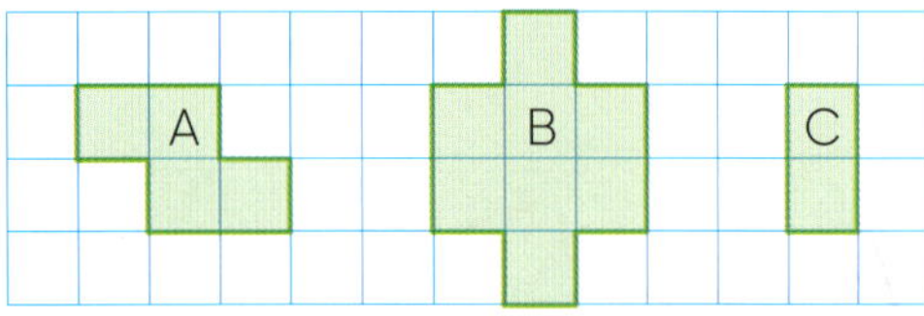	L'aire de la surface A est la moitié de l'aire de la surface B.	L'aire de la surface C mesure le tiers de l'aire de la surface B.	L'aire de la surface C mesure le quart de l'aire de la surface B.

9 ★★★ Un centimètre carré (cm^2) est l'aire d'un carré de 1 cm de côté.

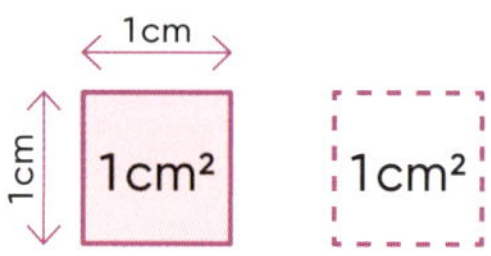

Quelle est en cm^2 l'aire de chaque surface rose ?

Pour t'aider, on a tracé des carreaux de 1 cm de côté en pointillés.

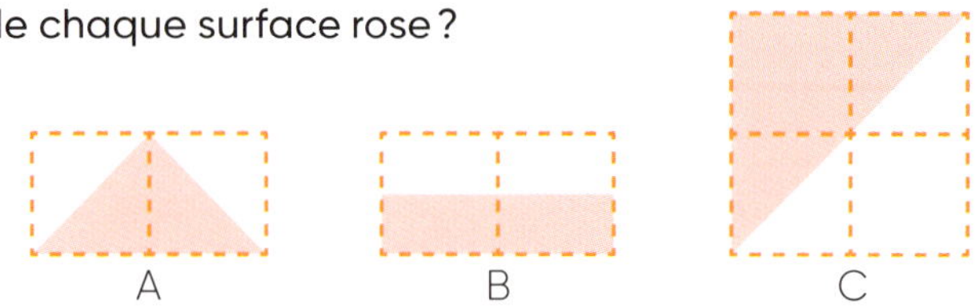

10 ★★ a. Quel est le périmètre de chaque surface ?
b. Quelle est l'aire de chaque surface ?

Si ABCD est un carré dont l'aire mesure 36 cm^2.

Quelle est l'aire de la partie colorée en bleu ?

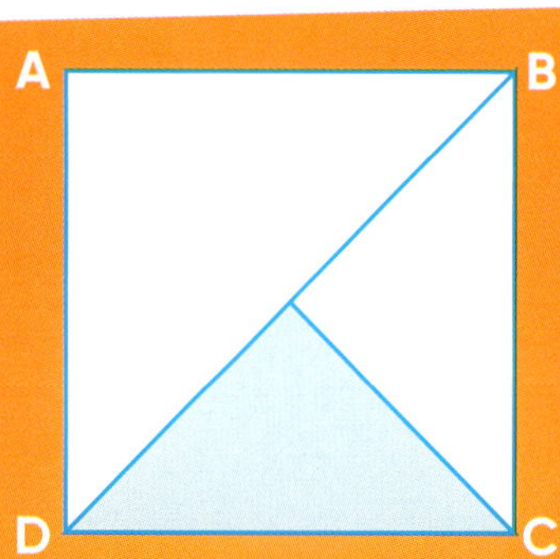

Flash maths 27

Cercle et disque

1 Deux enfants jouent aux fléchettes avec la cible ci-dessous. La fléchette de Tom est à 21 cm de O.

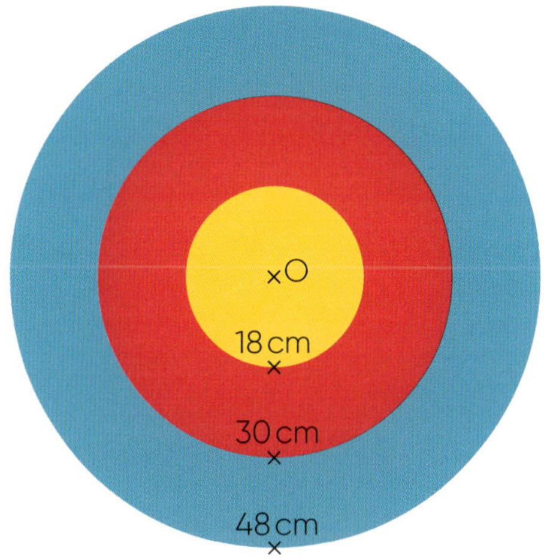

Indique la couleur de la zone où se trouve sa fléchette.

Périmètres

2 Dans ton cahier, trace un carré qui a le même périmètre que le rectangle ci-dessous.

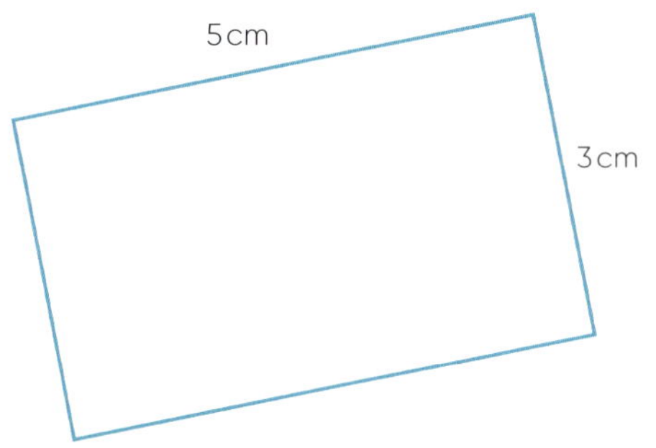

Droite graduée

3 Parmi ces nombres lesquels correspondent au repère indiqué par la flèche ?

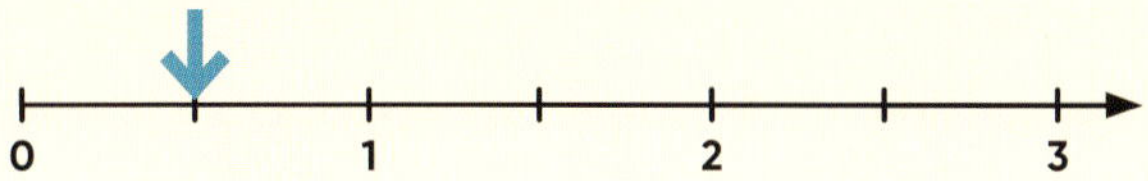

a. $\frac{1}{2}$ b. 0,2 c. $\frac{1}{4}$ d. 0,5

Proportionnalité

4 Pour préparer un gâteau pour 5 personnes, j'ai besoin de 250 g de chocolat.

Quelle masse de chocolat me faudrait-il pour préparer le même gâteau pour 15 personnes ?

Division

5 Complète la division.

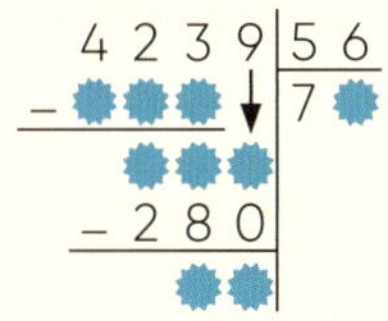

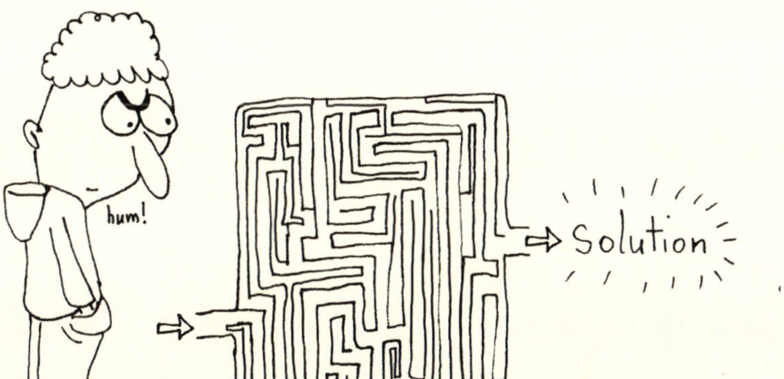

Calcul 27

Calcul mental *Additionner, soustraire des nombres décimaux*
Calcul en ligne *Diviser par 5*

Séance 1

1 Complète avec le signe < ou = ou >.

a. 108,2 .... 110 b. 9,37 .... 9,6 c. 15,80 15,8

2 Calcule mentalement.

a. 3,4 + 12 c. 24,5 − 0,1 e. 5,9 + 1,2
b. 45,06 − 10 d. 3,8 + 0,2 f. 3,2 + 5,7

3 Trouve le quotient exact.

a. 55 : 5 d. 100 : 5 g. 250 : 5
b. 80 : 5 e. 500 : 5 h. 75 : 5
c. 60 : 5 f. 520 : 5

Séance 2

4 Complète avec le signe < ou = ou >.

a. 0,03 .... 0,5 c. 12,05 12,50
b. 30,50 30,5

5 Calcule mentalement.

a. 2,7 + 0,5 c. 4,8 + 3 e. 8,5 + 1,5
b. 2,9 − 0,4 d. 3,6 − 1,4 f. 3,2 − 0,4

6 Trouve le quotient exact.

a. 125 : 5 d. 1000 : 5 g. 2500 : 5
b. 300 : 5 e. 1200 : 5 h. 50000 : 5
c. 350 : 5 f. 2000 : 5 i. 100000 : 5

Séance 3

7 Vrai ou faux ?

a. 28,7 < 28,91 b. 4,5 < 4,25 c. 3,07 = 3,7

8 Calcule mentalement.

a. 5,6 + 1,7 c. 5,3 − 2,6 e. 9 − 2,4
b. 4,6 − 1,7 d. 5,9 − 2,5 f. 10 − 3,8

9 Trouve le quotient exact.

a. 70 : 5 d. 180 : 5 g. 1025 : 5
b. 85 : 5 e. 210 : 5 h. 5005 : 5
c. 110 : 5 f. 425 : 5 i. 55000 : 5

Séance 4

10 Vrai ou faux ?

a. 5,7 = 5,70 b. 0,10 = 0,1 c. 0,01 = 0,10

11 Calcule mentalement.

a. 7,6 + 2,6 c. 5,4 − 2,8 e. 3,2 + 20
b. 8,4 − 5,2 d. 8 − 4,3 f. 5,99 + 0,01

12 Résous les problèmes.

a. Cinq personnes se rendent au restaurant. Elles choisissent le même menu, boissons comprises. Le montant de la note est de 115 € pour les cinq repas.
Quel est le prix d'un repas ?

b. Dans une course cycliste, Tom doit effectuer cinq tours de circuit. Il va parcourir la distance totale de 115 km.
Quelle distance parcourt-il en effectuant un tour de circuit ?

c. Amina découpe un morceau de ruban de 240 cm en cinq morceaux de même longueur. Les morceaux doivent être le plus grand possible
Quelle est la longueur d'un morceau ?

d. Emin a 20 billes. Il en perd un cinquième.
Combien de billes lui reste-t-il ?

Atelier problèmes 27

Résoudre des problèmes utilisant des fractions (5)

Découverte Le triathlon

Tom participe à un triathlon de 14 km.

Il effectue $\frac{1}{7}$ du parcours en natation.

Il effectue $\frac{4}{7}$ du parcours à vélo.

Il effectue le reste du parcours en course à pied.

Quelle distance en kilomètres parcourt-il en course à pied ?

Application

Lily doit parcourir 400 mètres pour se rendre à l'école. Elle a déjà fait les trois quarts du chemin.

Quelle distance a-t-elle parcourue ?

Problème 1

Louna a 24 images.
Elle donne le tiers de ses images à Charline.

Combien d'images donne-t-elle à Charline ?

Problème 2

Ali a lu un dixième des livres de la bibliothèque de la classe. Il en a lu 18.

Combien y a-t-il de livres dans la bibliothèque de la classe ?

Problème 3

Dans l'immeuble de Louane, il y a 40 fenêtres.
Elle a compté que $\frac{3}{4}$ des fenêtres sont fermées.

Combien de fenêtres sont ouvertes ?

Problème 4

Pauline a dépensé les deux tiers de l'argent que lui a donné sa tante.
Elle a dépensé exactement 10 euros.

Quelle somme sa tante lui a-t-elle donnée ?

Problème 5

Lily lit un journal de 20 pages.
Elle a déjà lu 4 pages.

Quelle fraction du journal a-t-elle déjà lue ?

Problème 6

Lily et Tom participent à une course cycliste.
Lily a déjà parcouru la moitié du parcours et Tom les $\frac{6}{10}$ de ce parcours.

À cet instant de la course, qui a parcouru la plus grande distance ?

Problème 7

Sachant qu'un verre contient $\frac{1}{5}$ d'une bouteille, **combien faudra-t-il de bouteilles pour remplir 23 verres ?**

28 Quadrilatères

Reconnaitre des quadrilatères particuliers

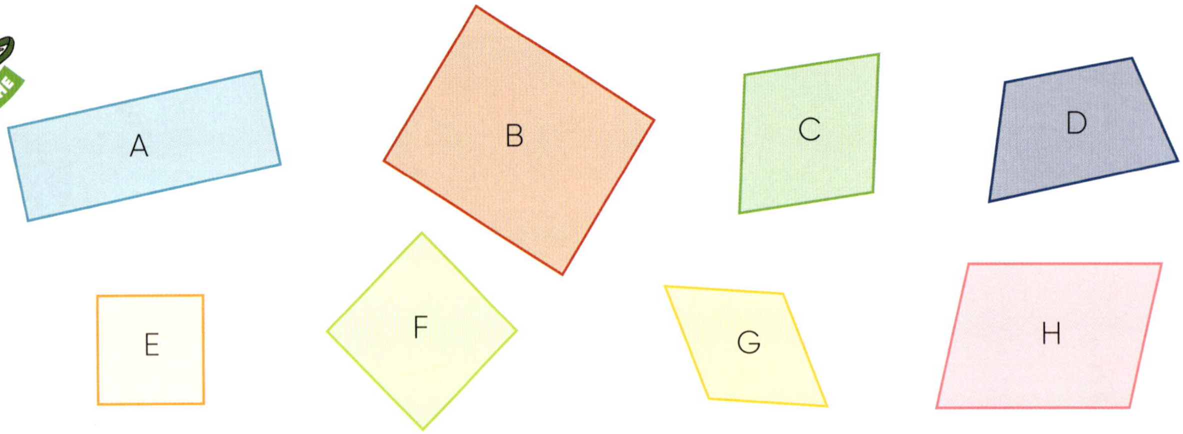

1 Utilise tes instruments de géométrie pour répondre aux questions.

Parmi tous ces quadrilatères, quels sont

a. les rectangles ? b. les carrés ? c. les figures qui ont 4 côtés de même longueur ?

2 ★ Ce quadrilatère est-il un losange ?

Utilise tes instruments de géométrie pour répondre.
Indique ce que tu as vérifié.

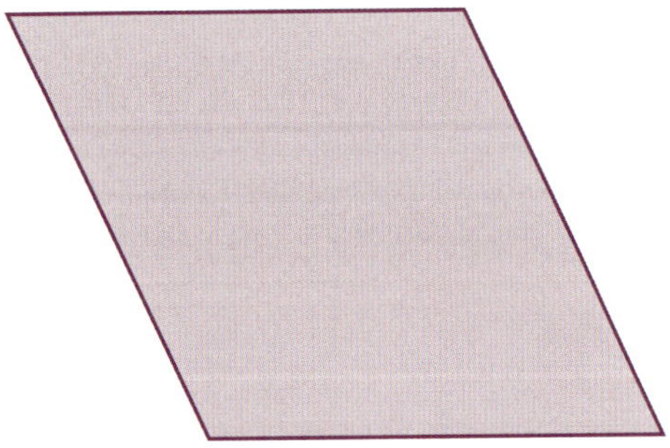

3 ★ En utilisant uniquement ton compas, identifie les losanges.

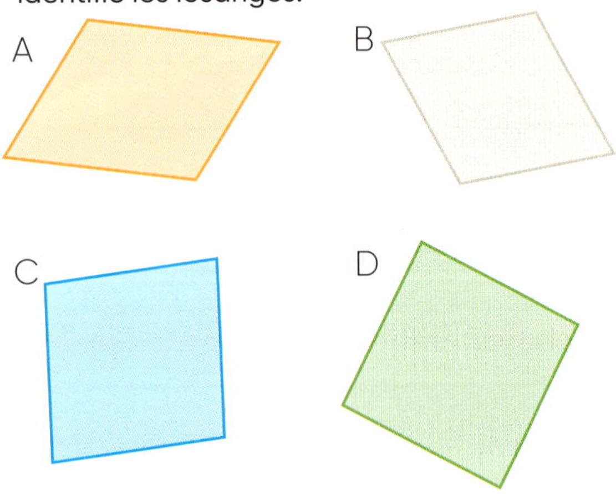

4 ★★ Dans cet assemblage de figures, il y a un carré et un losange.

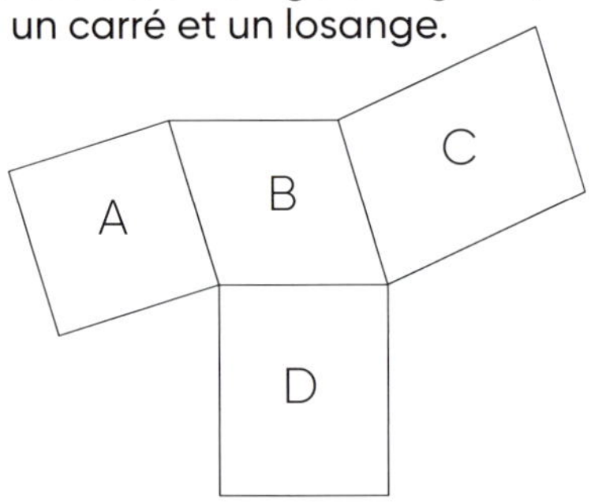

En t'aidant de tes instruments de géométrie, identifie

a. la figure qui est un carré. Écris les propriétés qui t'ont permis de reconnaitre le carré.

b. la figure qui est un losange. Écris les propriétés qui t'ont permis de reconnaitre le losange.

5 ★★ Parmi tous ces quadrilatères tracés à main levée, quels sont

a. les rectangles ? b. les carrés ? c. les losanges ?

Figure 1

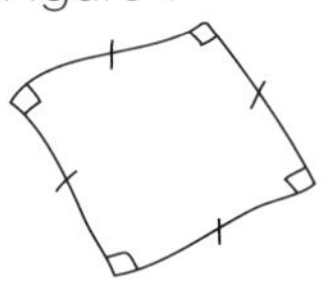

Figure 3

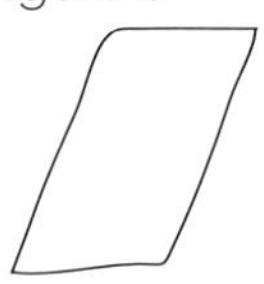

Figure 5

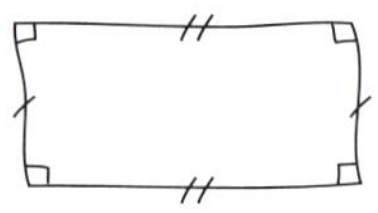

Figure 2

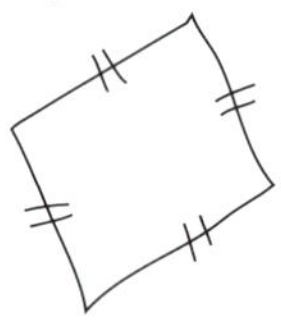

Figure 4

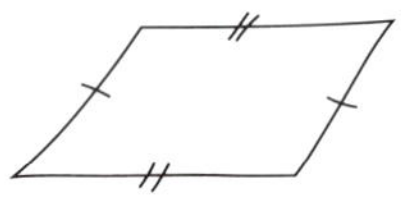

Figure 6

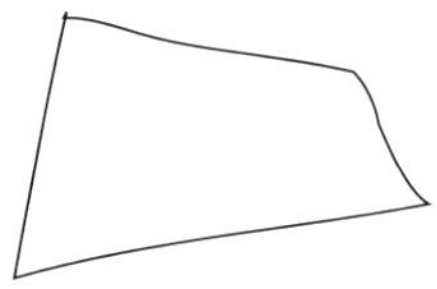

6 Tom veut reproduire la figure R en utilisant les pièces ci-contre.

Figure R

2 pièces n°1

2 pièces n°2

Pièce n°3

Pièce n°5

2 pièces n°4

a. Quelles pièces doit-il choisir pour obtenir la figure R en utilisant le moins de pièces possible ?

b. Quelles pièces doit-il choisir pour obtenir la figure R en utilisant exactement 5 pièces ?

c. Quelles pièces doit-il choisir pour obtenir la figure R en utilisant exactement 3 pièces ?

7 Parmi les phrases proposées, recopie celles qui sont vraies.

a. La figure est composée d'un rectangle et d'un carré.

b. La figure est composée d'un rectangle et d'un losange.

c. Le point G est le milieu du côté [CD].

d. Le point G est un sommet du losange.

e. Les sommets du rectangle sont les milieux des côtés du losange.

f. Les sommets du losange sont les milieux des côtés du rectangle.

g. Les segments [EF] et [GH] ont même longueur.

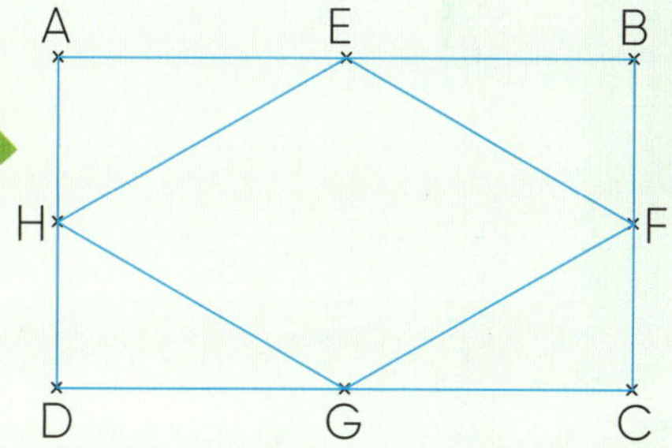

8 Reproduis la figure de l'exercice 7 sur papier uni en l'agrandissant. Le rectangle agrandi doit avoir une largeur de 5 cm et une longueur de 9 cm.

Décrire une figure complexe

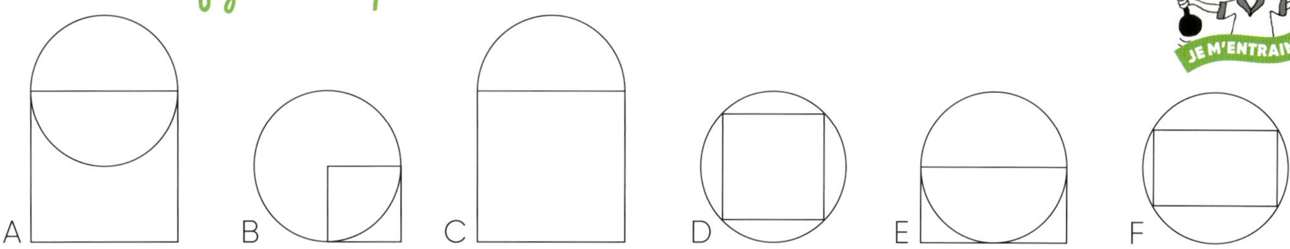

9 ★ Associe les figures aux descriptions qui correspondent.

a. La figure est composée d'un cercle et d'un carré. Le cercle passe par les quatre sommets du carré.

b. La figure est composée d'un cercle et d'un carré. Un diamètre du cercle est un côté du carré.

c. La figure est composée d'un cercle et d'un carré. Deux rayons du cercle sont des côtés du carré.

d. La figure est composée d'un cercle et d'un rectangle. Le cercle passe par les quatre sommets du rectangle.

10 ★★ Écris la description des figures C et E sans donner d'indication de mesures.

Aide-toi de la liste de mots ci-dessous.

carré	cercle	milieu
losange	demi-cercle	segment
rectangle	côté	intérieur
triangle	sommet	extérieur
rayon	diamètre	

28 Quadrilatères

Je sais reconnaître des quadrilatères particuliers.

Pour chaque question, trouve la ou les bonnes réponses parmi celles proposées.

	a	b	c
1 Le codage indique que la figure A est un…	**carré**	**rectangle**	**losange**
2 Le codage indique que la figure B est un…	**carré**	**rectangle**	**losange**
3 Le codage indique que la figure C est un…	**carré**	**rectangle**	**losange**
4 Un rectangle…	**est un quadrilatère.**	**a 4 angles droits.**	**a 4 côtés de même longueur.**
5 Un carré…	**est toujours un rectangle.**	**a 4 angles droits.**	**est toujours un losange.**
6 Un losange…	**peut être un carré.**	**a un angle droit.**	**a 4 côtés de même longueur.**

11 ★ Repasse en couleur les côtés d'un carré.

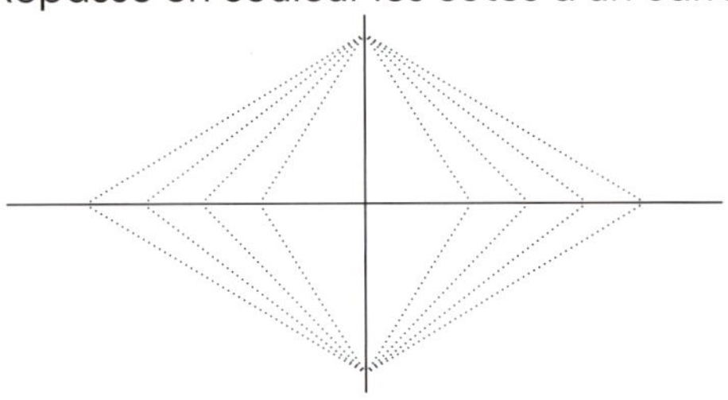

12 ★★ Repasse en couleur les côtés d'un losange.

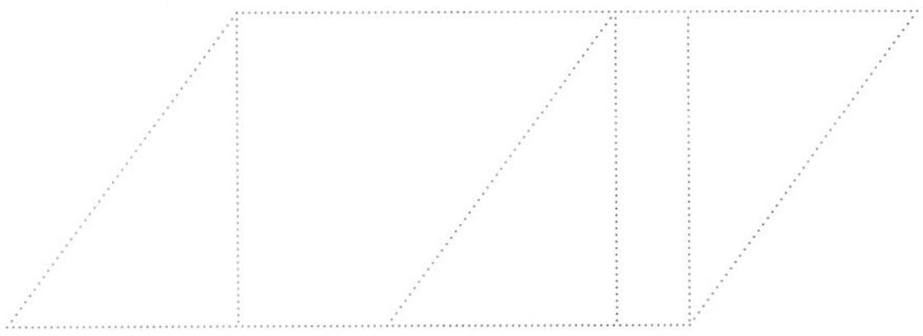

13 ★★★ Repasse en bleu les côtés d'un losange et en rouge les côtés d'un carré.

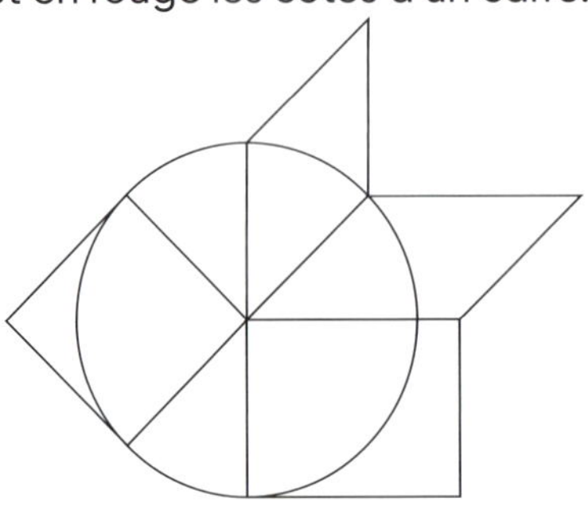

14 ★★★ Voici quatre quadrilatères.

Trouve le quadrilatère qui correspond à la description ci-dessous.

- Il a deux côtés parallèles.
- Il a deux côtés de même longueur.
- Il n'a pas d'angle droit.

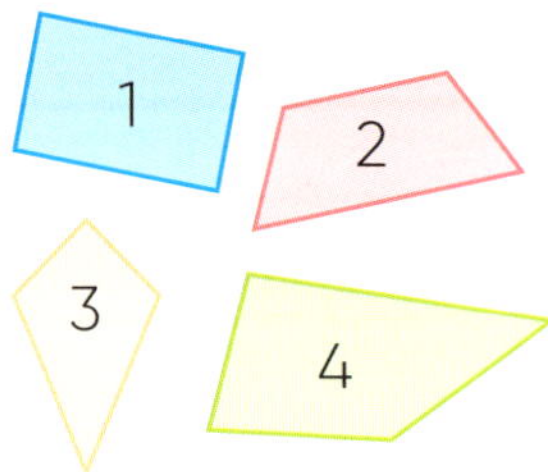

15 ★★ Cet assemblage est composé de quadrilatères juxtaposés. Utilise le codage pour répondre aux questions.

Quels quadrilatères sont :

a. des rectangles ?

b. des carrés ?

c. des losanges ?

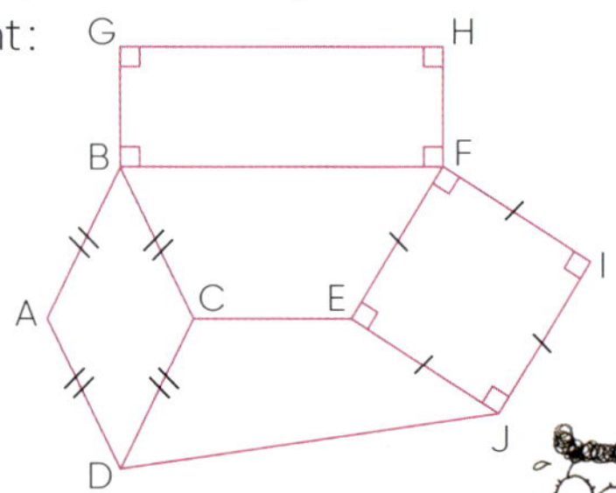

Trouve combien il y a de rectangles dans cette figure.

Flash maths 28

Cercle et disque

1 Lily joue aux fléchettes avec la cible ci-dessous.

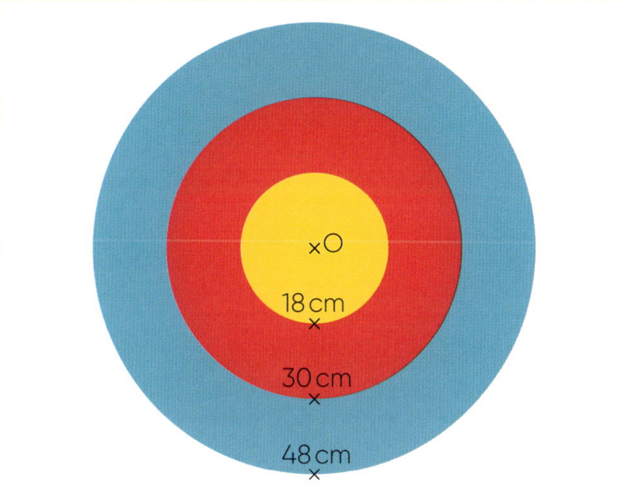

Sa fléchette arrive à 12 cm de O.

Indique la couleur de la zone où se trouve sa fléchette.

Fractions

2 Tom a 300 images d'animaux.
Il en a déjà placé un dixième dans son album.
Combien d'images a-t-il placées ?

a. 10 b. 30 c. 1 d. 300

Droite graduée

3 Parmi ces nombres, lesquels correspondent au repère indiqué par la flèche ?

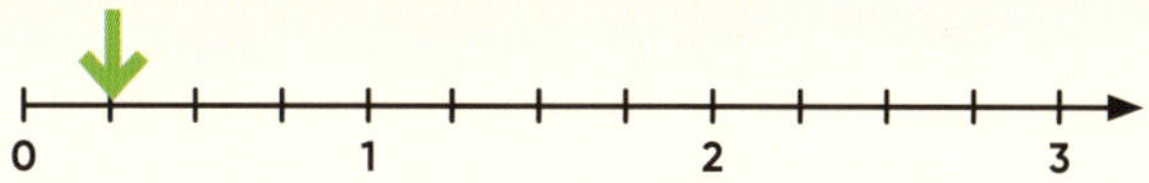

a. $\frac{1}{2}$ b. 0,1 c. 25 centièmes d. $\frac{1}{4}$ e. 0,25

Proportionnalité

4 Un cinéma propose les tarifs ci-dessous.

Nombre de séances	1	4	12
Prix à payer (en €)	8	24	60

Le prix est-il proportionnel au nombre de séances ?

Multiplication

5 Effectue les opérations.

$$\begin{array}{r} 205 \\ \times\ 27 \\ \hline \end{array} \qquad \begin{array}{r} 136 \\ \times\ 15 \\ \hline \end{array}$$

Calcul 28

Calcul en ligne *Multiplier par 25*

Séance 1

1 Complète par un nombre qui convient.

a. 4 < ...... < 5 b. 48 < ...... < 49 c. 7,8 < ...... < 7,9

2 Résous les problèmes.

Une piscine mesure 25 mètres de long.

a. Une nageuse effectue 8 longueurs.
Quelle distance a-t-elle parcourue ?

b. Un nageur effectue 12 longueurs.
Quelle distance a-t-il parcourue ?

c. Laura effectue 32 longueurs.
Quelle distance a-t-elle parcourue ?

d. Tom effectue 24 longueurs.
Quelle distance a-t-il parcourue ?

Séance 2

3 Complète par un nombre qui convient.

a. 4,2 < ...... < 4,3 c. 13,08 < ...... < 13,1
b. 5,97 < ...... < 6

4 Calcule.

a. 4 x 25 c. 20 x 25 e. 25 x 10
b. 25 x 16 d. 40 x 25

Séance 3

5 Complète par un nombre qui convient.

a. 0,01 < ...... < 0,05 c. 99 < ...... < 100
b. 20,4 < ...... < 21

6 Calcule.

a. 36 x 25 c. 20 x 25 e. 25 x 21
b. 25 x 400 d. 9 x 25

Séance 4

7 Complète par un nombre qui convient.

a. 0,5 < ...... < 0,6 c. 7 < ...... < 8
b. 1,04 < ...... < 1,08

8 Résous les problèmes.

a. Un dictionnaire coute 25 €.
Combien coutent 12 dictionnaires ?

b. Madame Laposte est factrice.
Elle parcourt 25 km chaque jour.
Quelle distance parcourt-elle en 120 jours ?

c. Un tour de piste d'athlétisme mesure 400 m.
Quelle distance est parcourue en 25 tours ?

9 Calcule.

a. 28 x 25 c. 11 x 25 e. 25 x 80
b. 25 x 800 d. 101 x 25

Atelier problèmes 28

Résoudre des problèmes relevant de la proportionnalité (5)

Découverte Le puzzle

Agrandis les 3 pièces de ce puzzle de sorte que les segments mesurant 2 cm mesurent finalement 6 cm.

Application Voici une photo de mon chat Félix.

Cette photo est un rectangle de 4 cm de largeur et de 6 cm de longueur. Je veux l'agrandir de manière proportionnelle de sorte que la largeur mesure 20 cm.

Quelle sera la longueur de la nouvelle photo ?

Problème 1

Lilou veut agrandir ce triangle de sorte que le côté qui mesure 5 cm mesure finalement 15 cm.

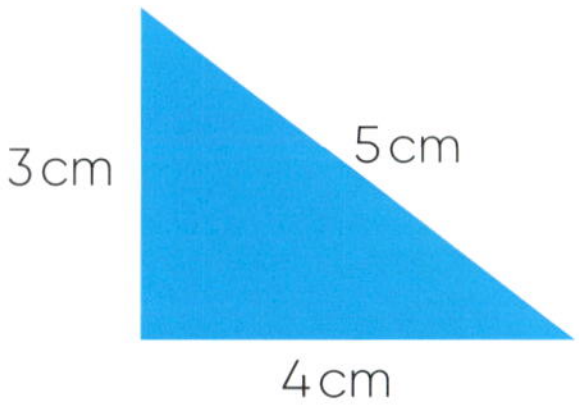

Complète le croquis du triangle agrandi avec les longueurs des côtés qui manquent.

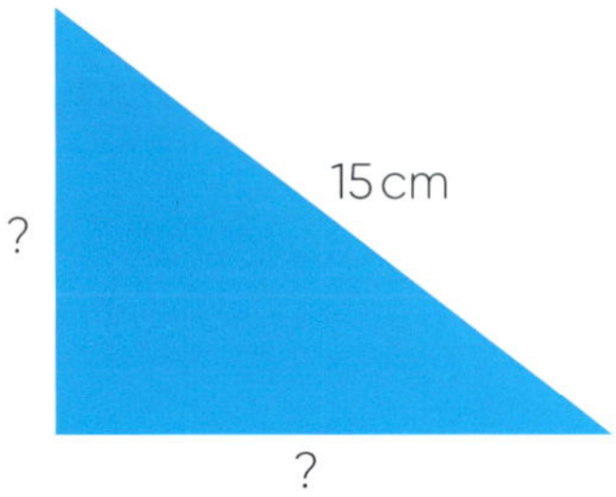

Problème 2

Voici le schéma que Tom a réalisé pour pouvoir réduire un rectangle.

Calcule la largeur du rectangle réduit.

Problème 3

Un pâtissier a préparé le *Petit-beurre* ci-dessous.

Il veut préparer un *Petit-beurre* agrandi dont la largeur mesurera 216 mm.

Quelle sera sa longueur ?

Problème 4

Voici les dimensions de la Maserati 250F 1 Fangio de 1957 et de son modèle réduit.

Photo de la voiture

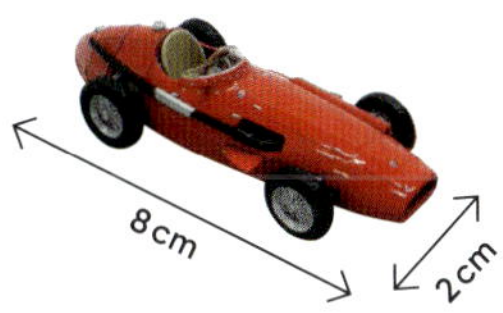

Modèle réduit

Calcule la dimension manquante sur la photo de la voiture.

29 Reproduction de figures

Analyser une figure complexe

1 Termine la reproduction de la figure modèle en la réduisant et en utilisant seulement une règle non graduée.

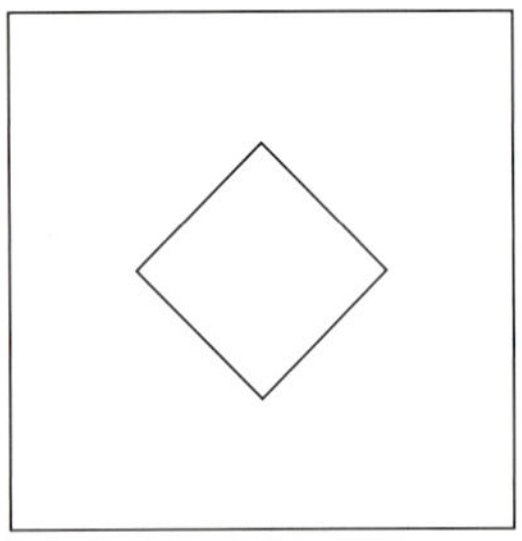

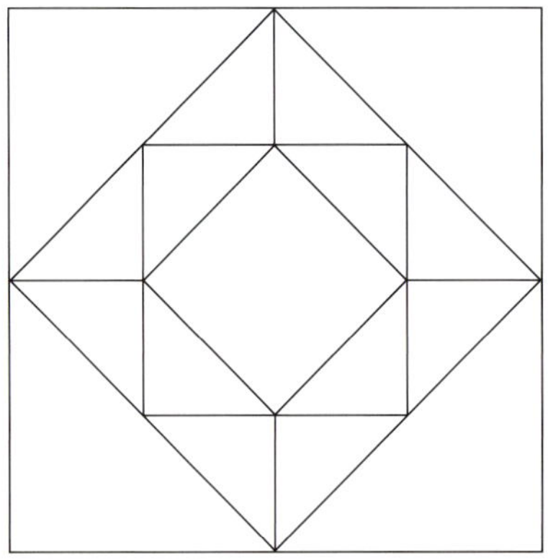

modèle

2 ★★ Termine la reproduction de la figure modèle en utilisant seulement une règle non graduée. Tu dois obtenir un agrandissement de cette figure sur le papier quadrillé.

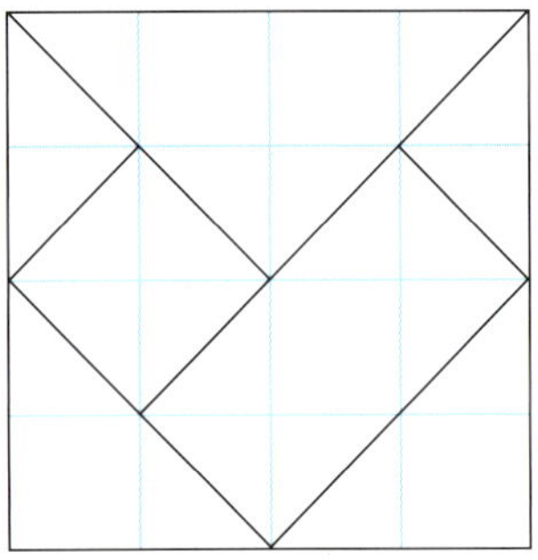

modèle

3 ★★★ Termine la reproduction de la figure modèle en utilisant seulement une règle non graduée. Tu dois obtenir un agrandissement de cette figure sur du papier uni.

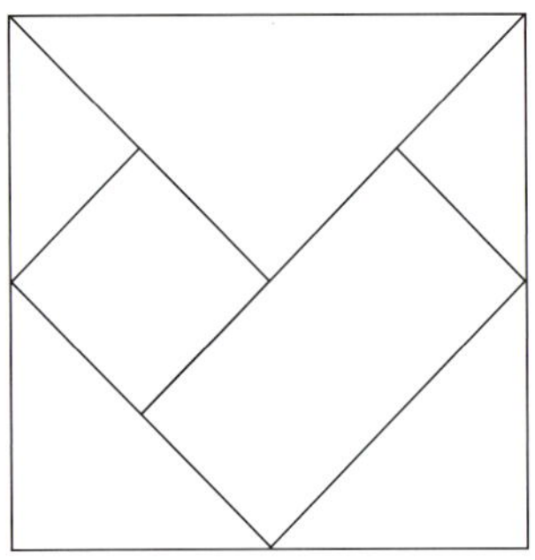

modèle

Élaborer une stratégie de reproduction

4 Termine la reproduction de la figure modèle en utilisant seulement une règle non graduée. Tu dois obtenir un agrandissement de cette figure.

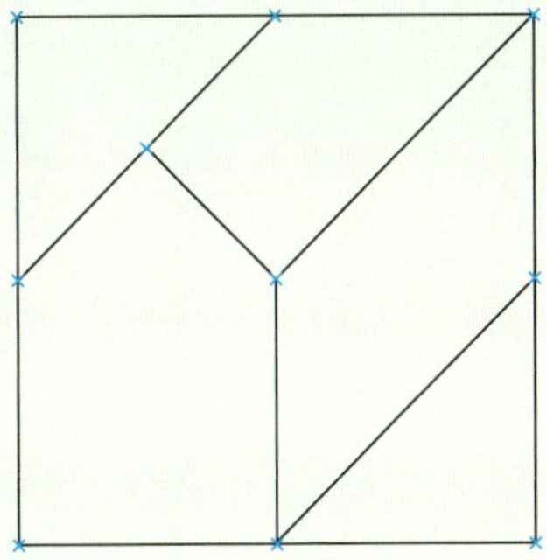

modèle

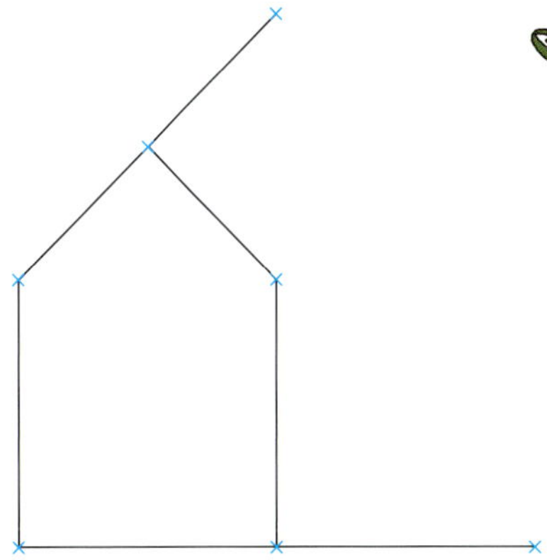

5 ★★ Termine la reproduction de la figure en utilisant seulement une règle non graduée. Tu dois obtenir un agrandissement de cette figure.

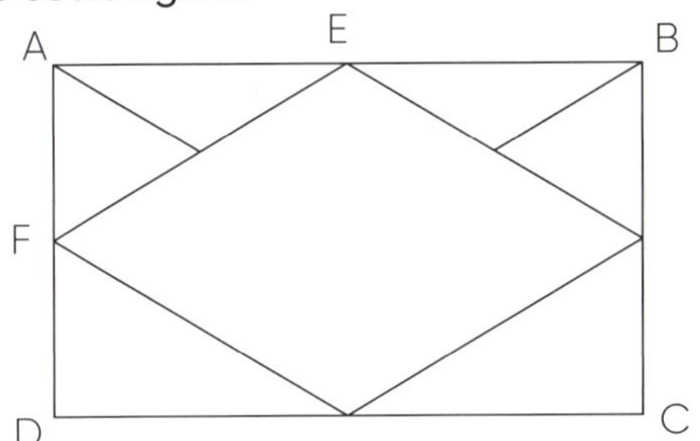

modèle

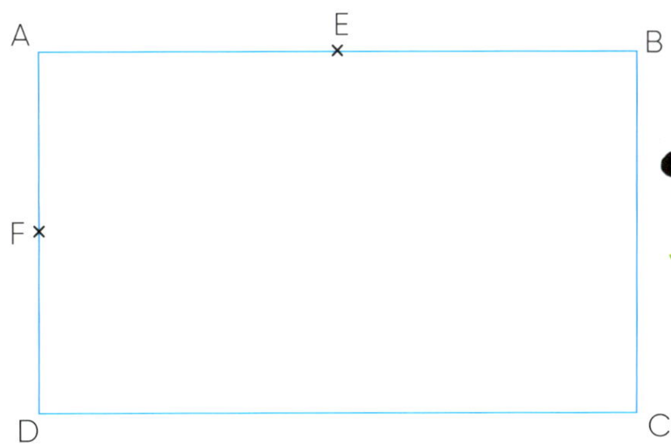

6 ★★★ Termine la reproduction de la figure à l'identique en utilisant seulement une règle non graduée et un compas.

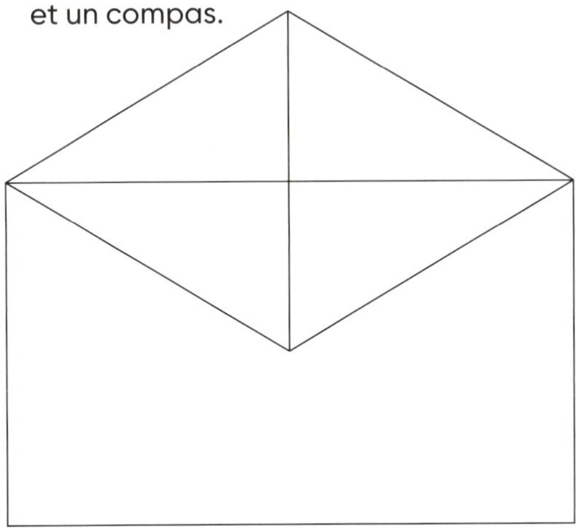

modèle

Agrandir, réduire une figure

7 Avec les instruments de géométrie de ton choix, reproduis la figure modèle sur papier uni en doublant toutes les dimensions.

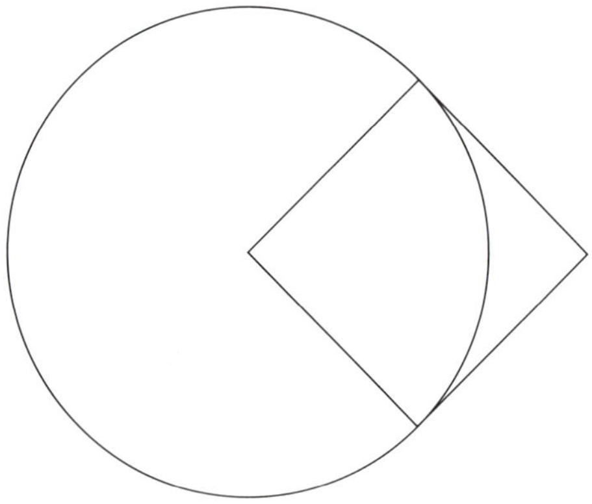

8 ★★ Avec les instruments de géométrie de ton choix, reproduis cette figure sur papier uni en la réduisant. Le rectangle doit avoir une largeur de 1,5 cm et une longueur de 3 cm.

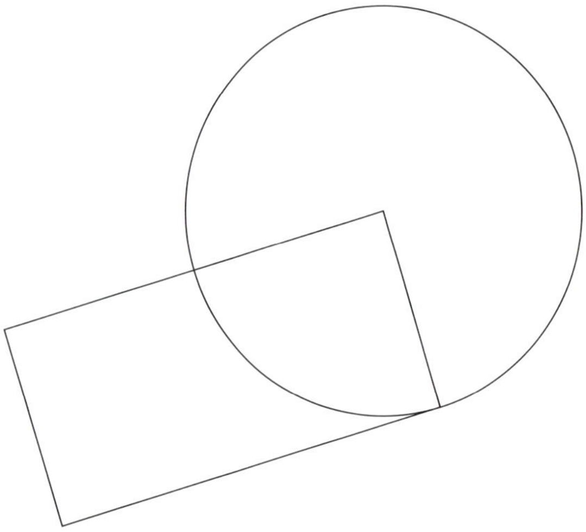

Je sais reproduire des figures complexes.

Avec les instruments de géométrie de ton choix, reproduis cette figure sur papier uni.
Tu dois obtenir une figure identique.

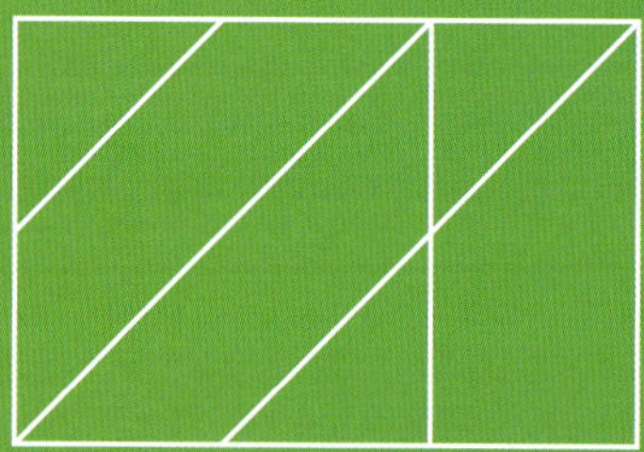
modèle

Construis la figure à taille réelle. Tous les arcs de cercle représentés sont des demi-cercles.

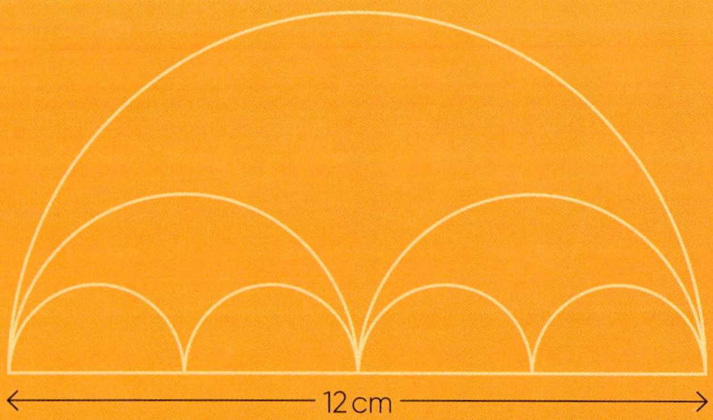

Flash maths 29

Nombres décimaux

1 Alim achète un croissant et un pain au chocolat.
Quel est le montant de ses achats ?

2 Alim paye avec un billet de 5 €.
Combien doit-on lui rendre ?

Fractions

3 Inna a 24 billes. Elle donne le quart de ses billes à Amina.
Combien de billes donne-t-elle à Amina ?

a. 96 b. 4 c. 6 d. 12

Droite graduée

4 **Parmi ces nombres, lesquels correspondent au repère indiqué par la flèche ?**

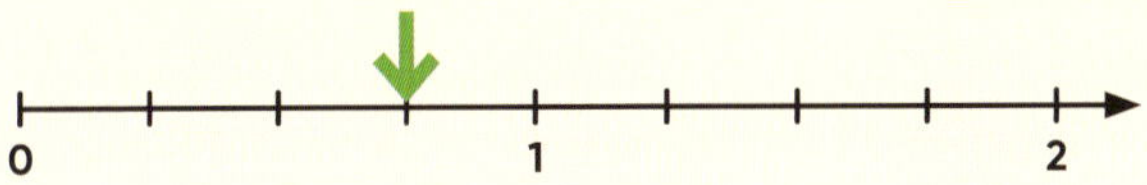

a. $\frac{1}{4}$ b. 0,75 c. $\frac{3}{4}$ d. 0,95

Proportionnalité

5 Il faut 6 œufs pour préparer de la mousse au chocolat pour 9 personnes.

Combien d'œufs faut-il si je veux faire cette mousse au chocolat

a. pour 3 personnes ?
b. pour 6 personnes ?
c. pour 12 personnes ?

Multiplication

5 **Effectue les opérations.**

$$\begin{array}{r} 784 \\ \times\ 49 \\ \hline \end{array} \qquad \begin{array}{r} 850 \\ \times\ 723 \\ \hline \end{array}$$

Calcul 29

Calcul mental *Connaitre les tables de multiplication*
Calcul en ligne *Calculer de façon astucieuse le produit de 3 ou 4 nombres*

Séance 1

1 Encadre chaque nombre par deux nombres entiers qui se suivent.

a. .... < 2,7 < ....
b. .... < 8,06 < ....
c. .... < 0,87 < ....

2 Complète.

a. 3 x .... = 27
b. 48 : 6 = ...
c. Dans 63 combien de fois 7 ? ....
d. 5 x 9 = ...
e. 30 : 5 = ...
f. .... x 9 = 72
g. Dans 56 combien de fois 8 ? ....
h. 40 : .... = 5

3 Calcule de façon astucieuse.

a. 2 x 37 x 5
b. 2 x 78 x 5
c. 5 x 4 x 6 x 2
d. 9 x 2 x 8 x 5
e. 7 x 5 x 7 x 2
f. 30 x 5 x 4 x 2

Séance 2

4 Encadre chaque nombre par deux nombres entiers qui se suivent.

a. .... < 106,75 < ....
b. .... < 199,6 < ....
c. .... < 1,59 < ....

5 Complète.

a. 42 = 6 x ....
b. 54 : 9 = ...
c. Dans 27 combien de fois 9 ? ....
d. 8 x 8 = ...
e. 24 : 8 = ...
f. .... x 4 = 36
g. Dans 49 combien de fois 7 ? ....
h. 32 : .... = 8

6 Calcule de façon astucieuse.

a. 50 x 6 x 2 x 8
b. 2 x 3 x 7 x 500
c. 3 x 20 x 4 x 5
d. 200 x 6 x 8 x 5
e. 7 x 50 x 8 x 20
f. 2 x 4 x 2 x 7 x 5 x 5

Séance 3

7 Complète avec des nombres qui conviennent.

a. 4 < .... < .... < 5
b. 24 < .... < .... < 25

8 Calcule de façon astucieuse.

a. 4 x 9 x 25
b. 7 x 25 x 3 x 4
c. 4 x 5 x 9 x 25
d. 4 x 6 x 250
e. 40 x 23 x 25
f. 2 x 4 x 7 x 250

Séance 4

9 Complète avec des nombres qui conviennent.

a. 1,5 < .... < .... < 1,6
b. 0,49 < .... < .... < 0,54

10 Calcule de façon astucieuse.

a. 2 x 4 x 5 x 25
b. 50 x 25 x 2 x 4
c. 4 x 13 x 25
d. 4 x 3 x 5 x 250
e. 16 x 25 x 25
f. 4 x 7 x 2 500

11 Résous les problèmes.

a. Dans un camion, on a chargé 24 caisses de 25 kg.
Quelle est en kilogrammes la masse totale de ce chargement ?

b. Un menuisier a besoin de 25 vis pour fabriquer une armoire.
Combien de vis lui faudra-t-il pour fabriquer 16 armoires ?

c. Une bande dessinée coute 12 €.
Combien paiera une libraire qui en achète 25 ?

d. Isabelle est factrice. Elle parcourt 25 km chaque jour du lundi au vendredi et 17 km le samedi.
Quelle distance la factrice parcourt-elle au cours d'une semaine ?

Atelier problèmes 29

Résoudre des problèmes complexes (1)

Découverte La trottinette

Une trottinette coute 128 euros. La trottinette coute quatre fois plus cher que le casque.
Madame Liam a acheté une trottinette et un casque pour son fils.

Combien Madame Liam a-t-elle payé ?

Problème 1

Madame Cavaillon a récolté 245 melons aujourd'hui. Malheureusement, $\frac{1}{7}$ de ces melons sont abimés et ne pourront pas être vendus.

Combien de melons Madame Cavaillon pourra-t-elle vendre ?

Problème 2

Un groupe composé de 27 enfants et de 3 adultes va assister à un spectacle de cirque.
Le groupe a payé 192 € en tout.
Le prix d'entrée pour un adulte est de 10 €.

Quel est le prix d'entrée pour un enfant ?

Problème 3

Une vache pèse 150 kg de plus qu'un chien.
Une chèvre pèse 130 kg de moins que la vache.
Ensemble, les animaux pèsent 410 kg.

Combien le chien pèse-t-il ?

Problème 4

Trois enfants ont ramassé des coquillages sur la plage.
Zoé a ramassé 20 coquillages de plus qu'Ali.
Lola a ramassé 15 coquillages de moins que Zoé.
Au total, ils ont ramassé 70 coquillages.

Quel est le nombre de coquillages ramassés par Ali ?

30 Durées

Résoudre des problèmes de durée

1 Pour s'entrainer à la course longue, Kenza a couru pendant 3 min 25 s et Leïla pendant 310 s.

Qui a couru le plus longtemps ?

Combien de temps a-t-elle couru en plus ?

2 ★ Voici la durée de 4 films pour enfants.
Range ces durées dans l'ordre croissant.

La tortue rouge	Le voyage de Chihiro	Monstres & Cie	Le livre de la jungle
1 h 20 min	125 min	92 min	4680 s

3 ★ Loïc et Boris ont participé à l'épreuve du 200 km de L'Infernal Trail des Vosges.
Voici leur temps de course.

Boris	1 j 10 h 36 min
Loïc	33 h 07 min

Quel coureur a mis le moins de temps pour parcourir les 200 km ?

4 ★★ Un film commence à 20 h 56. Il dure 1 h 50 min.
À quelle heure ce film se terminera-t-il ?

5 Trouve l'heure d'arrivée de chaque train.

a. ★

Nantes - Rennes	
Départ	8 h 25
Durée	1 h 15 min
Arrivée	....

b. ★★

Strasbourg - Lyon	
Départ	18 h 09
Durée	4 h 56 min
Arrivée	....

c. ★★

Paris - Lille	
Départ	17 h 52
Durée	1 h 16 min
Arrivée	....

b. ★★

Marseille - Toulon	
Départ	6 h 19
Durée	48 min
Arrivée	....

6 ★★ Il est 6 heures 55 minutes et 38 secondes.
Quelle heure sera-t-il dans :

a. 5 min ? b. 1 h 5 min ? c. 4 min 22 s ?

7 ★ Sophie part de chez elle à 8 h 30.
Elle met une demi-heure pour aller travailler et un quart d'heure pour se garer.
À quelle heure quitte-t-elle sa voiture ?

8 ★★ La séance de cinéma commence à 14 h 50 et se termine à 16 h 20.
Quelle est la durée de cette séance de cinéma ?

9 ★★ **Combien de temps dure le trajet de chaque train ?**

a. ★

Paris - Marseille	
Départ	20 h 20
Durée	....
Arrivée	23 h 40

b. ★★

Dijon - Rennes	
Départ	9 h 31
Durée	....
Arrivée	14 h 07

c. ★★

Paris - Lyon	
Départ	17 h 52
Durée	....
Arrivée	20 h

d. ★★

Nancy - Metz	
Départ	6 h 29
Durée	....
Arrivée	7 h 12

10 ★ **Quelle est la durée écoulée**
a. entre 14 h et 14 h 40 ?
b. entre 9 h 30 et 10 h ?
c. entre 18 h 25 et 19 h ?
d. entre 2 h 35 et 3 h ?

11 ★★ **Quelle est la durée écoulée**
a. entre 4 h 40 et 5 h 20 ?
b. entre 11 h 25 et 12 h 20 ?
c. entre 16 h 05 et 17 h 25 ?
d. entre 7 h 45 et 8 h 55 ?

12 ★★ Un ferry part de Nice à 22 h 15 et arrive le lendemain matin à Bastia à 11 h.
Quelle est la durée de la traversée ?

13 ★★★ Au marathon de Paris, le vainqueur a réalisé un temps de 2 h 7 min 5 s.
Le coureur arrivé à la 800e place a réalisé un temps de 2 h 55 min 1 s.
Quel écart de temps sépare ces deux coureurs ?

14 ★★★ Une séance de cinéma finit à 17 h 40.
Le film a duré 1 heure et 23 minutes.
À quelle heure le film a-t-il débuté ?

15 ★★★ En TGV, le trajet Paris-Lyon dure 2 heures et 8 minutes.
À quelle heure le TGV qui arrive à Lyon à 19 h 02 est-il parti ?

16 ★★★ Ce matin, Lola s'est réveillée à 7 h 15.
Cette nuit, elle a dormi pendant 9 h 45 min.
À quelle heure s'est-elle endormie ?

17 ★★★ **Le bus met-il toujours le même temps pour effectuer le trajet entre la place de la République et la mairie ?**

BUS 24

Place de la République		Mairie
10 h 19	→	10 h 43
11 h 45	→	12 h 10
17 h 25	→	17 h 57

30 Durées

Je sais résoudre des problèmes de durée.

Pour chaque question, trouve la ou les bonnes réponses parmi celles proposées.

	a	b	c
1 Il est… 	10 h 9 min 23 s	10 h 23 min 9 s	21 h 9 min 23 s
2 2 h et 35 minutes, c'est…	235 min	155 min	215 min
3 5 min et 40 secondes, c'est…	540 s	45 s	340 s
4 1 h, c'est…	100 s	3 600 s	360 s
5 Un film qui commence à 20 h 40 et qui se termine à 22 h dure…	1 h 20 min	2 h 40 min	2 h 20 min
6 Un film qui commence à 15 h 10 et dure 1 h 55 se termine à…	17 h 05	17 h 55	16 h 45
7 Un film qui se termine à 17 h a duré 1 h 35. Il a commencé à…	16 h 35	18 h 35	15 h 25
8 35 min + 45 min + 18 min =	98 min	85 min	1 h 38 min

18 ★ Anita prend son vélo à 10 h 30.
Elle roule pendant 4 heures et 45 minutes.
À quelle heure s'arrête-t-elle ?

19 ★★ Léo joue deux morceaux de musique à la fête de l'école.
Le premier morceau de musique dure 2 min 23 s et le second 3 min 58 s.
Quelle est la durée totale de ces deux morceaux ?

20 ★★ Le 2 mai, le soleil s'est levé à 6 h 28 et s'est couché à 21 h 08.
Quelle a été la durée du jour ?

21 ★★★ Lors d'un marathon, Mélanie franchit la ligne d'arrivée à 17 h 09.
Elle a parcouru les 42 km 195 m en 2 h 23 min.
À quelle heure le départ a-t-il été donné ?

Flash maths 30

Nombres décimaux

1 Sofia achète un pain au raisin et un croissant.
Quel est le montant de ses achats ?

2 Sofia paye avec un billet de 10 €.
Combien doit-on lui rendre ?

Ordre de grandeur

3 Lily achète une brioche à 6,85 €
et une bouteille de jus de pommes à 3,25 €.
Combien va-t-elle payer ?
Donne le meilleur ordre de grandeur parmi les cinq proposés.

a. 8 € b. 10 € c. 11 € d. 15 € e. 20 €

Droite graduée

4 Parmi ces nombres, lesquels correspondent au repère indiqué par la flèche ?

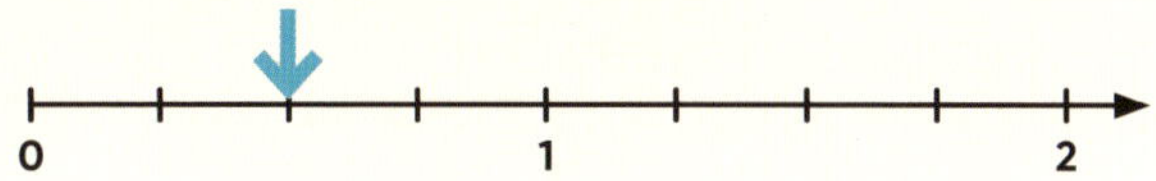

a. $\frac{1}{2}$ b. 0,5 c. $\frac{2}{4}$ d. 0,25

Proportionnalité

5 Un basketteur a marqué 4 paniers en 5 minutes.
Peut-on en déduire le nombre de paniers qu'il marquera en 40 minutes ?

Fractions

6 Calcule.

Quel est le quart de 80 ?

Quel est le tiers de 66 ?

Quel est le quart de 100 ?

Quel est le tiers de 120 ?

Calcul **30**

Calcul mental *Mobiliser les tables de multiplication*
Calcul en ligne *Décomposer un nombre en produits de facteurs*

Séance 1

1 Écris la suite de cinq nombres en avançant de 0,25 en 0,25 à partir de 0.

2 Écris le nombre 24 de plusieurs façons différentes, sous la forme d'un produit de plusieurs facteurs sans utiliser le nombre 1.

Pour t'aider, tu peux compléter les produits suivants.

24 = ... x ....
24 = ... x .... x ....
24 = ... x .... x .... x ....

3 Le jeu du trio

Un nombre cible est fixé et une grille est proposée. Il faut obtenir le nombre cible en utilisant 3 nombres qui sont alignés dans la grille (en ligne, en colonne ou en diagonale) de la façon suivante : multiplier deux de ces trois nombres puis ajouter ou retrancher le troisième au produit pour obtenir le nombre cible.

Il est à noter que, pour un trio donné, les calculs se font avec les nombres placés dans n'importe quel ordre.

Exemples

6	2	9
8	1	3
7	5	4

4 x 6 + 1 (4 x 6) + 1 = 25

6	2	9
8	1	4
7	5	3

9 x 4 − 3 (9 x 4) − 3 = 33

Trouve un trio qui donne le nombre cible.

6	2	3
1	8	4
7	9	5

Séance 2

4 Écris la suite de cinq nombres en avançant de 0,25 en 0,25 à partir de 9.

5 Écris le nombre 36 de plusieurs façons différentes, sous la forme d'un produit de plusieurs facteurs sans utiliser le nombre 1.

6 Trouve un trio qui donne le nombre cible.

9	2	3
6	5	8
7	1	4

Séance 3

7 Écris la suite de cinq nombres en avançant de 2,5 en 2,5 à partir de 35.

8 Écris le nombre 54 de plusieurs façons différentes, sous la forme d'un produit de plusieurs facteurs sans utiliser le nombre 1.

9 Trouve un trio qui donne le nombre cible.

1	9	6
3	8	7
4	2	5

Séance 4

10 Écris la suite de cinq nombres en avançant de 2,5 en 2,5 à partir de 92,5.

11 Écris le nombre 420 de plusieurs façons différentes, sous la forme d'un produit de plusieurs facteurs sans utiliser le nombre 1.

12 Trouve un trio qui donne le nombre cible.

7	9	3
1	2	6
4	8	5

Atelier problèmes 30

Résoudre des problèmes complexes (2)

Découverte La course

Les $\frac{4}{5}$ des participants d'une course ont déjà terminé, cela représente 92 coureurs.

Combien de coureurs n'ont pas encore terminé la course ?

Problème 1

Les $\frac{3}{4}$ de mes vacances sont déjà passées et il me reste 3 jours de vacances.

Combien de jours de vacances ai-je en tout ?

Problème 2

Youssef a 40 €. Il en utilise les $\frac{2}{5}$ pour s'acheter un livre documentaire sur les châteaux forts.

Combien lui reste-t-il d'argent après son achat ?

Problème 3

Meriem possède un paquet de 126 bonbons. Elle donne deux tiers du paquet à 6 amis qui se les partageront.

Combien de bonbons chacun des amis de Meriem aura-t-il ?

Problème 4

La coopérative de la classe de CM1 veut récolter 1500 € pour financer le séjour en classe de mer.

Elle a déjà récolté $\frac{2}{5}$ du total.

Combien d'euros manque-t-il ?

Problème 5

Ma grand-mère habite à 120 km.

J'ai déjà parcouru les $\frac{5}{6}$ du trajet.

Quelle distance me reste-t-il à parcourir ?

Problème 6

Zoé donne la moitié de ses billes à sa sœur.

Zoé donne ensuite $\frac{1}{4}$ des billes qui lui restent à Léo.

Il lui reste encore 30 billes.

Combien de billes avait-elle au début ?

31 Construction de figures

Construire à main levée une figure à partir d'un schéma

1 a. Observe le dessin à main levée et les codages qui sont placés. Écris la liste de tout ce que tu apprends grâce à ce schéma.

b. Construis la figure 1 en respectant les mesures indiquées.

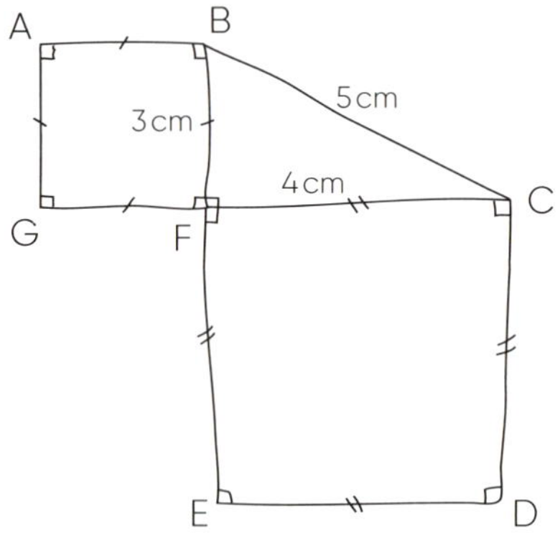

Figure 1

2 Sur ce dessin à main levée, on a représenté un rectangle ABCD et un cercle de centre A qui passe par D. Ce cercle coupe le segment [AB] au point E.

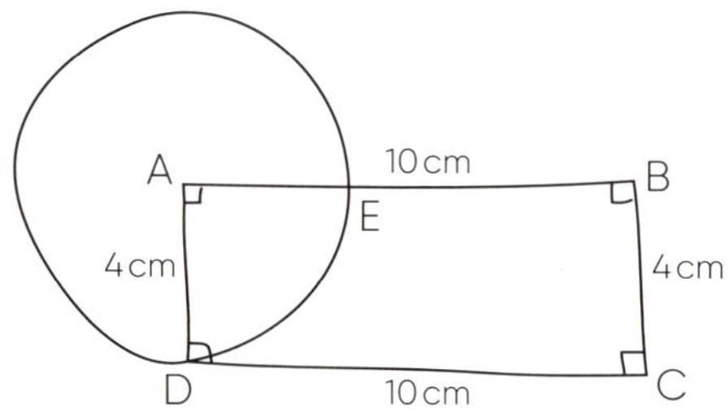

Figure 2

a. Trouve la longueur du segment [EB]. Explique ta réponse.

b. Construis la figure 2 en respectant les mesures indiquées.

3 Observe chaque dessin à main levée et les codages qui sont placés. Construis chaque figure en respectant les mesures indiquées.

a ★

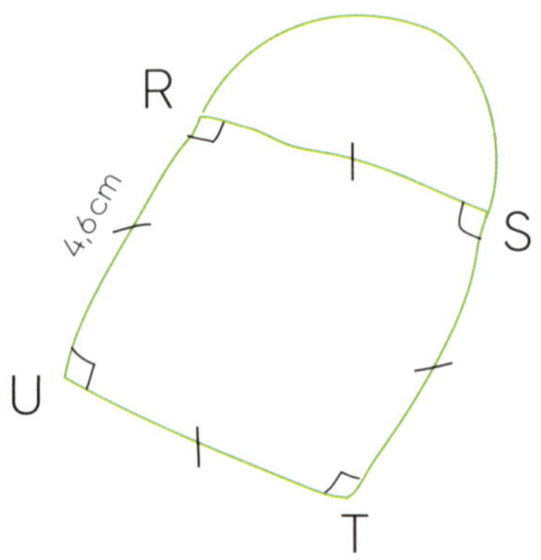

c. ★★

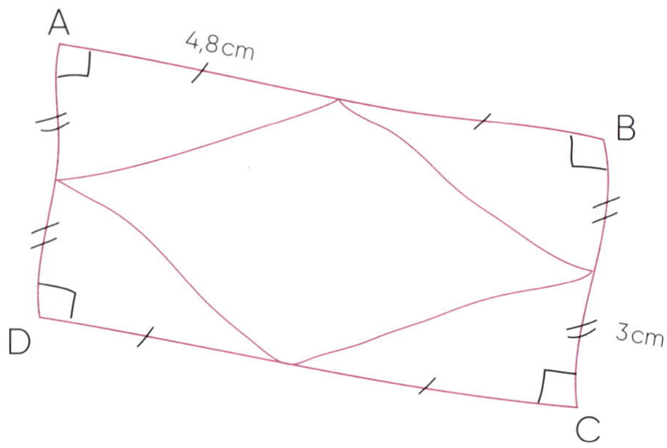

b. ★★

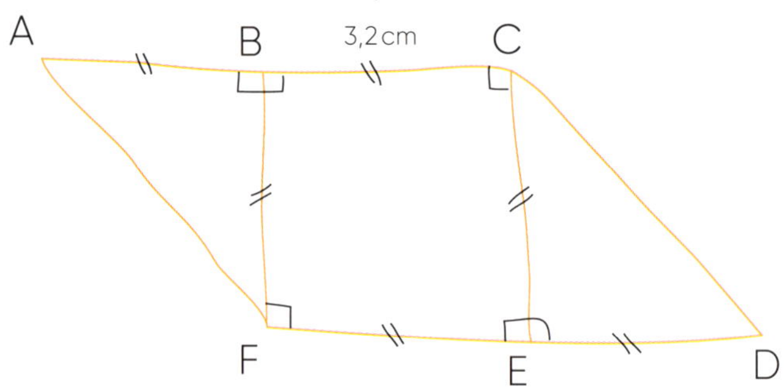

d. ★★★

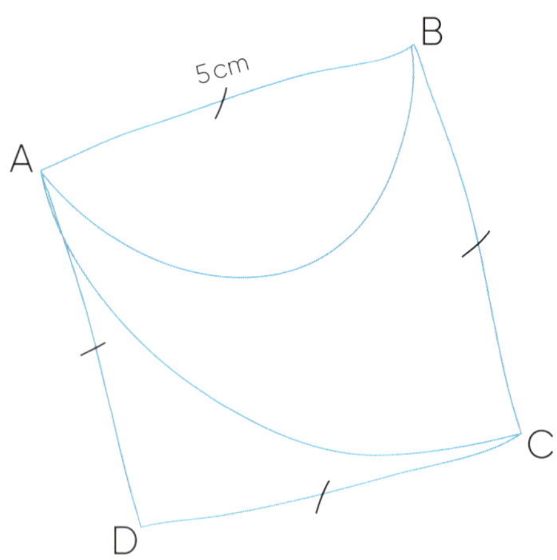

Réaliser un programme de construction

4 **Voici les 3 étapes d'un programme de construction.**

Étape 1. Trace un carré.

Étape 2. Trace les deux diagonales de ce carré.

Étape 3. Trace le cercle ayant pour centre le point d'intersection des deux diagonales du carré et passant par les 4 sommets du carré.

Quelle figure correspond exactement au programme de construction ci-dessus ?

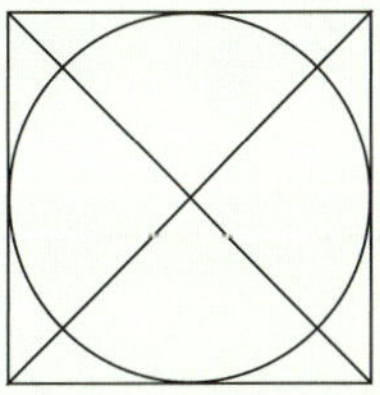
Figure 1

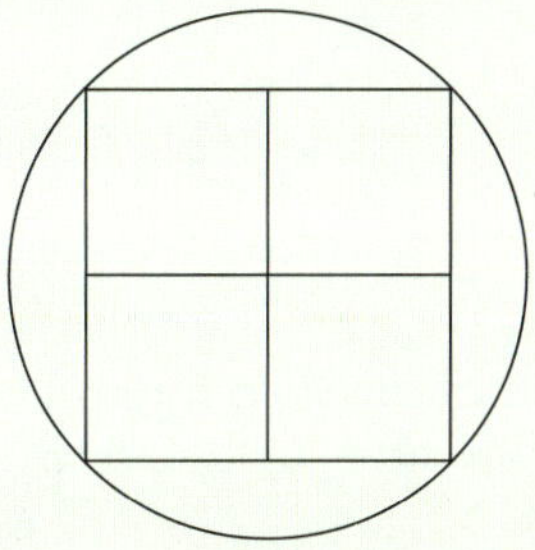
Figure 2

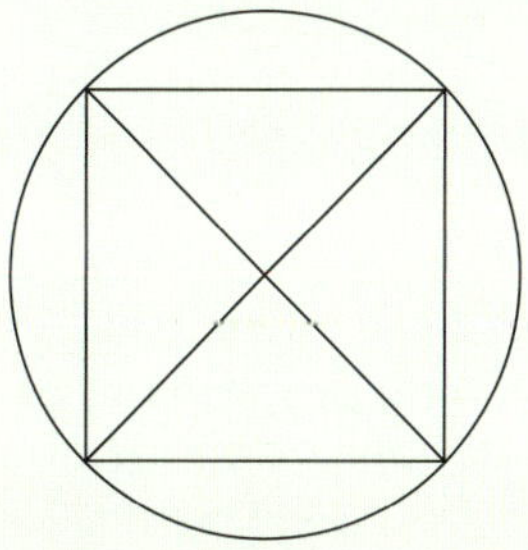
Figure 3

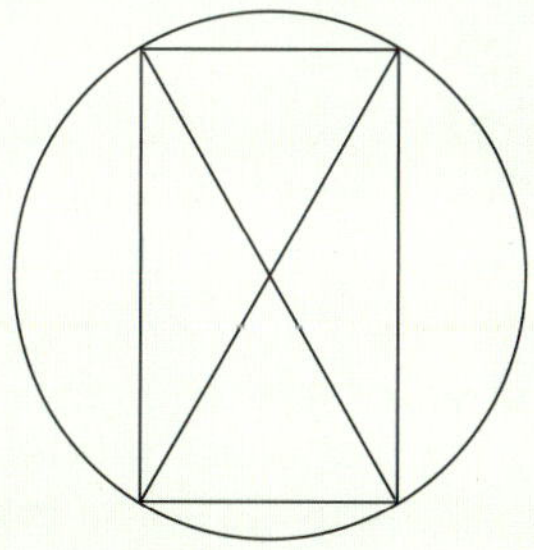
Figure 4

5 ★ **Voici les 3 étapes d'un programme de construction :**

Étape 1 : Trace un cercle de centre O et de rayon 1,5 cm.

Étape 2 : Trace un diamètre [AB] de ce cercle.

Étape 3 : Trace un carré ABCD.

Quelle figure correspond exactement au programme de construction ci-dessus ?

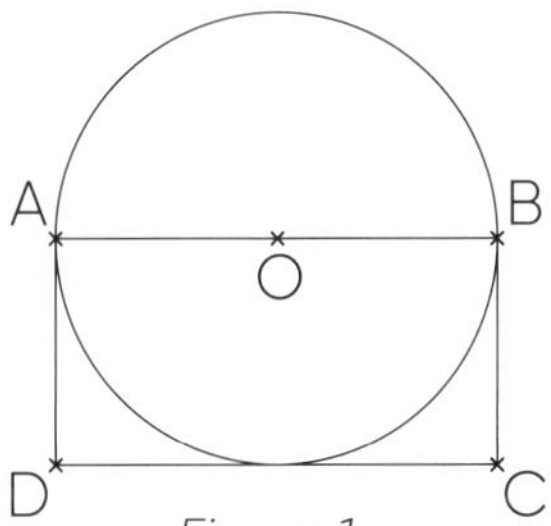

Figure 1

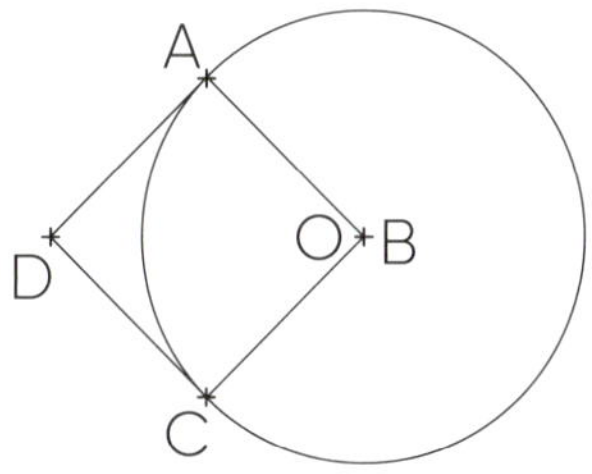

Figure 2

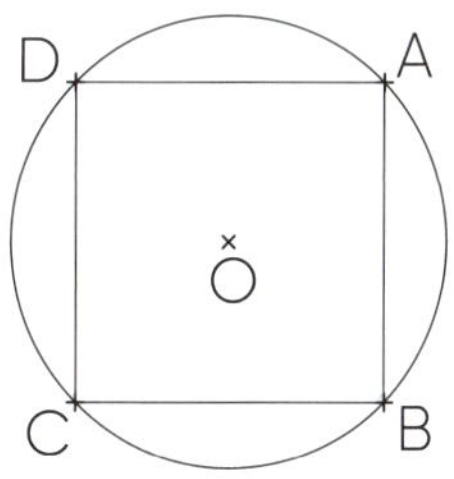

Figure 3

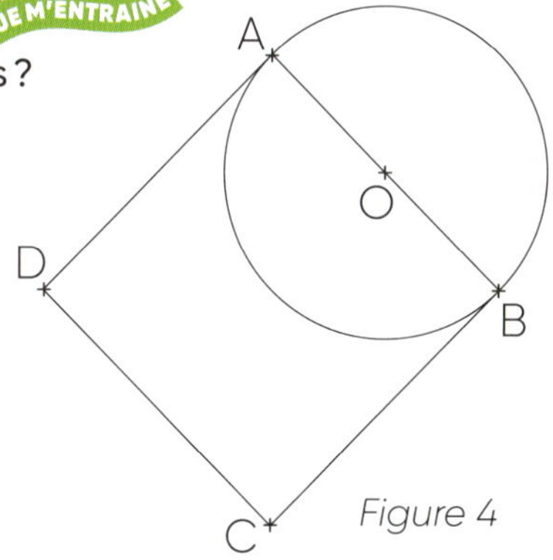

Figure 4

6 ★★ **Remets dans l'ordre les étapes de ce programme de construction pour obtenir la figure ci-contre.**

a. Place le milieu R du côté [AB] et le milieu S du côté [AD].

b. Construis un carré ABCD de côté 3 cm.

c. Trace les segments [CS], [CR] et [RS].

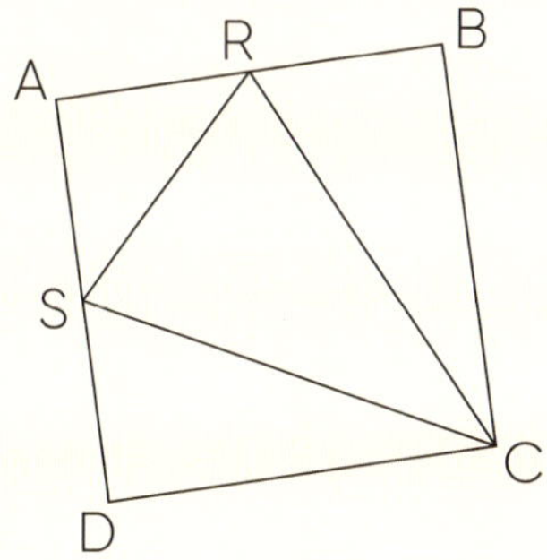

7 ★★★

a. Lis le programme de construction et fais d'abord un dessin à main levée.

b. Construis la figure en respectant les mesures indiquées et en suivant le programme de construction.

1. Construis un carré ABCD de 6 cm de côté.
2. Trace les diagonales de ce carré. Elles se coupent au point O.
3. Trace le cercle de centre O et de rayon 3 cm.

8 ★★★

a. Lis le programme de construction et fais d'abord un dessin à main levée.

b. Construis la figure en respectant les mesures indiquées et en suivant le programme de construction.

1. Construis un carré ABCD de 4 cm de côté.
2. Trace un cercle de centre A et de rayon AB.
3. Trace un cercle de centre C et de rayon CD.

Compléter, rédiger un programme de construction

9 **Reconstitue le programme de construction en recopiant les consignes dans l'ordre chronologique.**

1. Tracer le cercle de diamètre [AB] de centre O.
2. Tracer le segment [BC].
3. Tracer un rayon [OC] perpendiculaire à [AB].
4. Tracer un segment [AB] de longueur 6 cm.

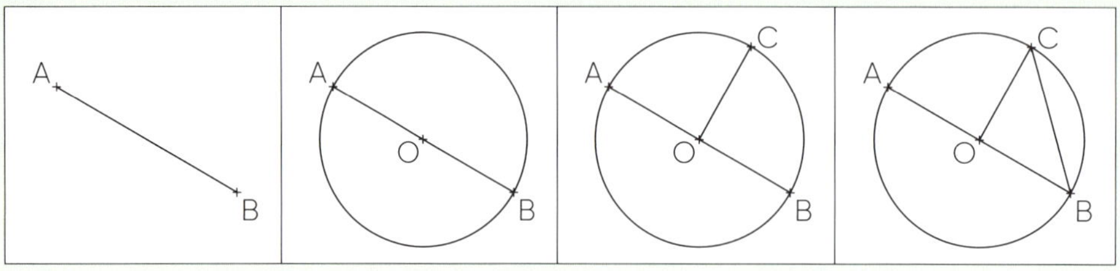

10 ★ **Complète les étapes 3 et 4 du programme de construction de la figure 1 en choisissant deux instructions parmi les quatre proposées (a, b, c et d).**

a. Tracer le segment [BE].
b. Marquer le milieu F du segment [EC].
c. Tracer le segment [EC].
d. Marquer le milieu F du segment [BC].

PROGRAMME
1. Construire un carré ABCD.
2. Marquer le milieu E du côté [AB].
3. ....
4. ....
5. Tracer le segment [DF].

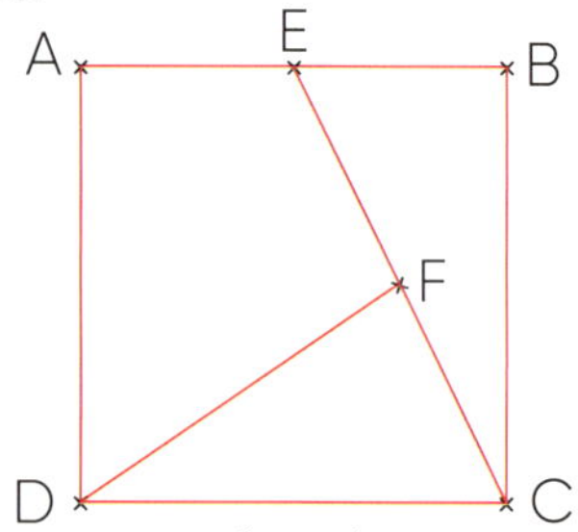

figure 1

11 ★★ **Observe la figure 2 et complète son programme de construction.**

1. Construire un .... ABCD de .... cm de côté.
2. Tracer les .... de ce carré. Elles se coupent au point ....
3. Construire le cercle de .... [CB]

figure 2
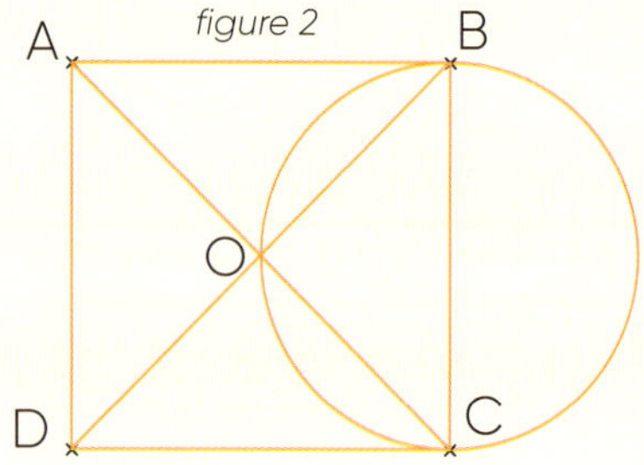

12 ★★★ **Écris les instructions de construction pour chaque étape.**

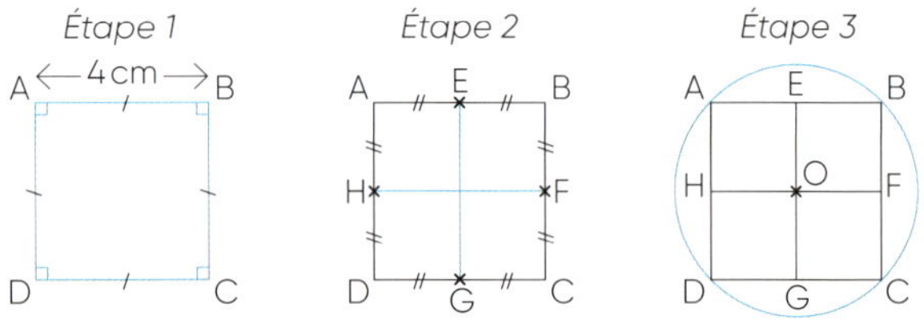

13 ★★★ **Rédige un programme de construction pour la figure ci-dessous.**

Pour t'aider, utilise les mots dont tu as besoin dans la liste suivante : carré, centre, cercle, côté, diamètre, largeur, longueur, point, rectangle, rayon, sommet, triangle.

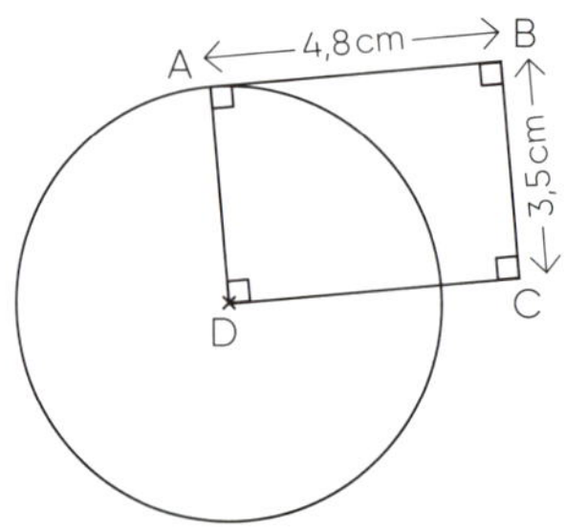

Pour nommer un quadrilatère, il suffit de citer les sommets dans l'ordre où ils apparaissent en faisant le tour du quadrilatère dans un sens ou dans l'autre. Voici un quadrilatère.

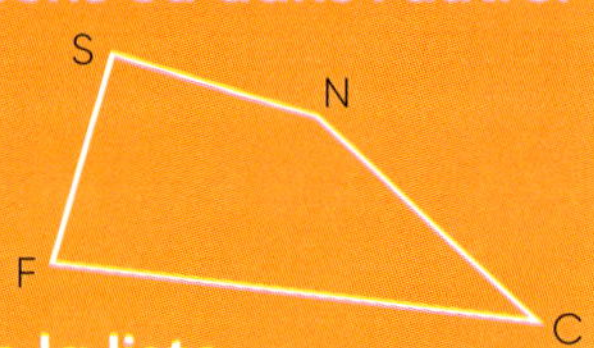

Quels sont les noms de la liste ci-dessous qui peuvent le désigner ?

SNCF, CFNS, SFNC, CFSN, SCNF, FCNS, NSFC

Je sais réaliser un programme de construction.

Réalise le programme de construction

1. Tracer un carré de côté 6 cm.
2. Placer le milieu I d'un côté de ce carré.
3. Tracer le cercle de centre I et de rayon 3 cm.

Flash maths 31

Nombres décimaux

1 Ali achète une gomme et un stylo 4 couleurs.
Quel est le montant de ses achats ?

2 Ali paye avec un billet de 5 €.
Combien doit-on lui rendre ?

Ordre de grandeur

3 Madame Dapi a récolté 612 kg de pommes puis 506 kg et enfin 393 kg.

Quelle masse de pommes a-t-elle récoltée ?
Donne le meilleur ordre de grandeur parmi les cinq proposés.

a. 500 kg
b. 1000 kg
c. 1500 kg
d. 2000 kg
e. 2500 kg

Droite graduée

4 Parmi ces nombres, lesquels correspondent au repère indiqué par la flèche ?

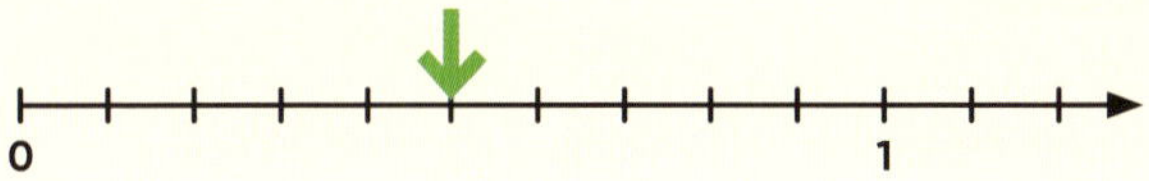

a. $\frac{1}{2}$ b. 0,35 c. $\frac{5}{10}$ d. 0,5

Proportionnalité

5 En roulant toujours à la même vitesse, une voiture consomme en moyenne 6,5 litres d'essence pour 100 km.

Peut-on prévoir sa consommation sur 200 km à cette même vitesse ?

Fractions

6 Calcule.
Quel est le quart de 20 ?
Quel est le tiers de 18 ?
Quel est le quart de 28 ?
Quel est le tiers de 36 ?

Calcul 31

Calcul mental *Évaluer l'ordre de grandeur d'un produit*

Séance 1

1 Écris la suite de cinq nombres en avançant de 25 en 25 à partir de 950.

2 Sans calculer le produit, choisis le meilleur ordre de grandeur du résultat parmi les trois proposés.

a. 78 x 12

7820   90   960   8000   800

b. 29 x 42

2500   1000   1200   12000   120

c. 94 x 19

1000   1800   1500   1600   2000

3 Trouve un trio qui donne le nombre cible.

9	2	3
6	5	8
7	1	4

Séance 2

4 Écris la suite de cinq nombres en avançant de 250 en 250 à partir de 3500.

5 Sans calculer le produit, choisis le meilleur ordre de grandeur du résultat parmi les trois proposés.

a. 8 x 59

400   500   480   560   450

b. 9 x 412

3600   4000   5000   3000   3400

c. 29 x 198

8000   30000   6000   1600   5000

6 Trouve un trio qui donne le nombre cible.

6	2	3
1	8	4
7	9	5

Séance 3

7 Écris la suite de cinq nombres en avançant de 2500 en 2500 à partir de 45000.

8 Sans calculer le produit, donne un ordre de grandeur du résultat.

a. 59 x 11   b. 9 x 286   c. 98 x 24   d. 32 x 996

9 Trouve un trio qui donne le nombre cible.

1	9	6
3	8	7
4	2	5

Séance 4

10 Écris en chiffres.

a. deux-millions-sept-cent-trois-mille-huit-cent-cinquante-neuf

b. cinq-millions-quatre-cent-mille

11 Sans calculer le produit, donne un ordre de grandeur du résultat.

a. 48 x 48   b. 799 x 796   c. 29 x 1968

12 Résous les problèmes.

a. Un escargot avance de 8,5 cm, s'arrête et avance encore de 7,5 cm.
À quelle distance se trouve-t-il maintenant de sa position de départ ?

b. Un escargot avance de 15 cm, s'arrête et recule de 2,5 cm.
À quelle distance se trouve-t-il maintenant de sa position de départ ?

c. Quentin a 25 ans.
Son grand-père est 3 fois plus âgé que lui.
Quel âge a son grand-père ?

d. Amina a parcouru 2800 m en courant sans s'arrêter. Tom a parcouru une distance 4 fois moins grande.
Quelle distance Tom a-t-il parcourue ?

Atelier problèmes 31

Résoudre des problèmes additifs et multiplicatifs de types variés

Découverte Le TGV Strasbourg-Paris

Un TGV part de Strasbourg à destination de Paris. Il fait un arrêt en gare de Nancy et un autre en gare de Reims. 325 personnes embarquent à Strasbourg. À Nancy, 46 personnes descendent du train et 103 montent. En gare de Reims, 31 personnes descendent du train et 77 montent.

Combien de personnes arriveront à Paris ?

Problème 1

Il y a 54 personnes dans le bus.
Au 1er arrêt, 8 personnes descendent et 12 montent.
Au 2e arrêt, 15 descendent et 9 montent.

Combien y a-t-il de personnes dans le bus maintenant ?

Problème 2

Madame Louboufin entre dans un magasin avec 150 euros en poche. Elle s'achète une paire de chaussures puis elle ressort avec 75,20 euros.

Combien d'argent a-t-elle dépensé ?

Problème 3

Le périmètre du triangle ABC est 14,8 cm avec AB = 6,5 cm et AC = 4,7 cm.

Quelle est la longueur du segment [BC] ?

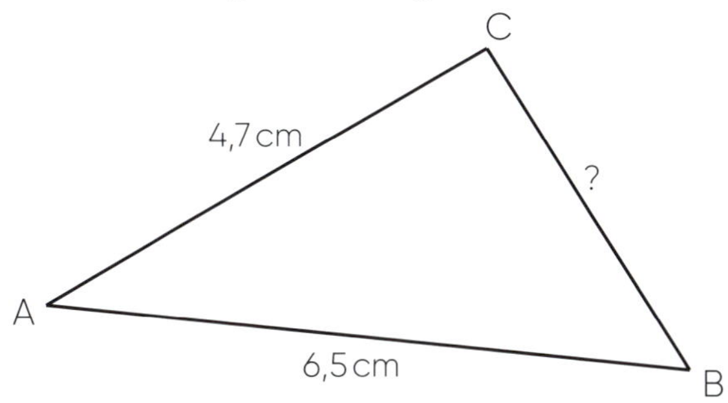

Problème 4

Un salon de jardin est constitué d'une table à 149 €, de 4 chaises à 64 € pièce et d'un parasol à 67 €.

Combien ce salon de jardin coute-t-il ?

Problème 5

La Tour Eiffel a une hauteur de 324 mètres avec ses antennes.
Elle mesure 274 mètres de plus que l'Arc de Triomphe.

Quelle est la hauteur de l'Arc de Triomphe ?

Problème 6

Pendant les soldes, Monsieur Rabais achète trois pantalons dont les prix sont affichés avec des remises.

85 euros au lieu de 120 euros pour le premier pantalon.
78 euros au lieu de 117 euros pour le deuxième.
95 euros au lieu de 153 euros pour le troisième.

Quel est le montant total des remises dont Monsieur Rabais a bénéficié ?

32 Axes de symétrie

Compléter une figure pour qu'elle soit symétrique

1 Tom a complété une figure pour que la droite en pointillés soit un axe de symétrie.
A-t-il fait des erreurs ?
Justifie ta réponse dans ton cahier.

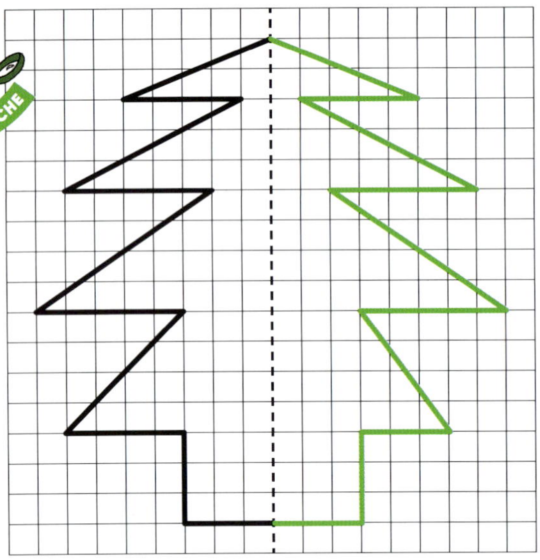

2 Zoé a complété une figure pour que la droite en pointillés soit un axe de symétrie.
A-t-elle fait des erreurs ?
Justifie ta réponse dans ton cahier.

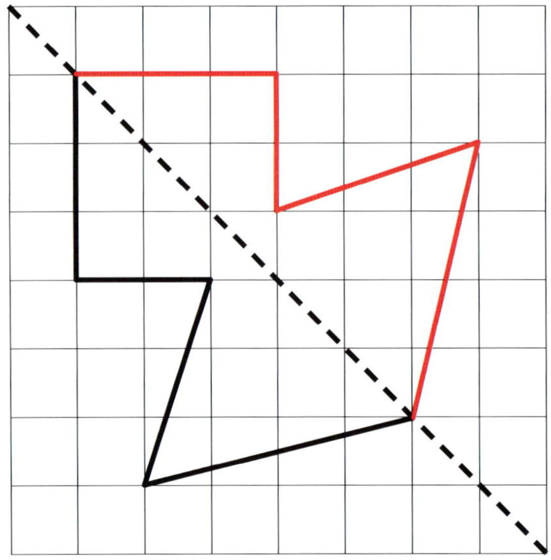

3 ★ Complète chaque figure afin que la droite en pointillés soit un axe de symétrie.

a ★

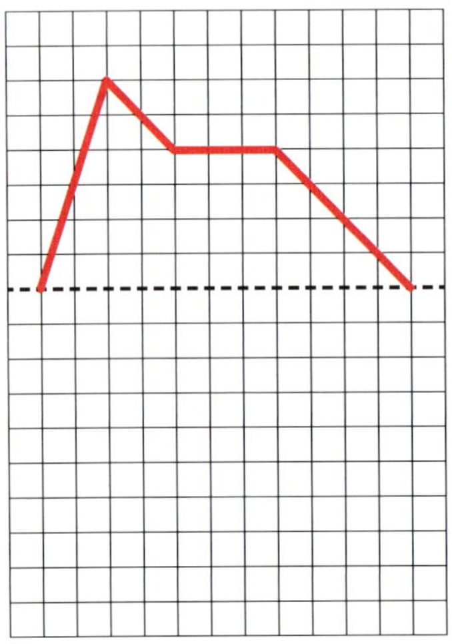

c. ★★

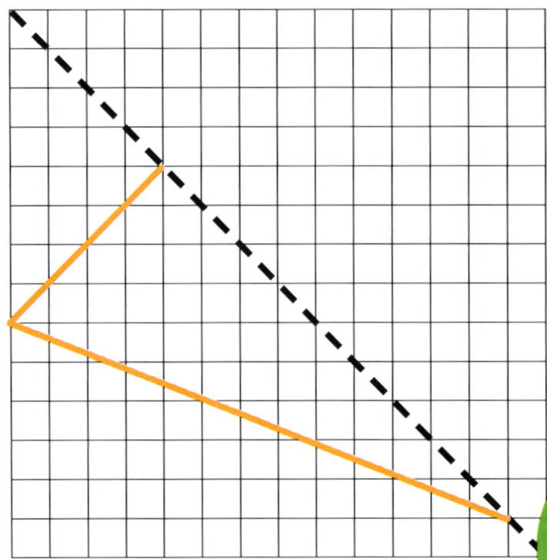

Pour vérifier, utilise un morceau de papier calque.

b. ★★

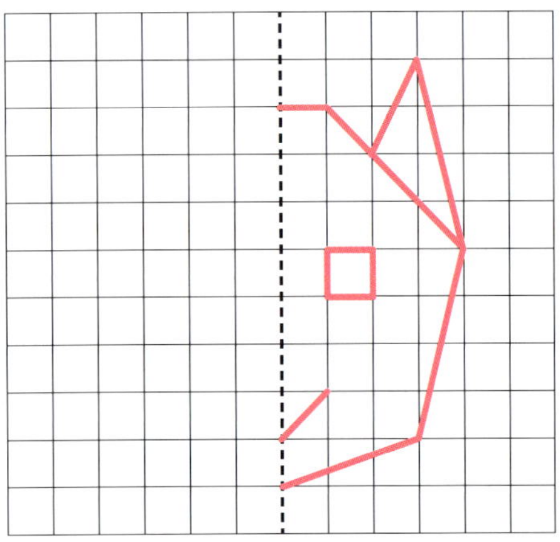

d. ★★★

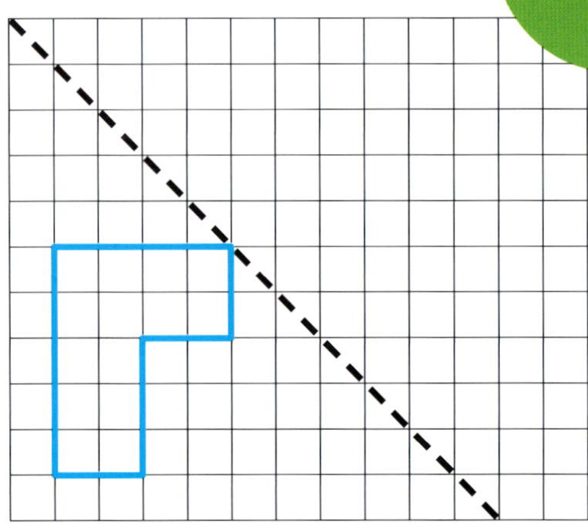

Je vais apprendre à construire une figure symétrique à une autre par rapport à un axe donné.

Construire une figure symétrique à une autre

4 Construis la figure symétrique à la figure par rapport à la droite en pointillés.

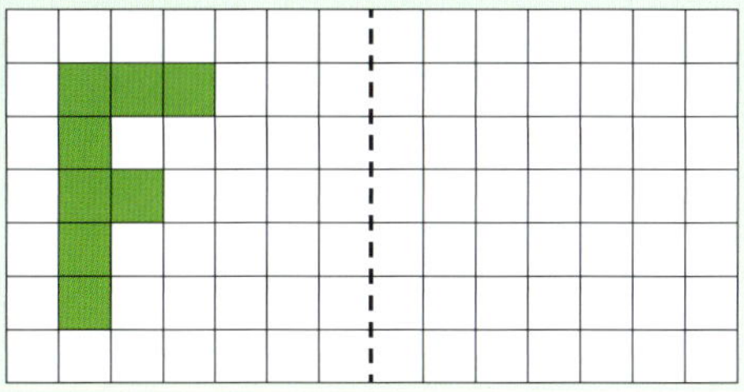

Figure A

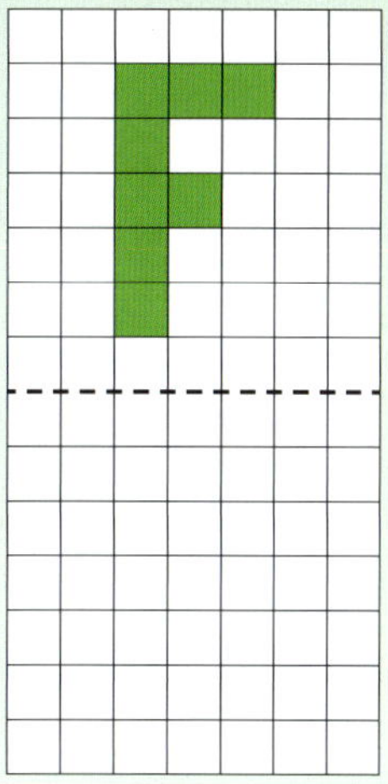

Figure B

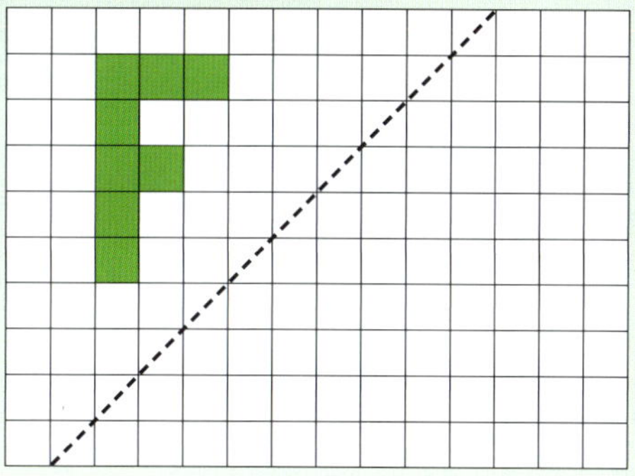

Figure C

5 ★ Construis la figure symétrique à la figure par rapport à la droite *d*.

32 Axes de symétrie

Je sais reconnaître des figures symétriques.

Pour chaque question, trouve la bonne réponse parmi celles proposées.

	a	b	c
1 Dans quel cas les figures sont-elles symétriques par rapport à la droite rouge ?	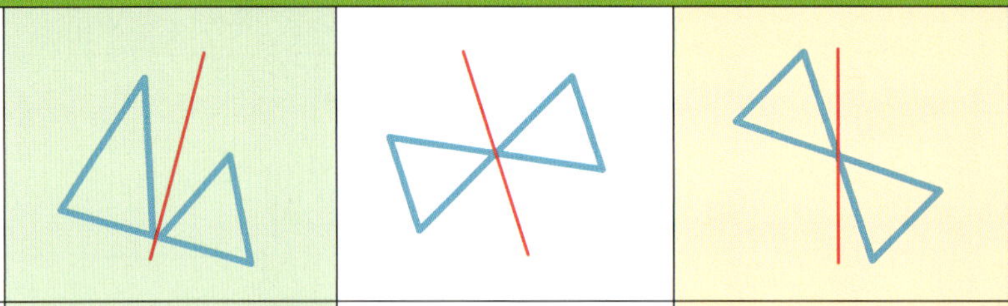		
2 Dans quel cas les figures sont-elles symétriques par rapport à la droite en pointillés ?	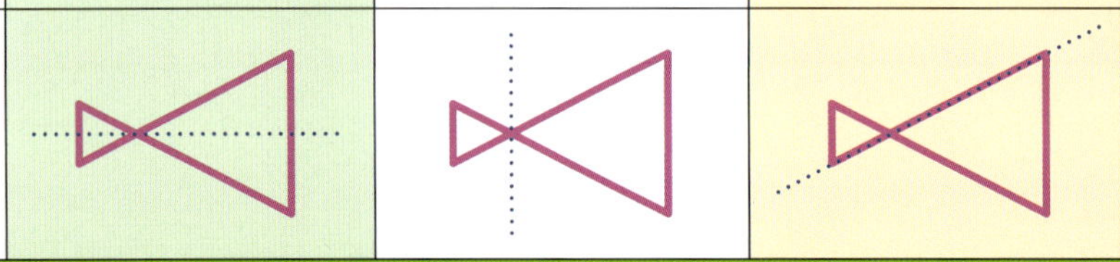		

Je sais construire une figure symétrique à une autre.

3 Trace la figure symétrique à la figure par rapport à la droite en pointillés.

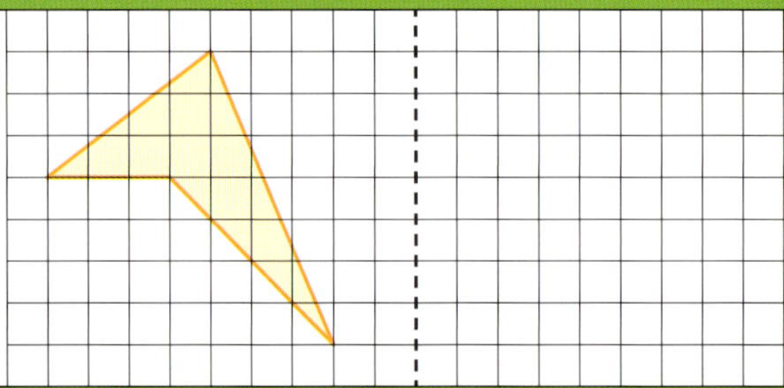

6 ★ Dans quels cas la droite en pointillés est-elle un axe de symétrie de la figure ?

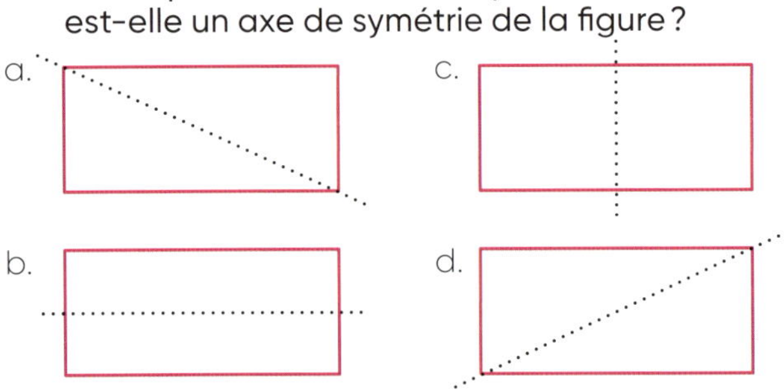

7 ★★ Complète pour que la droite en pointillés soit un axe de symétrie.

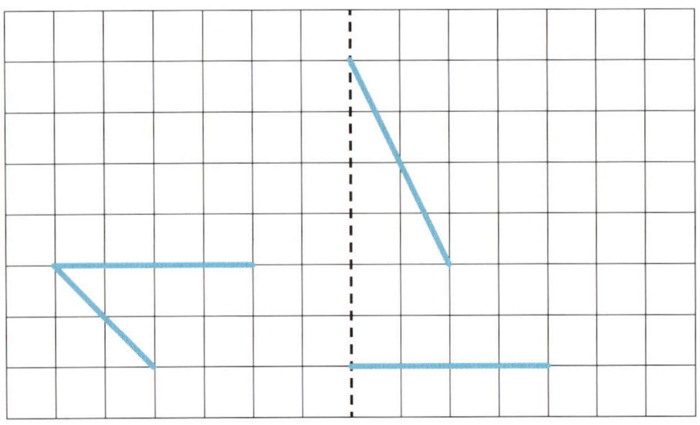

8 ★★★ Trace la figure symétrique à la figure par rapport à la droite en pointillés.

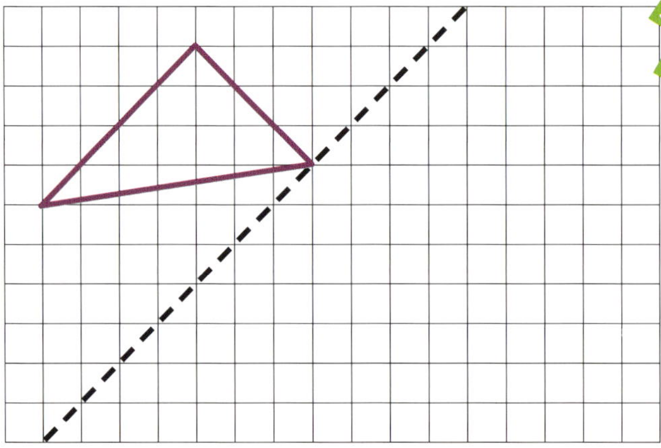

Quel panneau a le plus grand nombre d'axes de symétrie ?

Flash maths 32

Nombres décimaux

1 Ramatoulaye achète une trousse
et une calculatrice.
Quel est le montant de ses achats ?

2 Ramatoulaye paye avec un billet de 20 €.
Combien doit-on lui rendre ?

Ordre de grandeur

3 Tom a acheté 2 tartelettes à 1,95 € chacune.
Combien a-t-il dépensé ?
Donne le meilleur ordre de grandeur
parmi les cinq proposés.

a. 2 € b. 3 € c. 4 € d. 5 € e. 6 €

Aires

4 En prenant pour unité ***u***, quelle est l'aire
de chacune des figures 1, 2 et 3 ?

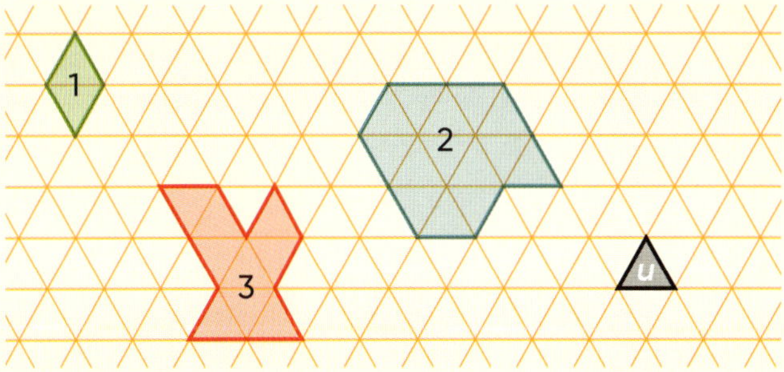

Proportionnalité

5 Dix cahiers coutent 6 €. Vingt cahiers coutent 12 €.
Est-on dans une situation de proportionnalité ?

Fractions

6 Calcule.

Quel est le septième de 70 ?
Quel est le cinquième de 45 ?
Quel est le sixième de 42 ?
Quel est le dixième de 150 ?

Calcul 32

Calcul mental *Additionner et soustraire des milliers entiers ou des centaines entières*

Séance 1

1 Écris la suite de cinq nombres en avançant de 50 en 50 à partir de 836 900.

2 Calcule.

a. 12 000 + 5 000
b. 7 000 – 400
c. 8 300 + 500
d. 24 000 – 800
e. 54 000 + 15 000
f. 45 000 – 2 500
g. 27 000 + 56 000
h. 148 700 – 32 500

3 Un trio a été identifié, à toi de retrouver les opérations qui ont permis d'atteindre le nombre cible.

3	8	6
1	2	9
4	7	5

Séance 2

4 Écris la suite de cinq nombres en avançant de 500 en 500 à partir de 298 500.

5 Calcule.

a. 67 894 – 3 000
b. 67 894 – 300
c. 13 452 + 2 300
d. 9 600 – 200
e. 5 800 + 600
f. 63 000 – 1 400
g. 64 370 + 23 600
h. 68 700 – 3 400
i. 18 500 + 12 500
j. 786 900 – 152 600

6 Un trio a été identifié, à toi de retrouver les opérations qui ont permis d'atteindre le nombre cible.

8	3	4
9	1	2
6	5	7

Séance 3

7 Écris la suite de cinq nombres en reculant de 500 en 500 à partir de 1 000 000.

8 Calcule.

a. 7 894 – 5 000
b. 894 597 – 20 000
c. 783 941 – 500 000
d. 548 697 – 30 000
e. 875 957 – 4 000
f. 986 450 – 400
g. 957 256 - 5 250
h. 587 354 – 220 000
i. 58 547 – 48 000

9 Un trio a été identifié, à toi de retrouver les opérations qui ont permis d'atteindre le nombre cible.

9	3	4
1	8	2
6	5	7

Séance 4

10 Écris en chiffres.

a. sept-millions-cinquante-quatre-mille-trois
b. soixante-deux-millions-neuf-cent-quatre-vingt-six-mille-quatre-cent-douze

11 Complète.

a. 1 400 + ... = 2 000
b. 8 200 + ... = 10 000
c. 17 800 + ... = 20 000
d. 7 400 = 5 400 + ...
e. 17 678 + ... = 37 678
f. 9 560 + ... = 10 000
g. 42 000 = ... + 40 550
h. 78 900 + ... = 80 000
i. 684 000 + ... = 700 000

12 Trouve un trio qui donne le nombre cible.

2	3	4
1	5	8
6	9	7

Atelier problèmes 32

Résoudre des problèmes à plusieurs étapes : résolution par déduction

Découverte Les rectangles bleus

Emma a collé trois rectangles bleus de mêmes dimensions sur un cahier.

a. Calcule la longueur d'un rectangle bleu. Écris tes calculs.

b. Calcule la largeur d'un rectangle bleu. Écris tes calculs.

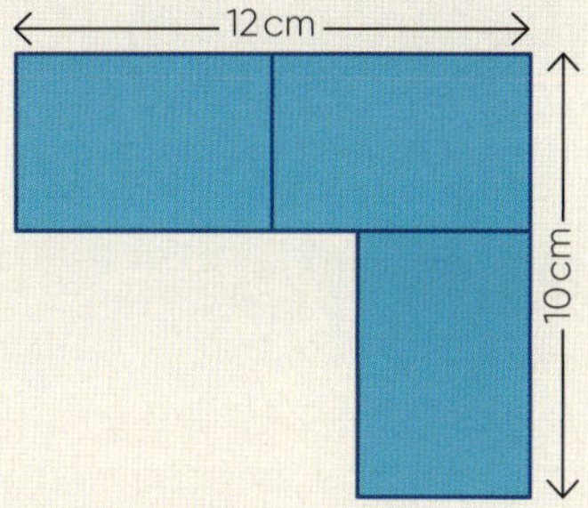

Application

Sur cette figure, les rectangles rouges ont les mêmes dimensions exprimées en mètres.

a. Calcule la longueur du rectangle vert.

b. Calcule la largeur du rectangle vert.

Problème 1

Combien pèse a. le chat ? b. le chien ? c. le lapin ?

Problème 2

Observe cette suite logique de nombres. Trouve le nombre qui manque.

0 – 1 – 3 – 6 – 10 – 15 - ?

Problème 3

Un ver de terre mesure la moitié de la longueur d'un lézard.
Un lézard mesure le quart de la longueur d'une vipère.

Combien faut-il de vers de terre pour obtenir une longueur égale à celle d'une vipère ?

Problème 4

Le périmètre du triangle ABC mesure 16 m.
Le périmètre du triangle DEF mesure 20 m.
La figure rouge est formée à l'aide des triangles ABC et DEF.

Trouve le périmètre de la figure rouge.

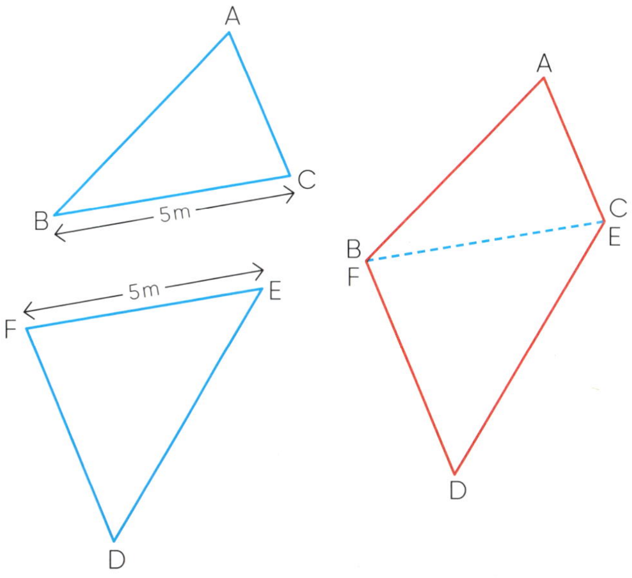

Comparer, estimer et mesurer des contenances

1 La maitresse veut offrir un verre de jus d'orange à chacun de ses 25 élèves. Un verre contient 20 cL.
Combien de briques d'un litre de jus d'orange la maitresse doit-elle acheter ?

2 Dans une autre classe, la maitresse veut offrir un verre de jus d'orange à chacun de ses 24 élèves. Un verre contient 25 cL.
Combien de briques d'un litre de jus d'orange la maitresse doit-elle acheter ?

3 ★ Associe chaque objet à sa contenance.

a. Une brique de lait

b. Une cuillère à soupe

c. Une tasse à café

d. Un seau

e. Une canette d'eau

f. Un aquarium

1 dL 1 L 1 hL 1,5 cL 1 daL 33 cL

4 ★★ Une douche rapide de 5 minutes consomme 40 L d'eau. Un bain consomme 16 daL d'eau.

a. À combien de douches équivaut un bain ?

b. Combien d'eau consomme-t-on si on reste un quart d'heure sous la douche ?

5 ★★★ Dans un village de 400 habitants en Afrique, on a décidé de creuser un puits pour avoir de l'eau. Chaque villageois a besoin de 5 daL d'eau par jour.

Quelle quantité d'eau ce puits doit-il fournir chaque jour ?

Exprime ta réponse en hectolitres.

Je vais apprendre à résoudre des problèmes de contenance et de masse impliquant des conversions.

Résoudre des problèmes de contenance impliquant des conversions

6 La maman d'Emma a besoin d'un litre de lait. Dans le rayon du magasin, il n'y a plus que des packs de 6 bouteilles de 250 mL.
Aura-t-elle assez de lait si elle achète un pack de 6 bouteilles de 250 mL ?

7 Un éleveur de moutons doit nourrir un agneau au biberon car sa mère n'a pas assez de lait pour subvenir à ses besoins.
Le vétérinaire recommande de lui donner un biberon de 140 mL de lait toutes les 4 heures.
Quelle quantité de lait l'éleveur doit-il prévoir pour une journée ? Exprime le résultat en L.

8 ★★ Emma prépare un cocktail. Elle mélange 1,5 L de jus d'orange, 4 dL d'eau pétillante et 200 mL de jus de pamplemousse.
Quelle quantité de cocktail Emma a-t-elle préparée ?

Résoudre des problèmes de masse impliquant des conversions

9 Convertis le poids de chaque animal dans les unités demandées.

Cette épinoche pèse 2 g.

a. Ce chat pèse autant que 1000 épinoches.
Il pèse .... g ou .... kg.

b. Ce chien pèse autant que 12 chats et 500 épinoches.
Il pèse .... g ou .... kg.

c. Ce mouton pèse autant que 10 chats, 1 chien et 1000 épinoches.
Il pèse .... g ou .... kg.

d. Cet éléphant pèse autant que 3 000 chats.
Il pèse .... kg ou .... t.

e. Cette baleine pèse autant que 30 éléphants.
Elle pèse .... kg ou .... t.

10 ★★ Pour préparer sa potion magique, une sorcière a besoin des ingrédients suivants qu'elle fera cuire dans de l'eau bouillante :
- 5 g de poils de souris
- 20 cg de poudre de Perlimpinpin
- 30 mg de cendres de bois
- 4 dg de champignons gluants

**Quelle est la masse totale des ingrédients dont la sorcière va avoir besoin pour élaborer sa recette ?
Exprime ce résultat en mg puis en g.**

33 Masses et contenances

Je sais résoudre des problèmes de contenance et de masse impliquant des conversions.

Pour chaque question, trouve la ou les bonnes réponses parmi celles proposées.

	a	b	c
1 Une bouteille de jus d'orange contient...	10 daL	1 L	100 cL
2 1 L est égal à...	100 cL	1000 ml	10 dL
3 1 dL est égal à...	100 cL	$\frac{1}{10}$ L	0,1 L
4 1 cL est égal à...	0,1 L	0,01 L	$\frac{1}{100}$ L
5 1 mL est égal à...	0,001 L	0,1 L	$\frac{1}{1000}$ L
6 1 daL est égal à...	100 L	10 L	0,1 L
7 1 hL est égal à...	0,01 L	100 L	10 L
8 Une pièce de 1 euro pèse...	7,5 kg	7,5 g	750 g
9 1 kg est égal à...	1000 g	100 g	10 g
10 100 g est égal à...	$\frac{1}{10}$ kg	0,1 kg	1 hg
11 1 g est égal à...	10 dg	1000 mg	100 cg
12 5,72 kg est égal à...	572 g	5720 g	5 kg et 720 g

11 ★★★ Madame Vanoise prépare son sac à dos pour partir en randonnée. Son sac à dos pèse 1,3 kg. Voici les affaires qu'elle veut ranger dans son sac à dos :
- une bouteille d'eau qui pèse 1,5 kg,
- un pique-nique qui pèse 2,6 kg,
- un appareil photo qui pèse 750 g,
- une trousse de secours qui pèse 1100 g.

Quelle sera la masse du sac à dos lorsqu'il sera rempli ? Exprime ce résultat en kg.

12 ★★ Aujourd'hui, Isabelle a bu :
- 1 bol de café de 300 mL,
- 6 verres d'eau de 20 cL chacun,
- 1 assiette de soupe de 4 dL.

Exprime, en cL, puis en L, la quantité totale de liquide bue par Isabelle aujourd'hui.

13 ★★ Un camion laitier contient 135 hL de lait. Combien de verres de 20 cL peut-on obtenir avec le lait contenu dans ce camion ?

14 ★★★ Un éléphant boit 200 L d'eau par jour. Pendant combien de jours une mare de 100 hL lui permettra-t-elle de boire ?

Pour préparer sa potion magique, une sorcière mélange ces ingrédients :
- **50 cL d'eau croupie,**
- **25 mL de venin de scorpion,**
- **3 dL de lait de chauve-souris,**
- **20 mL de bave de crapaud,**
- **$\frac{1}{4}$ L d'infusion de feuilles pourries.**

Pourra-t-elle préparer sa potion dans un chaudron de 2 litres ?

Flash maths 33

Nombres décimaux

1 Le grand rectangle jaune est l'unité.

Donne l'écriture à virgule du nombre représenté ci-dessous.

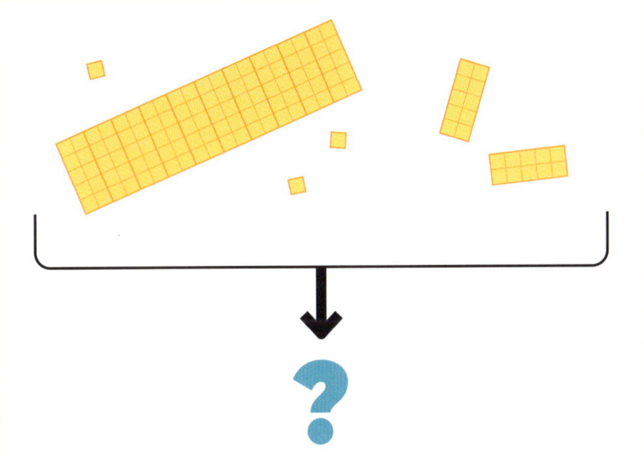

Ordre de grandeur

2 Au cours d'un marathon, la première coureuse a mis 2 h 23 min pour effectuer le parcours. La dernière coureuse a mis 6 h 34.

Quelle durée s'est écoulée entre les arrivées des deux coureuses ?

Donne le meilleur ordre de grandeur parmi les cinq proposés.

a. 2 h b. 3 h c. 4 h d. 5 h e. 6 h

Aires

3 Quelle est l'aire de la figure A en prenant pour unité *u* ?

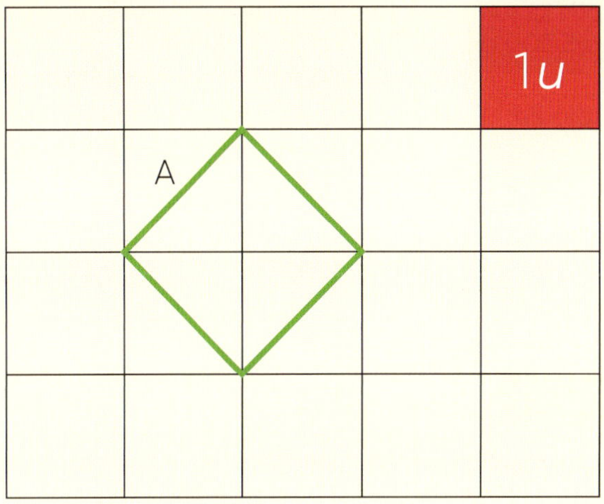

Proportionnalité

4 En pressant 12 pamplemousses, on obtient 2 L de jus.

a. Combien de litres de jus obtient-on en pressant 6 pamplemousses ?

b. Combien de pamplemousses faut-il presser pour obtenir 0,5 L de jus ?

Calcul 33

Calcul mental *Multiplier, diviser par 10 000, par 100 000*

Séance 1

1 Écris la suite de cinq nombres en avançant de 5 000 en 5 000 à partir de 520 000.

2 Calcule.
a. 7 x 10 000
b. 39 x 10 000
c. 80 000 x 10 000
d. 7 x 100 000
e. 52 x 100 000
f. 888 x 100 000

Séance 2

3 Écris la suite de cinq nombres en avançant de 10 000 en 10 000 à partir de 983 000.

4 Calcule.
a. 9 + 32
b. 20 + 50
c. 21 + 45
d. 25 + 36
e. 83 + 46
f. 64 + 62
g. 347 + 8 199 + 12
h. 3 204 + 70

5 Calcule.
a. 1 000 x 1 000
b. 10 x 100 x 1 000
c. 100 x 10 x 100 x 10
d. 10 x 100 x 10 000
e. 10 000 x .... = 8 000 000
f. .... x 100 000 = 2 000 000

Séance 3

6 Écris la suite de cinq nombres en reculant de 10 000 en 10 000 à partir de 1 000 000.

7 Calcule.
a. 613 + 20
b. 2 657 + 500
c. 3 452 + 3 000
d. 347 + 9
e. 3 204 + 19
f. 468 – 30
g. 438 - 300
h. 8 756 – 5 000
i. 3 750 – 550
j. 2 354 – 400

8 Calcule.
a. 40 x 100 x 1 000
b. 80 x 100 x 10 000
c. 700 x 10 000
d. 10 x 10 x 10 x 10 x 100 x 470
e. 20 x 10 000 x 100
f. 999 x 1 000 x 1 000

Séance 4

9 Écris en chiffres.

a. six-cent-vingt-trois-millions

b. huit-cent-cinq-millions-soixante-dix-mille-neuf-cent-quarante-deux

10 Calcule.
a. 37 × 100
b. 405 x 100
c. 284 x 1 000
d. 45 : 9
e. Le quotient et le reste de 92 divisé par 9
f. 48 divisé par 6
g. Le quotient et le reste de 54 divisé par 9
h. 28 : 7
i. 63 : 7

11 Calcule.
a. 40 000 : 10
b. 600 000 : 10
c. 900 000 : 1 000
d. 4 000 000 : 1 000
e. 214 000 000 : 1 000
f. 458 500 000 : 10

Atelier problèmes 33

Résoudre des problèmes complexes (3)

Découverte La pyramide des nombres

Dans la pyramide ci-contre, le nombre inscrit dans chaque brique est égal à la somme des deux nombres inscrits dans les deux briques inférieures.

Complète chaque brique avec le nombre qui convient.

Problème 1

Lucas a dans sa poche la moitié du tiers du quart de 48 €. Emma a dans sa poche le quart du cinquième du septième de 140 €.

Qui a le plus d'argent dans sa poche ?

Problème 2

Combien de petits cubes de 1 cm de côté sont nécessaires pour remplir cette boite ?

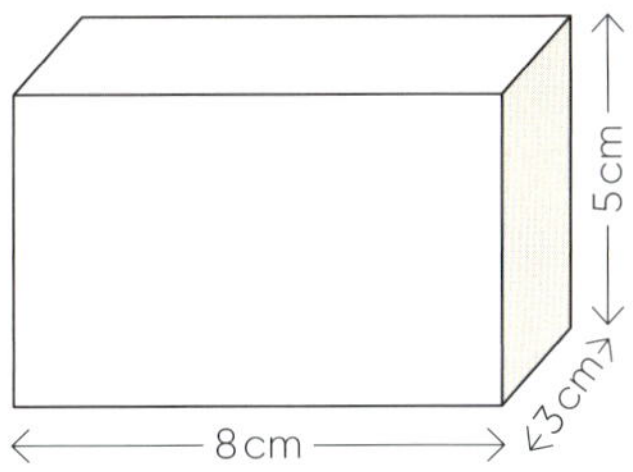

Problème 3

Un guépard court à la vitesse moyenne de 90 km/h. Il est six fois plus rapide qu'un chameau.

À quelle vitesse le chameau court-il ?

Problème 4

Quel est le prix du stylo ?

Problème 5

Cherche si le carré ci-dessous est magique en faisant la somme des nombres inscrits dans chaque colonne, chaque ligne et chaque diagonale.

6	1	8
7	5	3
2	9	4

Problème 6

Voici un carré magique. En faisant la somme des nombres inscrits dans chaque colonne, chaque ligne et chaque diagonale, on doit toujours obtenir 34.

Complète ce carré magique avec les nombres de 1 à 16 qui manquent.

....	....	1	....
2	13	....	11
16	....	10	....
9	....	....	....

34 Solides

Reconnaitre des solides

1 JEU DU PORTRAIT. Les élèves de la classe ont posé des questions à Louise et à Capucine qui ont chacune choisi un des solides parmi ceux-ci.

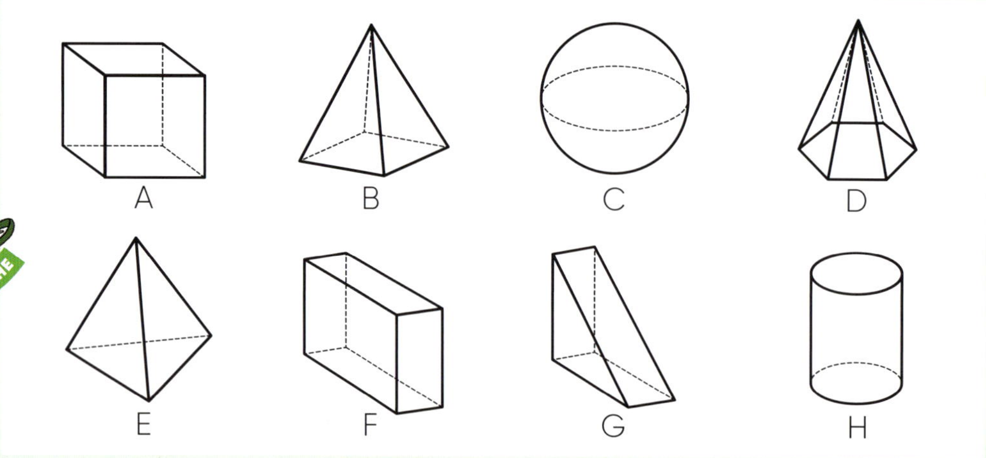

ÉCHANGES AVEC LOUISE

- A-t-il des faces triangulaires ?

- Oui.

- A-t-il autant de faces que de sommets ?

- Non.

Quel est le solide de Louise ?

ÉCHANGES AVEC CAPUCINE

- A-t-il autant de faces que de sommets ?

- Oui.

- A-t-il une face carrée ?

- Oui.

Quel est le solide de Capucine ?

2 ★ Complète les pointillés avec les mots suivants : sommet, arête, face.

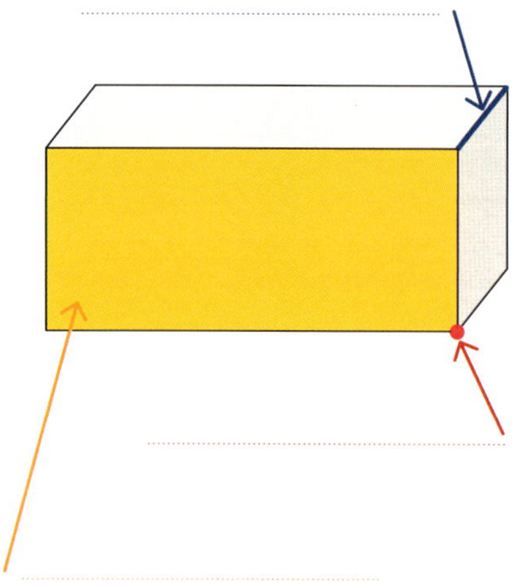

3 ★★ Indique le nombre de faces, d'arêtes et de sommets de chaque solide ci-dessous.

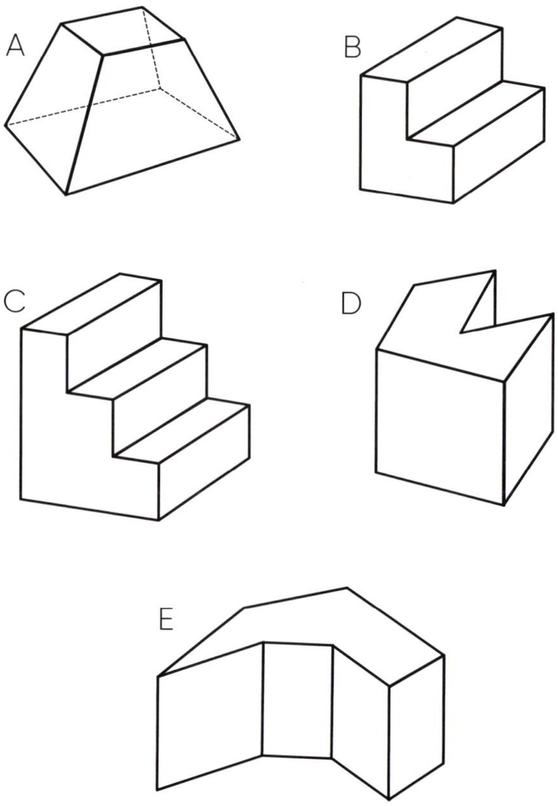

Décrire un solide

4 Tu vas fabriquer un jeu de memory avec un de tes camarades.
Pour ce faire, tu vas devoir écrire une description des solides ci-dessous.
Tu peux préciser le nombre de faces, d'arêtes ou de sommets.
Attention, ta description ne doit correspondre qu'à un seul solide !
Recopie ensuite ces descriptions sur des cartes.

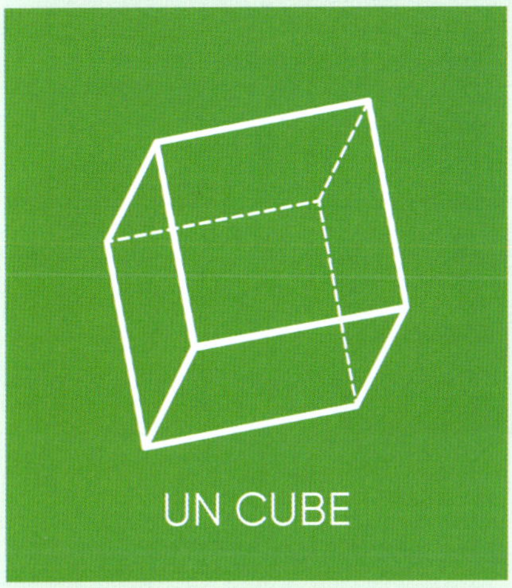

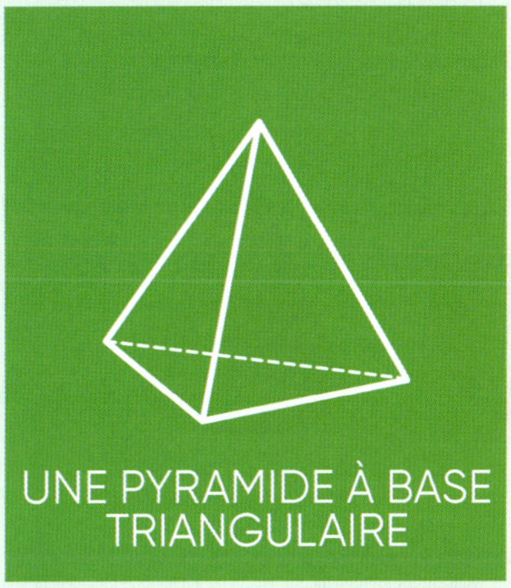

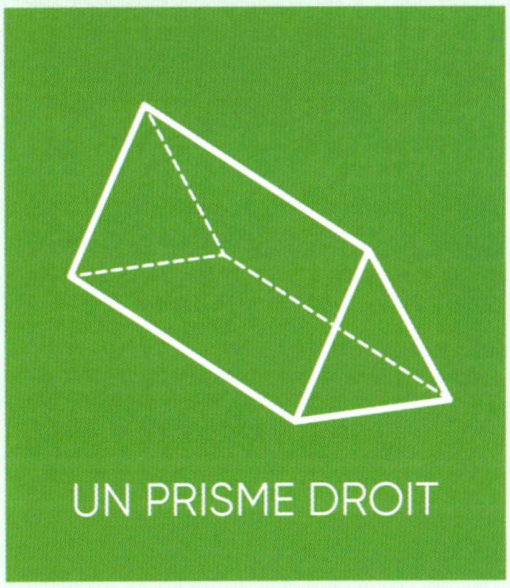

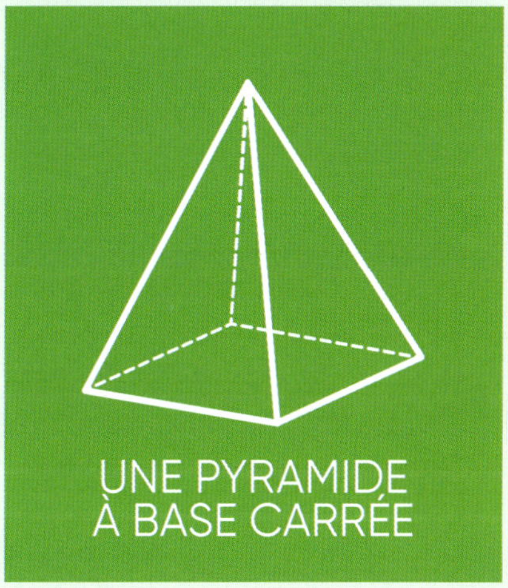

5 ★ Associe les descriptions aux solides correspondants puis nomme-les.

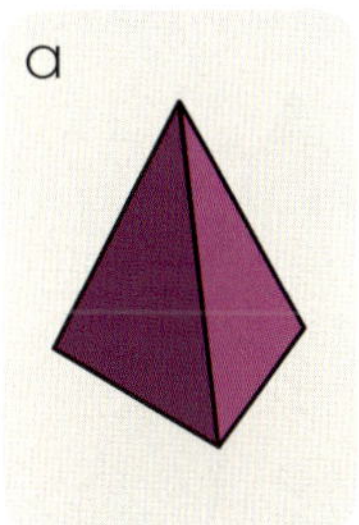

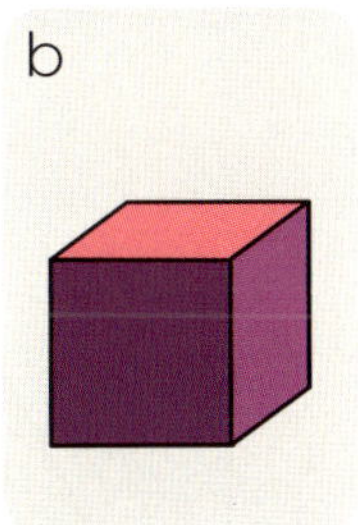

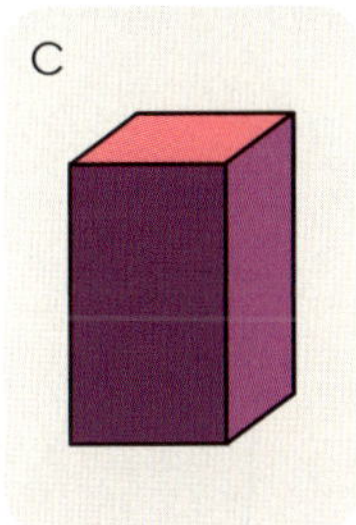

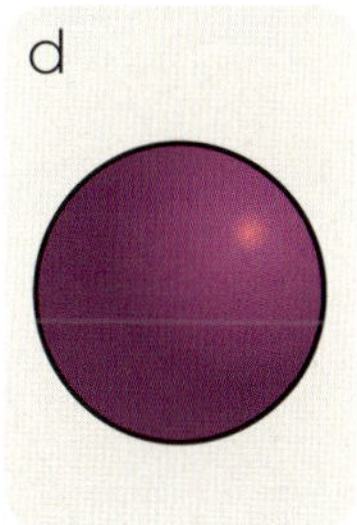

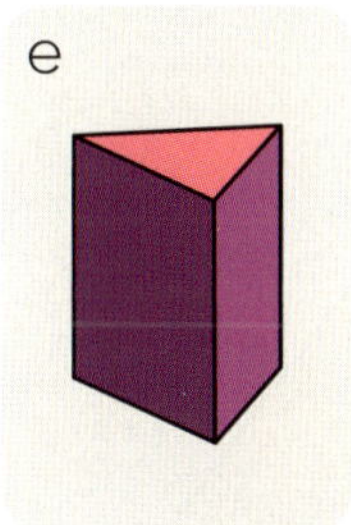

1. Je n'ai aucune face plane.
2. J'ai 6 faces, 8 sommets et 12 arêtes mais je ne suis pas un cube.
3. J'ai 4 sommets.
4. J'ai 9 arêtes.
5. J'ai deux faces planes mais je ne suis pas un polyèdre.
6. J'ai 6 faces carrées.

Décrire et nommer un solide

6 ★★ **Trouve le nom du solide qui correspond à chaque description.**

a. J'ai un sommet et une de mes faces est un disque.
b. J'ai 4 faces qui sont toutes des triangles.
c. Toutes mes faces sont carrées.
d. J'ai 5 sommets et 5 faces dont une carrée.
e. J'ai deux faces opposées parallèles qui sont des disques.

Pour t'aider
- un cylindre
- un cube
- une pyramide (à base carrée)
- un cône
- une pyramide (à base triangulaire)

7 ★★ **Associe chaque solide à son nom.**

a. un prisme droit
b. un cube
c. un cylindre
d. un pavé droit
e. une boule
f. un cône
g. une pyramide

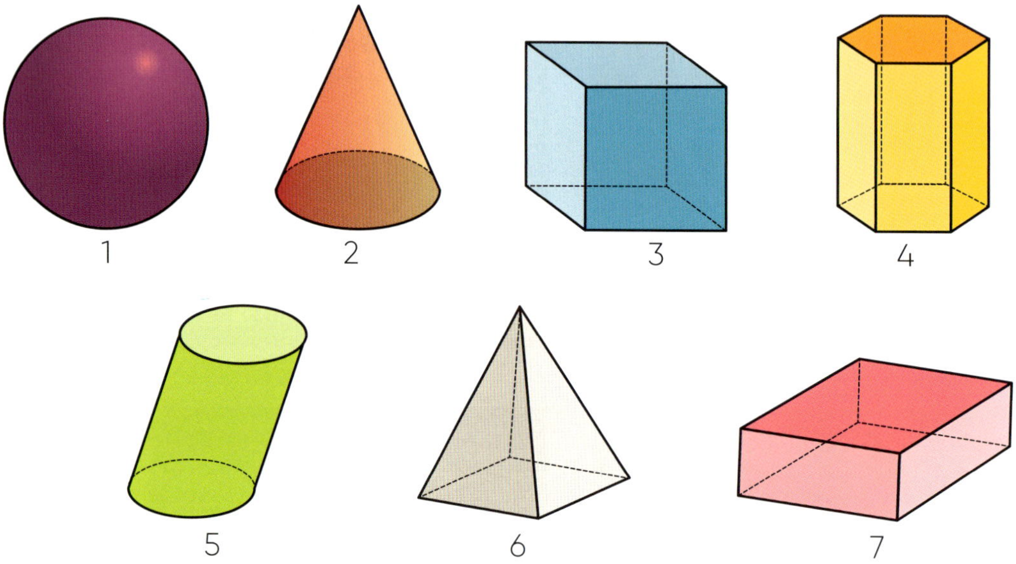

8 ★ **Pour chaque affirmation, écris VRAI ou FAUX.**

a. Un cube a 6 faces, 8 arêtes et 8 sommets.
b. Un cône n'a qu'un seul sommet.
c. Toutes les faces du pavé droit sont rectangulaires.
d. Un cylindre n'a que des faces planes.
e. Une pyramide n'a que des faces planes.
f. Dans un cube, toutes les arêtes ont la même longueur.
g. Dans un pavé droit, trois arêtes partent de chaque sommet.
h. Dans un pavé droit, les faces opposées sont superposables.
i. Une boule n'a pas d'arête.

9 ★★ **Pour chacune des trois pyramides ci-dessous, indique le nombre de sommets, de faces et d'arêtes.**

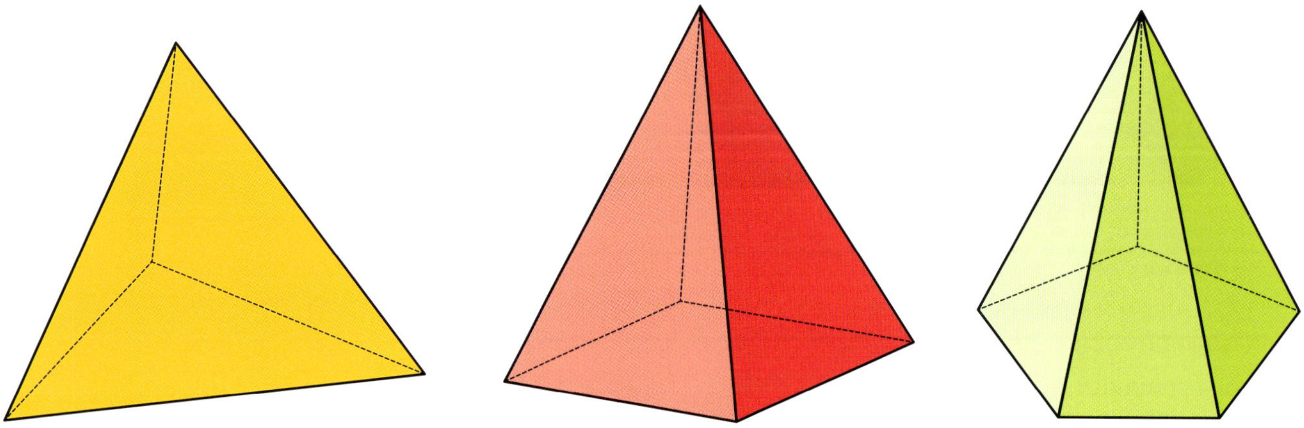

A B C

Construire un solide

10 En 1984, aux Pays-Bas, en plein cœur de la ville de Rotterdam, l'architecte Piet Blom a innové en construisant 40 maisons cubiques.
Aujourd'hui, des maisons modernes sont construites et ressemblent à des assemblages de cubes et de pavés droits.

Maisons cubiques à Rotterdam

Maison cubique contemporaine

À ton tour, avec tes camarades, tu vas essayer de réaliser une maquette de maison cubique contemporaine.
Pour cela, tu vas devoir construire un cube ou un pavé droit en papier cartonné.
Tu pourras ensuite le décorer avec des fenêtres, des portes...
Enfin vous assemblerez les différents cubes et pavés pour former une maison moderne.

11 ★★ Associe chaque solide à son patron.

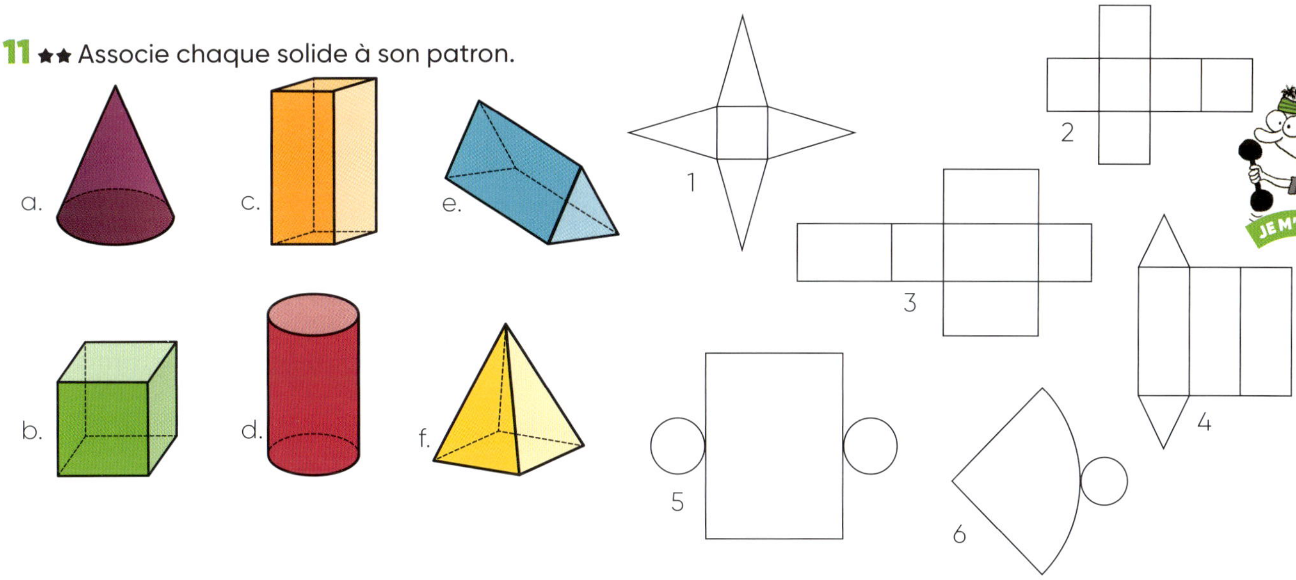

12 ★★ Reproduis et complète ces patrons de pavés droits pour qu'ils soient corrects.

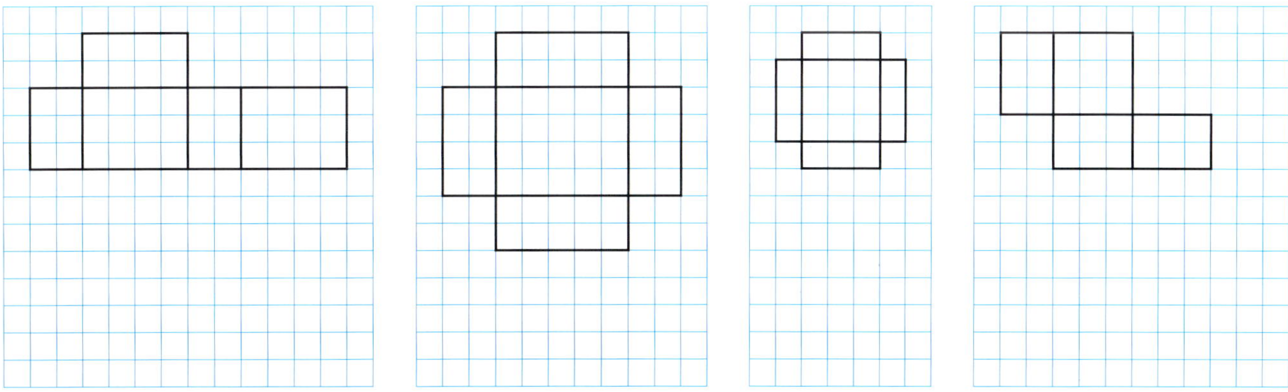

34 Solides

Je sais nommer un solide.

JE M'ÉVALUE QCM

Pour chaque question, trouve la bonne réponse parmi celles proposées.

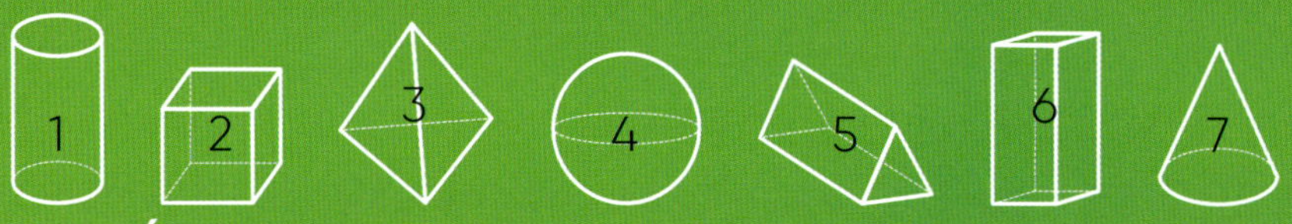

	a	b	c
1 Le solide 1 est...	un cube	un pavé droit	un cylindre
2 Le solide 2 est...	un cube	un prisme droit	une pyramide
3 Le solide 3 est...	un cône	un prisme droit	une pyramide
4 Le solide 4 est...	une boule	un cylindre	un pavé droit
5 Le solide 5 est...	une pyramide	un pavé droit	un prisme droit
6 Le solide 6 est...	un cube	un prisme droit	un pavé droit
7 Le solide 7 est...	un cône	une pyramide	un cylindre

Je sais décrire un solide.

	a	b	c
8 Combien de faces le solide 2 possède-t-il ?	4	6	8
9 Combien de sommets le solide 3 possède-t-il ?	4	5	6
10 Combien d'arêtes le solide 5 possède-t-il ?	6	9	12

Je sais construire un solide.

		a	b	c
11 À quel solide correspond ce patron ?	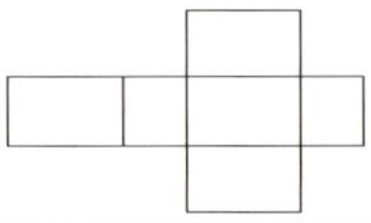	2	5	6
12 À quel solide correspond ce patron ?	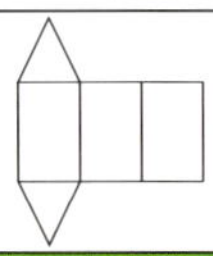	2	3	5

JE RENFORCE MES COMPÉTENCES

13 ★ Nomme les solides qu'il faut assembler pour réaliser cette forme.

14 ★★ Reproduis et complète ce patron de cube avec les points qui manquent pour obtenir un dé. Attention, la somme des faces opposées doit toujours être égale à 7.

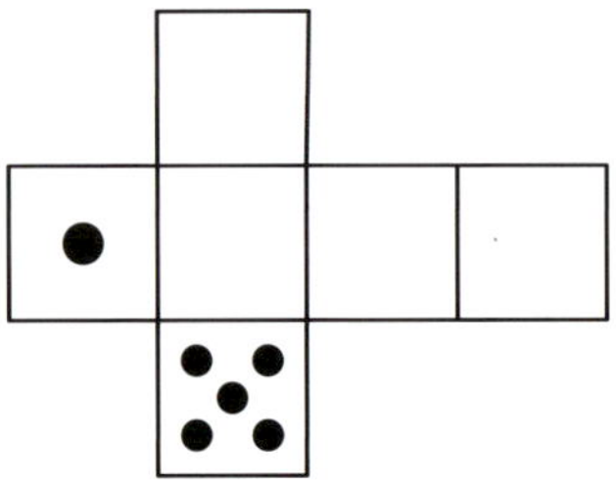

15 ★★★ Colorie les faces de chacun des patrons A, B et C afin d'obtenir à chaque fois le même cube de couleur que le modèle.

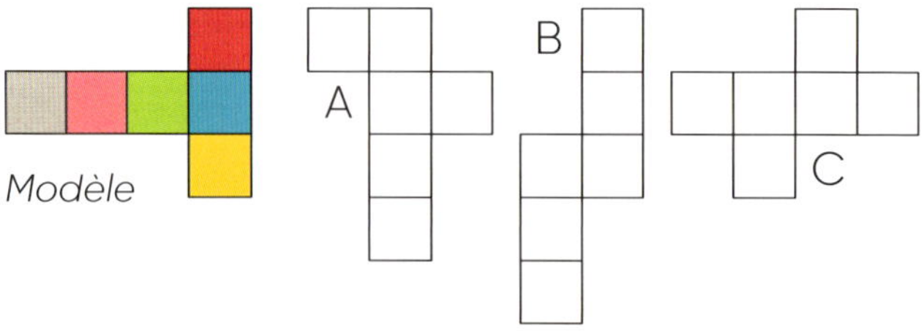

Combien de cubes faut-il pour construire cette figure ?

JE RÉSOUS UNE ÉNIGME

Flash maths 34

Géométrie mentale

1 Dessine à main levée les figures demandées.

a. Trace un triangle ABC rectangle en B. Code l'angle droit à l'aide d'un petit carré.

b. Trace un triangle isocèle DEF. Code la figure pour indiquer les côtés de même longueur.

c. Trace un triangle rectangle isocèle GHI. Code la figure pour indiquer les côtés de même longueur et l'angle droit.

Quadrilatères

2 Observe les codages et précise la nature du quadrilatère.

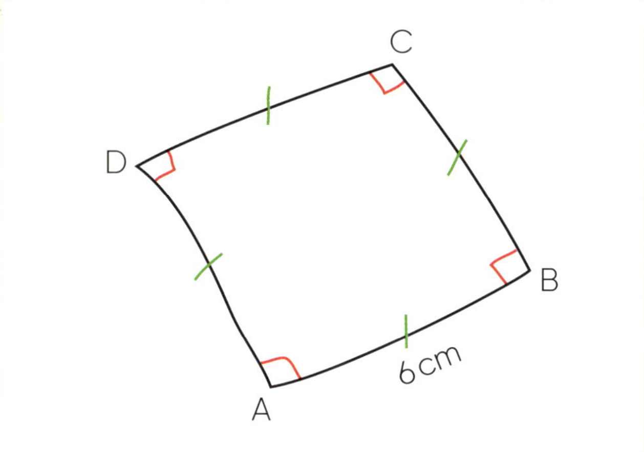

3 Calcule le périmètre de la figure ABCD ci-dessus.

Aires

4 Quelle est l'aire de la surface orange en prenant pour unité

a. l'aire du carré rouge ?

b. l'aire du triangle bleu ?

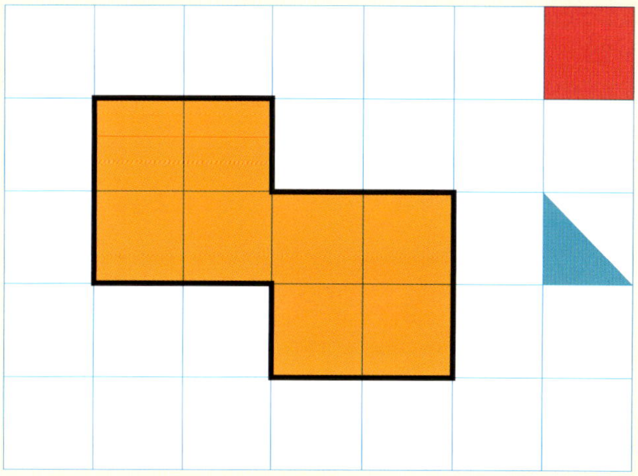

Nombres décimaux

5 Le grand rectangle jaune est l'unité. Donne l'écriture à virgule du nombre représenté.

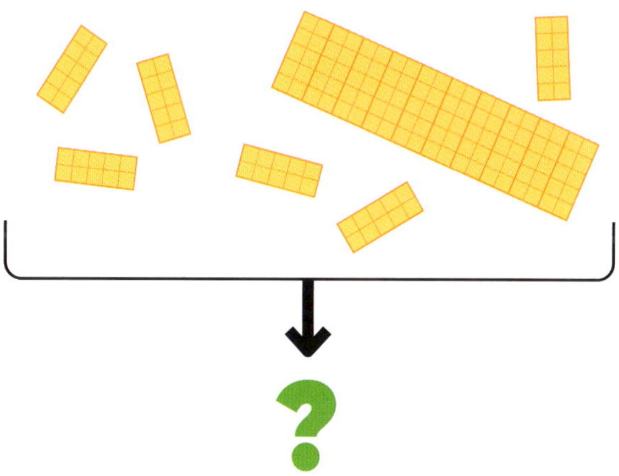

Calcul 34

Calcul en ligne *Calculer des produits*

Séance 1

1 Écris la suite de cinq nombres en avançant de 25 000 en 25 000 à partir de 0.

2 Calcule.

a. 78 x 10
b. 458,9 x 10
c. 36 x 10
d. 3,67 x 10
e. 3,06 x 10
f. 56 : 10
g. 3,6 : 10
h. 2 006 : 10

3 Calcule en ligne.

a. 36 x 20
b. 17 x 500
c. 12 x 3 000
d. 63 x 20
e. 132 x 40
f. 75 x 300
h. 19 x 2 000
i. 52 x 30

Séance 2

4 Écris la suite de cinq nombres en avançant de 25 000 en 25 000 à partir de 750 000.

5 Calcule en ligne.

a. 6 x 73
b. 13 x 54
c. 293 x 18

6 Calcule.

a. 3,8 + 1,7
b. 4,05 + 2,7
c. 6,9 − 0,5
d. 5,24 + 0,02
e. 5,8 − 0,05
f. 2,5 + 2,5
g. 2 x 0,4
h. 3 x 1,2

Séance 3

7 Écris la suite de cinq nombres en avançant de 50 000 en 50 000 à partir de 0.

8 Calcule en ligne.

a. 83 x 101
b. 17 x 1010
c. 12 x 11
d. 17 x 12
e. 26 x 1100
f. 17 x 8
g. 45 x 6
h. 15 x 8

Séance 4

9 Écris en chiffres.

a. trois-millions-six-cent-mille
b. neuf-cent-quatre-vingt-millions

10 Résous les problèmes.

a. Une factrice a parcouru 12,5 km le matin et 8,5 km l'après-midi.
Quelle distance a-t-elle parcourue ?

b. Un cercle a un rayon de 1,25 cm.
Quel est son diamètre ?

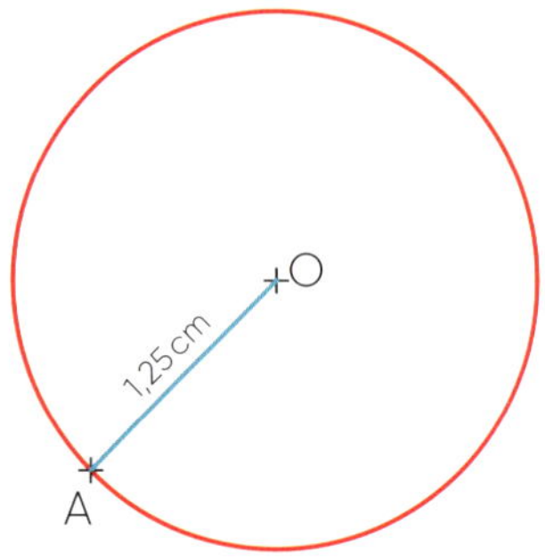

c. J'achète deux revues. La première coute 1,25 €. La deuxième coute 1,75 €. Je paie avec un billet de 5 €.
Combien doit-on me rendre ?

d. **Quel est l'âge d'une personne née en 1994 ?**

e. J'ai 18 images. J'en donne un tiers à une amie.
Combien d'images me reste-t-il ?

f. Dans une salle de cinéma de 400 places, $\frac{3}{4}$ des places sont occupées.
Combien de places sont libres ?

Atelier problèmes 34

Résoudre des problèmes avec des tableaux et des graphiques (1)

Découverte Mon loisir préféré

Une enquête a été réalisée auprès des élèves d'une école au sujet du loisir qu'ils préfèrent. Chaque élève ne pouvait donner qu'une seule réponse. Les résultats sont regroupés sur le diagramme en bâtons ci-contre.

Utilise le graphique pour répondre aux questions.

a. Combien d'élèves préfèrent la lecture ?

b. Que représente le bâton jaune ?

c. Quel loisir a été le plus cité ?

d. Combien d'élèves ont répondu à cette enquête ?

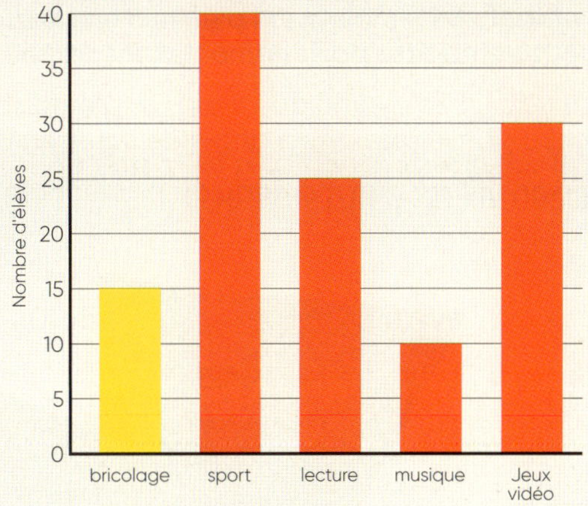

Application

Une enquête a été réalisée auprès des élèves de CM1 et CM2 de l'école au sujet du genre de livre qu'ils préfèrent lire. Chaque élève ne pouvait donner qu'une seule réponse. Les résultats sont regroupés sur le diagramme en bâtons ci-dessous.

1 Réponds aux questions.

a. Combien d'élèves de CM1 préfèrent lire des bandes dessinées ?

b. Combien d'élèves de CM2 préfèrent lire des romans policiers ?

c. Quel genre de livre les élèves de CM1 lisent-ils le plus ?

d. Combien d'élèves ont répondu à cette enquête ?

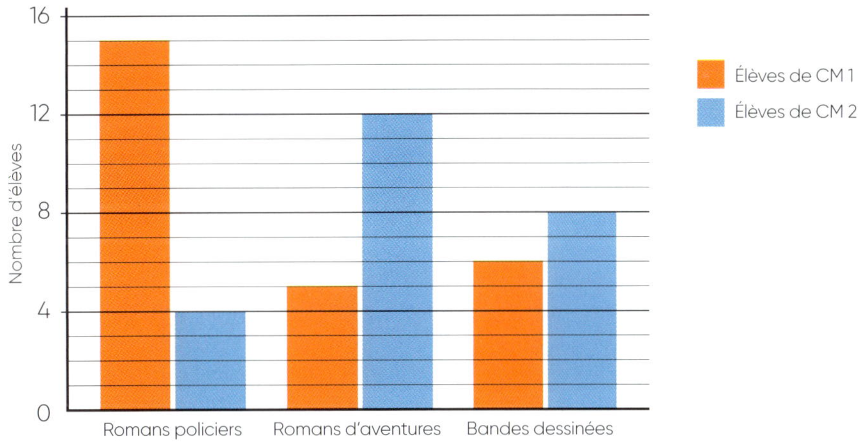

2 Reproduis et complète le tableau ci-dessous avec les données du diagramme.

	ROMANS POLICIERS	ROMANS D'AVENTURES	BANDES DESSINÉES
Élèves de CM 1	....	....	....
Élèves de CM 2	....	....	....

35 Angles

Identifier des angles dans une figure géométrique

1 Trois enfants assemblent les pièces d'un puzzle. Ils cherchent l'angle de la pièce rouge qui peut s'emboiter parfaitement dans l'angle marqué en jaune sur la pièce verte.

a. À vue d'œil, Léo estime que c'est l'angle de sommet C, Zoé affirme que c'est l'angle de sommet A et Fatou pense que c'est l'angle de sommet B. À ton avis, qui a raison ? Explique.

b. Vérifie en utilisant un morceau de papier calque ou en découpant le triangle ABC après l'avoir reproduit.

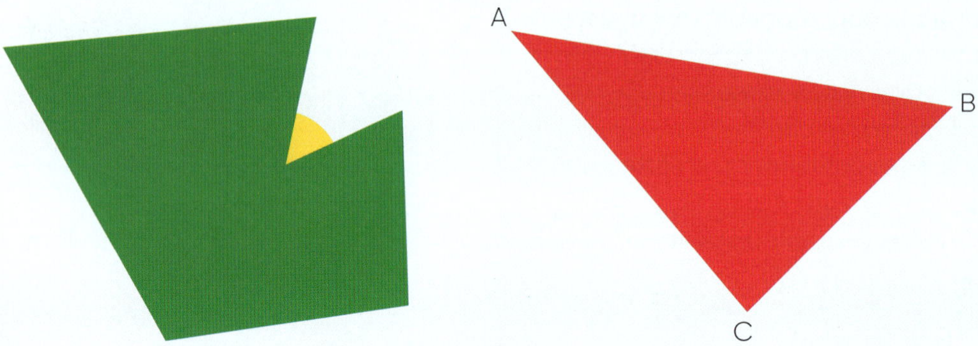

2 a. Trouve le nombre d'angles que compte le quadrilatère ABCD.

b. Parmi les angles 1, 2, 3, 4, 5, trouve ceux qui sont égaux à l'angle de sommet A. Vérifie en utilisant du papier calque.

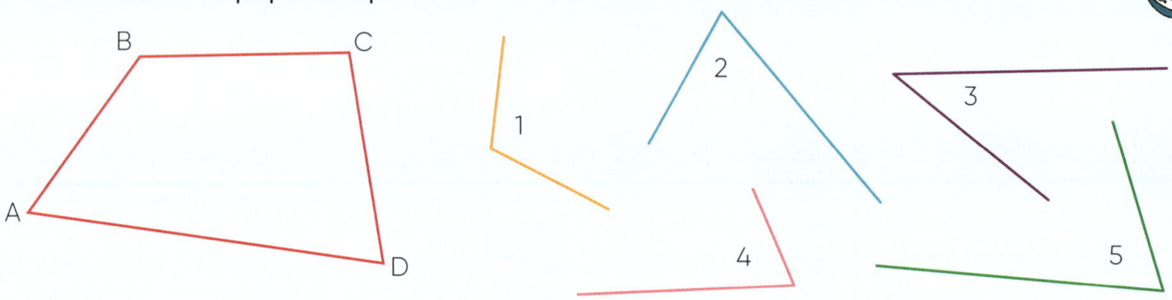

Comparer des angles

3 ★ Indique les angles égaux à l'angle A. Utilise du papier calque.

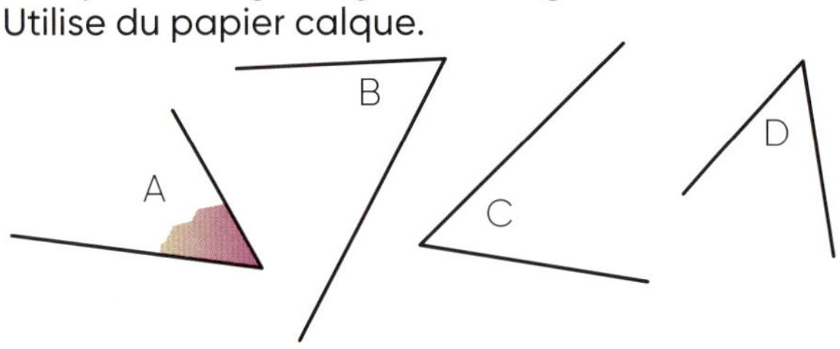

4 ★ Tom a-t-il raison ? Utilise du papier calque.

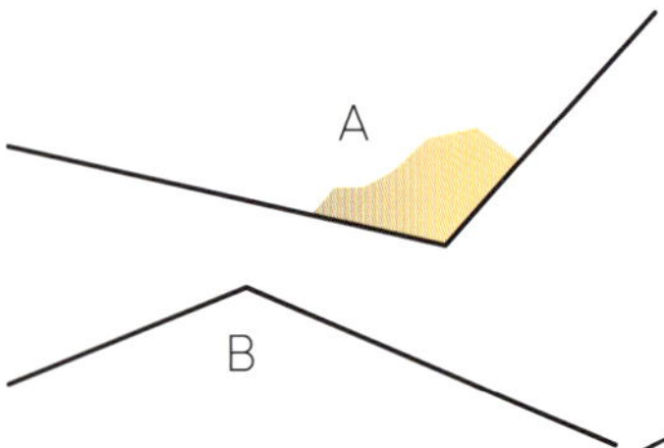

5 ★★ Yasmine a-t-elle raison ? Si elle a raison, indique les angles égaux. Utilise du papier calque.

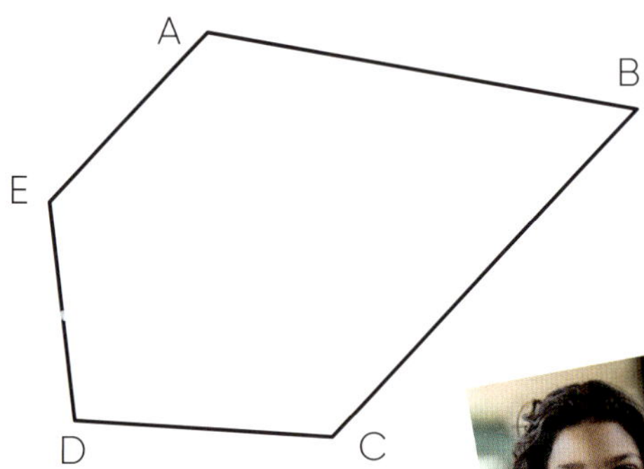

Je vais apprendre à identifier, comparer et reproduire des angles.

Reconnaitre un angle droit, aigu ou obtus

6 Observe les gabarits d'angles ci-contre.

a. Quels gabarits peux-tu utiliser :
- pour tracer un angle droit ?
- pour tracer un angle plus grand qu'un angle droit ?
- pour tracer un angle plus petit qu'un angle droit ?

Si nécessaire, vérifie tes réponses avec une équerre.

b. Range les angles 1, 2, 3, 4 et 5 du plus petit au plus grand.

c. À l'aide des gabarits 1 et 3, on peut obtenir un autre gabarit. Lequel ?

7 ★ a. Quels sont les angles plus petits qu'un angle droit ? Ils sont appelés des angles aigus.

b. Quels sont les angles plus grands qu'un angle droit ? Ils sont appelés des angles obtus.

c. Y a-t-il des angles égaux ?

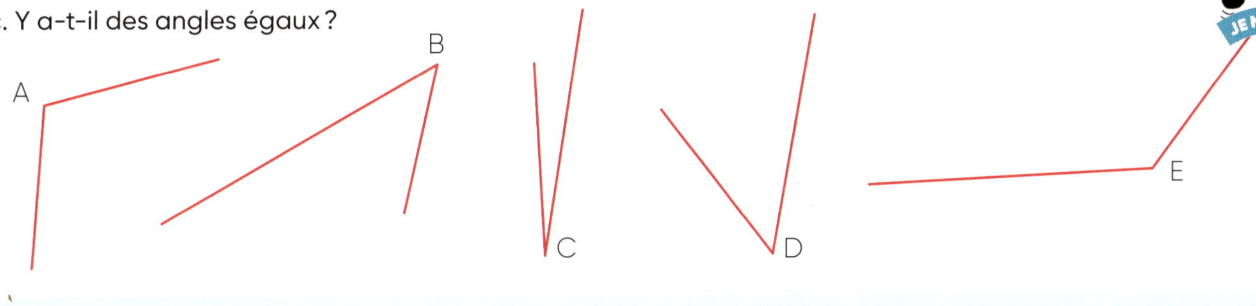

Reproduire un angle

8 a. Fabrique une fausse équerre en assemblant deux bandes de cartons avec une attache parisienne. Cherche comment utiliser la fausse équerre pour reproduire l'angle de sommet A sur une feuille blanche.

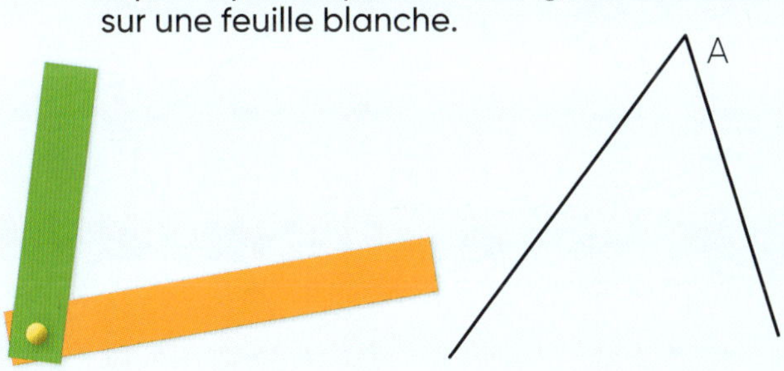

b. Utilise le morceau de papier calque fourni par ton enseignant pour reproduire l'angle ci-dessous sur une feuille blanche.

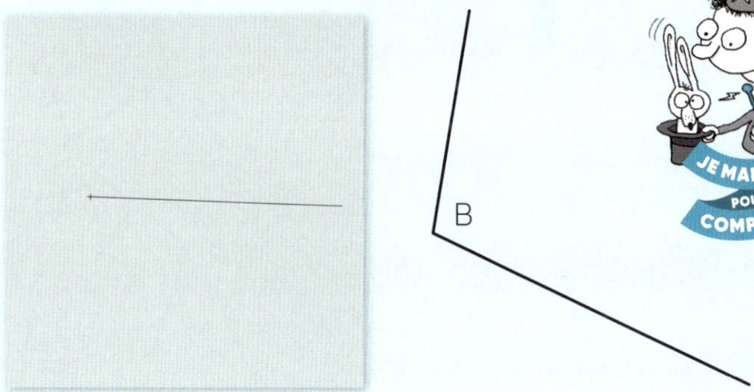

9 ★★ Reproduis les angles ci-dessous dans un cahier en utilisant le quadrillage. Pour chaque angle, indique s'il est droit, aigu ou obtus.

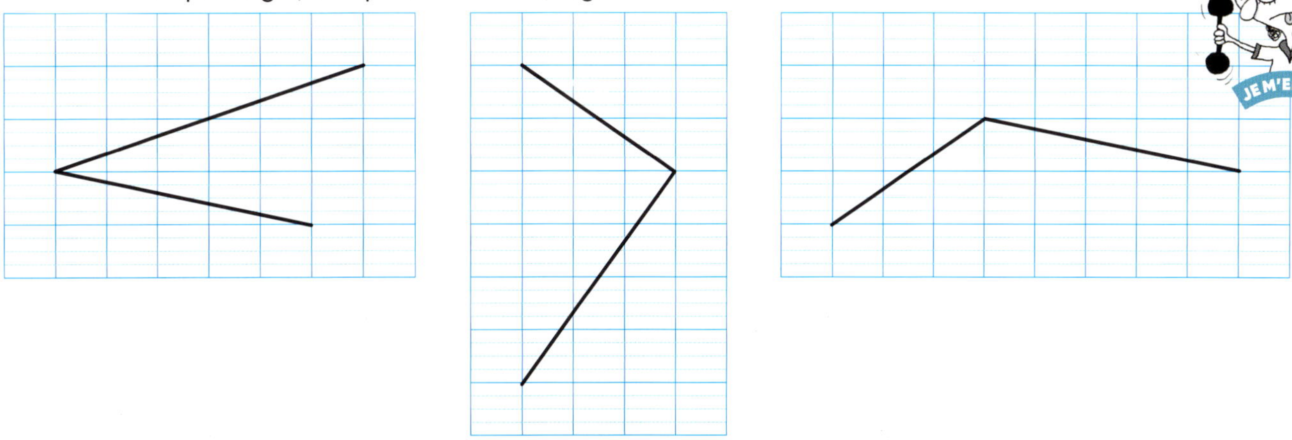

35 Angles

Je sais identifier, comparer et reproduire des angles.

Pour chaque question, trouve la ou les bonnes réponses parmi celles proposées.

	a	b	c
1 L'angle 1 est égal à l'angle…	2	3	4
2 L'angle 3 est plus petit que l'angle…	2	4	5
3 L'angle 5 est plus grand que l'angle…	1	2	4
4 L'angle 3 est un angle…	aigu	obtus	droit
5 L'angle 1 est un angle…	droit	aigu	obtus
6 L'angle 2 est un angle…	obtus	droit	aigu

10 ★ Indique le nombre d'angles de chaque figure.

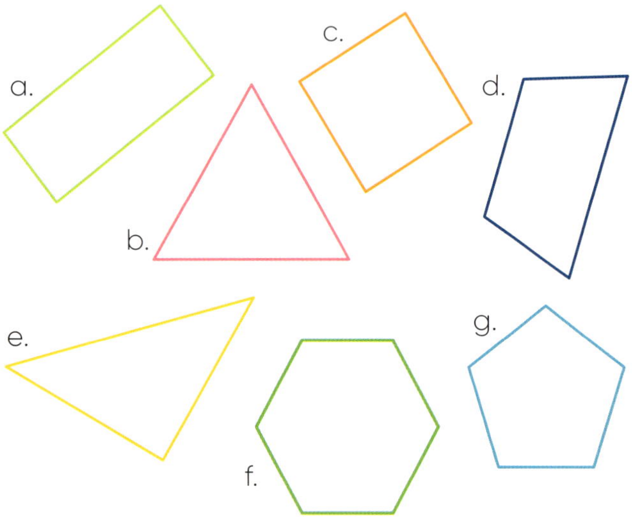

11 ★★ Y a-t-il des angles égaux parmi les angles ci-dessous ? Si oui, Lesquels ?

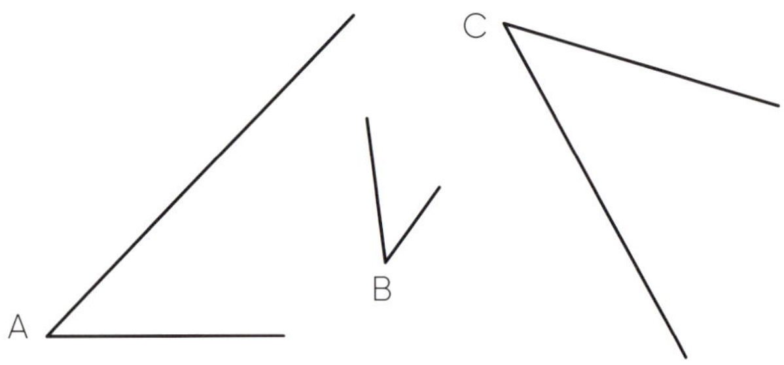

12 ★★★ Pour chaque angle du polygone, indique s'il est droit, aigu ou obtus.

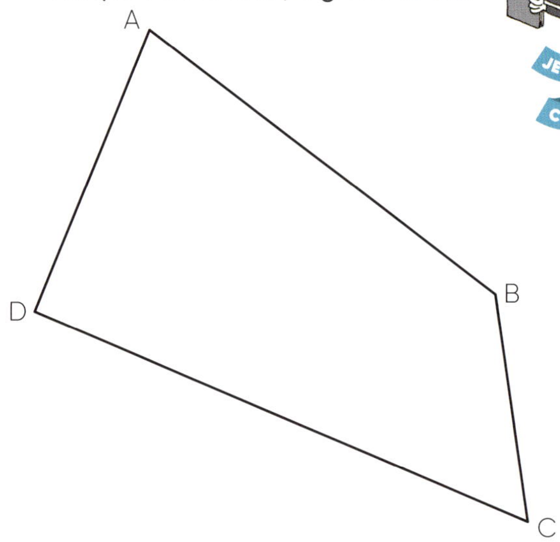

Compare les angles du panneau. Que remarques-tu ?

Flash maths 35

Géométrie mentale

1 Construis à main levée un carré puis un cercle passant par les sommets du carré.

2 Observe les codages.
Précise la nature du quadrilatère.

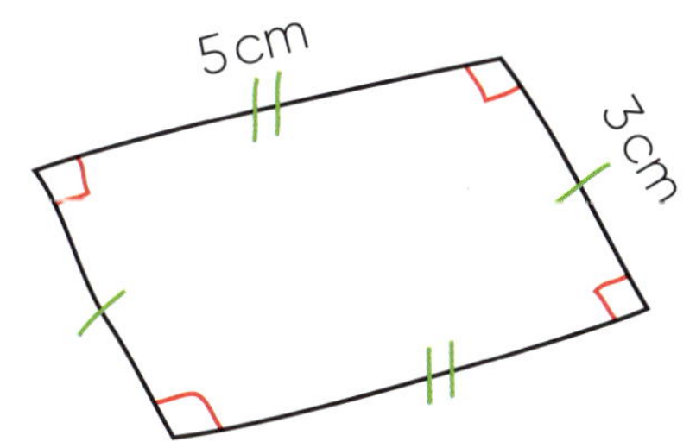

3 Calcule le périmètre de ce quadrilatère.

Aires

4 Quelle est l'aire de la surface orange en prenant pour unité ***u*** ?

Nombres décimaux

5 Le grand rectangle jaune est l'unité.
Donne l'écriture à virgule du nombre représenté ci-dessous.

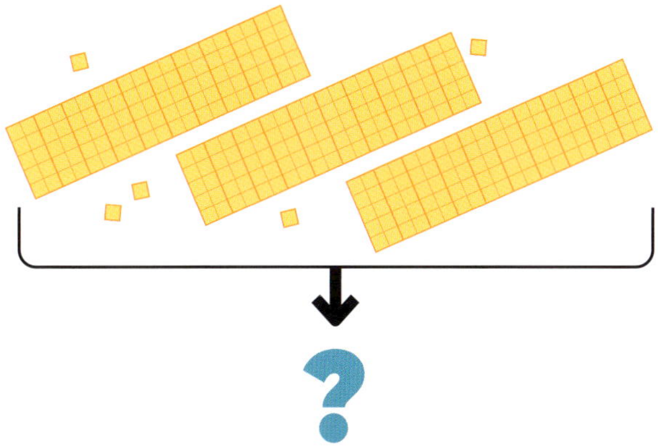

Triangles

6 Observe les codages
et précise la nature de chaque triangle.

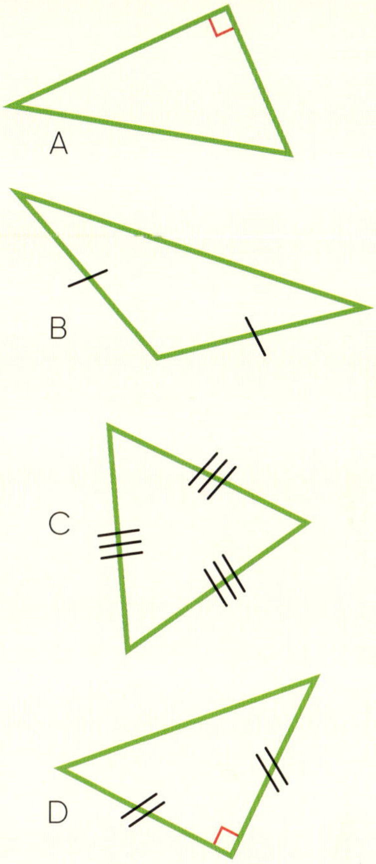

Aires

7 Quelle est l'aire de la surface orange en prenant pour unité ***u*** ?

Calcul 35

Calcul mental *Calculer sur les nombres 15, 30, 45, 60, 90 en lien avec les durées*

Séance 1

1 Écris la suite de cinq nombres en avançant de 100 000 en 100 000 à partir de 356.

2 Calcule mentalement.

a. 45 s + 15 s
b. 1 min 30 s + 1 min 30 s
c. 4 x 15 s
d. 2 x 45 min = ... h ...... min
e. 15 min + 45 min
f. 3 x 30 min = ... h ...... min
g. 1 h 15 min + 45 min
h. 2 h 30 min + 2 h 30 min

Séance 2

3 Écris la suite de cinq nombres en avançant de 100 000 en 100 000 à partir de 238 699.

4 Calcule mentalement.

a. 1 min – 15 s
b. 1 min – 45 s
c. 3 min – 15 s
d. 2 min – 1 min 30 s
e. 1 h – 15 min
f. 1 h – 30 min
g. 1 h – 45 min
h. 45 min – 15 min

Séance 3

5 Écris la suite de cinq nombres en avançant de 100 000 en 100 000 à partir de 3 000 000.

6 Calcule mentalement.

a. 2 h – 15 min
b. 3 h – 45 min
c. 5 h – 2 h 30 min
d. 2 h 30 min + 2 h 30 min
e. 3 h 30 min + 90 min
f. 4 x 15 min
g. 2 x 3 h 30 min
h. 3 x 30 min
i. 4 x 2 h 30 min
j. 3 h 45 min – 30 min
k. 1 h 15 min + 1 h 15 min
l. 3 x 15 min

Séance 4

7 Écris en chiffres.

a. un-million-cinq-cent-mille
b. quatre-vingt-douze-millions-huit-cent-trente-mille

8 Convertis dans l'unité demandée.

a. 120 min = ... h
b. 2 min = ... s
c. 90 min = ... h ...... min
d. 3 h = ... min
e. 1 min 30 s = ... s
f. 75 min = ... h ...... min

9 Résous les problèmes.

a. Un bus part à 7 h 10 et arrive à 9 h 20.
Quelle est la durée du trajet ?

b. Partie à 9 h 40, je suis arrivée à 10 h 25.
Quelle est la durée de mon parcours ?

c. Le train doit entrer en gare à 13 h 52.
On annonce un retard de 15 minutes.
À quelle heure arrivera-t-il ?

d. Je suis partie à 8 h 15 et rentrée à 10 h 05.
Quelle a été la durée de mon absence ?

Atelier problèmes 35

Résoudre des problèmes avec des tableaux et des graphiques (2)

Découverte Le relevé des températures

Ce graphique représente l'évolution de la température mesurée un jour du mois de mai à Chamonix.

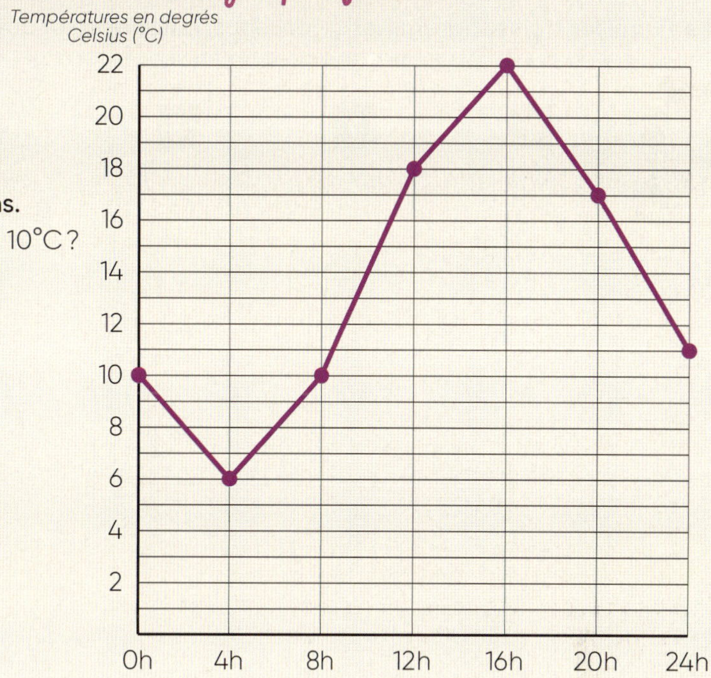

1 Utilise le graphique pour répondre aux questions.

a. À quelle heure la température a-t-elle été de 10°C ?

b. Quelle a été la température à 12 h ?

c. Quelle a été la température à 20 h ?

d. Quelle a été approximativement la température à 6 h ?

2 Réponds aux questions.

a. À quelle heure la température maximale a-t-elle été atteinte ?

b. Pendant combien de temps la température a-t-elle été inférieure à 10°C ?

c. À quelle heure la température minimale a-t-elle été atteinte ?

Application

Zoé a relevé les températures dans son jardin chaque matin et chaque après-midi pendant 5 jours.

Tableau des températures en degrés

	LUNDI	MARDI	MERCREDI	JEUDI	VENDREDI
Matin	12	13	10	8	6
Après-midi	20	22	18	17	16

1 Trace en rouge la courbe des températures du matin. Trace en bleu la courbe des températures de l'après-midi.

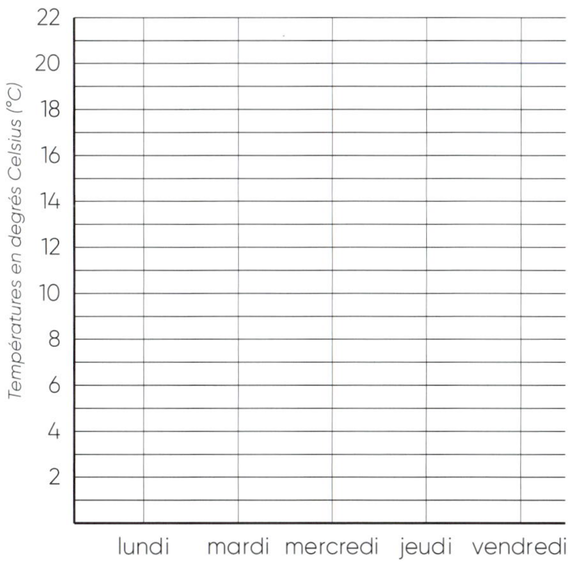

2 Réponds aux questions.

a. Quel jour la température du matin a-t-elle été de 10 degrés ?

b. Quelle a été la température du mardi matin ?

c. Quel est l'écart de température entre le lundi matin et le lundi après-midi ?

d. Quel est le jour où l'écart de température entre le matin et l'après-midi a été le plus grand ?

Coder et décoder un déplacement relatif

1 ★ Parmi les trois programmes ci-dessous, entoure celui qui fera atterrir l'avion à Épinal.

1	2	3
AV 2	AV 2	TG
TG	TG	AV 2
AV5	AV 5	TD
TD	TD	AV 3
AV 1	AV 2	TG
TG	TD	AV 4
AV 1	AV 3	TD
TG		AV 2
AV 1		

2 ★★ a. Ce programme permet à l'oiseau de rejoindre son nid. Trace le déplacement de l'oiseau sur le quadrillage.

AV 2
TG
AV 1
TD
AV 4
TD
AV 3

b. Écris la suite du programme qui permettra à l'oiseau d'aller jusqu'à la mouche, avec un minimum de déplacements et en évitant les cases rouges.

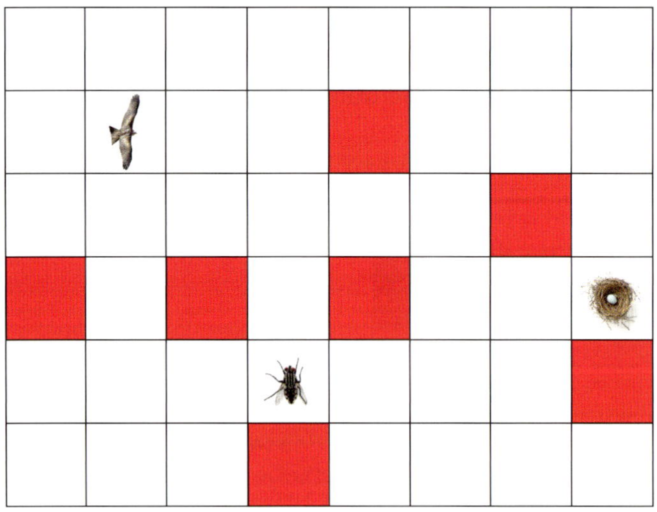

3 ★★ Trace le déplacement du pingouin correspondant au programme.

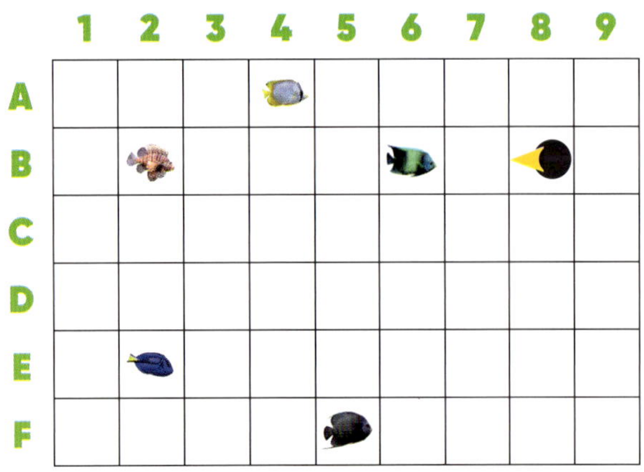

AV2
TD
AV 1
TG
AV 2
TG
AV 1
TD
AV 2
TG
AV3

a. Dans quelle case se trouve le poisson oublié par le pingouin ?

b. Termine le programme pour qu'il permette au pingouin d'atteindre le poisson qu'il a oublié.

Programmer le déplacement d'un personnage sur un quadrillage

4 ★★ Une abeille part butiner. Écris le programme qui la conduit à la fleur avec le minimum de déplacements et en évitant les cases bleues.

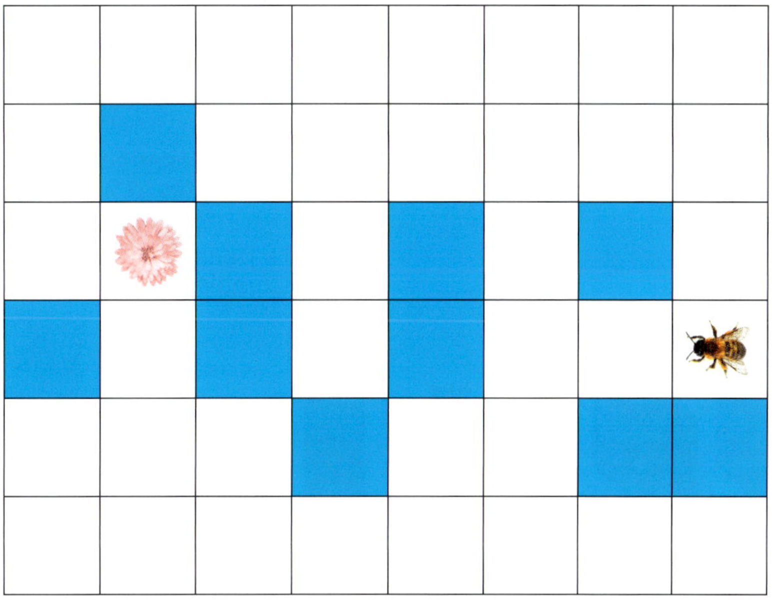

5 ★ Trouve l'erreur présente dans ce programme et corrige-la.

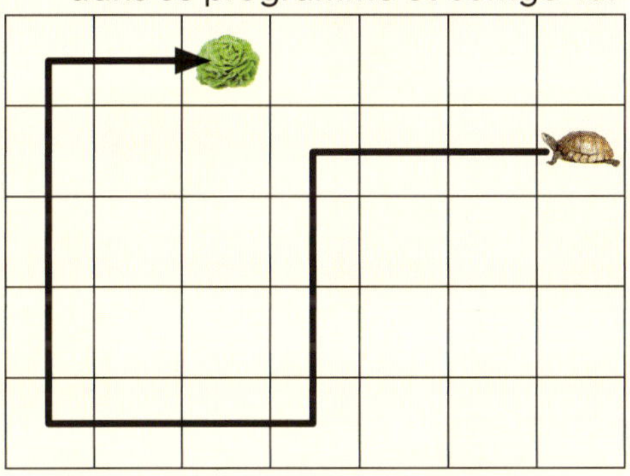

AV 3
TG
AV 3
TD
AV 3
TG
AV 4
TD
AV 2

6 ★★ Trouve les deux erreurs présentes dans ce programme et corrige-les.

AV 3
TG
AV 3
TG
AV 3
TG
AV 1
TD
AV 5
TD
AV 2
TD
AV 2

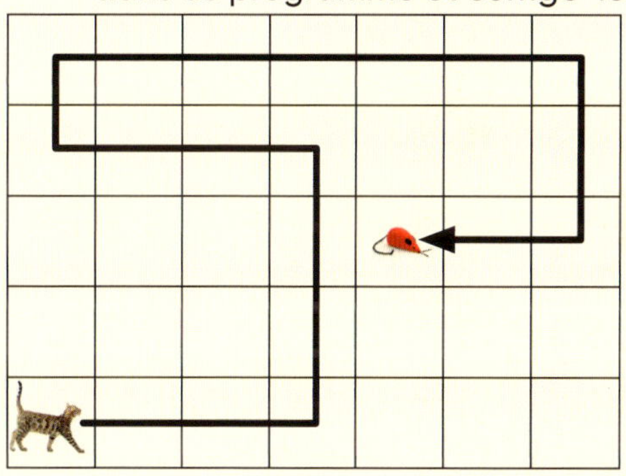

7 ★★ Trouve les erreurs présentes dans ce programme et corrige-les.

AV 5
TD
AV 3
TD
AV 3
TD
AV 2
TG
AV 2
TD
AV 2
TD
AV 3

8 ★★★ Modifie et complète le programme suivant pour que le pompier éteigne dans l'ordre les lettres en feu du mot POMPIER.

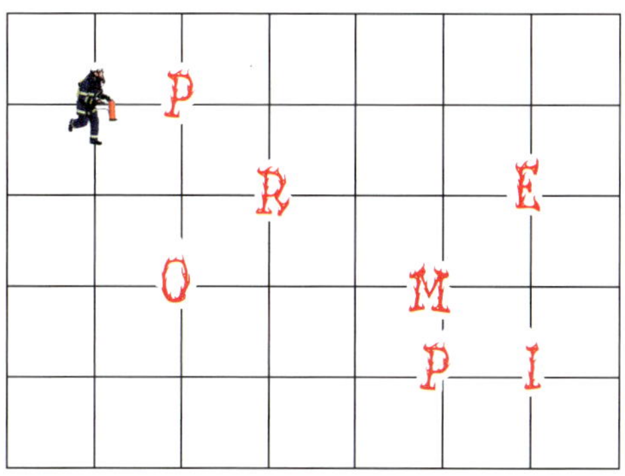

AV 1
TD
AV 3
TG
AV 3
TG
AV 1
TG
....

Recopie et complète les réponses.

Réponds à un maximum de questions en 15 minutes sans écrire les calculs intermédiaires ni poser les opérations. Calcule ensuite ton score sachant que chaque réponse juste rapporte 4 points.

1 Combien y a-t-il de centaines dans un millier ?

.... centaines

2 Complète.

430 : 10 = ...

3 L'unité est le petit cube.
Combien y a-t-il de petits cubes ?

Il y a .... unités en tout.

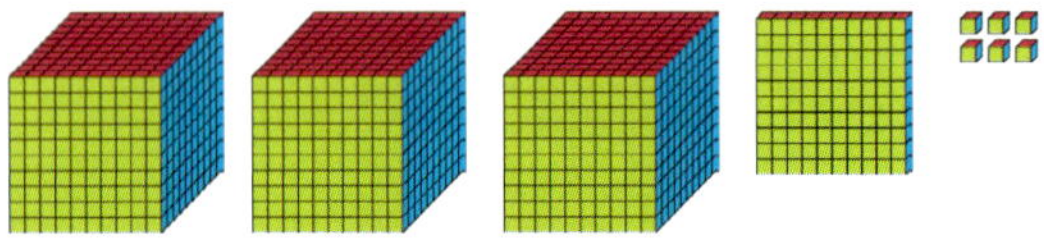

4 Complète.

100 x .... = 1000

5 Avec 2 €, j'achète une baguette à 0,90 €.
Combien me rend-on ?

.... €

6 3 mm + 8 cm = ... mm

7 Dans 45 combien de fois 9 ?

.... fois

8 Complète.

967 = ... dizaines .... unités

9 Complète.

9 036 = ... centaines .... unités

10 Le grand rectangle représente l'unité.
Quelle est la fraction représentée par la partie colorée en rouge ?

11 Complète.

....

12 Calcule.

25 x 12 = ...

13 3 stylos coutent 3,60 €.
Combien coute un stylo ?

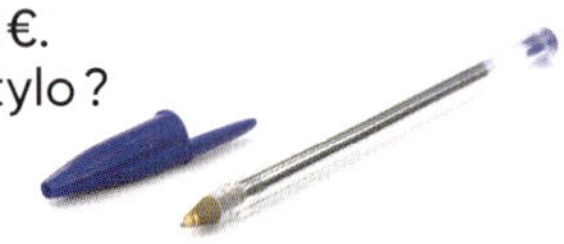

14 Calcule.

9,02 x 10 = ...

15 Donne l'écriture à virgule de 5 unités et 9 centièmes.

16 Le périmètre d'un carré mesure 24 cm.
Complète. *Le carré représenté n'est pas à taille réelle.*

.... cm

17 3 bonbons coutent 1 € 50 centimes.
Combien coute 1 bonbon ?

.... €

18 Encadre la fraction par deux entiers consécutifs.

.... $< \frac{3}{2} <$ ....

19 Ajoute 30 min à 1 h 40 min.

.... h .... min

20 Calcule.

$\frac{2}{7} + \frac{1}{7} + \frac{3}{7} =$ ....

21 Calcule.

2,14 + 0,6 = ...

22 Combien de milliers y a-t-il dans un million ?

.... milliers

23 Complète.

800 g + 200 g = ... kg

24 Il faut 6 œufs pour faire des crêpes pour 9 personnes.
Combien faut-il d'œufs pour 3 personnes ?

.... œufs

25 Quel est le quart de 20 km ?

.... km

Total : .... / 100 points

Recopie et complète les réponses.

Réponds à un maximum de questions en 15 minutes sans écrire les calculs intermédiaires ni poser les opérations. Calcule ensuite ton score sachant que chaque réponse juste rapporte 4 points.

1 **Calcule.**
7 x 9 = ...

2 **Complète.**
150 min = ... h .... min

3 **Écris le nombre décimal qui est repéré par la flèche.**

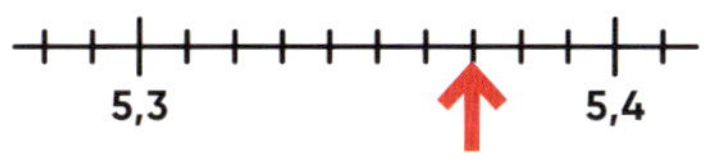

....

4 **Calcule.**
1 000 000 – 30 000 = ...

5 **Dans 320 combien de fois 80 ?**

6 **Calcule.**
1 000 000 – 1 000 = ...

7 **Le périmètre de ce triangle isocèle mesure .... cm.**
Le triangle représenté n'est pas à taille réelle.

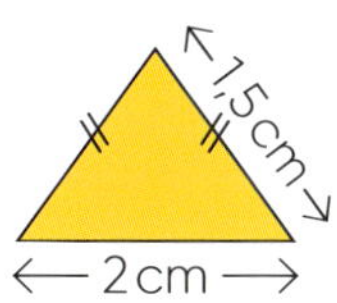

8 **Quelle est la moitié de 146 ?**

9 Ali a 27 billes, il en a le triple de Léo.
Combien Léo a-t-il de billes ?

10 3 ballons coutent 18 €.
Combien coutent 9 ballons ?

11 **Complète.**
4,8 km = ... m

12 **Donne l'écriture à virgule de 43 + $\frac{6}{100}$.**

13 **Calcule.**
4,08 x 100 = ...

14 **Quel est le tiers de 180 g ?**
.... g

15 **Calcule.**
0,24 + 0,3 = ...

16 **Le grand losange représente l'unité. Quelle est la fraction représentée par la partie colorée en vert ?**

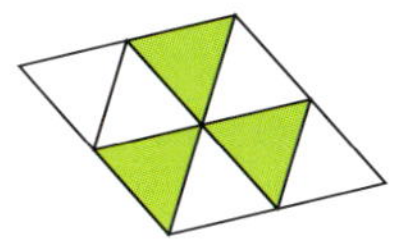

17 **Quel est le double de 24,5 ?**

18 **Complète.**
8,1 + ... = 10

19 **Calcule.**
25,3 : 100 = ...

20 2 kg de pommes coutent 5 €.
Quel est le prix de 6 kg ?

21 **Complète.**
1 h 20 min – 50 min = ...

22 **Calcule.**
48 x 5= ....

23 Yasmine mesure 1,43 m.
Elle mesure 15 cm de plus que Zoé.
Quelle est la taille de Zoé ?

24 **Calcule.**
1,7 + 0,6 = ...

25 **Calcule.**
4 x 42 x 25 = ...

Total : .... / 100 points

Recopie et complète les réponses.

Réponds à un maximum de questions en 15 minutes sans écrire les calculs intermédiaires ni poser les opérations. Calcule ensuite ton score sachant que chaque réponse juste rapporte 4 points.

1 Calcule.
9 x 8 = ……

2 Calcule.
5,07 + 4,3 = ……

3 Calcule.
20,36 x 10= ……

4 Calcule.
10 x 100 x 10 x 100 = ……

5 Complète.

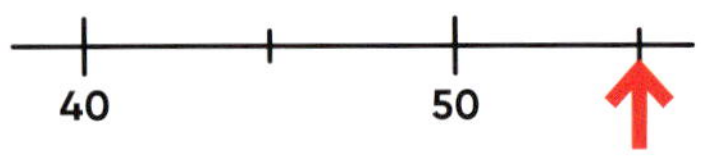

……

6 Complète.
3 h 10 min – 30 min = ……

7 Donne l'écriture à virgule de $\frac{86}{100}$.

8 **Recopie la réponse la plus proche du prix à payer.** La directrice achète 130 stylos à 0,95 € l'unité. Elle paye environ :
a. 100 € b. 130 € c. 15 €

9 Vrai ou faux ?
Ces figures ont le même périmètre.

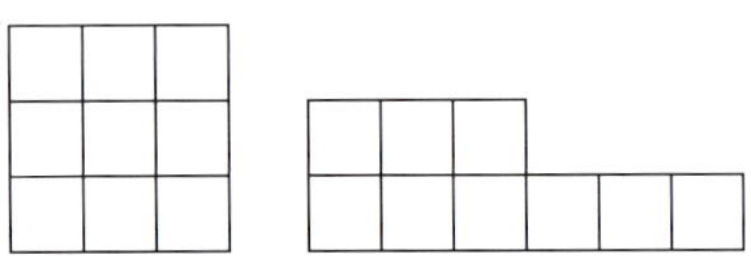

10 Un train part à 16 h 32 min et arrive à 17 h 15 min.
Quelle est la durée du trajet ?

11 Lilou achète 4 romans à 7 € l'un et 3 BD à 11 € l'unité.
Combien doit-elle payer ?

12 Calcule.
64 + 28 + 36 = ……

13 Calcule.
25 x 32 = ……

14 Complète.
8 billes identiques pèsent 48 g.
…… de ces billes pèsent 24 g.

15 Calcule.
(5 x 8) + (4 x 8) = ……

16 Écris le nombre qui est repéré par la flèche.

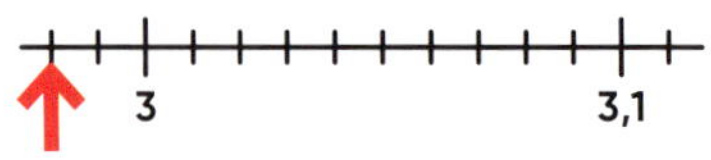

……

17 Calcule.
48 : 6 = ……

18 Le grand rectangle représente l'unité.
Quelle est la fraction représentée par la partie colorée en jaune ?

19 Quel est le quart de 100 ?

20 Calcule.
0,08 x 1000 = ……

21 Complète avec un nombre qui convient.
5,9 < …… < 6

22 Vrai ou faux ?
Ces figures ont la même aire.

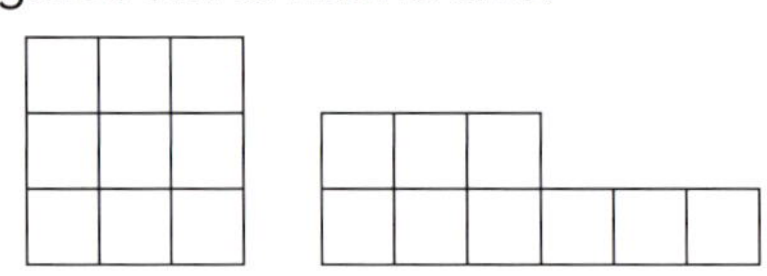

23 35 élèves sont répartis en équipes de 5 élèves. Combien y a-t-il d'équipes ?
Il y a …… équipes.

24 Un manège fait 3 tours en 30 secondes.
Il fait …… tours en 2 minutes.

25 Calcule.
25 x 13 x 4 = ……

Total : …… / 100 points

Recopie et complète les réponses.

Réponds à un maximum de questions en 15 minutes sans écrire les calculs intermédiaires ni poser les opérations. Calcule ensuite ton score sachant que chaque réponse juste rapporte 4 points.

1 Calcule.
6 x 9 = ...

2 Calcule.
12,39 + 6,4 = ...

3 Calcule.
2,07 x 100 = ...

4 Combien y a-t-il de centièmes dans un dixième ?
.... centièmes

5 Le grand rectangle représente l'unité. Quelle est la fraction représentée par la partie colorée en jaune ?

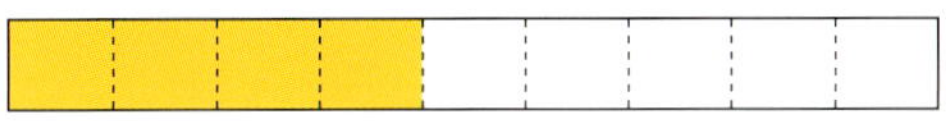

6 Complète.
2 h 30 min + 1 h 40 min = ...

7 Donne l'écriture à virgule de $\frac{4}{100}$.

8 3 sucettes coutent 2,70 €.
Combien coute 1 sucette ?

9 Calcule.
36 : 4 = ...

10 Un bus part à 12 h 42 min et arrive à 16 h 50 min.
Quelle est la durée du trajet ?

11 Dans 480 combien de fois 80 ?

12 Calcule.
0,13 + 0,5 = ...

13 Calcule.
400 x 25 = ...

14 Ces deux figures ont le même périmètre.
Elles ne sont pas à taille réelle.
Vrai ou faux ?

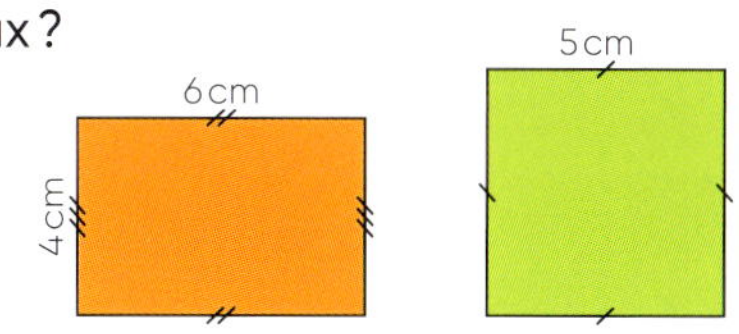

15 Complète par un nombre décimal.
19,8 < .... < 19,9

16 Complète.

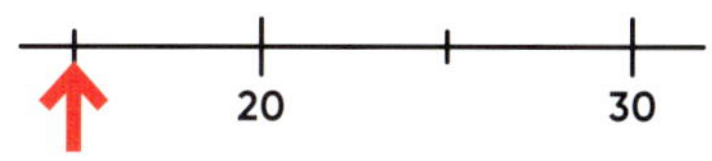

....

17 Dans 150 combien de fois 25 ?

18 3 kg de pommes coutent 4,50 €.
4 kg de ces mêmes pommes coutent 6 €.
7 kg de pommes de ces mêmes pommes coutent .... €.

19 Quel est le quart de 120 g ?
.... g

20 Calcule.
0,23 x 1000 = ...

21 Complète.
1,2 kg = ... g

22 Quel est le tiers de 18 œufs ?
.... œufs

23 Encadre la fraction par deux nombres entiers consécutifs.
.... < $\frac{5}{2}$ < ....

24 Complète.

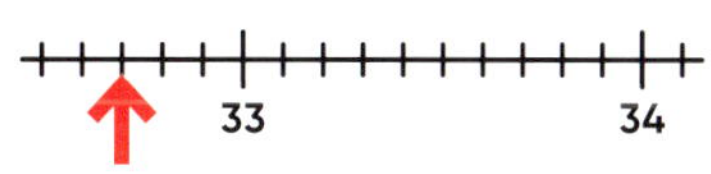

....

25 Calcule.
2 028 : 100 = ...

Total : .... / 100 points

Tables de multiplication

Si tu sais que $8 \times 5 = 40$, tu connais aussi le résultat de $5 \times 8 = 40$.
Si on enlève tous les résultats en double, il te reste 36 résultats à savoir par cœur.

x2

$2 \times 2 = 4$

$2 \times 3 = 6$

$2 \times 4 = 8$

$2 \times 5 = 10$

$2 \times 6 = 12$

$2 \times 7 = 14$

$2 \times 8 = 16$

$2 \times 9 = 18$

x3

$3 \times 3 = 9$

$3 \times 4 = 12$

$3 \times 5 = 15$

$3 \times 6 = 18$

$3 \times 7 = 21$

$3 \times 8 = 24$

$3 \times 9 = 27$

x4

$4 \times 4 = 16$

$4 \times 5 = 20$

$4 \times 6 = 24$

$4 \times 7 = 28$

$4 \times 8 = 32$

$4 \times 9 = 36$

x5

$5 \times 5 = 25$

$5 \times 6 = 30$

$5 \times 7 = 35$

$5 \times 8 = 40$

$5 \times 9 = 45$

x6

$6 \times 6 = 36$

$6 \times 7 = 42$

$6 \times 8 = 48$

$6 \times 9 = 54$

x7

$7 \times 7 = 49$

$7 \times 8 = 56$

$7 \times 9 = 63$

x8

$8 \times 8 = 64$

$8 \times 9 = 72$

x9

$9 \times 9 = 81$